国家骨干高职院校建设机电一体化技术专业
（能源方向）系列教材

# 电子电路的组装与调试

牛海霞　主　编
李满亮　王荣华　温玉春　副主编
袁　广　主　审

化学工业出版社
·北京·

本书共分为十个任务，主要内容包括：电路常用元件的识别与检测、日光灯电路的接线与测量、三相负载的连接及功率的测量、变压器的同名端测定及性能参数测试、三相异步电动机的拆装、稳压电路的组装与调试、扩音机电路的组装与调试、收音机电路的组装与调试、数码显示器的组装与调试、智力竞赛抢答器的制作与调试。

本书可作为高职高专非电类专业电工电子技术基础课教材。

**图书在版编目（CIP）数据**

电子电路的组装与调试/牛海霞主编．—北京：化学工业出版社，2014.5

国家骨干高职院校建设机电一体化技术专业（能源方向）系列教材

ISBN 978-7-122-19956-0

Ⅰ.①电… Ⅱ.①牛… Ⅲ.①电子电路-组装-高等职业教育-教材②电子电路-调制技术-高等职业教育-教材 Ⅳ.①TN710

中国版本图书馆CIP数据核字（2014）第041533号

责任编辑：李　娜　　装帧设计：张　辉

责任校对：宋　夏

出版发行：化学工业出版社（北京市东城区青年湖南街13号　邮政编码100011）

印　　刷：北京永鑫印刷有限责任公司

装　　订：三河市宇新装订厂

787mm×1092mm　1/16　印张14¼　字数355千字　2014年9月北京第1版第1次印刷

购书咨询：010-64518888（传真：010-64519686）　售后服务：010-64518899

网　　址：http://www.cip.com.cn

凡购买本书，如有缺损质量问题，本社销售中心负责调换。

定　　价：32.00元

# 前　言

电子电路的组装与调试课程是非电类专业的一门专业基础课，要求学生学习和掌握电工电子基本理论和基本技能，并为相关的后续课程和今后从事专业技术工作奠定一定的基础。本书是高职高专教改项目成果教材，不仅具有一定的理论性和系统性，而且实践性和应用性也很强。

本书的特点是以项目为导向，注重任务驱动，在教学过程中积极推行任务教学，精心选用典型的、有实用价值的、学生感兴趣的任务，以该任务的设计和改进中的问题为切入点，步步深入。在每个任务中将理论与实践巧妙结合，实践教学与理论教学同步进行。

教学过程中实现了以学生为主体，以培养学生的自主学习能力、实践能力和创新能力为基本价值取向，若运用得法，将会最大限度地调动学生的主观能动性和学习兴趣。学生在完成每个任务的学习之后，对理论内容有了初步认识，为学好理论知识打下基础，实际操作和设计能力也将得到很大的提高。

本书共分为十个任务，主要内容包括：电路常用元件的识别与检测，日光灯电路的接线与测量，三相负载的连接及功率的测量，变压器的同名端测定及性能参数测试，三相异步电动机的拆装，稳压电路的组装与调试，扩音机电路的组装与调试，收音机电路的组装与调试，数码显示器的制作与调试，智力竞赛抢答器的制作与调试。

本教材由内蒙古机电职业技术学院牛海霞任主编，内蒙古机电职业技术学院李满亮、王荣华、温玉春任副主编，内蒙古机电职业技术学院袁广教授任主审，参加编写的还有内蒙古机电职业技术学院的刘海霞、王景学、王京、苏月、内蒙古电子信息职业技术学院的袁文博、北京京能新能源有限责任公司的董正茂、内蒙古水利水电勘测设计院的石银业。全书由牛海霞统稿。

本书在编写过程中，得到了乌海露天煤矿有限责任公司张建军等同志的帮助和支持，在此向他们表示衷心地感谢！

由于编者水平有限，书中难免错误与疏漏之处，诚望使用本教材的教师同仁与同学们给予宝贵建议。

编者

# 目　录

# 任务一 电路常用元件的识别与检测

**任务描述**

电路是各种电气元件按一定的方式连接起来的总体。在人们的日常生活和生产实践中，电路无处不在，种类繁多，其功能和分类方法也很多，但几乎都是由各种基本电路组成的。本任务针对基本电路中常用元件的识别与检测，介绍直流电路的基本知识。

**能力目标**

(1) 能对电阻、电感及电容进行识别与检测；
(2) 能分析基本电路，判定电位高低；
(3) 能对直流电路进行分析，正确计算电路中的各物理量；
(4) 会正确使用各种电工仪表。

**相关知识**

(1) 电路模型及基本物理量；
(2) 电路元件识别与检测；
(3) 电路中电位图的绘制；
(4) 基尔霍夫定律验证；
(5) 支路电流法验证；
(6) 叠加原理验证；
(7) 戴维南定理测定。

## 分任务一 分析电路模型

### 一、电路组成

电路是电流通过的路径，它是由一些电气设备和元器件按一定的方式连接而成的。电路按其用途不同，可分为复杂电路和简单电路。但不管电路有多复杂或有多简单，其作用都有两种。一种作用是实现电能的传输和转换；另一种作用是实现信号的传递和处理。

把干电池和灯泡经过开关用导线连接起来，就构成了一个电路，如图 1-1-1 所示为常见的手电筒电路。电路中的干电池即为电源，灯泡为负载，而把电源和负载连接起来的开关及导线，是中间环节。

组成电路的基本部件如下。

(1) 电源　把其他形式的能量转换成电能，是电路中电能的来源。常用的电源有干电

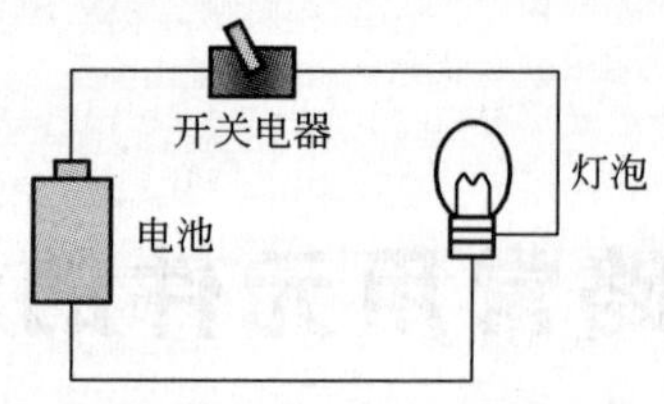


图 1-1-1 手电筒电路

池、蓄电池和发电机等，例如干电池将化学能转换成电能，发电机将机械能转换成电能等。电源在电路中起激励作用，在它的作用下产生电流与电压。

（2）负载 是电路中的用电设备，它把电能转换成其他形式的能量。例如白炽灯将电能转换成热能和光能，电动机将电能转换成机械能等。常用的电灯、电动机、电炉、扬声器等都是电路中的负载。

（3）中间环节 中间环节在电路中起着传递电能、分配电能和控制整个电路的作用。中间环节即开关和连接导线；一个实用电路的中间环节通常还有一些保护和检测装置，复杂的中间环节可以是由许多电路元件组成的网络系统。

## 二、电路模型

为了便于研究各类具体的电路，电工技术中，在一定条件下对实际器件加以理想化，只考虑其中起主要作用的电性能，这种电路元件简称理想电路元件。例如，电阻元件是一种只表示消耗电能的元件，是电阻器、电烙铁、电炉等实际电路元件的理想元件，称为模型。因为在低频电路中，这些实际元件所表现的主要特征是把电能转化为热能，所以可以用“电阻元件”这样一个理想元件来反映消耗电能的特征。同样，电感元件是表示其周围空间存在着磁场而可以储存磁场能量的元件，在一定条件下，“电感元件”是线圈的理想元件；电容元件是表示其周围空间存在着电场而可以储存电场能量的元件，在一定条件下，“电容元件”是电容器的理想元件。

由理想元件构成的电路，称为实际电路的“电路模型”。例如，图 1-1-2 的手电筒电路模型，在电路图中，电源部分用电动势 $E$ 和内阻 $R_0$ 表示，而作为负载的灯泡则用一个电阻 $R$ 表示。电动势 $E$ 的方向在电源内部是从低电位（电源负极）指向高电位（电源正极）的，输出电压 $U$ 的方向是从高电位指向低电位，电流 $I$ 的方向在外电路则是从高电位通过负载流向低电位的，在内电路是从低电位流向高电位。

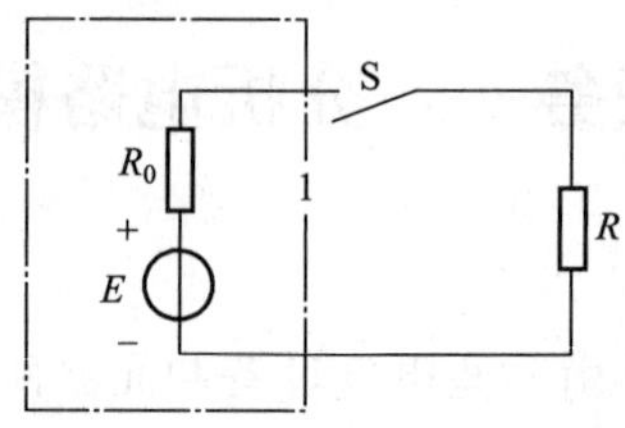


图 1-1-2 手电筒电路模型

## 三、电路的基本物理量

研究电路的基本规律，首先应掌握电路中的基本物理量：电流、电压、电位和电功率。

### 1. 电流

电流强度是单位时间内通过导体单位横截面的电荷量。电流强度又常称为电流。电流强度的单位是 A（安培），简称安。实际应用中，大电流用 kA（千安）表示，小电流用 mA

（毫安）或 μA（微安）表示。

电流主要分为两类：一类为大小和方向均不随时间变化的电流，即恒定电流，简称直流，用大写字母 $I$ 表示，另一类为大小和方向均随时间变化的电流，即变化电流，用小写字母 $i$ 或 $i(t)$ 表示。其中，一个周期内电流的平均值为零的变化电流称为交变电流，简称交流，也用 $i$ 表示。

几种常见的电流波形如图 1-1-3 所示，图 1-1-3(a) 为直流电流，图 1-1-3(b)、图 1-1-3(c) 为交流电流。

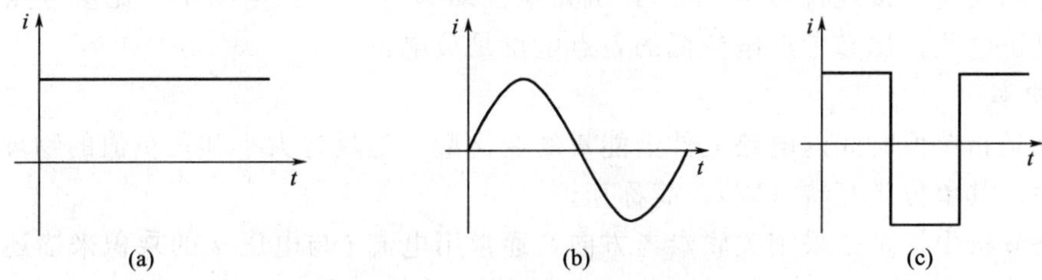


图 1-1-3　几种常见电流的波形

将电流的实际方向规定为正电荷运动的方向。在分析电路时，对于复杂的电路，由于无法确定电流的实际方向，或在交流电路中由于电流的方向是随时间变化的，它的实际方向也不能确定。为此，在分析电流时可以先假定一个方向，并称之为参考方向。电流的参考方向通常用带有箭头的线段表示，箭头所指的方向表示电流的流动方向。

当电流的实际方向与参考方向一致时，电流的数值就为正值（即 $I>0$），如图 1-1-4(a) 所示。图中带箭头的实线段为电流的参考方向，虚线段为电流的实际方向（下同）。反之，当电流的实际方向与参考方向相反时，电流的数值为负值（即 $I<0$），如图 1-1-4(b) 所示。

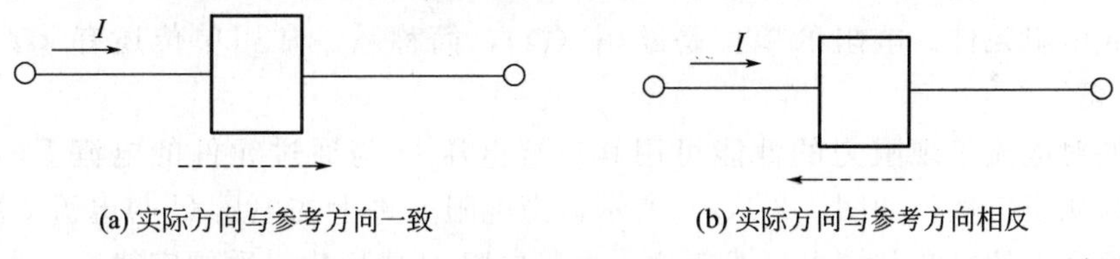


(a) 实际方向与参考方向一致　(b) 实际方向与参考方向相反

图 1-1-4　电流实际方向与参考方向

**2. 电压**

电压是电路中既有大小又有方向（极性）的基本物理量。直流电压用大写字母 $U$ 表示，交流电压用小写字母 $u$ 表示。电压的单位是伏特（V），简称伏。高电压用千伏（kV）表示，低电压可用毫伏（mV）或微伏（μV）表示。

电压的方向规定为从高电位指向低电位，在电路图中可用箭头来表示。在比较复杂的电路中，往往不能事先知道电路中任意两点间的电压，为了分析和计算的方便，也采用任意选定电压参考方向的办法。先按选定的电压参考方向进行分析、计算，再由计算结果中电压值的正负来判断电压的实际方向与任意选定的电压参考方向是否一致，若电压值为正，则实际方向与参考方向相同，电压值为负，则实际方向与参考方向相反。

**3. 电位**

在电路中任选一点为电位参考点（即零电位点），则某点到电位参考点的电压称为这一点（相对于电位参考点）的电位，如 $A$ 点的电位为 $V_A$。当选择 $O$ 点为电位参考点时，则

$$V_A = U_{AO} \tag{1-1}$$

电压是针对电路中某两点而言的，与路径无关，所以

$$U_{AB}=U_{AO}-U_{BO}=V_A-V_B \tag{1-2}$$

这样，$A$、$B$ 两点间的电压，就等于该两点的电位之差。电路中各点电位的高低是相对的，如果没有一个共同的参考点作标准，就无法确定电路中各点的电位，也无从比较各点电位的高低。通常在分析电路时先选定一个参考点，认为参考点的电位为零，电路中其他各点的电位均通过与参考点（零电位点）相比较而定。在生产实践中，把地球作为零电位点，凡是机壳接地的设备，接地符号是“⊥”，机壳电位即为零电位。电路中，比参考点电位高的各点电位是正电位，比参考点电位低的各点电位是负电位。

**4. 电功率**

电功率是指单位时间内电路元件上能量的变化量，是具有大小和正负值的物理量。电功率简称功率，其单位是瓦特（W），简称瓦。

在电路分析中，多是采用关联参考方向，通常用电流 $i$ 与电压 $u$ 的乘积来描述功率，则功率的计算公式为

$$p=ui \tag{1-3}$$

若 $p>0$，则该元件吸收（或消耗）功率；若 $p<0$，则该元件发出（或提供）功率。

# 分任务二　电路元件的识别

## 一、电路元件

**1. 电阻元件**

电阻是用于反映电流热效应的电路元件。在实际交流电路中，像白炽灯、电炉和电烙铁等，均可看成电阻元件。电阻的单位是欧姆（Ω），简称欧。常用单位还有 kΩ（千欧）或 MΩ（兆欧）等。

电阻元件对电流呈现阻力的性能可用其二端电压 $U$ 与通过元件的电流 $I$ 的关系表示，这种关系称为伏安特性。如图 1-2-1(a) 所示，当电阻元件上的电压 $U$ 与电流 $I$ 取关联方向时，通过电阻元件的电流与端电压成正比，而与电阻 $R$ 成反比，欧姆定律表示为

$$I=\frac{U}{R} \tag{1-4}$$

满足欧姆定律的电阻为线性电阻，它的电压和电流关系在直角坐标系上是一条通过原点的直线。

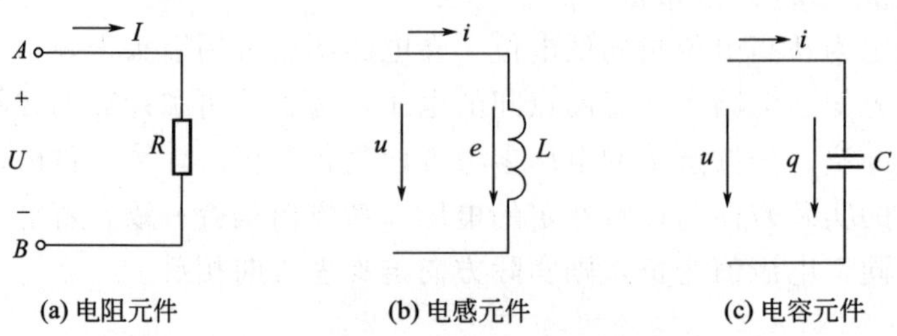


图 1-2-1　各元件电压与电流的关系

**2. 电感元件**

电感是反映电流周围存在磁场且能够储存和释放磁场能量的电路元件，典型的电感元件

是电阻为零的线圈。若线圈中无铁磁物质（即空心）则称为线性线圈，如图 1-2-1(b) 所示。

$$u=-e_{\mathrm{i}}=L\frac{\mathrm{d}i}{\mathrm{d}t} \tag{1-5}$$

式(1-5) 表明，电感元件上任一瞬间的电压大小，与这一瞬间电流对时间的变化率成正比。若电感元件中通过的是直流电流，因电流的大小值不变化，即$\frac{\mathrm{d}i}{\mathrm{d}t}=0$，则电感上的电压就为零，所以电感元件对直流电路可视为短路。

电感是一种储能元件。当通过电感的电流增加时，电感元件就将电能转换为磁能并储存在磁场中；当通过电感的电流减小时，电感元件就将储存的磁能转换为电能释放给电源。因此，在电感中的电流发生变化时，它能进行电能与磁能的互换，如果忽略线圈导线中的电阻的影响，那么电感本身是不消耗电能量的。

**3. 电容元件**

电容是反映带电导体周围存在电场且能够储存和释放电场能量的电路元件。电容种类很多，但从结构上都可看成由中间夹有绝缘材料的两块金属极板构成的。它的符号及规定的电压和电流参考方向如图 1-2-1(c) 所示。当电容接上交流电压 $u$ 时，极板上的电荷也随之变化，电路中便出现了电荷的移动，形成电流 $i$，则有

$$i=\frac{\mathrm{d}q}{\mathrm{d}t}=C\frac{\mathrm{d}u}{\mathrm{d}t} \tag{1-6}$$

式(1-6) 表明，电容的电流与电压对时间的变化率成正比。当电压恒定，即$\frac{\mathrm{d}u}{\mathrm{d}t}=0$ 时，电容上的电流为零。故电容对直流可视为断路，称之为“隔直”作用，即不允许直流电流通过。对于交流，电容会有电流通过，称之为“通交”作用。

电容也是一种储能元件。当两端的电压增加时，电容元件就将电能储存在电场中；当电压减小时，电容就将储存的能量释放给电源。因此，电容通过加在两端的电压的变化来进行能量转换。

**4. 电源元件**

能够向电路发出电流（或电压）的装置，称为电源。电源的种类很多，能够向电路独立发出电压或电流的电源，称为独立电源，如化学电池、太阳能电池或发电机等。独立电源按其外部特性，可分为电压源和电流源两种类型。

(1) 电压源　电压源是用于向外电路提供稳定电压的一种电源装置，电压源模型用电动势 $E$ 和内阻 $R_0$ 串联组合表示，如图 1-2-2(a) 的虚线框部分所示，电动势的参考方向习惯上用“+”和“−”极性表示。电压源两端接上负载 $R$ 后，负载上就有电流 $I$ 和电压 $U$，分别称为输出电流和电压。在图 1-2-2(a) 中，电压源的外特性方程为

$$U=E-IR_0 \tag{1-7}$$

由此可画出电压源的外部特性曲线，如图 1-2-2(b) 所示的实线部分，它是一条具有一定斜率的直线段。其中，当负载断路（即 $R=\infty$）时，电路具有断路状态的特点，直线交于纵轴，即 $U=E$，$I=0$；当负载被短路（即 $R=0$）时，电路具有短路状态的特点，直线交于横轴，即短路电流 $I_{\mathrm{SC}}=\frac{E}{R_0}$，$U=0$；当 $R$ 变化时，输出电压随输出电流的增加而降低，被降低部分的电压就是内压降 $IR_0$。

由此可见，$R_0$ 越小，$U$ 随 $I$ 的变化就越平坦。当 $R_0=0$ 时，$U$ 不再随 $I$ 的改变而发生

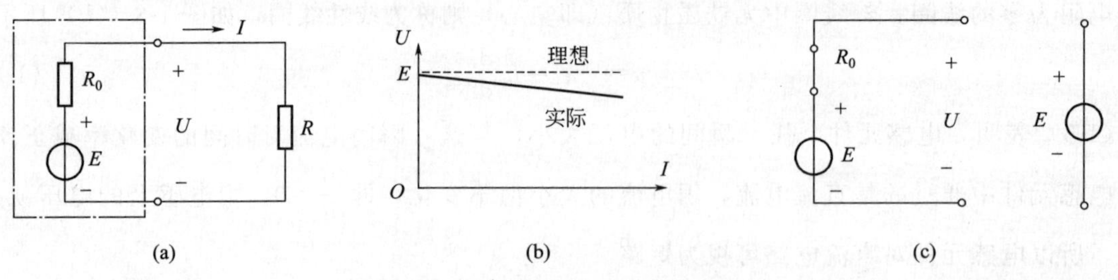


图 1-2-2 电压源模型及其外特性曲线

变化，恒等于电动势 $E$，这种情况的电源称为理想电压源，简称恒压源。它的外部特性如图 1-2-2(b) 的虚线部分所示，为一条平行于横轴的直线。理想电压源的模型如图 1-2-2(c) 所示，其内阻为 $R_0$，用短路线替代，表示 $R_0=0$。理想电压源实际上是不存在的，当实际的电压源内阻 $R_0 \ll R$（负载电阻）时，内压降可忽略不计，此时这种电压源就可视为理想电压源。

（2）电流源 电流源是用于向外电路提供稳定电流的一种电源装置，用电流 $I_S$（为恒定值）和内阻 $R_S$并联组合的模型表示，如图 1-2-3(a) 的虚线框部分所示，它的外部特性方程可用以下公式计算。

$$I=I_S-\frac{U}{R_S}\text{或}U=I_SR_S-IR_S \tag{1-8}$$

由此可画出电流源的外部特性曲线，如图 1-2-3(b) 的实线部分所示。当 $R=\infty$时，电路处于断路状态，曲线交于纵轴，即 $U=I_SR_S$，$I=0$；当 $R=0$ 时，电路处于短路状态，曲线交于横轴，即 $I=I_S$，$U=0$；当 $0<R<\infty$变化时，输出电压同样随着电流的增加而降低。当 $R_S=\infty$时，$I$ 不再随 $R$ 的变化而发生改变，而是恒等于电流值 $I_S$，这种情况的电源称为理想电流源，简称恒流源，它的符号如图 1-2-3(c) 所示。其中内阻 $R_S$用开路元件替代，外部特性是一条平行于纵轴的直线，如图 1-2-3(b) 的虚线部分所示。理想电流源实际也是不存在的，只是当 $R_S \gg R_\infty$ 而忽略电源内阻的分流作用时，该电流源才被视为理想电流源。

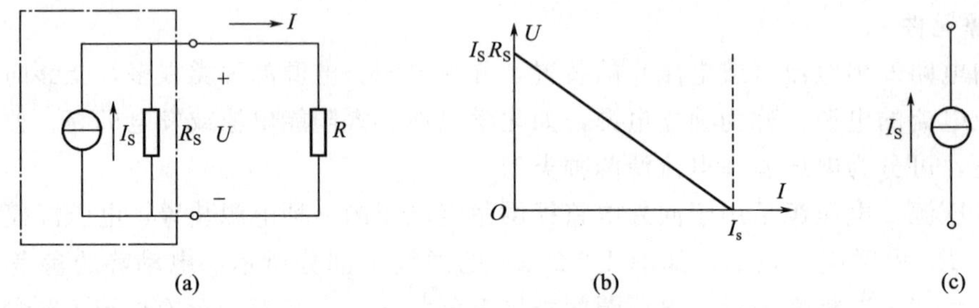


图 1-2-3 电压源模型及其外特性曲线

## 二、电阻器

电阻器的主要作用是限流、分流、降压、分压、负载、阻抗匹配、阻容滤波等，电阻器是电路元件中应用最广泛的一种。

### 1. 电阻器的分类

电阻器有多种分类方式，按结构可分为固定电阻器、可变电阻器（电位器）和敏感电阻器。按材料和工艺可分为膜式电阻器、实心电阻器、线绕电阻器等。常用电阻器的外形如图 1-2-4 所示。

固定电阻器简称电阻器。可变电阻器分为滑线式变阻器和电位器，常用于调节电路。敏

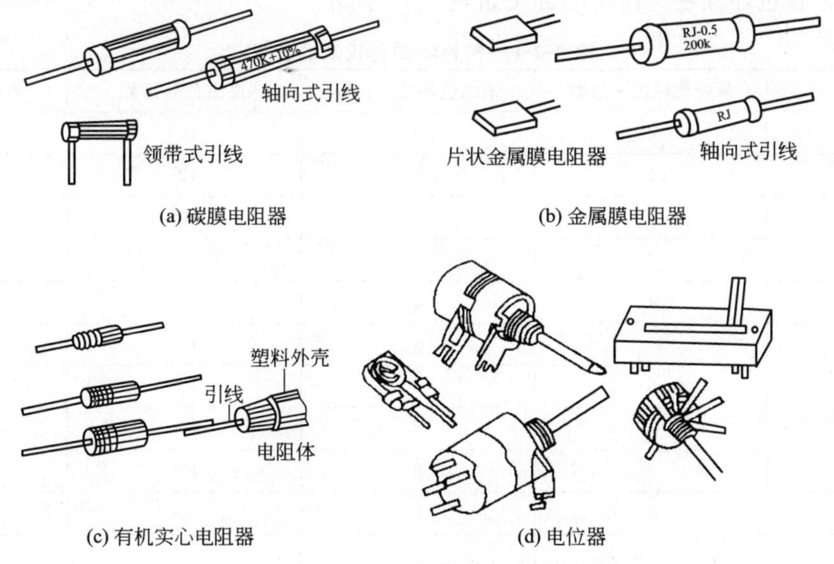

(a) 碳膜电阻器　(b) 金属膜电阻器

(c) 有机实心电阻器　(d) 电位器

图 1-2-4　常用电阻器外形

感电阻器有光敏电阻、热敏电阻、压敏电阻、气敏电阻等。它们均是利用材料电阻率随物理量变化的特性制成的，多用于控制电路。新型的电阻元件是片状电阻器，也称为表面安装电阻元件，是由陶瓷基片、电阻膜、玻璃釉保护层和端头电极组成的无引线结构电阻元件。这种片状的新型电阻元件具有体积小、重量轻、性能优良、温度系数小、阻值稳定可靠性强等优点，但其功率一般都不大。

**2. 电阻器的主要参数**

电阻器的主要参数有标称阻值和误差、标称功率、最高工作温度、极限工作电压、稳定性、噪声电动势、高频特性和温度特性等。

当选择在电路使用的电阻器时，它的阻值并不是唯一被考虑的参数。电阻器的误差和功率也同样重要。在简单的电子制作中，我们一般主要考虑标称阻值、误差、标称功率等几个主要参数。电阻器的标称阻值是指在电阻器上标的电阻值。标称功率是指电阻器在规定的环境温度和湿度长期连续工作，电阻器所允许消耗的最大功率。

标识电阻器的阻值和误差的方法有两种：①直标法；②色标法（固定电阻器用）。直标法是用数字直接标注在电阻上，如图 1-2-5 所示。色标法是用不同颜色的色环来表示电阻的

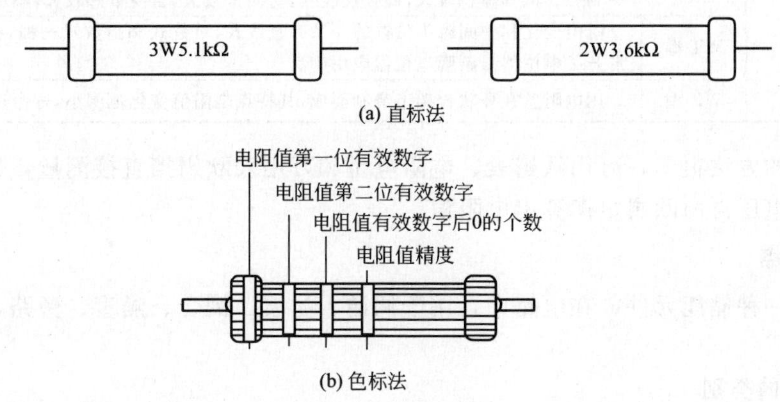

(a) 直标法

(b) 色标法

图 1-2-5　电阻器标法

阻值和误差，各色环颜色所代表的含义如表 1-2-1 所示。

表 1-2-1 各色环颜色代表的含义

| 颜色 | 第一色环第一位数 | 第二色环第二位数 | 第三色环倍数 | 第四色环误差 |
|---|---|---|---|---|
| 黑 | 0 | 0 | $10^0$ | |
| 棕 | 1 | 1 | $10^1$ | |
| 红 | 2 | 2 | $10^2$ | |
| 橙 | 3 | 3 | $10^3$ | |
| 黄 | 4 | 4 | $10^4$ | |
| 绿 | 5 | 5 | $10^5$ | |
| 蓝 | 6 | 6 | $10^6$ | |
| 紫 | 7 | 7 | $10^7$ | |
| 灰 | 8 | 8 | $10^8$ | |
| 白 | 9 | 9 | $10^9$ | |
| 金 | | | | |
| 银 | | | | |
| 无色 | | | | |

例如，图中第一色环为红、第二色环为黄、第三色环为橙、第四色环为银，则电阻阻值为 $24\times10^3=24\text{k}\Omega$。

**3. 电阻器的选用和测量**

表 1-2-2 给出几种常见电阻器的结构与特点，可供选用时参考。

表 1-2-2 几种常见电阻器的结构与特点

| 电阻器的类别 | 型号 | 应用特点 |
|---|---|---|
| 碳膜电阻器 | RT 型 | 性能一般，价格便宜，大量应用于普通电路中 |
| 金属膜电阻器 | RJ 型 | 与碳膜电阻相比，体积小，噪声低，稳定性好，但成本较高，多用于要求较高的电路中 |
| 金属氧化膜电阻器 | RY 型 | 与金属膜电阻相比，性能可靠，过载能力强，功率大 |
| 实心碳质电阻器 | RS 型 | 过负载能力强，可靠性较高。但噪声大，精度差，分布电容电感大，不适宜要求较高的电路中 |
| 线绕电阻器 | RX 型 | 阻值精确，功率范围大，工作稳定可靠，噪声小，耐热性能好，主要用于精密和大功率场合。但其体积较大，高频性能差，时间常数大，自身电感较大，不适用于高频电路 |
| 碳膜电位器 | WT 型 | 阻值变化和中间触头位置的关系有直线式、对数式和指数式三种，有的和开关组成带开关电位器。碳膜电位器应用广泛 |
| 线绕电位器 | WX 型 | 用电阻丝在环状骨架上绕制而成，其特点是阻值变化范围小，寿命长，功率大 |

测量电阻的方法很多，可用欧姆表、电阻电桥和万用表欧姆挡直接测量，也可通过测量电阻的电流和电压再由欧姆定律算出电阻值。

## 三、电容器

电容器是一种储能元件，在电路中，用于调谐、滤波、耦合、隔直、旁路、能量转换和延时等。

**1. 电容器的类别**

电容器按其电容量是否可调分为固定电容器、半可变电容器、可变电容器三种。按其所用介质分为金属化纸介电容、钽电解电容器、云母电容器、薄膜介质电容、瓷介电容器等。几种常见电容器的外形如图 1-2-6 所示。

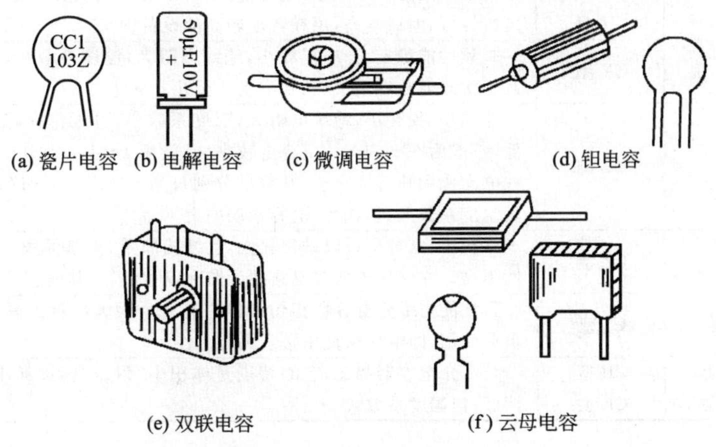


(a) 瓷片电容 (b) 电解电容 (c) 微调电容 (d) 钽电容

(e) 双联电容 (f) 云母电容

图 1-2-6 常用电容器的外形

固定电容器简称电容器。半可变电容器又称为微调电容器或补偿电容器，其特点是电容器可在小范围内变化（几皮法至几十皮法，最高可达 100pF）。可变电容器的电容量可在一定范围内连续变化，它们由若干片形状相同的金属片并接成一组（或几组）定片和一组（或几组）动片，动片可以通过转轴转动，以改变动片插入定片的面积，从而改变电容量。

**2. 电容器的主要参数**

电容器的主要参数为标称电容量、允许误差和额定工作电压等。标称电容量是指电容器上标出的名义电容量值。允许误差为实际容量与标称容量之间允许的容量最大偏差范围。额定工作电压是电容器在规定的工作温度范围内，长期、可靠地工作所能承受的最高电压。

电容器的标识方法有三种：一是直标法；二是数码法；三是色标法。

（1）直标法。将电容器的容量、耐压及误差直接标注在电容上。

（2）数码法。用三位数字来表示容量的大小，单位为 pF。前两位为有效数字，第三位表示倍率，即乘以 $10^i$，$i$ 的取值范围是 1～9，但 9 表示 $10^{-1}$ 例如，333 表示 33 000pF 或 0.033μF；229 表示 2.2pF。

（3）色标法与电阻器的色环表示法类似，其各色环颜色所代表的含义与电阻色环完全一样，单位为 pF。

**3. 电容器的选用及测试**

电容器的种类繁多，性能指标各异，合理选用电容器对实际电路很重要。对于一般电路，可选用瓷介电容器；对于要求较高的中高频、音频电路，可选用涤纶或聚苯乙烯电容器。例如，谐振回路要求介质损耗小，可选用高频瓷介或云母电容器；电源滤波、退耦、旁路可选用铝或电解电容。常用电容器的性能特点如表 1-2-3 所示，应根据电路要求进行选择。

**表 1-2-3 几种常用电容器的性能特点**

| 电容器的类别 | 型号 | 应用特点 |
| --- | --- | --- |
| 铝电解电容器 | CD 型 | 有极性之分。电容量大，耐压高，电容量误差大，且随频率而变动，绝缘电阻低，漏电流大 |

续表

| 电容器的类别 | 型号 | 应用特点 |
|---|---|---|
| 钽解电容器<br>铌解电容器 | CA型<br>CN型 | 有极性之分。体积小,电容量大,耐压高,性能稳定,寿命长,绝缘电阻大,温度特性好;但成本高,用在要求较高的设备中 |
| 云母电容器 | CY型 | 高频性能稳定,介质损耗小,绝缘电阻大,温度系数小,耐压高(从几百伏至几千伏);但电容量小(从几十皮法至几万皮法) |
| 瓷介电容器 | CC型 | 体积小,损耗小,绝缘电阻大,温度系数小,可工作在超高频范围;但耐压较低(一般为60～70V),电容量较小(一般为1～1000pF)。为提高电容量,采用铁电陶瓷和独石为介质,其容量分别可达680pF～0.047μF和0至几微法,但其温度系数大,损耗大,电容量误差大 |
| 纸介电容器 | CZ型 | 体积小,电容量可以做得较大,且结构简单,价格低廉。但介质损耗大,稳定性不高。主要用于低频电路的旁路和隔直电容,其电容量一般为10～100pF |
| 金属化纸介电容器 | CJ型 | 其性能与纸介电容器相仿。但它有一个最大的特点是被高电压击穿后,有自愈作用,即电压恢复正常后仍能工作 |
| (苯)有机薄膜电容器<br>(涤)有机薄膜电容器 | CB型<br>CL型 | 与纸介电容器相比,它的特点是体积小,耐压高,损耗小,绝缘电阻大,稳定性好;但温度系数大 |

电容器装接前应先进行测量，看其是否短路、断路或漏电严重。利用万用表的欧姆挡就可以简单地测量。具体方法是：容量大于100μF的电容器用$R\times100$挡测量；容量为1～100μF的电容器用$R\times1\text{k}$挡测量；容量更小的电容器用$R\times10\text{k}$挡测量。对于极性电容，将黑表笔接电容器的正极，红表笔接电容器的负极，若表针摆动大，且返回慢，返回位置接近∞，说明该电容器正常，且电容量大；若表针摆动大，但返回时，表针显示的欧姆值较小，则说明该电容漏电电流较大；若表针摆动很大，接近于0Ω，且不返回，说明该电容器已击穿；若表针不摆动，则说明该电容器已开路，失效。对于非极性电容，两表笔接法随意。另外，如果需要对电容器再进行一次测量，就必须将其放电后才能进行。

对于要求更精确的测量，我们可以用交流电桥和$Q$表（谐振法）来测量，这里不做介绍。

## 四、电感器

电感器是利用电磁感应原理制成的元件，通常分两类：一类是应用自感作用的电感线圈；另一类是应用互感作用的耦合电感。电感器的应用范围很广，它在调谐、振荡、匹配、耦合、滤波、陷波等电路中都是必不可少的。由于电感工作频率、功率、功用等的不同，使其结构多种多样。一般电感器是由漆包线在绝缘骨架上绕制而成的线圈，作为存储磁能的元件。为了增加电感量，提高品质因数和减小体积，通常在线圈中加入软磁性材料的磁心。

### 1. 电感器的类别

根据电感器的电感量是否可调，电感器分为固定、可变和微调电感器。常见电感器的外形如图1-2-7所示。

可变电感器的电感量可利用磁心在线圈内移动而在较大的范围内调节。它与固定电容器配合用于谐振电路中起调谐作用。

微调电感器可以满足整机调试的需要和补偿电感产生时的分散性，一次调好后，不再变动。

除此之外，还有一些小型电感器，如色码电感器、平面电感器和集成电感器，可满足电气设备小型化的需要。

### 2. 电感器的主要参数

电感器的主要参数为电感量、品质因数和额定电流等。电感量是指电感器通过变化电流

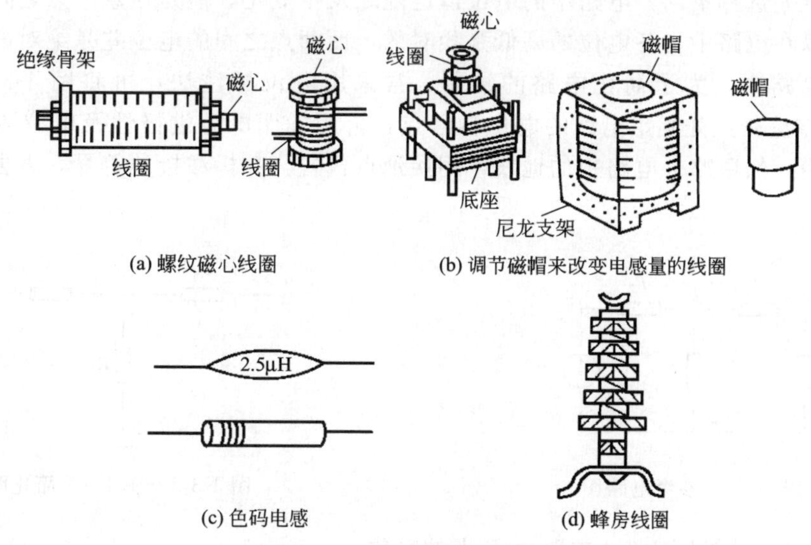


(a) 螺纹磁心线圈　(b) 调节磁帽来改变电感量的线圈

(c) 色码电感　(d) 蜂房线圈

图 1-2-7　常用电感器的外形

时产生感应电动势的能力。其大小与磁导率 $u$、线圈几何尺寸和匝数等有关。品质因数为线圈中存储能量和消耗能量的比值，通常用 $Q=\omega L/R$ 来表示，它反映电感器传输能量的效能。$Q$ 值越大，损耗越小，传输效能越高，一般要求 $Q=50\sim300$。额定电流主要是对高频电感器和大功率电感器而言的。通过电感器的电流超过额定值时，电感器将会发热，严重时会烧坏。

**3. 电感器的选用及测试**

根据电路要求选择电感器的类型、电感量、误差及品质因数；根据电路工作电流选择电感器的额定电流。如选电感器时，首先应明确其使用频率范围，如铁心线圈只能用于低频；一般铁氧体线圈、空心线圈可用于高频。再考虑电感量、误差及品质因数等。

线圈是磁感应元件，它对周围的电感性元件有影响。安装时一定要注意电感性元件之间的相互位置，一般应使相互靠近的电感线圈的轴线互相垂直，必要时可在电感性元件上加屏蔽罩。

用万用表欧姆挡测量电感线圈的直流电阻，并与其技术指标相比较时，若阻值比规定的阻值小得多，则说明线圈存在局部短路或严重短路情况；若阻值很大或表针不动，则表示线圈存在断路。也可以用电桥法、谐振回路法测量。常用测量电感的电桥有海氏电桥和麦克斯韦电桥，这里不做详细介绍。

# 分任务三　电位、电压测定

## 一、电位的计算

电路中某一点的电位，必须先在电路中选定某一点作为电位参考点。只有选定了参考点以后，讨论电路中某点的电位才有意义。一般选取零电位点为参考点。如图 1-3-1 所示，取 $d$ 点作为电位参考点，参考点的电位 $V_d=0$，其他各点的电位都与这一点进行比较，比它高的电位为正，比它低的电位为负。正数值越大，电位就越高，而负数值越大，电位就越低。实际上，电路中某一点的电位就等于该点与参考点之间的电压。

结论：(1) 电路中某一点的电位在数值上等于该点与参考点之间的电位差；

(2) 电位差选择不同，电路中的电位值也随之发生变化。但是任意两点之间的电位差是不变的。所以在电路中，各电位的高低是相对的，而两点之间的电位差是绝对的。

在电子电路中，为了简化电路的绘制，常采用电位标注法，可将图 1-3-1 简化为图 1-3-2。简化方法是：先确定电路的电位参考点，再用标明电源端极性及电位数值的方法表示电源的作用，然后略去电路中的地线，用接地点代替，并标注接地符号，省去电源与接地点的连线。

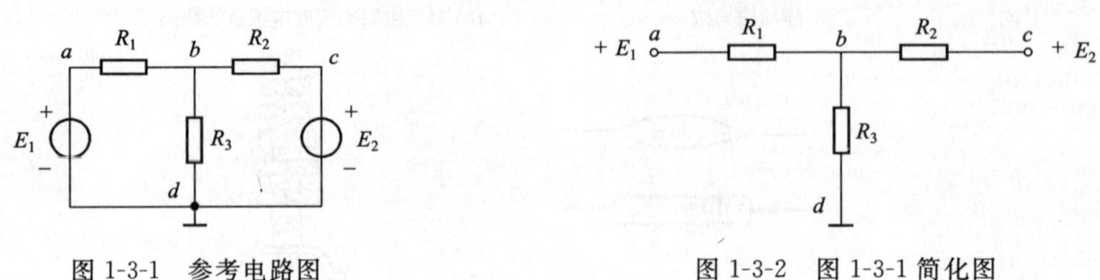


图 1-3-1 参考电路图　　图 1-3-2 图 1-3-1 简化图

**【例题 1-1】** 计算图 1-3-3 电路中 $B$ 点的电位。

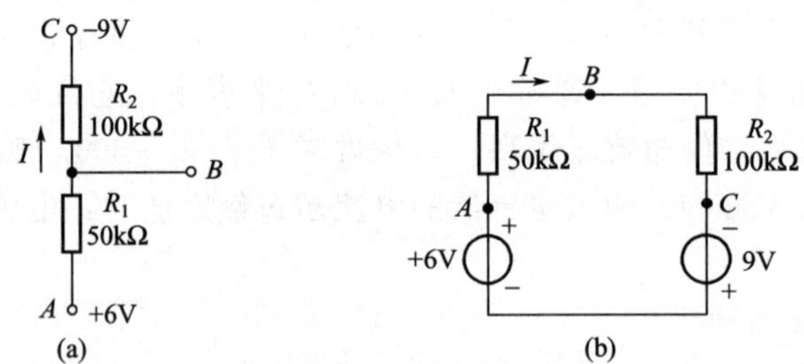


图 1-3-3 例题 1-1 电路图

**解** 完整电路如图 1-3-3(b) 所示，计算电路中的电流。

$$I=\frac{V_A-V_C}{R_1+R_2}=\frac{6-(-9)}{50+100}=0.1(\mathrm{mA})$$

因为
$$U_{AB}=V_A-V_B$$

所以
$$V_B=V_A-U_{AB}=6-0.1\times50=1(\mathrm{V})$$

## 二、基尔霍夫定律

基尔霍夫定律是电路中电流和电压遵循的基本规律，是分析和计算电路的基础。在研究基尔霍夫定律之前，先介绍几个有关电路的名词。

(1) 节点：电路中，三条或三条以上导线的汇聚点称为节点。如图 1-3-4 所示的 $b$，$e$

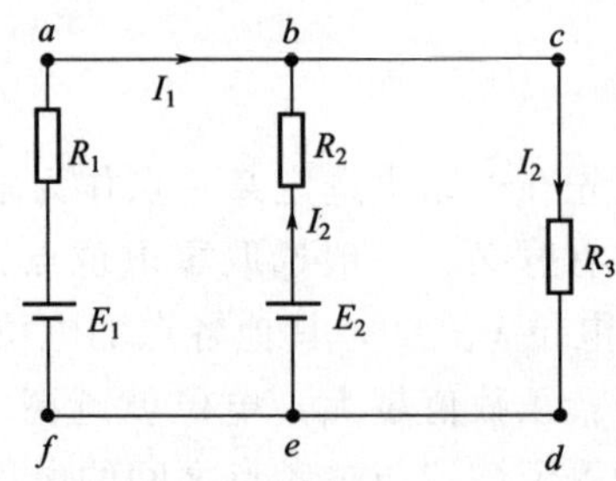


图 1-3-4 节点、支路、回路、网孔

两点。

(2) 支路：任意两个节点之间无分叉的分支电路称为支路。如图 1-3-4 所示的 $bafe$，$be$，$bcde$ 三条支路。

(3) 回路：电路中任一闭合路径称为回路。如图 1-3-4 所示的 $abefa$，$bcdeb$，$abcdefa$ 都是回路。

(4) 网孔：不包围任何支路的单孔回路称为网孔。如图 1-3-4 所示的 $abefa$ 和 $bcdeb$ 都是网孔，而 $abcdefa$ 不是网孔。

**1. 基尔霍夫电流定律**

电路中，在任一瞬间，流入一个节点的电流之和等于从这个节点流出的电流之和。对于图 1-3-5 的节点 $a$ 来说，有 $I_1+I_3+I_5=I_2+I_4$。

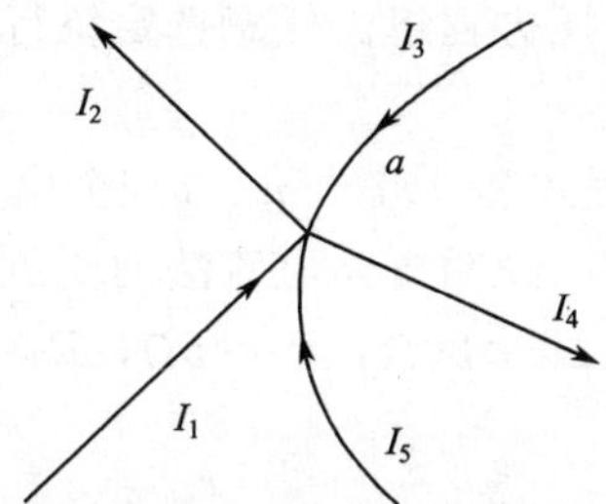


图 1-3-5 基尔霍夫电流定律示例

如果规定流出节点的电流取“－”号，流入节点的电流取“＋”号，则有

$$I_1-I_2+I_3-I_4+I_5=0 \tag{1-9}$$

于是，可以把基尔霍夫电流定律写成一般形式

$$\sum I=0 \tag{1-10}$$

即对于电路中的任一节点，在任一瞬间，电流的代数和恒等于零。基尔霍夫电流定律是电路中连接到任一节点的各支路电流必须遵守的约束，而与各支路上的元件性质无关。这一定律对于任何电路都普遍适用。

**2. 基尔霍夫电压定律**

在任一瞬间，对于电路中的任一闭合回路，各部分电压的代数和恒等于零，即

$$\sum U=0 \tag{1-11}$$

如图 1-3-6 所示的闭合回路中，沿 $abcdea$ 顺序绕行一周，则有

$$U_1-U_2+U_3-U_4+U_5=0 \tag{1-12}$$

各部分电压的正负号规定如下：按绕行方向（即为电压降的方向）经过一个电压时，该电压的方向与绕行方向一致，电压前取正号“＋”，否则，取负号“－”。

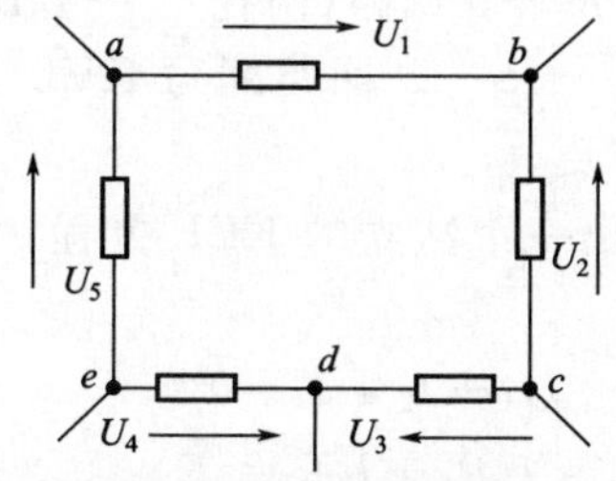


图 1-3-6 基尔霍夫电压定律示例

# 分任务四 直流电压、电流测量

## 一、支路电流法

支路电流法，就是以各支路电流为变量，应用基尔霍夫定律（KCL、KVL）求解复杂电路的分析方法，具体步骤如下：

（1）审题，确定电路参数及待求量，由电路的支路数确定待求的电流数。如果有 $m$ 条支路，则必有 $m$ 个支路电流。

（2）在电路图中标出各支路电流及电压（电动势）的参考方向。

（3）根据KCL列出节点电流方程组。若电路有 $n$ 个节点，可建立（$n-1$）个独立方程式。

（4）根据KVL列出回路的电压方程组。任意选定绕行方向，列出 $[m-(n-1)]$个回路电压方程。

（5）联立（$n-1$）个电流方程式和 $[m-(n-1)]$个电压方程式，就可以求解各支路电流。以如图1-4-1所示的电路为例，说明支路电流法的要点及解题步骤。

已知：$E_1=70\text{V}$，$E_2=45\text{V}$，$R_1=20\Omega$，$R_2=5\Omega$，$R_3=6\Omega$，试求各支路电流。

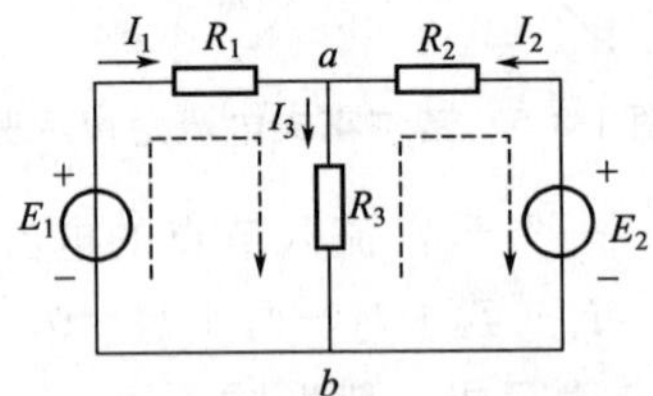


图1-4-1 支路电流法示例

**解题步骤**

（1）审题：三个支路电流是待求量，需列三个独立方程。

（2）假定支路电流的参考方向如图1-4-1所示。

（3）列出KCL方程。

$a$ 节点 $$I_1+I_2-I_3=0 \tag{1-13}$$

$b$ 节点 $$-I_1-I_2+I_3=0 \tag{1-14}$$

以上两个KCL方程只有一个是独立的。包含 $n$ 个节点的电路，只能列出（$n-1$）个独立的KCL方程。由此可知，本电路共有两个节点，只能列出一个独立的KCL方程。

（4）列出KVL电压方程：选择绕行方向，如图1-4-1所示。

$$a-R_3-b-E_1-R_1-a\text{ 回路(网孔)}\quad I_1R_1+I_3R_3=E_1 \tag{1-15}$$

$$a-R_2-E_2-b-R_3-a\text{ 回路(网孔)}\quad -I_3R_3-I_2R_2=-E_2 \tag{1-16}$$

还可以对 $a-R_2-E_2-b-E_1-R_1-a$ 回路列写KVL方程，但该方程不是独立的，无须列出。

综上所述，对于本电路可列出一个独立的KCL方程、两个独立的KVL方程，能够联立求解三个未知的支路电流，即

$$\begin{cases} I_1+I_2+I_3=0 \\ I_1R_1+I_3R_3=E_1 \\ -I_3R_3-I_2R_2=-E_2 \end{cases} \tag{1-17}$$

(5) 代入数据，联立求解，得 $I_1=2A$，$I_2=3A$，$I_3=5A$。三个支路电流都是正值，表明它们的实际方向与图 1-4-1 的参考方向相同。

**【例题 1-2】** 如图 1-4-2 所示电路中，已知 $E_1=90\text{V}$，$E_2=40\text{V}$，$R_1=10\Omega$，$R_2=20\Omega$，$R_3=30\Omega$。试求支路电流 $I_1$，$I_2$ 和 $I_3$。

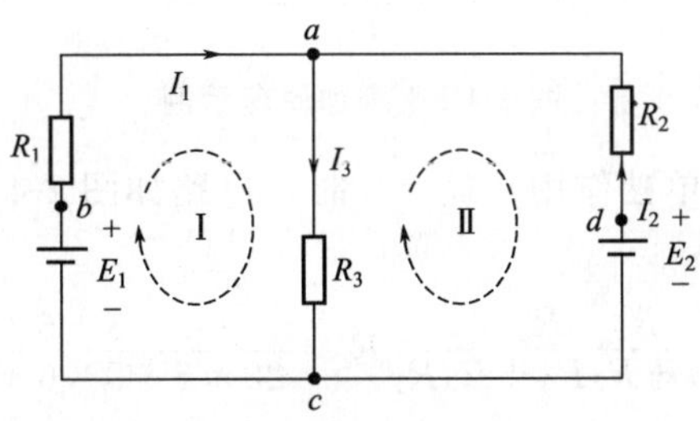


图 1-4-2　例题 1-2 电路图

**解**　由 KCL 和 KVL 可列出 $a$ 节点的电流方程和Ⅰ、Ⅱ网孔的电压方程，并联立成方程为

$$\begin{cases}I_1+I_2=I_3\\I_1R_1+I_3R_3=E_1\\I_2R_2+I_3R_3=E_2\end{cases}$$

将已知数据代入上述方程组，则为

$$\begin{cases}I_1+I_2=I_3\\10I_1+30I_3=90\\20I_2+30I_3=40\end{cases}$$

解得 $I_1=3\text{A}$，$I_2=-1\text{A}$，$I_3=2\text{A}$

## 二、叠加定理

叠加定理是描述线性电路叠加性的重要定理。叠加定理的内容可描述为：在一个包含多个电源的线性电路中，任何一个支路的电流或电压等于各个电源单独作用（其他电源不作用）时，在该支路所产生的电流或电压的代数和。所谓单独作用，就是当其中某一个电源作用时，其余的独立电源应做零处理。电压源做零处理相当于短路，电流源做零处理相当于断路。

叠加原理的分析与计算步骤如下：

(1) 在电路图中，标出各支路电流和电压的参考方向。

(2) 分别画出各独立电源单独作用时的分电路图，并计算各电压或电流的分量。

(3) 将电压或电流的各分量分别进行叠加。叠加时，以原电路中的电量参考方向为准，各分量参考方向与之相同的取正号；反之，取负号。

叠加定理只适用于线性电路，而不适用于非线性电路。即使在线性电路中，叠加定理也只能用于电流和电压，而不能用来计算功率，因为功率不是电流源或电压源的一次函数，不是线性关系。

以如图 1-4-3 所示的电路为例，计算支路电流 $I_1$。

**解题步骤**

(1) 假定支路电流的参考方向如图 1-4-3 所示。

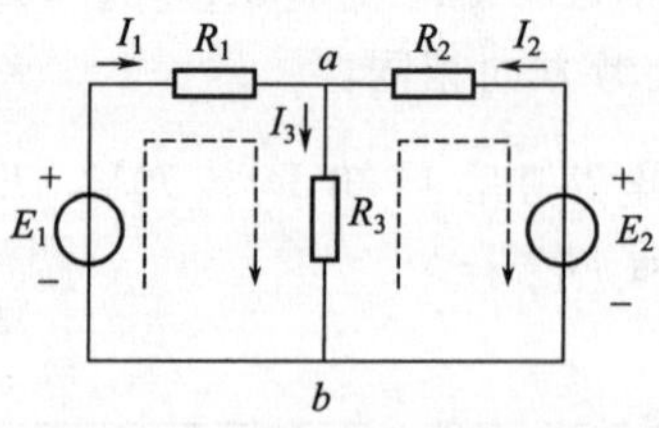


图 1-4-3 叠加原理示例

（2）当原电路中只有 $E_1$ 单独作用，$E_2=0$ 时，电路如图 1-4-4(a) 所示，在 $R_1$ 支路中产生的电流为

$$I_1'=\frac{E_1}{R_1+\dfrac{R_2R_3}{R_2+R_3}}=\frac{R_2+R_3}{R_1R_2+R_2R_3+R_3R_1}E_1=\frac{5+6}{20\times5+5\times6+20\times6}\times70=3.08\ (\text{A}) \tag{1-18}$$

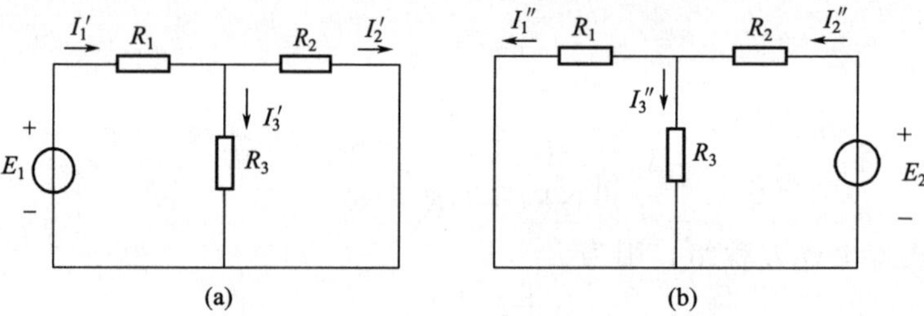


图 1-4-4 叠加原理分电路图

当原电路中只有 $E_2$ 单独作用，$E_1=0$ 时，电路如图 1-4-4(b) 所示，在 $R_1$ 支路中产生的电流为

$$I_2''=\frac{E_2}{R_2+\dfrac{R_1R_3}{R_1+R_3}}=\frac{R_1+R_3}{R_1R_2+R_2R_3+R_3R_1}E_2=\frac{20+6}{20\times5+5\times6+20\times6}\times45=4.68\ (\text{A}) \tag{1-19}$$

$$I_1''=\frac{I_2''R_3}{R_1+R_3}=\frac{4.68\times6}{20+6}=1.08\ (\text{A}) \tag{1-20}$$

（3）支路电流 $I_1$ 由两个分量 $I_1'$ 和 $I_1''$ 叠加而成。注意 $I_1'$ 与 $I_1$ 的参考方向相同，$I_1'$ 取正号；$I_1''$ 与 $I_1$ 的参考方向相反，$I_1''$ 取负号。这样可得

$$I_1=I_1'-I_1''=3.08-1.08=2\ (\text{A}) \tag{1-21}$$

**【例题 1-3】** 如图 1-4-5 所示的电路中，已知电压源 $E=24\text{V}$，电流源 $I_S=1.5\text{A}$，电阻 $R_1=100\Omega$，$R_2=200\Omega$。

（1）用叠加定理计算支路电流 $I_1$ 和 $I_2$；

（2）通过计算说明能否用叠加定理计算电路的功率。

**解** （1）电流的参考方向如图 1-4-5 所示。

电流源单独作用，电压源短路，电路如图 1-4-6(a) 所示。

$$I_1'=\frac{R_2}{R_1+R_2}\cdot I_S=\frac{200}{100+200}\times1.5=1\ (\text{A})$$

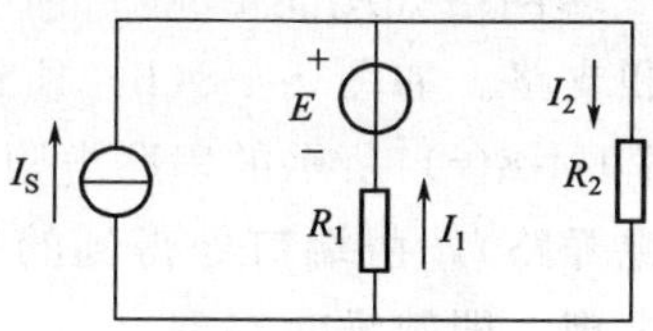


图 1-4-5 例题 1-3 电路图

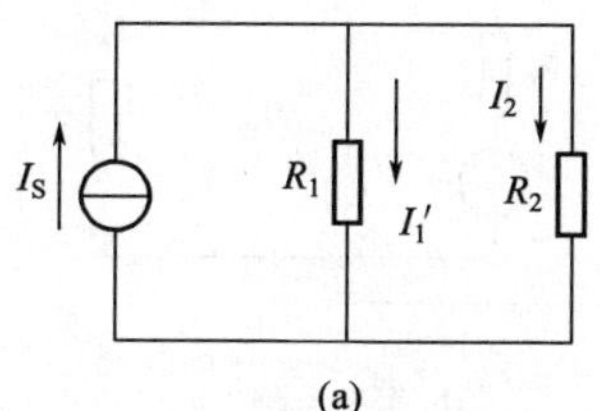


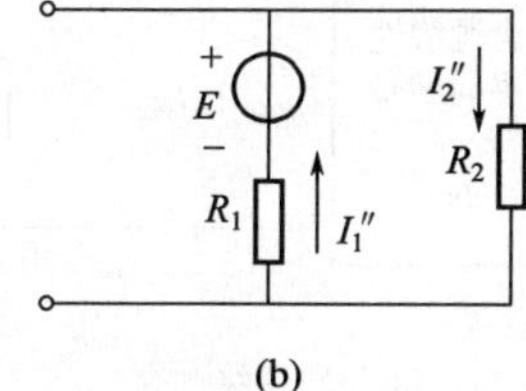


图 1-4-6 例题 1-3 分电路图

$$I_2'=\frac{R_1}{R_1+R_2}\cdot I_S=\frac{100}{100+200}\times 1.5=0.5\ (A)$$

电压源单独作用，电路如图 1-4-6(b) 所示。

$$I_1''=I_2''=\frac{E}{R_1+R_2}=\frac{24}{100+200}=0.08\ (A)$$

最后，计算支路电流 $I_1$和 $I_2$，如图 1-4-7 所示。

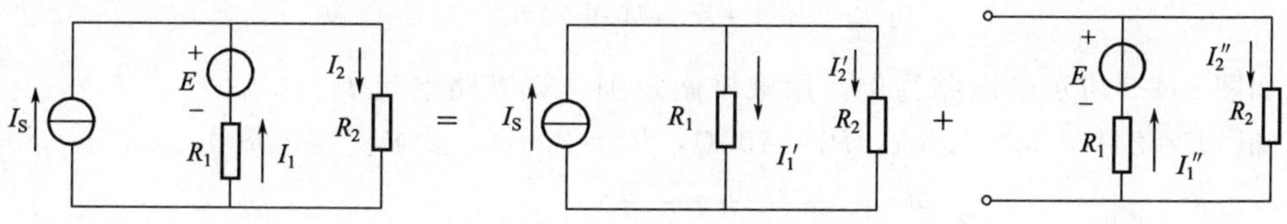


图 1-4-7 计算支路电流

$$I_1=-I_1'+I_1''=(-1+0.08)A=-0.92A$$
$$I_2=I_2'+I_2''=(0.5+0.08)A=0.58A$$

注意：$I_1'$与 $I_1$的参考方向相反，$I_1'$取负号；$I_1''$与 $I_1$的参考方向相同，$I_1''$取正号；同样可得 $I_2$。

(2) 以 $R_1$吸收的功率为例，说明叠加定理不能用于计算功率。

根据 $I_1=-0.92A$，计算 $R_1$吸收的电功率。

$$P_1=I_1{}^2R=(-0.92)^2\times 100=84.64\ (W)$$

如果用叠加定理计算吸收的功率，则

电流源单独作用 $P_1'=(I_1')^2R_1=1^2\times 100=100\ (W)$

电压源单独作用 $P_1''=(I_1'')^2R_1=(0.08)^2\times 100=0.64\ (W)$

显然 $P_1\neq P_1'+P_1''$

## 三、戴维南定理

电路理论中，把只有一个输入端口或输出端口的网络，叫做单口网络。一个端口有两个端钮，所以单口网络又叫二端网络。二端网络按其内部是否含有电源，又分为有源二端网络和无源二端网络。

事实上，任何一个线性含源二端网络如图 1-4-8(a) 所示。对于外电路而言，都可以等效为一个电压源和一个电阻的串联支路。如图 1-4-8(b) 所示，这个电压源的电压等于原含源二端网络的开路电压 $U_{ab}$。如图 1-4-8(c) 所示的串联电阻等于原含源二端网络内所有的电源为零时（即电压源短路，电流源开路），由端口处得到的等效电阻，如图 1-4-8(d) 所示。就是含源二端网络的等效电压源定理，即戴维南定理。

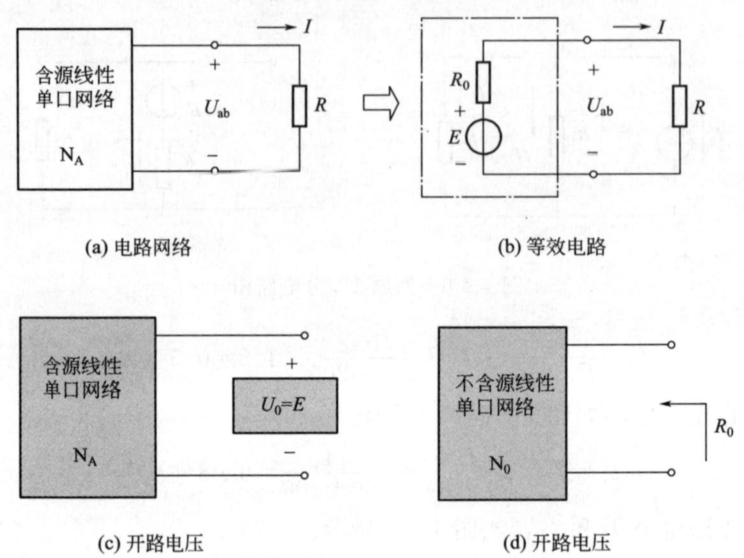

(a) 电路网络　(b) 等效电路
(c) 开路电压　(d) 开路电压

图 1-4-8　戴维南定理

以如图 1-4-9 所示的电路为例，用戴维南定理计算支路电流 $I_2$。

已知：$E=24\text{V}$，$I_S=1.5\text{A}$，$R_1=100\Omega$，$R_2=200\Omega$，试求支路电流 $I_2$。

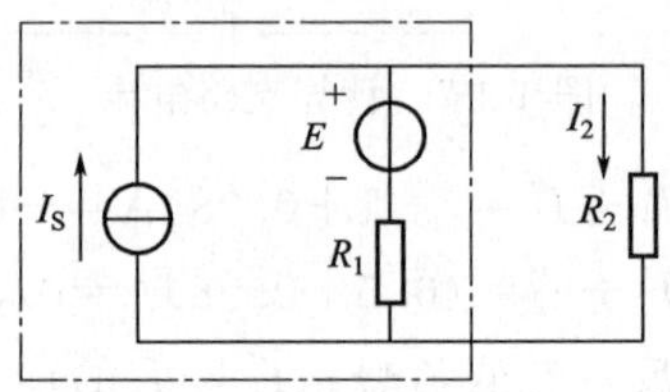

图 1-4-9　戴维南定理示例

**解题步骤**

(1) 假定支路电流的参考方向如图 1-4-9 所示。

(2) 断开 $R_2$ 支路，计算含源单口网络的开路电压 $U_0$，电路如图 1-4-10 所示。

列 KVL 方程　　$U_0=I_SR_1+E=(1.5\times100+24)=174\ (\text{V})$　　(1-22)

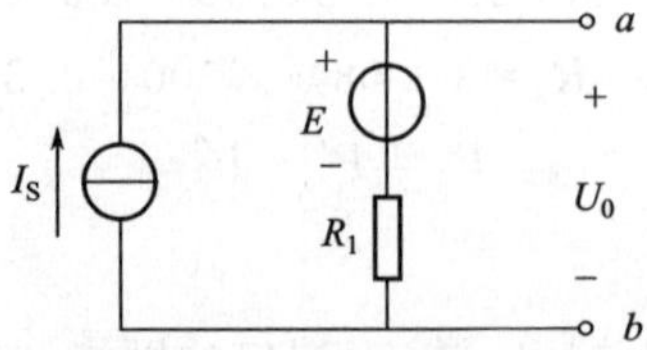

图 1-4-10　计算开路电压

(3) 计算戴维南等效电源的内阻 $R_0$。不含源单口网络如图 1-4-11 所示。

等效电阻　$R_0=R_1=100\Omega$　(1-23)

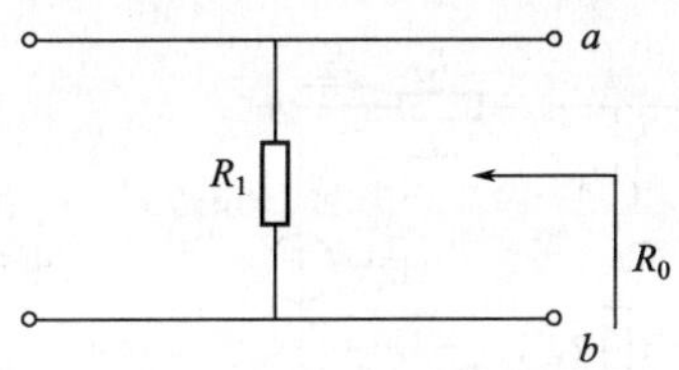


图 1-4-11　计算等效电阻

(4) 将戴维南等效电路并接上所求的电流支路，电路如图 1-4-12 所示。

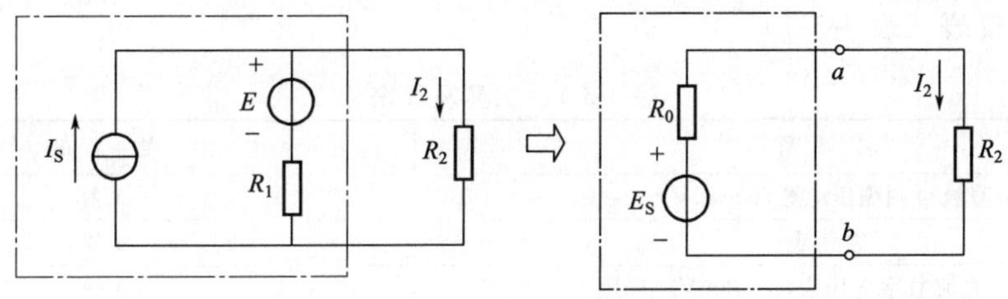


图 1-4-12　并接电流支路

注意电压源 $E_S$ 的极性与开路电压 $U_0$ 的参考方向要保持一致。例如 $U_0$ 的参考方向是 $a$ 点为正、$b$ 点为负，则电压源 $E_S$ 的正极应对应接 $a$ 点、负极应对应接 $b$ 点。

支路电流 $I_2=\dfrac{E_S}{R_0+R_2}=\dfrac{174}{100+200}=0.58$ (A)

**【例题 1-4】** 如图 1-4-13 所示的电路，求二端网络的戴维南等效电路。

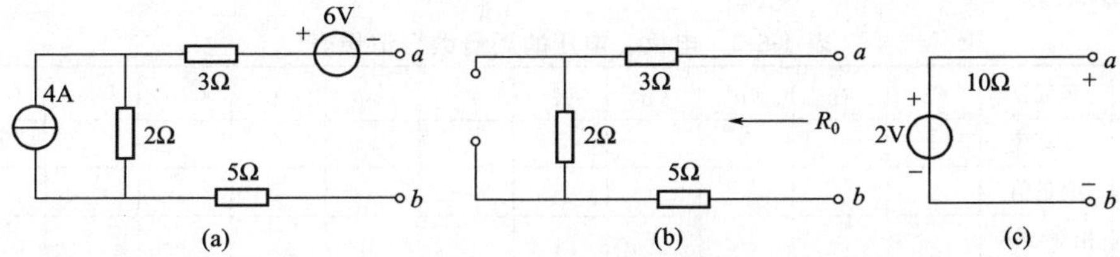


图 1-4-13　例题 1-4 电路图

**解**　计算含源单口网络的开路电压 $U_0$，如图 1-4-13(a) 所示。

$$U_0=U_{ab}=-6+2\times4=2\ (\text{V})$$

将电压源短路，电流源断路，得到如图 1-4-13(b) 所示的电路图，计算戴维南等效电源的内阻 $R_0$。

$$R_0=R_{ab}=3+2+5=10\ (\Omega)$$

戴维南的等效电路如图 1-4-13(c) 所示。

# 任务实施

## 一、电位、电压的测量

### 1. 原理

在一个闭合电路中，各点电位的高低因电位参考点的不同而改变，但任意两点间的电位差（即电压）则是绝对的，它不因参考点的变动而改变。在电位图中，任意两个被测点的纵坐标值之差即为这两点之间的电压值。电位、电压的测量电路如图 1-5-1 所示。

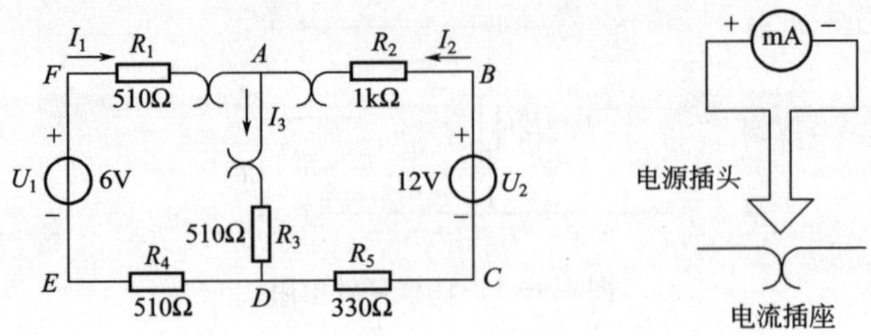


图 1-5-1 电位、电压的测量电路

**2. 工具及仪表**（表 1-5-1）

**表 1-5-1 工具及仪表**

| 名 称 | 数 量 |
|---|---|
| 直流可调稳压电源(0～30V) | 2 台 |
| 万用表 | 1 块 |
| 直流数字电压表(0～200V) | 1 块 |
| 电位、电压测定实训电路板(DGJ-03) | 1 块 |

**3. 内容及步骤**

（1）根据测量电路，完成电位，电压的测量数据记录如表 1-5-2 所示。

（2）根据实训数据，绘制两个电位图形，并对照观察对应两点间的电压情况。

（3）完成数据表格中的计算，对误差作必要的分析。

（4）总结电位相对性和电压绝对性。

**4. 测试结果**

**表 1-5-2 电位、电压的测量数据记录表**

| 电位参考点 | $\phi$ 与 $U$ | $\varphi_A$ | $\varphi_B$ | $\varphi_C$ | $\varphi_D$ | $\varphi_E$ | $\varphi_F$ | $U_{AB}$ | $U_{BC}$ | $U_{CD}$ | $U_{DE}$ | $U_{EF}$ | $U_{FA}$ |
|---|---|---|---|---|---|---|---|---|---|---|---|---|---|
| A | 计算值 | | | | | | | | | | | | |
| | 测量值 | | | | | | | | | | | | |
| | 相对误差 | | | | | | | | | | | | |
| D | 计算值 | | | | | | | | | | | | |
| | 测量值 | | | | | | | | | | | | |
| | 相对误差 | | | | | | | | | | | | |

## 二、直流电压、电流测量

### 1. 基尔霍夫定律的测试

（1）原理图如图 1-5-2 所示。

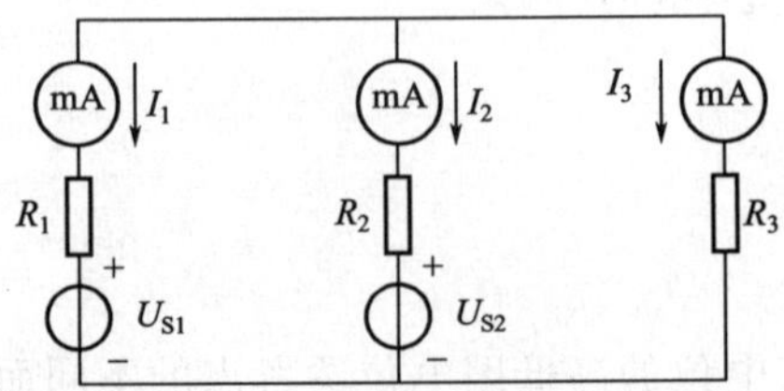


图 1-5-2 基尔霍夫定律的验证电路

（2）工具及仪表如表 1-5-3 所示。

表 1-5-3 工具及仪表

| 名称 | 数量 |
|---|---|
| 基尔霍夫定律实训电路板 | 1 块 |
| 直流电源（输出 $U_{S1}$、$U_{S2}$） | 1 台 |
| 万用表 | 1 块 |
| 直流电流表 | 3 块 |

（3）实训内容及步骤如下。

① 测量各支路电流；

② 测量各元件上的电压；

③ 验证基尔霍夫定律。

（4）测试结果的记录如表 1-5-4 所示。

表 1-5-4 基尔霍夫定律的验证数据记录表

<table>
<tr><td rowspan="2">测量项目</td><td colspan="6">测量值(单位:电流 mA、电压 V)</td><td colspan="2">给定值</td></tr>
<tr><td>$I_1$</td><td>$I_2$</td><td>$I_3$</td><td>$U_{R_1}$</td><td>$U_{R_2}$</td><td>$U_{R_3}$</td><td>$U_{S1}$</td><td>$U_{S2}$</td></tr>
<tr><td>理论计算值</td><td></td><td></td><td></td><td></td><td></td><td></td><td></td><td></td></tr>
<tr><td>实际测量值</td><td></td><td></td><td></td><td></td><td></td><td></td><td></td><td></td></tr>
<tr><td rowspan="3">验证基尔霍夫定律</td><td>KCL</td><td colspan="2">节点</td><td colspan="5"></td></tr>
<tr><td rowspan="2">KVL</td><td colspan="2">回路 1</td><td colspan="5"></td></tr>
<tr><td colspan="2">回路 2</td><td colspan="5"></td></tr>
</table>

**2. 叠加定理的测试**

（1）原理图如图 1-5-3 所示。

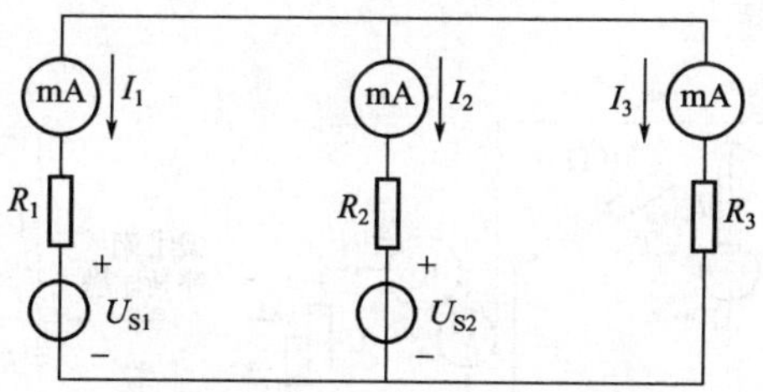


图 1-5-3 叠加定理的验证电路

$$I_1=I_1'+I_1'' \qquad U_1=U_1'+U_1''$$
$$I_2=I_2'+I_2'' \qquad U_2=U_2'+U_2''$$
$$I_3=I_3'+I_3'' \qquad U_3=U_3'+U_3''$$

（2）工具及仪表如表 1-5-5 所示。

表 1-5-5 工具及仪表

| 名称 | 数量 |
|---|---|
| 直流稳压电源 | 1 台 |
| 实训电路板 | 1 块 |
| 直流电流表 C43-mA 型 15/30/60mA | 1 块 |
| 直流电压表 C43-V 型 7.5/15/30V | 1 块 |

(3) 实训内容及步骤如下。

① 测量各支路电流；

② 测量各元件上的电压；

③ 根据实训数据表格，进行分析、比较，归纳、总结实训结论，即验证线性电路的叠加性。

(4) 测试结果的记录如表 1-5-6 所示。

**表 1-5-6　两个电源分别单独作用时的记录表**

| 项　目 | | 电流/mA | | | 电压/V | | |
|---|---|---|---|---|---|---|---|
| $U_{S1}$=V 单独作用 | | $I_1'$ | $I_2'$ | $I_3'$ | $U_1'$ | $U_2'$ | $U_3'$ |
| | 理论计算值 | | | | | | |
| | 测值 | | | | | | |
| | 量限 | | | | | | |
| $U_{S2}$=V 单独作用 | | $I_1''$ | $I_2''$ | $I_3''$ | $U_1''$ | $U_2''$ | $U_3''$ |
| | 理论计算值 | | | | | | |
| | 测值 | | | | | | |
| | 量限 | | | | | | |
| 叠加定理 | | $I_1$ | $I_2$ | $I_3$ | $U_1$ | $U_2$ | $U_3$ |
| | 理论计算值 | | | | | | |
| | 测值 | | | | | | |
| | 量限 | | | | | | |

**3. 戴维南定理的测试**

(1) 原理。

戴维南定理指出：任何一个线性有源网络，总可以用一个电压源与一个电阻的串联来等效代替，此电压源的电动势 $U_S$ 等于这个有源二端网络的开路电压 $U_{OC}$，其等效内阻 $R_0$ 等于该网络中所有独立源均置零（理想电压源视为短接，理想电流源视为开路）时的等效电阻。验证电路见图 1-5-4。

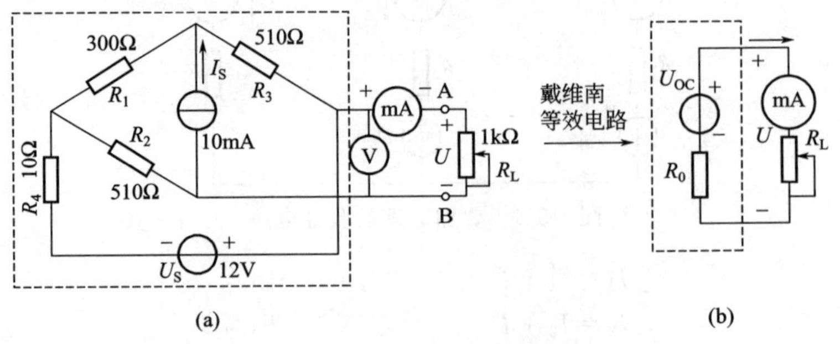


图 1-5-4　戴维南定理的验证电路

(2) 工具及仪表见表 1-5-7。

**表 1-5-7　工具及仪表**

| 名称 | 数量 | 名称 | 数量 |
|---|---|---|---|
| 可调直流稳压电源(0～30V) | 1 台 | 万用表 | 1 块 |
| 可调直流恒流源(0～500mA) | 1 台 | 可调电阻箱(0～99 999.9Ω)(DGJ-05) | 1 台 |
| 直流数字电压表(0～200V) | 1 块 | 电位器(1kΩ/2W)(DGJ-05) | 1 台 |
| 直流数字毫安表(0～200mA) | 1 块 | 戴维南定理实训电路板(DGJ-05) | 1 块 |

（3）实训内容及步骤如下。

① 用开路电压、短路电流法测定戴维南等效电路的 $U_{OC}$、$R_0$；

② 验证戴维南定理；

③ 有源二端网络等效电阻（又称入端电阻）的直接测量法（见图 1-5-5）；

④ 用半电压法和零示法测量被测网络的等效内阻 $R_0$（见图 1-5-6）及其开路电压 $U_{OC}$（见图 1-5-7）。

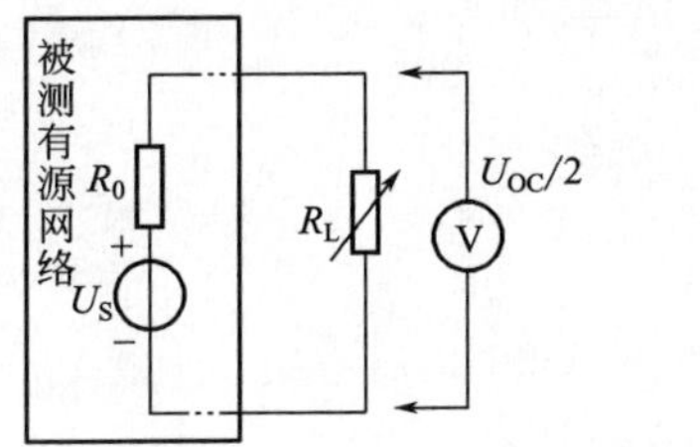


图 1-5-5　伏安法测 $R_0$

$$R_0=\tan\varphi=\frac{\Delta U}{\Delta I}=\frac{U_{OC}}{I_{SC}}$$

$$R_0=\frac{U_{OC}-U_N}{I_N}$$

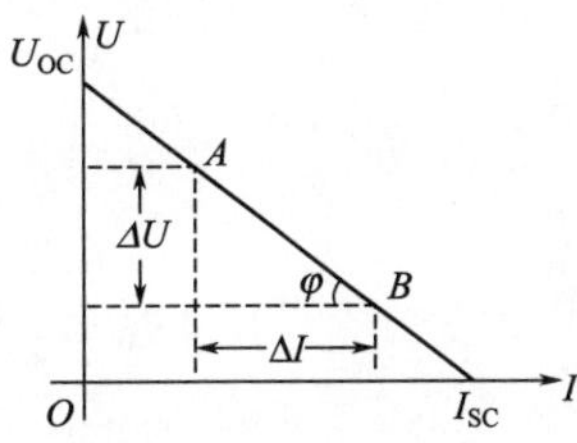


图 1-5-6　半压法测 $R_0$

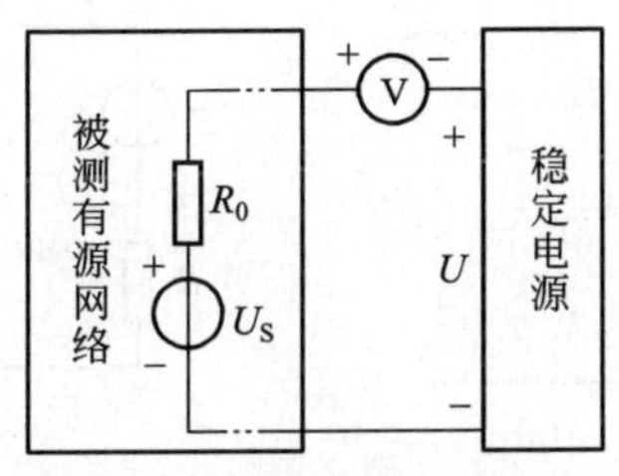


图 1-5-7　零示测量法测 $U_{OC}$

（4）测试结果的记录如表 1-5-8～表 1-5-10 所示。

**表 1-5-8　等效电阻的测定**

| $U_{OC}$/V | $I_{SC}$/mA | $R_0=U_{OC}/I_{SC}/\Omega$ |
|---|---|---|
| | | |

**表 1-5-9　有源二端网络的外特性**

| $U$/V | | | | | | | | | |
|---|---|---|---|---|---|---|---|---|---|
| $I$/mA | | | | | | | | | |

**表 1-5-10　戴维南定理的验证**

| $U$/V | | | | | | | | | |
|---|---|---|---|---|---|---|---|---|---|
| $I$/mA | | | | | | | | | |

# 任务巩固

1-1　电路如图 1-6-1 所示。

（1）计算电流源的端电压；

（2）计算电流源和电压源的电功率。

1-2　某电路的一部分如图 1-6-2 所示。已知汇交于 $A$ 点的电流 $I_1=1.5$A、$I_2=-2.5$A、$I_3=3$A，计算电流 $I_4$。

1-3　电路如图 1-6-3(a)、图 1-6-3(b) 所示，写出电压 $U$ 的表示式。

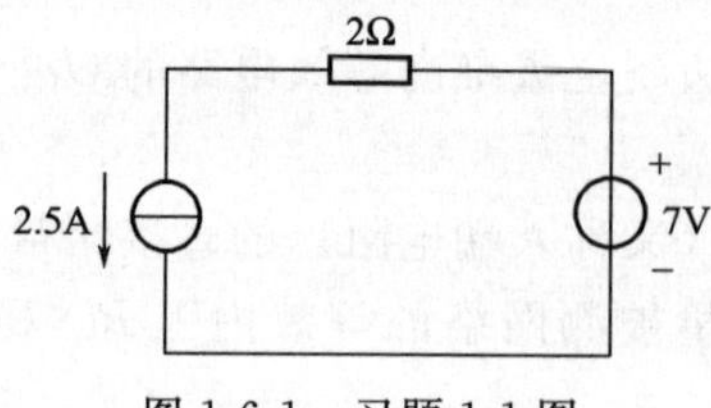


图 1-6-1 习题 1-1 图

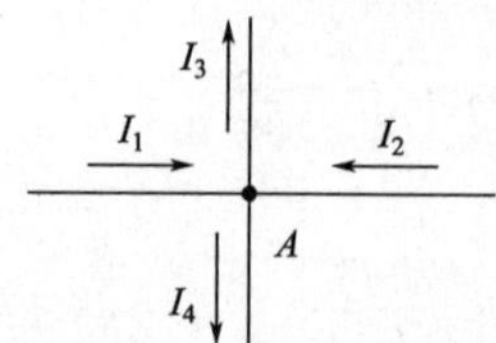


图 1-6-2 习题 1-2 图

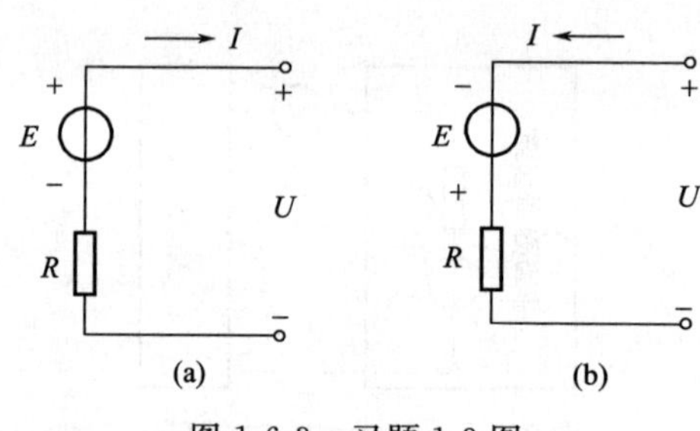


图 1-6-3 习题 1-3 图

1-4 列写如图 1-6-4 所示的电路的 KVL 方程。

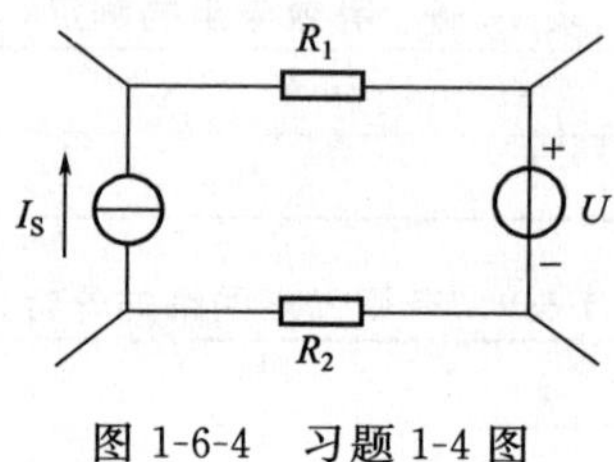


图 1-6-4 习题 1-4 图

1-5 电路如图 1-6-5 所示，已知 $E_1=30V$、$E_2=40V$、$R_1=R_2=5\Omega$、$R_3=10\Omega$，用支路电流法计算各支路电流。

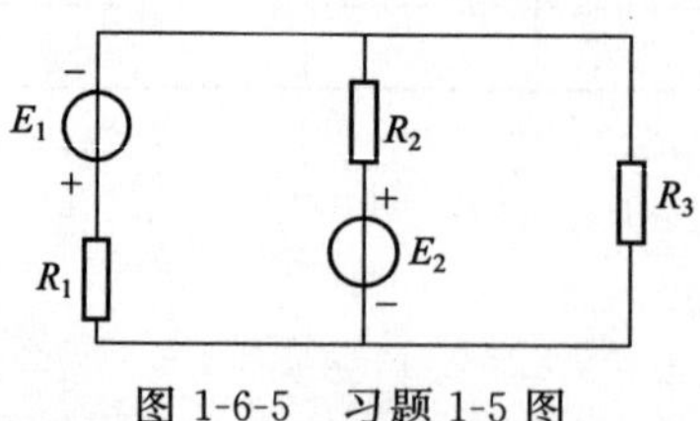


图 1-6-5 习题 1-5 图

1-6 电路如图 1-6-6 所示，已知 $E_1=8V$、$E_2=18V$、$E_3=36V$、$R_1=4\Omega$、$R_2=6\Omega$、$R_3=12\Omega$，用支路电流法计算各支路电流。

1-7 电路如图 1-6-7 所示，已知 $E_1=30V$、$E_2=45V$、$R_1=3\Omega$、$R_2=6\Omega$、$R_3=3\Omega$，

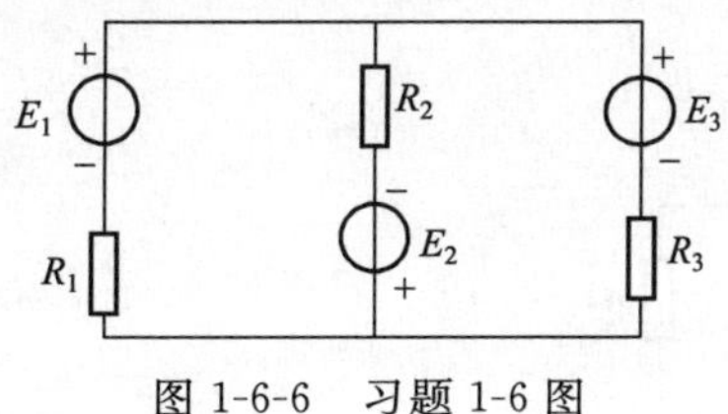

图 1-6-6　习题 1-6 图

用叠加定理计算流过电阻 $R_3$ 支路的电流 $I_3$。

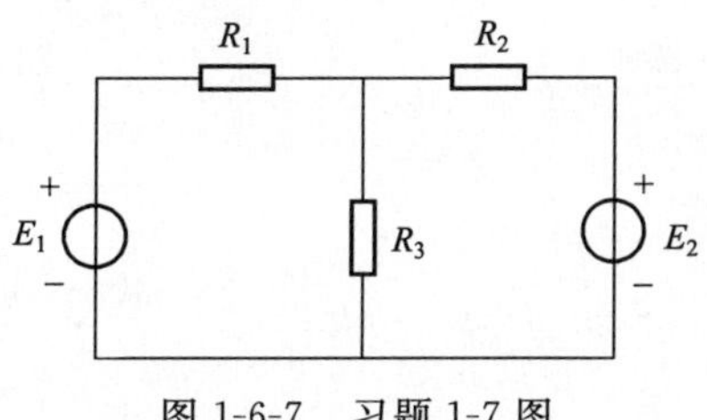

图 1-6-7　习题 1-7 图

1-8　用叠加定理求 4Ω 电阻中的电流 $I$（图 1-6-8）。

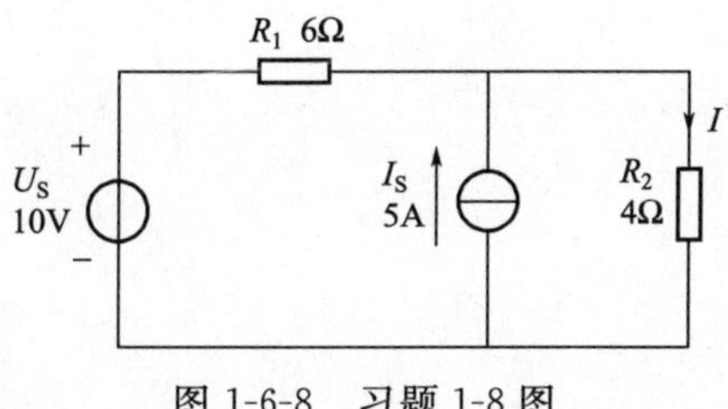

图 1-6-8　习题 1-8 图

1-9　如图 1-6-9 所示的电路，已知 $E_1=32\text{V}$，$E_2=11\text{V}$，$R_1=6\Omega$，$R_2=4\Omega$，$R_3=8\Omega$，用戴维南定理计算支路电流 $I_3$。

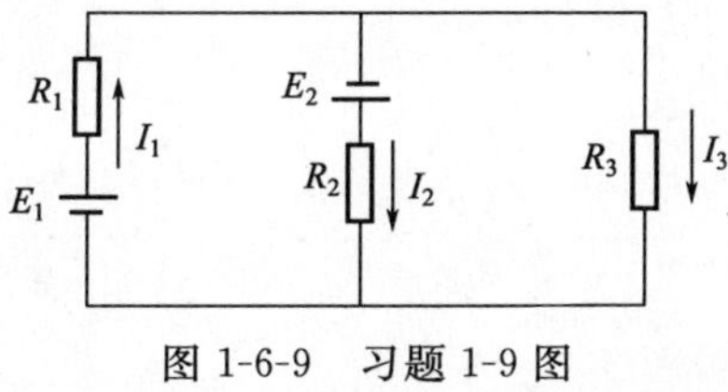

图 1-6-9　习题 1-9 图

1-10　用戴维南定理计算如图 1-6-10 所示的电路中电阻 $R_3$ 支路的电流 $I_3$。

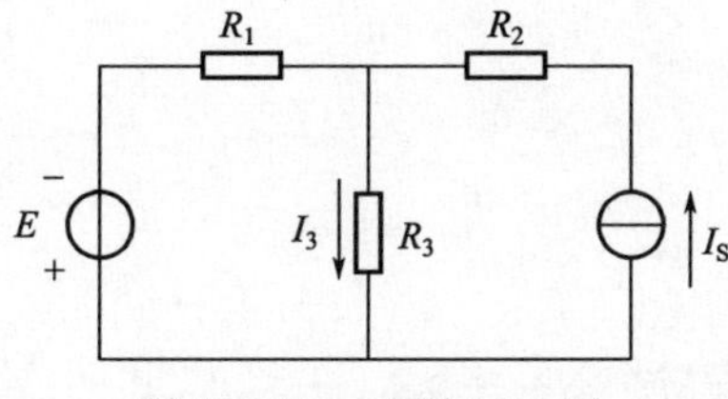

图 1-6-10　习题 1-10 图

1-11　利用戴维南定理求如图 1-6-11 所示的电路的 1Ω 电阻上的电流 $I$。

1-12　用戴维南定理计算如图 1-6-12 所示的电路中 $a$-$b$ 支路的电流。

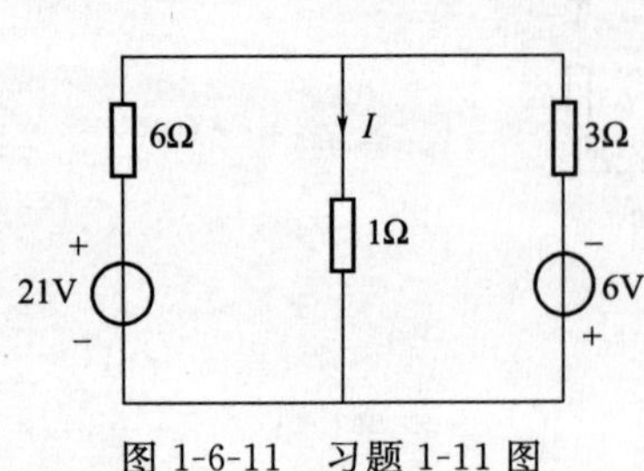

图 1-6-11　习题 1-11 图

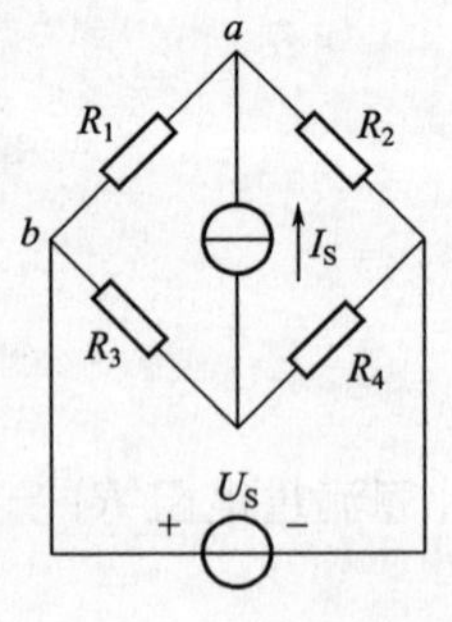

图 1-6-12　习题 1-12 图

# 任务二　日光灯电路的接线与测量

## 任务描述

日光灯是常用的照明灯具，在工农业生产和生活中，占有重要的地位。日光灯电路主要由灯管、镇流器、启辉器、电容器 4 部分组成。日光灯电路的模型是 *RL* 串联交流电路。在实际交流电路中，大多数交流负载都是感性的，由于感性负载的存在使得电路的功率因数较低，提高功率因数可以提高经济效益，有着非常重要的意义。

## 能力目标

(1) 理解正弦量的特征及各种表示方法；
(2) 会分析 *R*、*L*、*C* 串联电路；
(3) 学会使用交流电压表、交流电流表以及功率表测量线圈参数的方法；
(4) 学会安装日光灯电路的基本技能；
(5) 掌握功率因素提高的方法，会计算日光灯电路提高功率因素所需并联的电容器容量。

## 相关知识

(1) 正弦交流电基本概念和表示方法；
(2) *RLC* 串联正弦交流电路的分析与计算；
(3) 提高功率因数的意义、方法；
(4) 交流电路电压、电流与功率的测量方法。

## 分任务一　认识正弦交流电路

直流电路中的电压和电流的大小和方向都不随时间变化，但实际生产中广泛应用的是一种大小和方向都随时间按一定规律周期性变化且在一个周期内的平均值为零的周期电流或电压，叫做交变电流或电压，简称交流电，如图 2-1-1 所示。如果电路中的电流或电压随时间按正弦规律变化，就叫做正弦交流电。一般所说的交流电就是指正弦交流电。

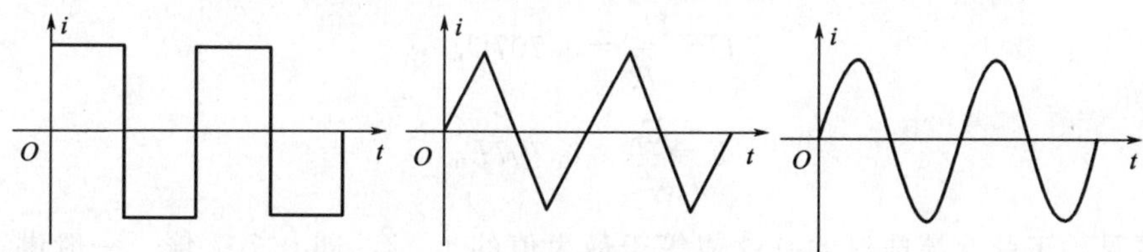


图 2-1-1　几种周期性交流电波形

## 一、正弦交流电的三要素

随时间按正弦规律变化的电动势、电压、电流统称为正弦量，如图 2-1-2 所示。

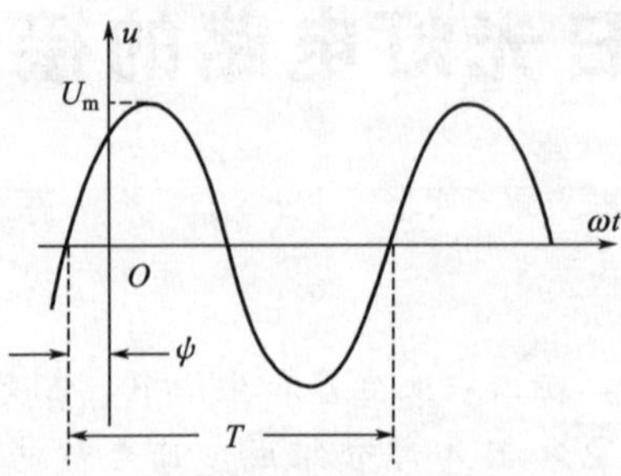


图 2-1-2 正弦交流电波形图

现以正弦电压为例来说明正弦量的三要素，其一般数学表达式（解析式）为

$$u(t)=U_m\sin(\omega t+\psi) \tag{2-1}$$

式中，$u(t)$ 表示随时间 $t$ 变化的电压变量，有时简写成 $u$；$U_m$ 为电压变化的最大值，也称为幅值；$(\omega t+\psi)$ 称为正弦量的相位角，简称相位，其中 $\omega$ 为角频率，$\psi$ 为初相位，简称初相。显然，$U_m$、$\omega$、$\psi$ 一经确定，此正弦电压 $u(t)$ 的变化规律即可确定。若求在变化过程中某一时刻 $t_1$ 的瞬时值，只要将 $t_1$ 的值代入即可。因此，将上述幅值、角频率和初相位称为正弦量的三要素。

**1. 瞬时值、最大值和有效值**

正弦量在任一瞬间的值称为瞬时值，用小写字母表示，如 $e$、$i$、$u$ 分别表示电动势、电流及电压的瞬时值。瞬时值中最大的值称为幅值或最大值，用大写字母加下标 m 表示，例如 $E_m$、$I_m$、$U_m$ 分别表示电动势、电流及电压的幅值。在电工技术中常用有效值来衡量正弦交流电的大小，电压、电流和电动势的有效值分别用大写字母 $U$、$I$、$E$ 表示。

有效值是通过电流的热效应来定义的，即取数值相同的两个电阻分别通一直流电流 $I$ 和变化的周期电流 $i$，如果在一个周期的时间内，两个电阻产生的热量相等，则这个直流电流 $I$ 的数值就是该周期电流 $i$ 的有效值，即

$$\int_0^T Ri^2\,dt = RI^2T$$

$$I=\sqrt{\frac{1}{T}\int_0^T i^2\,dt}$$

设 $i=I_m\sin\omega t$ 代入上式，即得

$$I=\sqrt{\frac{I_m^2}{T}\int_0^T \sin^2\omega t\,dt}=\sqrt{\frac{I_m^2}{T}\int_0^T \frac{1-\cos\omega t}{2}dt}=\frac{I_m}{\sqrt{2}}=0.707I_m \tag{2-2}$$

同理可得出结论，电压和电动势也有相应的关系，即

$$U=\frac{U_m}{\sqrt{2}}=0.707U_m \tag{2-3}$$

$$E=\frac{E_m}{\sqrt{2}}=0.707E_m \tag{2-4}$$

由此可见，正弦交流电流的有效值等于最大值的 $1/\sqrt{2}$，即 0.707 倍。一般讲正弦量的大小都是指它的有效值，例如，交流电压 380V 或 220V 都是指它的有效值。交流电压表、

电流表的刻度一般也都是根据有效值来标定的。

**2. 周期、频率和角频率**

正弦量变化一次所需要的时间称为周期，用 $T$ 表示，单位为 s。正弦量每秒钟变化的次数称为频率，用 $f$ 表示，单位为 Hz。频率为周期的倒数，即

$$T=\frac{1}{f}\text{或 }f=\frac{1}{T} \tag{2-5}$$

每秒钟经过的电角度称为角频率，用 $\omega$ 表示，单位为 rad/s。所谓电角度是指交流电在变化中所经历的电气角度，它并不表示任何空间位置，只是用来描述正弦量的变化规律。正弦交流电每变化一周所经历的电角度为 360°或 $2\pi$ 弧度，所以角频率和频率之间的关系为

$$\omega=\frac{2\pi}{T}=2\pi f \tag{2-6}$$

我国规定电力标准频率为 50Hz，有些国家（如美国、日本等）采用 60Hz，上述频率在工业上应用广泛，故习惯上称为工频。在其他技术领域使用着不同的频率，如高频感应炉的频率为 200～300kHz，有线通信频率为 300～5000Hz，无线电工程的频率为 $10^4$～$3.0\times10^{11}$ Hz 等。

**3. 相位、初相位**

正弦量表达式中的（$\omega t+\psi$）称为正弦量的相位，是时间的函数，它反映了正弦量在某一时刻的状态，$t=0$ 时，相位为 $\psi$，称其为正弦量的初相，它反映了正弦量的初始状态。初相 $\psi$ 与计时起点（$t=0$）的选取有关，选取的计时起点不同，初相角 $\psi$ 不同。

正弦量每一个周期内两次经过零点，为了便于区分，习惯上将正弦量由负值变为正值的那个零点叫做正弦量的零值点，在波形图中将与坐标原点 O（计时起点）距离最近的零值点 $t_0$ 称为初始零值点。如果初始零值点 $t_0$ 和角频率 $\omega$ 已知，则正弦量的初相为

$$\psi=-\omega t_0 \tag{2-7}$$

采用上述规定，则初相 $\psi$ 的取值范围为［$-\pi$，$\pi$］或者［$-180°$，$180°$］。波形图中，零点在纵轴的左侧时初相位是正值，在纵轴的右侧时初相位是负值。

**【例题 2-1】** 如图 2-1-3 所示，正弦电压 $u=190.52\sin(314t+60°)$ V，试求：

（1）最大值、频率和初相角。

（2）从计时起点（$t=0$）开始，经过多长时间 $u$ 才第一次出现最大值？

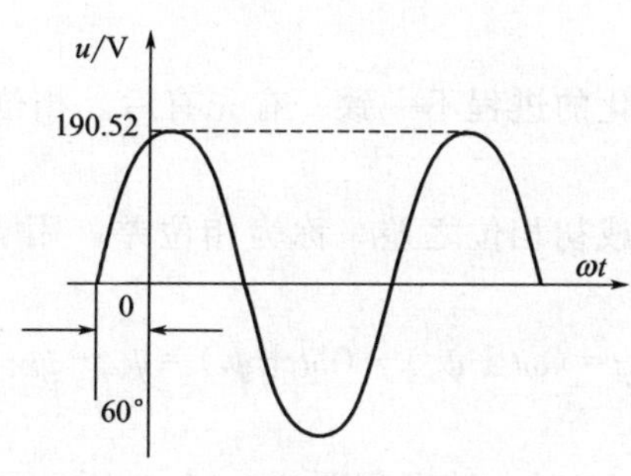


图 2-1-3 例题 2-1 图

**解** （1）根据瞬时值表示式，得

最大值 $U_m=190.52$V

角频率 $\omega=314$rad/s

频率 $f=\frac{\omega}{2\pi}=\frac{314}{2\pi}=50\ (\text{Hz})$

初相角 $\psi=60°$

（2）正弦电压 $u=190.52\sin(314t+60°)\ (\text{V})$

$u$ 第一次出现最大值的时间由下式确定

$$314t+60°=90°$$

即 $$314t=\frac{\pi}{2}-\frac{\pi}{3}=\frac{\pi}{6}$$

$$t=\frac{\pi/6}{314}=1.67\ (\text{ms})$$

**【例题 2-2】** 根据如图 2-1-4 所示的正弦量波形图，写出其函数表达式。

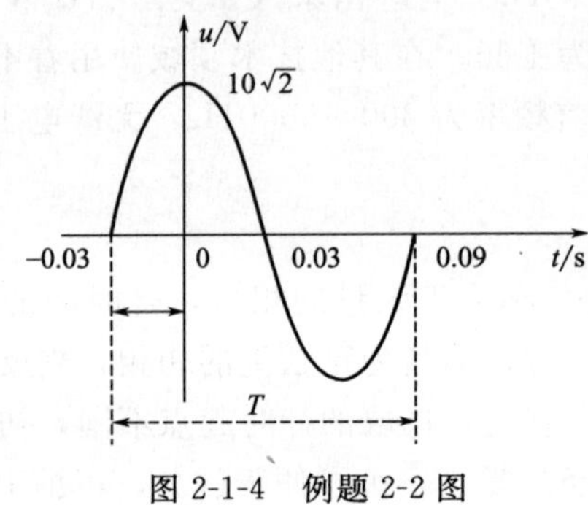


图 2-1-4 例题 2-2 图

**解** 由图可得，$U_m=10\sqrt{2}\text{V}$

周期 $T=0.09-(-0.03)=0.12\ (\text{s})$

角频率 $\omega=\frac{2\pi}{T}=\frac{2\pi}{0.12}=\frac{50\pi}{3}\ (\text{rad/s})$

初始零值点 $t_0=-0.03\text{s}$，所以 $\psi=-\omega t_0=\frac{\pi}{2}\text{rad/s}$

所以，如图 2-1-4 所示的波形图对应的交流电压表达式为

$$u(t)=10\sqrt{2}\sin\left(\frac{50\pi}{3}t+\frac{\pi}{2}\right)$$

**4. 相位差**

同频率正弦电量随时间变化的进程不一致、有先有后。相位差表示同频率正弦电量随时间变化的先后顺序。

两个同频率正弦量的相位或初相位之差，称为相位差，用 $\phi$ 表示。图 2-1-4 中 $u$ 与 $i$ 的相位差为

$$\varphi=(\omega t+\psi_u)-(\omega t+\psi_i)=\psi_u-\psi_i \tag{2-8}$$

相位差有以下几种情况：

① 当 $\psi_u>\psi_i$，$\varphi=\psi_u-\psi_i>0$ 时，波形如图 2-1-5(a) 所示，称在相位上 $u$ 比 $i$ 超前 $\varphi$ 角或 $i$ 比 $u$ 滞后 $\varphi$ 角；

② 当 $\psi_u<\psi_i$，$\varphi=\psi_u-\psi_i<0$ 时，波形如图 2-1-5(b) 所示，称在相位上 $u$ 比 $i$ 滞后 $\varphi$ 角或 $i$ 比 $u$ 超前 $\varphi$ 角；

③ 当 $\psi_u=\psi_i$，$\varphi=\psi_u-\psi_i=0$ 时，如图 2-1-5(c) 所示，$u$ 与 $i$ 相位相同，称同相；

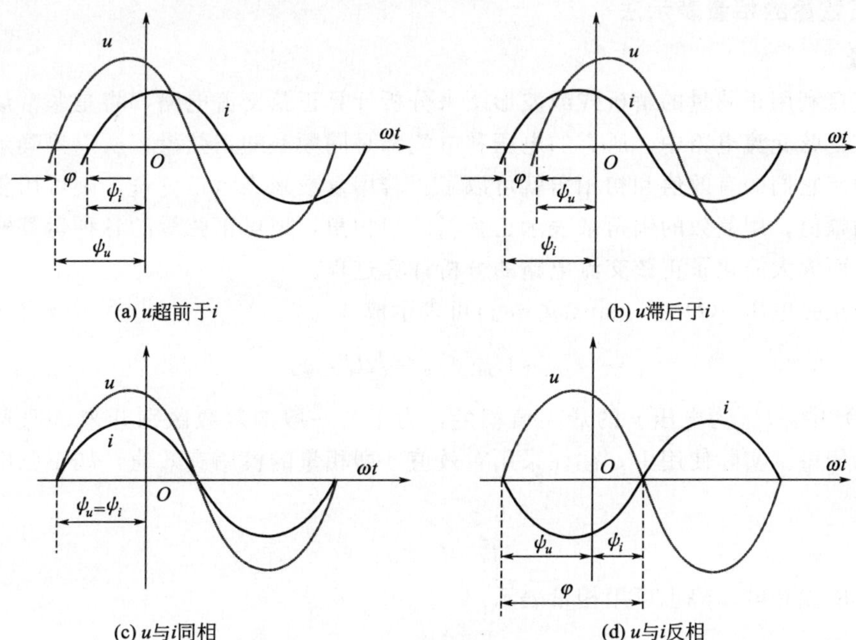


(a) $u$超前于$i$　(b) $u$滞后于$i$

(c) $u$与$i$同相　(d) $u$与$i$反相

图 2-1-5　两个不同相位的正弦量

④ 当 $\varphi=\psi_u-\psi_i=\pm180°$时，波形如图 2-1-5(d) 所示，$u$ 与 $i$ 相位相反，称为反相。

选择计时起点不同，两个同频率正弦电量的初相不同，但它们之间的相位差不变，即两个同频率正弦电量之间的相位差与计时起点无关。

**【例题 2-3】** $u$ 与 $i$ 是同频率的正弦电量，其 $\omega=6280\text{rad/s}$，$I_m=10\text{A}$、$U_m=100\text{V}$。在相位上 $u$ 比 $i$ 超前 60°。写出电压、电流的瞬时值表示式，画波形图。

**解**　首先确定参考正弦量。

现选择电压 $u$ 为参考正弦量，即 $\psi_u=0$；

已知 $u$ 比 $i$ 超前 60°，即 $\varphi=\psi_u-\psi_i=60°$；

电流的初相位 $\psi_i=\psi_u-60°=-60°$；

$u$ 与 $i$ 的三要素均已确定，故可得

$$u=100\sin 6280t\ \text{V}$$

$$i=10\sin(6280t-60°)\text{A}$$

波形图如图 2-1-6 所示。

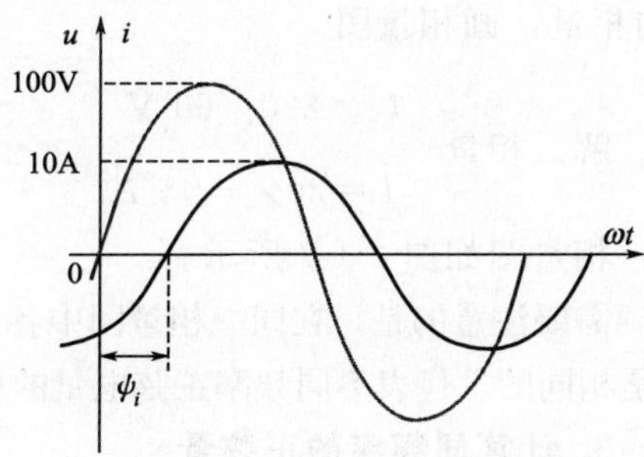


图 2-1-6　例题 2-3 波形图

## 二、正弦量的相量表示法

### 1. 相量

如果直接利用正弦量的解析式或波形图来分析计算正弦交流电路，将是非常烦琐和困难的。由于在正弦交流电路中，所有的电压和电流都是同频率的正弦量，所以要确定这些正弦量，只要确定它们的有效值和初相角就可以了。若用复数来表示正弦量，则可用复数的模表示正弦量的幅值，用复数的幅角来表示正弦量的初相角，把对正弦量的各种运算转化为复数的运算，从而大大简化了正弦交流电路的分析计算过程。

例如，正弦电压 $u(t)=U_{\rm m}\sin(\omega t+\psi_u)$可表示成

$$\dot{U}_{\rm m}=U_{\rm m}\angle\psi_u=\sqrt{2}U\angle\psi_u \tag{2-9}$$

式(2-9) 中，$\dot{U}_{\rm m}$为电压 $u$ 的最大值相量，为了与一般的复数区别开来，把表示正弦量的复数称为相量。实际使用中，往往采用有效值，即相量的模用有效值，如正弦电压 $u$ 的有效值相量为

$$\dot{U}=U\angle\psi_u \tag{2-10}$$

同样，电流和电动势也可用相量表示。

需要注意的是，电压相量 $\dot{U}$ 和电流相量 $\dot{I}$ 等和瞬时值一样，可以在电路图中标出参考方向，而有效值 $U$ 和 $I$ 或最大值 $U_{\rm m}$、$I_{\rm m}$等只有数值的大小。

与普通的复数一样，正弦量的相量除了用极坐标的形式表示外，还可以用三角式、指数式等来表示，如

$$\dot{U}=U\angle\psi_u=U(\cos\psi_u+j\sin\psi_u)=U{\rm e}^{j\psi_u} \tag{2-11}$$

根据正弦量的解析式可以很方便地写出与它对应的相量，反之，知道相量也可立即写出它的解析式。但需要注意的是，相量只能表示正弦量，并不等于正弦量，只是一种运算工具。

### 2. 相量图

把同频率正弦量的相量画在同一个复平面上时，所得到的图形称为相量图。相量和复数一样，可以在复平面上用有向线段来表示，线段的长表示相量的模，线段与实轴的夹角等于相量的幅角，由于同频率正弦量的相位关系始终保持不变，因此研究同频相量之间的关系时，一般只按初相位作相量图，不必标出角频率。

画相量图时，一般用极坐标。为了使相量图清晰简洁，不需要画出复平面的坐标轴，只画出坐标原点和正实轴方向。

**【例题 2-4】** 已知 $u=220\sqrt{2}\sin(314t+60^\circ)$V，$i=20\sqrt{2}\sin(314t-45^\circ)$A；写出表示 $u$ 和 $i$ 的相量，画相量图。

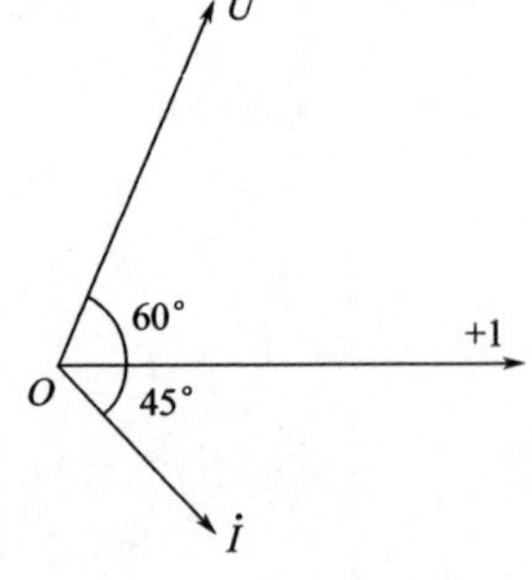

图 2-1-7　例题 2-4 相量图

**解**　相量

$$\dot{U}=220\angle 60^\circ{\rm V}$$

$$\dot{I}=20\angle -45^\circ{\rm A}$$

相量图如图 2-1-7 所示。

需要注意的是，在同一相量图中各相量所代表的正弦量的频率必须是相同的。代表不同频率正弦电量的相量不能画在同一相量图中。

### 3. 计算同频率的正弦量

在电路的分析和计算中，往往需要把几个同频率的正弦量进

行加、减运算。采用相量图表示的正弦交流电进行运算时，比较简单直观，已成为研究交流电的重要工具之一。

采用相量法进行同频率正弦量的运算时，步骤如下：

（1）先将正弦量用相量表示，并转换为代数形式；

（2）按照复数运算法则，进行相量加（减）运算，求出和（差）相量，或作相量图，按照矢量运算法则求相量和（差）；

（3）根据和（差）的相量式变换出相应的和（差）正弦量。

$$u=u_1\pm u_2 \xrightarrow{\text{变换}} \dot{U}=\dot{U}_1\pm\dot{U}_2 \xrightarrow{\text{反变换}} u$$

**【例题 2-5】** 已知 $i_1=100\sqrt{2}\sin\omega t\text{A}$，$i_2=100\sqrt{2}\sin(\omega t-120°)$ A，试用相量法求 $i=i_1+i_2$，并画出相量图。

**解**　正弦电流的相量形式为：

$\dot{I}_1=100\angle 0°$ (A)

$\dot{I}_2=100\angle -120°$ (A)

$$\begin{aligned}\dot{I}&=\dot{I}_1+\dot{I}_2=100\angle 0°+100\angle -120°\\&=100(\cos 0°+\text{j}\sin 0°)+100[\cos(-120°)+\text{j}\sin(-120°)]\\&=100(1+\text{j}0)+100\left(-\frac{1}{2}-\text{j}\frac{\sqrt{3}}{2}\right)=100\left(\frac{1}{2}-\text{j}\frac{\sqrt{3}}{2}\right)=100\angle -60°\ (\text{A})\end{aligned}$$

所以 $i=i_1+i_2=100\sqrt{2}\sin(\omega t-60°)$ (A)

相量图如图 2-1-8 所示。

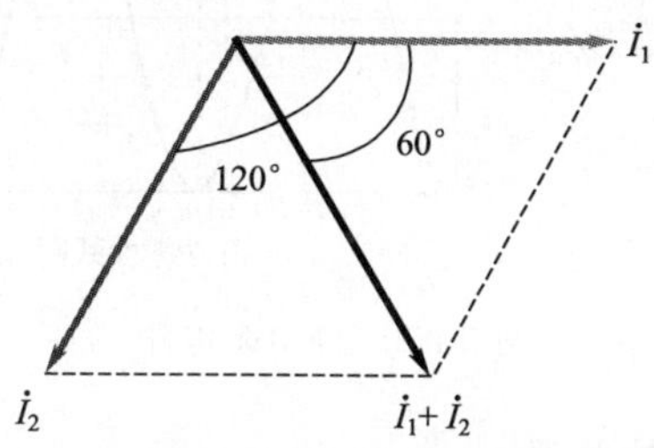


图 2-1-8　例题 2-5 相量图

需要注意的是：

（1）只有同频率的正弦量才能用相量表示，一起参与运算；

（2）正弦交流电路中，只有瞬时值和相量满足 KCL 和 KVL，有效值和最大值不满足。所以，在正弦交流电路中标注正弦量时，只能使用瞬时值（$u$，$i$，$e$）和相量（$\dot{U}$、$\dot{I}$、$\dot{E}$）。

# 分任务二　分析单相正弦交流电路

交流电路和直流电路的不同之处在于分析各种交流电路不但要确定电路中电压和电流之间的大小关系，而且要确定它们之间的相位关系，同时还要讨论电路中的功率问题。分析复杂的交流电路，首先应掌握单一参数（电阻、电感、电容）元件电路中电压与电流的关系，其他电路均可看成单一参数元件电路的组合。

由于交流电路中电压和电流都是交变的，因此有两个作用方向。为分析电路方便，常把其中一个方向规定为正方向，且在同一电路中，电压和电流以及电动势的正方向完全一致。

为了简化分析，常规定电路中的某一正弦量的初相位为零，然后以这个正弦量为基准，再来确定其他正弦量的初相。人为规定其初相为零的正弦量称为参考正弦量或参考相量。

## 一、分析纯电阻正弦交流电路

交流电路中如果只含有线性电阻元件，这种电路就叫做纯电阻交流电路，如图 2-2-1(a) 所示，日常生活中接触到的白炽灯、电烙铁、电阻炉等都属于电阻性负载，这类电路中影响电流大小的主要是负载电阻 $R$。

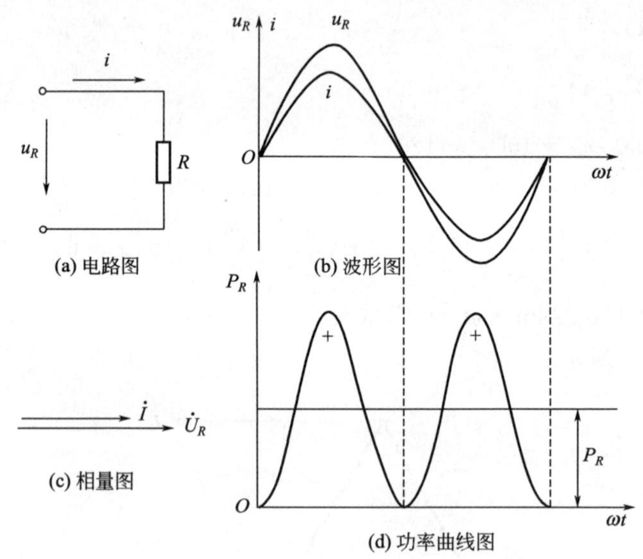


图 2-2-1 纯电阻电路

### 1. 电阻元件上电压和电流的关系

(1) 瞬时值关系。

将电阻 $R$ 接入如图 2-2-1(a) 所示的交流电路，满足欧姆定律，则 $u=iR$ (2-12)

设交流电压为 $$u=U_m\sin\omega t \tag{2-13}$$

则 $R$ 中的电流瞬时值为 $$i_R=\frac{u}{R}=\frac{U_m}{R}\sin\omega t=I_m\sin\omega t \tag{2-14}$$

这表明，在正弦电压的作用下，电阻中通过的电流是一个与电压相同频率的正弦电流，而且与电阻两端的电压同相位，波形图如图 2-2-1(b) 所示。

(2) 最大值关系。

$$I_m=\frac{U_m}{R} \tag{2-15}$$

则有效值关系为 $$I=\frac{U_m}{\sqrt{2}R}=\frac{U}{R} \tag{2-16}$$

(3) 相量关系。

将式(2-13)，式(2-14) 用相应的相量形式表示，有 $\dot{I}=I\angle 0°$，$\dot{U}=U\angle 0°$，画出的相量图如图 2-2-1(c) 所示，不难发现

$$\dot{I}=\frac{\dot{U}}{R}\text{或}\dot{I}_{\mathrm{m}}=\frac{\dot{U}_{\mathrm{m}}}{R} \tag{2-17}$$

**2. 电阻电路的功率**

(1) 瞬时功率。

电阻在任一瞬时取用的功率，称为瞬时功率，按下式计算。

$$p=ui=U_{\mathrm{m}}I_{\mathrm{m}}\sin^2\omega t=2UI\sin^2\omega t=UI(1-\cos\omega t)$$

$p\geqslant 0$，表明电阻任一时刻都在向电源取用功率。$i$，$u$，$p$ 的波形图，如图 2-2-1(c)，图 2-2-1(d) 所示。

(2) 平均功率。

由于瞬时功率是随时间变化的，不便于测量和计算，为此，引入了平均功率的概念。把瞬时功率在交流电一个周期内的平均值叫做平均功率，也称有功功率，用大写字母 $P$ 表示。

$$P=\frac{1}{T}\int_0^T p\mathrm{d}t=\frac{1}{T}\int_0^T U_{\mathrm{m}}I_{\mathrm{m}}\sin^2\omega t\,\mathrm{d}t=\frac{U_{\mathrm{m}}I_{\mathrm{m}}}{2}$$

即

$$P=\frac{U_{\mathrm{m}}I_{\mathrm{m}}}{2}=UI=I^2R=\frac{U^2}{R} \tag{2-18}$$

上式表明，平均功率等于电压、电流有效值的乘积，单位是瓦特（W）。

**【例题 2-6】** 已知 $R=100\Omega$、电压 $u=311\sin(314t+30°)$（V），计算电流 $i$ 和平均功率 $P$。

**解** 电压相量

$$\dot{U}=\frac{311}{\sqrt{2}}\angle 30°=220\angle 30°\ (\mathrm{V})$$

电流相量 $$\dot{I}=\frac{\dot{U}}{R}=\frac{220}{100}\angle 30°=2.2\angle 30°\ (\mathrm{A})$$

电流 $$i=2.2\sqrt{2}\sin(314t+30°)\ (\mathrm{A})$$

平均功率 $$P=UI=220\times 2.2=484\ (\mathrm{W})$$

**【例题 2-7】** 电阻炉的额定电压是 220V，功率为 1000W，计算

(1) 电阻炉的电阻值和额定电流。

(2) 每天使用 3h，每用电 1kW·h（度）收费 0.49 元，每月（30 天）应付多少电费?

**解** (1)

$$R=\frac{U_{\mathrm{N}}^2}{P_{\mathrm{N}}}=\frac{220^2}{1000}=48.4\ (\Omega)$$

$$I_{\mathrm{N}}=\frac{P_{\mathrm{N}}}{U_{\mathrm{N}}}=\frac{1000}{220}=4.55\ (\mathrm{A})$$

(2) 每月消耗的电能

$$W=P_{\mathrm{N}}\cdot t=1000\times 3\times 30=90\times 10^3\ (\mathrm{W\cdot h})=90\ (\mathrm{kW\cdot h})$$

每月应付电费　$90\times 0.49=44.1$（元）

## 二、分析纯电感正弦交流电路

当一个线圈的电阻很小（可忽略不计）时，可以看成一个纯电感。将它接在交流电源

上，就构成了纯电感交流电路。由于空心线圈的电感为常数，所以由它构成的电路为线性电感电路，如图 2-2-2(a) 所示。

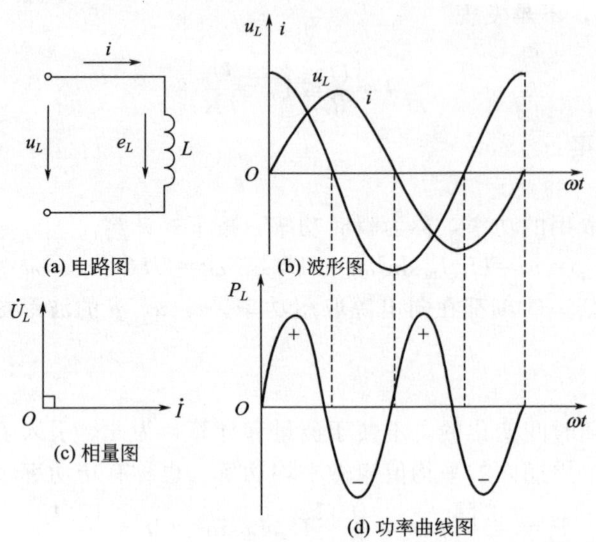


图 2-2-2 纯电感交流电路

**1. 电感元件上电压与电流的关系**

(1) 瞬时值关系。

当电感线圈中的电流 $i$ 发生变化时，它周围的磁场也要发生变化，变化的磁场在线圈中将产生感应电动势 $e$，这个电动势称为自感电动势。若电流 $i$ 与电动势 $e$ 取关联参考方向，根据法拉第电磁感应定律和楞次定律，有

$$e_L=-L\frac{\mathrm{d}i}{\mathrm{d}t} \tag{2-19}$$

设 $L$ 中流过的电流为 $$i=I_\mathrm{m}\sin\omega t \tag{2-20}$$

则电感两端的电压为 $$u_L=-e_L=L\frac{\mathrm{d}i}{\mathrm{d}t}=\omega LI_\mathrm{m}\cos\omega t=\omega LI_\mathrm{m}\left(\sin\omega t+\frac{\pi}{2}\right) \tag{2-21}$$

上式表明，纯电感电路中通过正弦电流时，电感两端电压也以同频率的正弦规律变化，而且在相位上超前于电流 90°，其波形如图 2-2-2(b) 所示。

(2) 有效值关系。

由式(2-21) 可知，电感电压最大值为 $$U_\mathrm{m}=\omega LI_\mathrm{m} \tag{2-22}$$

则电压有效值为 $$U=\omega LI \tag{2-23}$$

(3) 电感的感抗。

由式(2-23)，得

$$X_L=\frac{U}{I}=\omega L=2\pi fL \tag{2-24}$$

$X_L$ 称为感抗，单位是 Ω。与电阻相似，感抗在交流电路中也起阻碍电流的作用，这种阻碍作用与频率相关。当 $L$ 一定时，频率越高，感抗越大，即对电流的阻碍作用越大，通常称为“阻交”；在直流电路中，因频率 $f=0$，其感抗也等于 0，电感线圈可视为短路，称为“通直”。所以电感线圈的作用是“通直阻交”。

(4) 相量关系。

将式(2-20)，式(2-21) 用相应的相量形式表示，有$\dot{I}=I\angle 0°$，$\dot{U}=U\angle 90°$，画出相量图如图 2-2-2(c) 所示。

则　$\dot{U}=U\angle 90°=X_L I\angle 90°=X_L\ \dot{I}\angle 90°=\dot{I}\cdot \mathrm{j}X_L$

所以电感电路电压和电流的相量关系为

$$\dot{U}=\dot{I}\cdot \mathrm{j}X_L \tag{2-25}$$

**2. 电感电路的功率**

(1) 瞬时功率。

在纯电感电路中，瞬时功率为

$$p_L=u_L i=U_{\mathrm{m}}\sin\left(\omega t+\frac{\pi}{2}\right)I_{\mathrm{m}}\sin\omega t=U_{\mathrm{m}}I_{\mathrm{m}}\cos\omega t\sin\omega t=UI\sin 2\omega t \tag{2-26}$$

纯电感电路的瞬时功率 $p_L$ 的波形如图 2-2-2(d) 所示，从波形图中看出：第一、第三个 $T/4$ 期间，$p_L\geqslant 0$，表示线圈从电源吸收能量；在第二、第四个 $T/4$ 期间，$p_L\leqslant 0$，表示线圈向电路释放能量。

(2) 平均功率（有功功率 $P$）。

瞬时功率 $P$ 在一个周期内的平均功率等于零，即

$$P=0$$

这表明纯电感元件不消耗电源的电能，只与电源之间进行能量交换，是一种存储电能的元件。

(3) 无功功率 $Q_L$。

纯电感线圈与电源之间进行能量交换的最大功率，称为纯电感电路无功功率，用 $Q_L$ 表示，即

$$Q_L=U_L I=I^2 X_L \tag{2-27}$$

无功功率的单位是乏（Var）或千乏（kVar）。

**【例题 2-8】** 电感 $L=19.1\mathrm{mH}$，$u=220\sqrt{2}\sin(314t+30°)\mathrm{V}$，

(1) 计算电感元件的感抗 $X_L$、电流 $i$ 和无功功率 $Q$。

(2) 如果电源的频率增加为原来频率的 2000 倍，重新计算 (1)。

**解**　(1) 电感元件的感抗。

$$X_L=\omega L=314\times 19.1\times 10^{-3}=6\ (\Omega)$$

$$\dot{U}=220\angle 30°\ (\mathrm{V})$$

$$\dot{I}=\frac{\dot{U}}{\mathrm{j}X_L}=\frac{220\angle 30°}{6\angle 90°}=36.67\angle -60°\ (\mathrm{A})$$

$$i=36.67\sqrt{2}\sin(314t-60°)\ (\mathrm{A})$$

$$Q=UI=220\times 36.67=8.07\ (\mathrm{kVar})$$

(2) 电感元件的感抗。

$$X_L'=2000\omega L=2000\times 6=12\ (\mathrm{k\Omega})$$

电流　$$\dot{I}'=\frac{\dot{U}}{\mathrm{j}X'_L}=\frac{220\angle 30°}{12\times 10^3\angle 90°}=0.018\angle -60°\ (\mathrm{A})$$

$$i=0.018\sqrt{2}\sin\ (314\times 2000t-60°)\ (\mathrm{A})$$

无功功率　$$Q=UI'=220\times 0.018=3.96\ (\mathrm{Var})$$

频率 $f$ 越高，感抗 $X_L$ 越大，电感元件有阻止高频电流通过的作用。

## 三、分析纯电容正弦交流电路

电容器在电路内或多或少总有能量损耗，但当电路中的电阻、电感的影响可以忽略不计时，称这种电容器所构成的电路为纯电容电路，如图 2-2-3(a) 所示为仅含电容的交流电路。

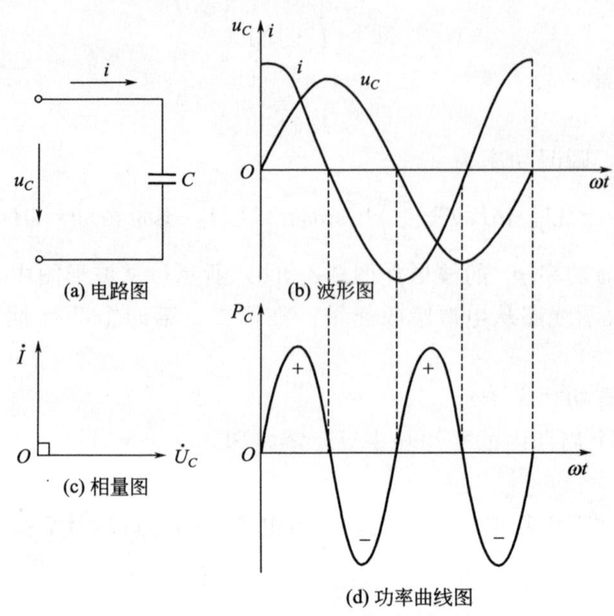


图 2-2-3 纯电容电路

### 1. 电压与电流的关系

（1）瞬时值关系。

电容器在交流电压的作用下不断地反复充放电，从而使电路中不断有充放电电流流过，

即
$$i=C\frac{du_C}{dt} \tag{2-28}$$

上式表明，纯电容电路中的电流瞬时值与电容器两端电压的变化率成正比，而不是与电压 $u_C$ 成正比。

设
$$u_C=U_m\sin\omega t \tag{2-29}$$

则
$$i=C\frac{du_C}{dt}=\omega CU_m\cos\omega t=\omega CU_m\sin(\omega t+\frac{\pi}{2})=I_m\sin(\omega t+\frac{\pi}{2}) \tag{2-30}$$

上式表明，纯电容电路中通过电容元件的电流比加在它两端的电压超前 90°，波形图如图 2-2-3(b) 所示。

（2）有效值关系。

由式(2-30) 可知，电容电流最大值为
$$I_m=\omega CU_m \tag{2-31}$$

则电流有效值为
$$I=\omega CU=\frac{U}{X_C} \tag{2-32}$$

式中容抗 $X_C=\frac{1}{\omega C}=\frac{1}{2\pi fC}$，单位是 Ω。电容一定的条件下，容抗与频率有关系，频率越高，容抗越小，电容的作用是“通交隔直”。

（3）相量关系。

将式(2-29)，式(2-30) 用相应的相量形式表示，有 $\dot{U}=U\angle 0^\circ$，$\dot{I}=I\angle 90^\circ$，画出的相量图如图 2-2-3(c) 所示。

则
$$\dot{I}=I\angle 90^\circ=\omega CU\angle 90^\circ=\frac{1}{X_C}\dot{U}\angle 90^\circ$$

所以
$$\dot{U}=X_C\dot{I}\angle -90^\circ=-\mathrm{j}X_C\cdot\dot{I} \qquad (2\text{-}33)$$

**2. 电容电路的功率**

(1) 瞬时功率。

$$p_C=u_Ci=U_\mathrm{m}\sin\omega t\cdot I_\mathrm{m}\sin\left(\omega t+\frac{\pi}{2}\right)=U_\mathrm{m}I_\mathrm{m}\sin\omega t\cdot\cos\omega t=UI\sin 2\omega t \qquad (2\text{-}34)$$

上式表明，纯电容电路瞬时功率的波形与电感电路相似，以电路频率的 2 倍按正弦规律变化。电容器也是储能元件，当电容器充电时，它从电源吸收能量；当电容器放电时，将能量送回电源，其波形如图 2-2-3(d) 所示。

(2) 平均功率。

$$P=0$$

(3) 无功功率。

$$Q_C=U_CI=I^2X_C$$

由于电容上电压、电流的相位关系和电感上的电压、电流相位关系相反，所以，在计算交流电路的功率时，电容元件的无功功率取负值 ($-Q_C$)。

**【例题 2-9】** 已知：电容元件 $C=10\mu$F，接在 $f=50$Hz、$U=22$V 的正弦交流电源上。计算

(1) 电容的容抗 $X_C$、电流 $I$ 和无功功率 $Q$。

(2) 如果电源频率增加为 $f=1000$Hz，电压 $U$ 不变，电容的容抗 $X_C$、电流 $I$ 和无功功率 $Q$ 又是多少？

**解** (1) 电源频率 $f=50$Hz

容抗
$$X_C=\frac{1}{\omega C}=\frac{1}{2\pi\times 50\times 10\times 10^{-6}}=318.3\ (\Omega)$$

电流
$$I=\frac{U}{X_C}=\frac{22}{318.3}=0.069\ (\mathrm{A})$$

无功功率
$$Q=UI=22\times 0.069=1.52\ (\mathrm{Var})$$

(2) 电源频率 $f=1000$Hz

容抗
$$X'_C=\frac{1}{\omega' C}=\frac{1}{2\pi\times 1000\times 10\times 10^{-6}}=15.92\ (\Omega)$$

电流
$$I'=\frac{U}{X'_C}=\frac{22}{15.92}=1.38\ (\mathrm{A})$$

无功功率
$$Q'=UI'=22\times 1.38=30.36\ (\mathrm{Var})$$

电源电压 $U$ 一定，频率 $f$ 越高，容抗 $X_C$ 越小，通过电容的电流 $I$ 越大，无功功率 $Q$ 也越大。

## 四、分析 *RLC* 串联电路及串联谐振

以上分析了三种参数各自在交流电流中的特性，而在实际电路中，往往包含两种甚至三种元件组成的电路。因此，讨论研究元件组合电路的特性和作用是很有必要的。

**1. 电路中电压与电流的关系**

$R$、$L$、$C$ 三种元件组成的串联电路如图 2-2-4(a) 所示。设电路中流过电流 $i=\sqrt{2}I\sin\omega t$。

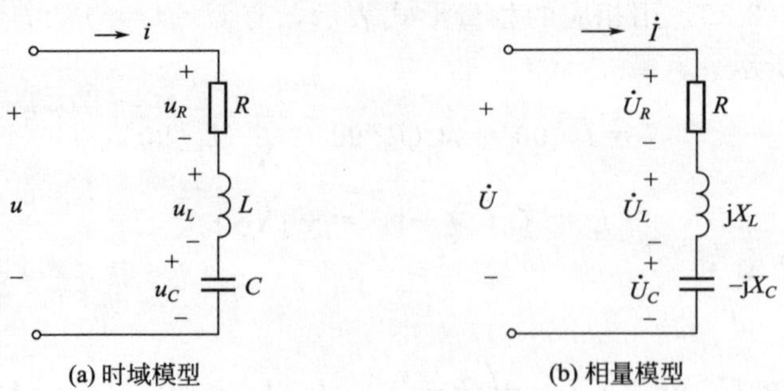

(a) 时域模型 (b) 相量模型

图 2-2-4 *RLC* 串联交流电路

（1）瞬时值关系。

根据如图 2-2-4 所示的参考方向，瞬时值形式的 KVL 方程为

$$u=u_R+u_L+u_C=\sqrt{2}RI\sin\omega t+\sqrt{2}\omega LI\sin\left(\omega t+\frac{\pi}{2}\right)+\sqrt{2}\frac{1}{\omega C}I\sin\left(\omega t-\frac{\pi}{2}\right)$$

（2）相量关系。

相量形式的 KCL 方程为

$$\dot{U}=\dot{U}_R+\dot{U}_L+\dot{U}_C=R\dot{I}+\mathrm{j}X_L\dot{I}-\mathrm{j}X_C\dot{I}=\dot{I}[R+\mathrm{j}(X_L-X_C)]$$

令 $Z=R+\mathrm{j}(X_L-X_C)=R+\mathrm{j}X$，称为复数阻抗，$X=X_L-X_C$，称为电抗，单位都是欧姆（Ω），则

$$\dot{U}=\dot{I}Z \tag{2-35}$$

串联电路中各元件流过的是同一电流，以电流为参考相量作相量图，相量间的关系如图 2-2-5 所示。

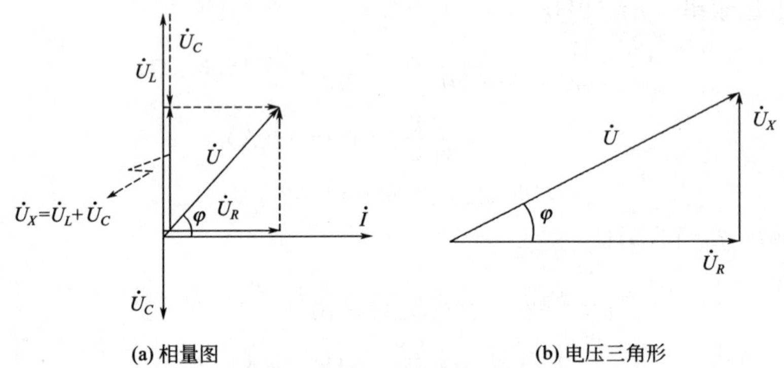

(a) 相量图 (b) 电压三角形

图 2-2-5 *RLC* 串联电路相量图

（3）有效值关系。

由相量图可得，$\dot{U}_R$、$\dot{U}_L$ 和 $\dot{U}_C$ 的合成相量 $\dot{U}$ 的长度，是总电压 $u$ 的有效值；合成相量 $\dot{U}$ 与横轴的夹角 $\varphi$，是 $u$ 的初相角。

$\dot{U}_R$、$\dot{U}_X=(\dot{U}_L-\dot{U}_C)$ 和 $\dot{U}$ 组成一个直角三角形，称之为电压三角形，如图 2-2-5(b) 所示。$\varphi$ 角称为总电压和电流的相位差，即 $\varphi=\psi_u-\psi_i$。

由电压三角形可得，总电压的有效值为

$$U=\sqrt{U_R^2+(U_L-U_C)^2}=I\sqrt{R^2+(X_L-X_C)^2}=\sqrt{R^2+X^2}=I|Z| \tag{2-36}$$

由式(2-36) 可知，阻抗的电阻 $R$、电抗 $X$ 和阻抗的模 $|Z|$ 也构成一个直角三角形，称之为阻抗三角形，如图 2-2-6 所示。$\varphi$ 称为阻抗角。

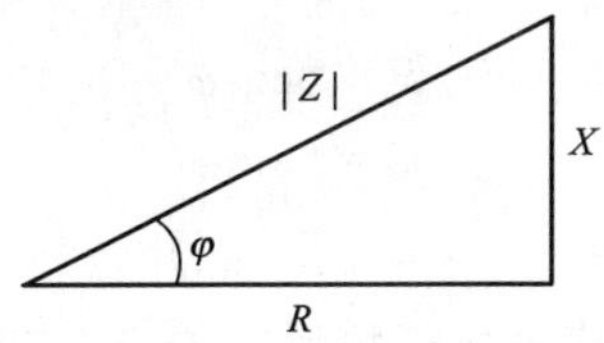


图 2-2-6　阻抗三角形

$$\varphi=\arctan\frac{U_X}{U_R}=\arctan\frac{I(X_L-X_C)}{IR}=\arctan\frac{X_L-X_C}{R} \tag{2-37}$$

从上式可以看出

① $X_L>X_C$ 时，$\varphi>0$，总电压超前于电流，如图 2-2-7(a) 所示，电路属于感性电路；

② $X_L<X_C$ 时，$\varphi<0$，总电压滞后于电流，如图 2-2-7(b) 所示，电路属于容性电路；

③ $X_L=X_C$ 时，$\varphi=0$，总电压和电流同相位，如图 2-2-7(c) 所示，电路属于阻性电路，这种现象称为串联谐振。

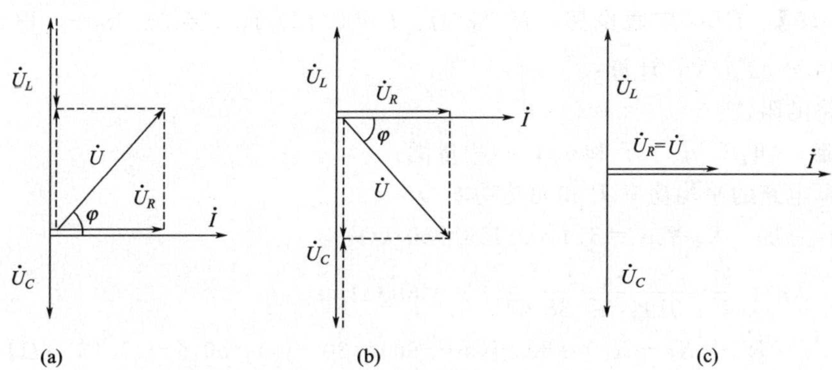


图 2-2-7　*RLC* 串联电路电压、电流相量图

**2. *RLC* 串联电路的功率**

(1) 有功功率。

*RLC* 串联电路中，因为电感元件和电容元件的有功功率均为零，所以电路的有功功率等于电阻元件的有功功率，即

$$P=P_R+P_L+P_C=P_R=I^2R=U_RI=UI\cos\varphi \tag{2-38}$$

(2) 无功功率。

$$Q=Q_L-Q_C=U_LI-U_CI=(U_L-U_C)I=U_XI=UI\sin\varphi \tag{2-39}$$

(3) 视在功率。

在正弦交流电路中，把电压电流有效值的乘积定义为视在功率，用 S 表示，即

$$S=UI \tag{2-40}$$

单位为伏安（VA）或千伏安（kVA）。

交流电设备都是按额定电压 $U_N$ 和额定电流 $I_N$ 设计和使用的，若供电电压为 $U_N$，负载取用的电流就不应超过额定值 $I_N$，因而视在功率受到限制。有的供电设备如变压器，就表明了额定视在功率，也称为变压器的容量，用 $S_N$ 表示，即 $S_N=U_NI_N$，交流电设备以额定

电压 $U_N$ 对负载供电。

(4) 功率三角形。

式(2-38)～式(2-40) 可改写成

$$P=S\cos\varphi$$
$$Q=S\sin\varphi$$
$$S=\sqrt{P^2+Q^2}$$

因此 $P$、$Q$、$S$ 三者也可以构成直角三角形的关系，如图 2-2-8 所示，称为功率三角形。$\varphi$ 称为功率因素角，$\cos\varphi$ 称为功率因素。显然，$RLC$ 串联电路中的阻抗三角形、电压三角形及功率三角形都相似。

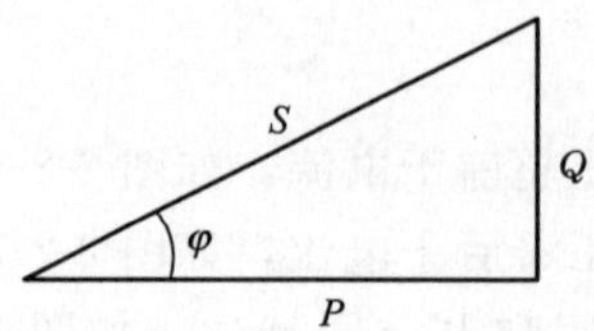


图 2-2-8 功率三角形

**【例题 2-10】** $RLC$ 串联电路，$R=30\Omega$、$L=0.159\text{H}$、$C=35.38\mu\text{F}$，电源电压 $u=220\sqrt{2}\sin(314t+30^\circ)$ V，计算：

(1) 电路的阻抗；

(2) 电流 $i$、电压 $u_R$、$u_L$ 和 $u_C$，画相量图；

(3) 计算电路的平均功率 $P$ 和无功功率 $Q$。

**解** (1) 感抗 $X_L=\omega L=314\times0.159=50$ (Ω)

容抗 $X_C=\dfrac{1}{\omega C}=\dfrac{1}{314\times35.38\times10^{-6}}=90$ (Ω)

阻抗 $Z=R+\text{j}(X_L-X_C)=30+\text{j}(50-90)=30-\text{j}40=50\angle-53.13^\circ$ (Ω)

(2) 由已知得 $\dot{U}=220\angle30^\circ\text{V}$

电流 $\dot{I}=\dfrac{\dot{U}}{Z}=\dfrac{220\angle30^\circ}{50\angle-53.13^\circ}=4.4\angle83.13^\circ$ (A)

电压 $\dot{U}_R=\dot{I}R=4.4\angle83.13^\circ\times30=132\angle83.13^\circ$ (V)

$\dot{U}_L=\dot{I}\cdot\text{j}X_L=4.4\angle83.13^\circ\times50\angle90^\circ=220\angle173.13^\circ$ (V)

$\dot{U}_C=\dot{I}\cdot(-\text{j}X_C)=4.4\angle83.13^\circ\times90\angle-90^\circ=396\angle-6.87^\circ$ (V)

瞬时值表达式 $i=4.4\sqrt{2}\sin(314t+83.13^\circ)$ (A)

$u_R=132\sqrt{2}\sin(314t+83.13^\circ)$ (V)

$u_L=220\sqrt{2}\sin(314t+173.13^\circ)$ (V)

$u_C=396\sqrt{2}\sin(314t-6.87^\circ)$ (V)

相量图如图 2-2-9 所示。

(3) 功率因数角 (阻抗角，电压电流相位差)。

$$\varphi=\psi_u-\psi_i=30^\circ-83.13^\circ=-53.13^\circ$$

功率因数 $\cos\varphi=\cos(-53.13^\circ)=0.6$

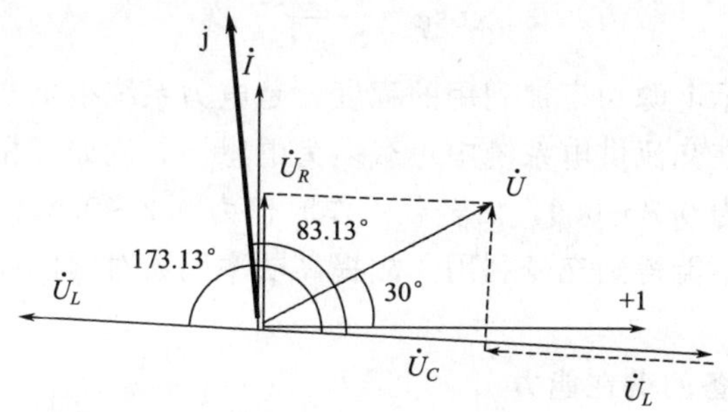


图 2-2-9　例题 2-10 相量图

所以　$P=UI\cos\varphi=220\times4.4\times0.6=580.8$（W）

$Q=UI\sin\varphi=220\times4.4\times\sin(-53.13)=-774.4$（Var）

**3. 串联谐振**

（1）谐振条件和谐振频率。

在 $RLC$ 串联电路中，当 $X_L=X_C$ 时，电路中的总电压和电流同相位，这时电路中产生谐振现象，所以 $X_L=X_C$ 便是电路产生谐振的条件。

$$X_L=X_C\Rightarrow 2\pi fL=\frac{1}{2\pi fC}$$

$$\therefore f=\frac{1}{2\pi\sqrt{LC}}$$

（2）串联谐振时电路的特点。

① 总电压和电流同相位，电路呈现电阻性；

② 串联谐振时电路阻抗最小，电路中电流最大；

串联谐振时电路阻抗为　$|Z_0|=\sqrt{R^2+(X_L-X_C)^2}=R$

串联谐振时的电流为　$I_0=\frac{U}{|Z_0|}=\frac{U}{R}$

③ 串联谐振时，电感两端的电压、电容两端的电压可以比总电压大许多倍。

电感电压为　$U_L==IX_L=\frac{X_L}{R}U=qU$

电容电压为　$U_C==IX_C=\frac{X_C}{R}U=qU$

品质因数　$q=\frac{X_L}{R}=\frac{X_C}{R}=\frac{\omega_0 L}{R}=\frac{1}{\omega_0 CR}$

可见，谐振时电感（电容两端）的电压是总电压的 $q$ 倍，$q$ 称为电路的品质因数，在电子电路中经常用到串联谐振，例如某些收音机的接收回路便用到串联谐振。但在电力线路中应尽量防止谐振发生，因为谐振时电容、电感两端出现高电压会损坏电器设备。

## 分任务三　功率因数的提高

### 一、提高功率因数的意义

在正弦交流电路中，有功功率与视在功率的比值称为功率因数，即

$$\cos\varphi=\frac{P}{S}=\frac{P}{UI}$$

功率因数的大小表示电源功率被利用的程度，是电力系统很重要的经济指标，其大小取决于所接负载的性质。在交流供电系统中负载多为电感性。例如三相异步电动机，在额定工作状态下，功率因数约为 0.8～0.9，而轻载工作时仅为 0.2～0.3。线路功率因数一般不高，这将使电源设备的容量不能得到充分利用，故提高功率因数对国民经济的发展有着极其重要的现实意义。

**1. 充分发挥电源设备的潜在能力**

一般交流电源都是按额定电压 $U_N$ 和额定电流 $I_N$ 来进行设计、制造和使用的。它能够供给负载的有功功率为 $P=U_N I_N\cos\varphi$，当 $U_N I_N$ 为定值时，若 $\cos\varphi$ 低，则负载吸收的功率低，因而电源供给的有功功率 $P$ 也低，这样电源的潜力就没有得到充分发挥。例如，额定容量 $S_N=100\text{kVA}$ 的变压器，若负载的功率因数 $\cos\varphi=1$，则变压器达到额定功率时，可输出有功功率 $P=S_N\cos\varphi=100\text{kW}$；若负载的功率因数 $\cos\varphi=0.2$，则变压器达到额定功率时，可输出有功功率 $P=S_N\cos\varphi=20\text{kW}$。若增加输出，则电流过载，显然，这时变压器没有得到充分利用。因此提高负载的功率因数，可以提高电源设备的利用率。

**【例题 2-11】** 感性负载，端电压 $U=220\text{V}$、功率 $P=10\text{kW}$、功率因数 $\lambda_1=\cos\varphi_1=0.5$，计算此时电源提供的电流 $I_1$ 和无功功率 $Q$。

**解** 功率 $P=UI_1\cos\varphi_1$

电流 $I_1=\dfrac{P}{U\cos\varphi_1}=\dfrac{10\times10^3}{220\times0.5}=90.91\ (\text{A})$

无功功率 $Q=UI_1\sin\varphi_1$

$\varphi_1=\arccos0.5=60°$

$Q=220\times90.91\times\sin60°=17.32\ (\text{kVar})$

讨论：功率因数越小，所需电流 $I_1$ 越大，无功功率 $Q$ 也越大。反之，若将功率因数提高为 $\lambda_2=\cos\varphi_2=1$，则电源提供的电流减小。

$$I_2=\frac{P}{U\cos\varphi_2}=\frac{10\times10^3}{220}=45.45\ (\text{A})$$

无功功率 $Q=0$

该负载所需电流减小，电源即可将节省下来的电流，提供给其他更多的用户使用。

**2. 减少电路损耗**

在一定的电源电压下，向用户输送一定的有功功率时，由 $I=\dfrac{P}{U\cos\varphi}$ 可知，电流 $I$ 与功率因数成反比，功率因数越低，流过输电线路的电流就越大。由于输电线路本身具有一定的电阻，所以，线路上的电压降也就越大，线路上的能量损耗也就越大，而且用户端的电压也随之降低，特别是处于电网的末端时将会长期处于低压运行状态，影响负载的正常工作。为了减少输电线路的电能损耗，改善供电质量，必须提高功率因数。当负载的有功功率 $P$ 和电压 $U$ 一定时，功率因数越大，输电线上的电流越小，线路上的损耗就越少，而减少线路损耗，可以使负载电压和电源电压更接近，电压调整率高。

由此可见，功率因数提高后，可使电源设备的容量得到充分利用，同时可以减小电能在输送过程中的损耗，因此，提高电网的功率因数，对发挥经济有着重要的经济意义。

## 二、提高功率因数的方法

由于大量感性负载的存在，是功率因数不高的原因。工厂中广泛使用的三相异步电动机就属于感性负载。提高功率因数的原则是不影响负载的正常工作；提高功率因数的方法之一，是在感性负载两端并联适当大小的电容器，利用电容的无功功率补偿 $Q_C$ 对电感的无功功率 $Q_L$ 进行补偿，原理如下。

设原负载为感性负载，其功率因数为 $\cos\varphi_1$，电流为 $\dot{I}_1$，在其两端并联电容器 $C$，电路如图 2-3-1 所示，并联电容器后，并不影响原负载的工作状态。从相量图可知，由于电容电流补偿了负载中的无功电流，使总电流减小，电路的总功率因数提高了。

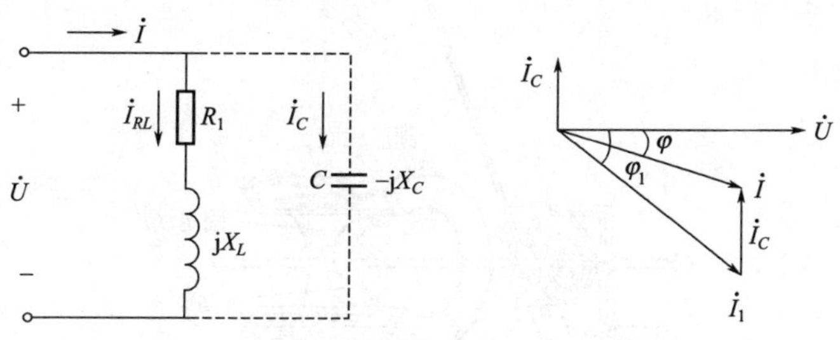


图 2-3-1 并联电容器提高电路的功率因数

### 1. 电容量的计算

有一感性负载的端电压为 $U$，功率为 $P$，功率因素为 $\cos\varphi_1$，为了使功率因数提高到 $\cos\varphi$，根据不影响负载的正常工作的原则，可推导所需并联的电容器的容量的计算公式为

$$I_1\cos\varphi_1=I\cos\varphi=\frac{P}{U}$$

流过电容的电流 $I_C=I_1\sin\varphi_1-I\sin\varphi=\frac{P}{U}(\tan\varphi_1-\tan\varphi)=\omega CU$

$$C=\frac{P}{\omega U^2}(\tan\varphi_1-\tan\varphi)$$

### 2. 提高电路功率因数的注意事项

（1）并联电容器后，对原感性负载的工作情况没有任何影响，即流过感性负载的电流和它的功率因数均未改变。这里所谓的功率因数提高了，是指包含电容在内的整个电路的功率因数比单独的感性负载的功率因数提高了。

（2）线路电流的减小，是电流的无功分量减小的结果，而电流的有功分量并未改变，这从相量图上可以清楚地看出。实际生产中，并不要求把功率因数提高到 1，即补偿后仍使整个电路呈感性，感性电路功率因数习惯上滞后功率因素。若将功率因数提高到 1，会使需要并联的电容较大，增加设备投资。

（3）功率因数提高到什么程度为宜，必须做具体的技术、经济比较之后才能确定。

# 分任务四 交流电路中电量的测量

## 一、交流电压和电流的测量

测量交流电压和交流电流常用电磁式仪表。电磁式交流电压表和电磁式交流电流表的连接方法、量程选择、读数等均与对应的直流电压表、直流电流表相同，读数一般都是交流电流的有效值。

**1. 电磁式仪表**

电磁式仪表常采用推斥式的构造，如图 2-4-1 所示。它的指针驱动部分主要由固定的圆形线圈、线圈内部的固定铁片和固定在转轴上的可动铁片组成。由于指针偏转的角度与直流电流或交流电流有效值的平方成正比，所以仪表标度尺上的刻度是不均匀的。

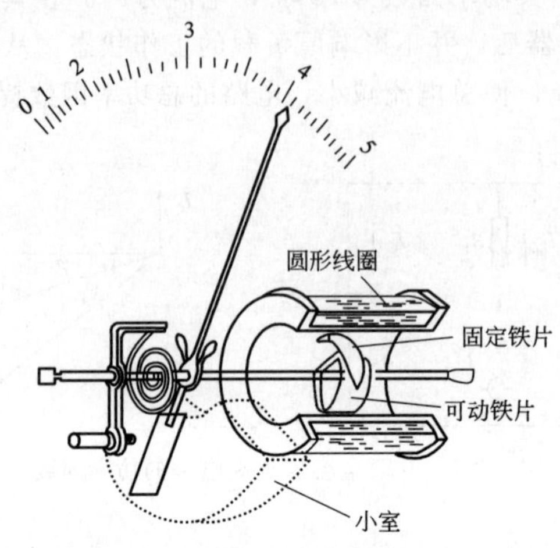


图 2-4-1 电磁式仪表的结构

**2. 交流电压的测量**

测量交流电压通常用电磁式电压表。电压表应并联在被测电路两端，如图 2-4-2(a) 所示，为了使电路工作不因接入电压表而受影响，电压表的内阻必须很高。而测量机构（表头）的内阻是不大的，所以必须和它串联一个称为倍压器的高值电阻 $R_V$，如图 2-4-2(b) 所示，这样就使电压表的量程扩大了。

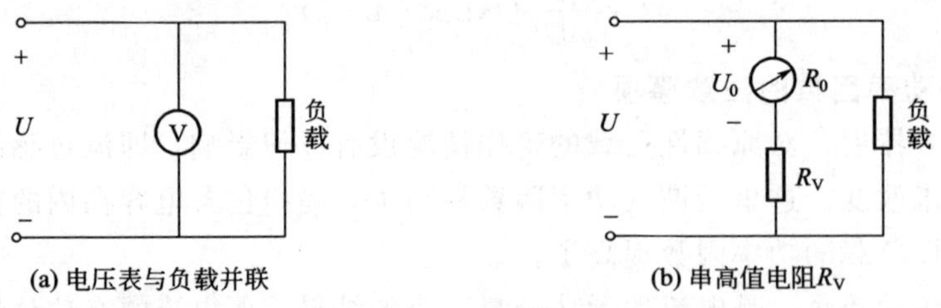


图 2-4-2 电压表和倍压器

由图 2-4-2(b) 可知

$$\frac{U}{U_0}=\frac{R_0+R_V}{R_0}$$

即

$$R_V=R_0\left(\frac{U}{U_0}-1\right)$$

由上式可知，需要扩大的量程越大，串联电阻就应越大。多量程电压表具有几个标有不同量程的接头，这些接头可分别与相应阻值的倍压器串联。

**【例题 2-12】** 有一电压表，其量程为 50V，内阻为 2000Ω。今欲使其量程扩大到 300V，问还需串联多大电阻的倍压器？

**解**　$R_V = R_0\left(\frac{U}{U_0}-1\right)=2000\times\left(\frac{300}{50}-1\right)=10\,000(\Omega)\ =10(k\Omega)$

除了采用倍压器的方法扩大电压表的量程外，还可以采用电压互感器来扩大电压表的量程，其接线如图 2-4-3 所示。图中 $U_1$ 为高电压，$U_2$ 为被测电压，电压比为 $k_u$，高低电压之间的关系为

$$U_1 = k_u U_2 = \frac{N_1}{N_2} U_2$$

即由电压互感器的电压比 $k_u$ 及电压表的读数 $U_2$，可间接地计算得被测电压 $U_1$。

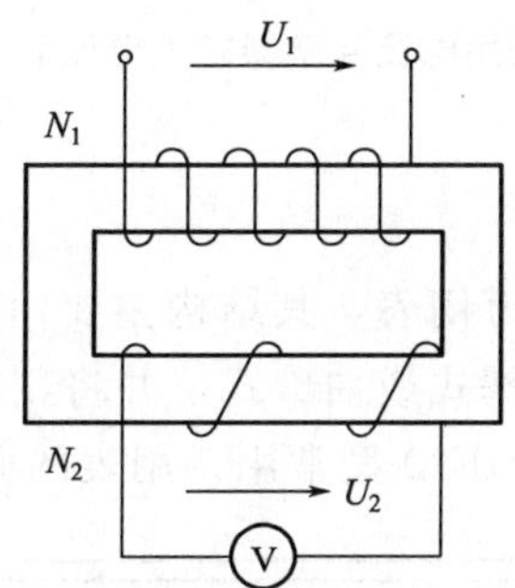


图 2-4-3　利用电压互感器扩大电压表量程接线图

**3. 交流电流的测量**

测量交流电流时常采用电磁式电流表，电流表串联在被测电路中，如图 2-4-4(a) 所示，内阻要小。采用磁电式电流表测直流电流时，因其测量机构所允许通过的电流很小，不能直接测量较大的电流，为了扩大它的量程，常在测量机构上并联上一个称为分流器的低值电阻 $R_A$，如图 2-4-4(b) 所示。

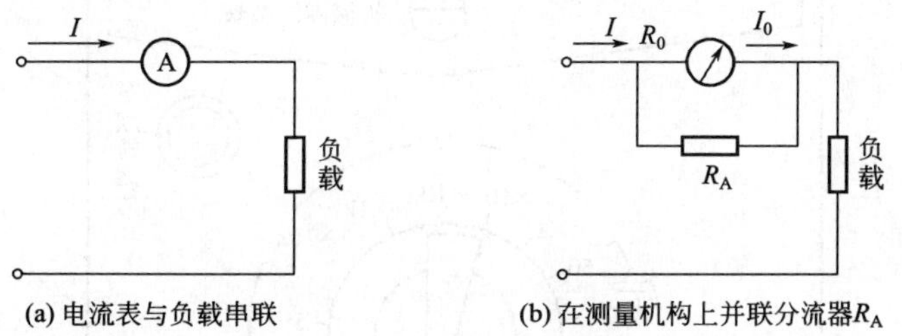


(a) 电流表与负载串联　　(b) 在测量机构上并联分流器$R_A$

图 2-4-4　电流表和分流器

使用电磁式电流表测量交流电流时，不用分流器来扩大量程。这是因为：一方面电磁式电流表的线圈是固定的，可以允许通过较大的电流；另一方面在测量交流电流时，由于电流的分配不仅与电阻有关，而且也与电感有关，因此分流器很难制得精确。如果要测量几百安培以上的交流电流，就利用电流互感器来扩大量程，使用电流互感器扩大交流电流表量程的接线如图 2-4-5 所示。

通过交流电流表的读数 $I_2$ 和电流互感器的电流比 $k_i$，可间接测知被测电路的电流 $I_1$，相互关系为　$I_1 = k_i I_2 = \frac{N_2}{N_1} I_2$

**4. 万用表测量交流电压和电流**

除了电磁式仪表外，使用万用表也可测量交流电压和电流。万用表有指针式和数字式

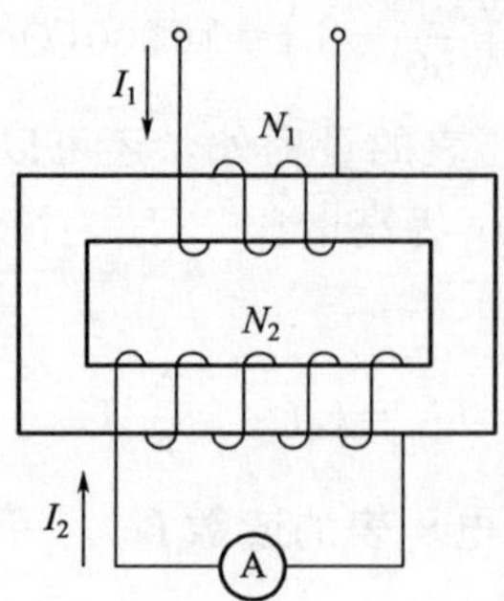


图 2-4-5 利用电流互感器扩大电流表量程接线图

两种。

（1）指针式万用表。

指针式万用表，又称为磁电式万用表，其结构主要由测量机构（表头）、测量电路和转换开关组成，它的外形可以做成便携式或袖珍式，并将刻度盘、转换开关、调零旋钮以及接线插孔等装在面板上，图 2-4-6 是 MF30 型常用万用表的面板图。

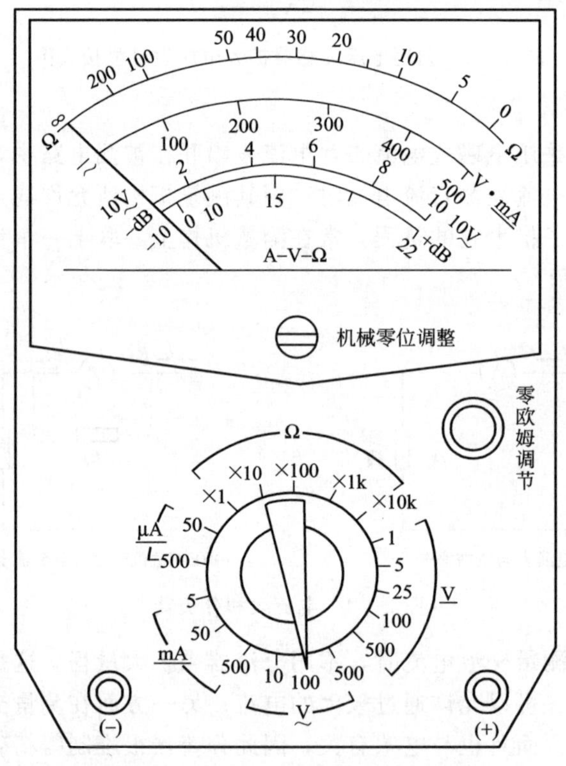


图 2-4-6 MF30 型万用表的面板图

MF30 型万用表测量交流电压的灵敏度为 5kΩ/V。使用 MF30 型万用表测量交流电压的步骤为：

① 进行机械调零。

② 将万用表的转化开关置于交流电压挡“V”的合适量程上，找到对应的刻度线；面板上第二条刻度尺的左边标有“≂”符号，表示该刻度尺为交流、直流共用。因此交流电压

的测量也从这条刻度线按比例读取。在面板上另有第三条标有“10V”的刻度尺，专供10V交流读数用。

③ 把万用表与被测电路并联或与负载并联。

④ 读出表头指示的数值，所测电压的读数为

$$实际值=\frac{指示值\times 量程}{满偏}$$

需要注意的是，使用万用表测电流、电压时不能带电换量程；选择量程时，要先选大的，后选小的，尽量使被测值接近于量程。万用表使用完毕后，应使转换开关拨到交流电压最大挡或空挡上。

（2）数字万用表。

数字式万用表利用电子技术将被测值直接用数字显示出来，它的灵敏度和准确度比指针式万用表高得多，图2-4-7为DT-830型数字万用表的面板图。

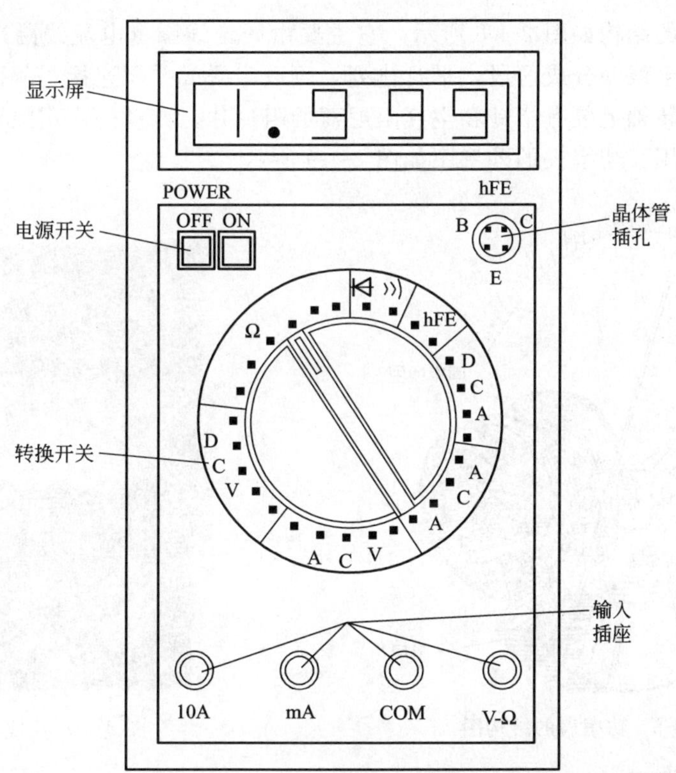


图2-4-7　为DT-830型数字万用表的面板图

使用DT-830型数字万用表测量交流电压和电流的步骤为：

① 将电源开关置于ON位置。

② 将黑表笔插进万用表的COM孔，红表笔根据被测电量的不同分别插入对应的插孔，测量电压时插入V·Ω插孔；测量小于200mA的电流时插入mA插孔；测量大于200mA的电流时插入10A插孔。

③ 将测量项目及量程选择开关置于相应的位置上，测量交流电压时，拨到ACV；测量交流电流时，拨到ACA。

④ 测电压时，将万用表并联在被测电路两端，测电流时，串接在被测电路中。

⑤ 从显示屏上读取测量数值。

需要注意的是：

① 显示屏的最大指示为 1999 或－1999。当显示屏上只在最高显示“1”或“－1”时，说明被测电量已经超过仪表量程，须调高量程后再测量。

② 当误用直流电压挡去测量交流电压时，显示屏将显示“000”，或低位上的数字出现跳动。

③ 禁止在测量高电压（220V）或大电流（0.5A）时换量程，以防产生电弧，烧毁开关触点。

## 二、单相交流电路功率的测量

交流电路的功率可以使用功率表（又称瓦特表）直接测量出来，目前使用最多的是电动式功率表。

### 1. 功率表的结构

电动式功率表的结构如图 2-4-8 所示，它主要由固定线圈（电流线圈）和可动线圈（电压线圈）组成，固定线圈分成两段，平行排列，可以串联或并联连接，从而得到两种电流量程。在可动线圈的转轴上装有指针和空气阻尼器的阻尼片。游丝的作用除了产生反作用力矩外，还起导流的作用。功率表的外形图如图 2-4-9 所示。

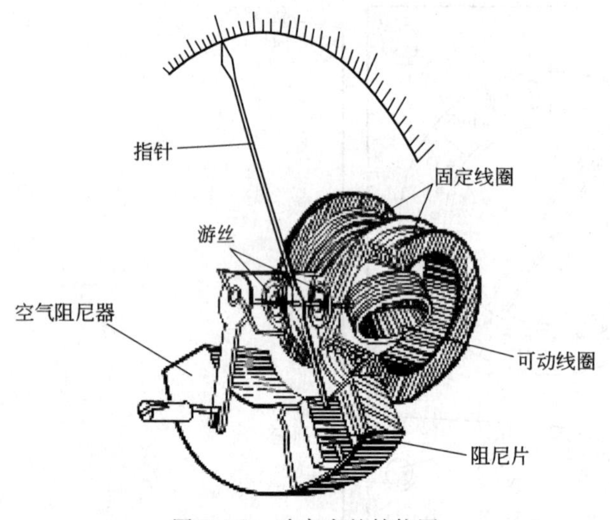

图 2-4-8　功率表的结构图

图 2-4-9　功率表外形图

### 2. 功率表的使用

（1）正确选择功率表的量程。

电动式功率表由电动系测量机构和分压电阻构成，其原理电路如图 2-4-10 所示，固定线圈匝数少，导线粗，与负载串联，流过的电流就是负载电流，反映负载电流的大小，作为电流线圈；可动线圈匝数多，导线细，它在表内与一定阻值的分压电阻 $R$ 串联后与负载并联，反映负载的电压，作为电压线圈。

功率表的量程包括电压线圈和电流线圈的量程，并以此为准，选择功率表的量程，即负载的额定电流和电压不超过电路线圈和电压线圈的量程。

（2）正确连接功率表的测量线路。

电动式仪表转矩方向与电压线圈和电路线圈中的电流方向有关。因此，规定功率表接线

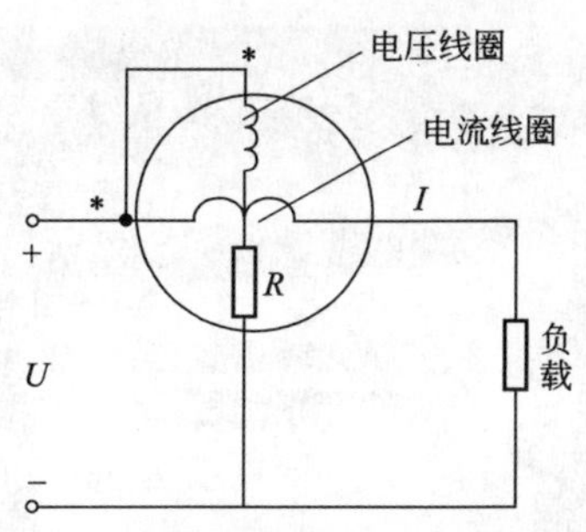

图 2-4-10　功率表测量原理电路图

要遵守“发电机端”守则，即“同名端”守则，“同名端”又称为“电源端”、“极性端”，通常用符号“＊”或“±”表示，接线时，应使这两线圈的同名端接在电路的同一极性上，否则会造成功率表指针的反向偏转。功率表的正确接线如图 2-4-11 所示。

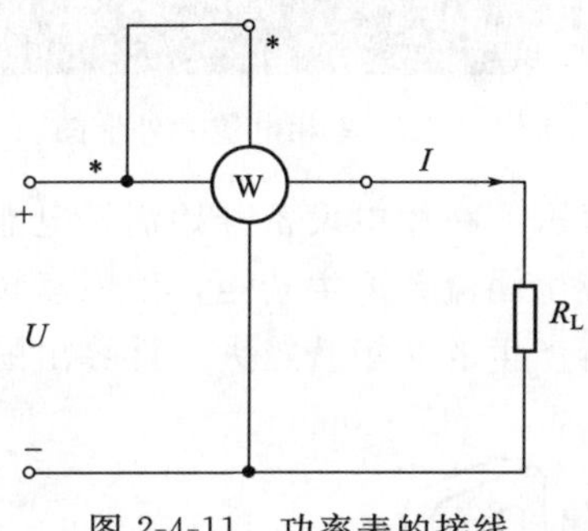

图 2-4-11　功率表的接线

（3）正确读出功率表的示数。

常用的功率表都是多量程的。一般在表的标度尺上不直接标注示数，只标出分格数。在选用不同的电流与电压量程时，每一分格都可以表示不同的功率数。所测功率与电压、电流量程及仪表分格数之间的关系为

$$P=\frac{\text{被选择的电压量程(V)}\times\text{被选择的电流量程(A)}}{\text{仪表满刻度的格数}}\times\text{实测格数}$$

**【例题 2-13】**　有一只电压量程为 300V，电流量程为 0.5A，分格数为 75 的功率表，现用它来测量负载的功率。当指针偏转 50 格时负载功率为多少？

**解**　利用公式计算被测功率为

$$P=\frac{300\text{V}\times0.5\text{A}}{75}\times50=50\text{W}$$

## 三、单相交流电路电能的测量

能对负载消耗的交流电能进行测量的仪表叫电能表，也称电度表，分为单向电能表和三相电能表两大类。其中单相电能表主要用于家庭用电计算，是常见的电工仪表，其外形如图 2-4-12 所示。

### 1. 单相电能表的结构及测量原理

电能表的结构原理如图 2-4-13 所示，它主要由电流线圈、电压线圈、铝盘、铁心、转轴、轴承盒数字盘等组成。电压线圈反映被测电路电压的大小，与负载并联。电流线圈反映

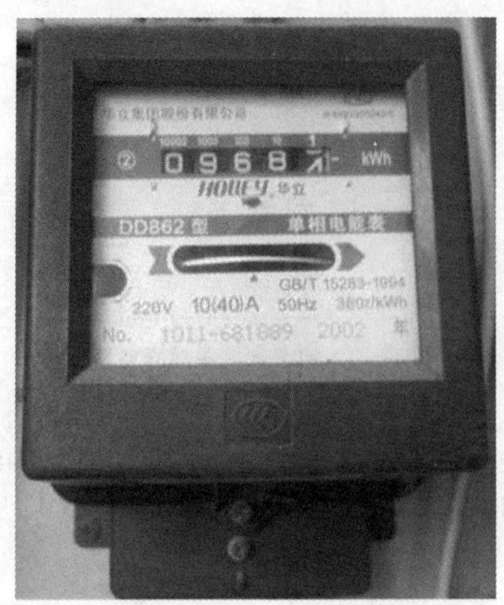


图 2-4-12　单相电能表外形图

被测电路电流的大小，与负载串联。在用电设备开始消耗电能时，电压线圈和电流线圈产生主磁通穿过铝盘，在铝盘上感应出涡流并产生转矩，使铝盘转动，铝盘的转动带动计数器计算耗电的多少，用电量越大，所产生的转矩就越大，计算出的用电量就越大。

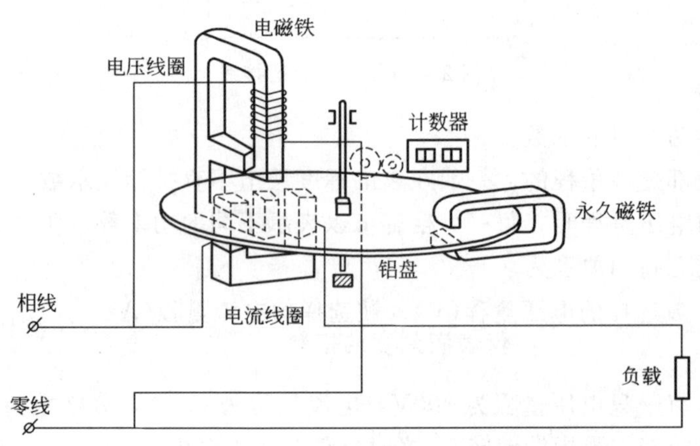


图 2-4-13　电能表的结构原理图

**2. 单相电能表的规格**

单相电能表可以分为感应式和电子式两种，目前家庭多数用的是感应式单相电能表。感应式单相电能表有十几种型号，虽然外形和内部元器件的位置不同，但使用的方法及工作原理基本相同。其常用的额定电流有 2.5A、5A、10A、15A、20A 等规格，如表 2-4-1 所示。

**表 2-4-1　单相电能表的规格**

| 额定电流/A | 2.5 | 5 | 10 | 15 | 20 |
|---|---|---|---|---|---|
| 负载总功率/W | 550 | 1100 | 2200 | 3300 | 4400 |

**3. 单相电能表的选用**

电能表的选用要根据负载来确定，所选电能表的容量或电流是根据计算电路中的负载大小来确定的。电能表的容量或电流选择太大，电能表不能正常转动，影响计算结果的准确性，容量或电流选择太小，会有烧毁电能表的可能。一般应使所选电能表的负载总功率为实际用电总功率的 1.25～4 倍。所以在选用电能表的容量或电流前，应先进行计算。例如：家庭使用照明灯 4 盏，总功率约为 120W；使用电视机、电冰箱、电脑等电器，约为 680W，由此得

$$(120+680)\times 1.25=1000\ (\mathrm{W})$$

$$(120+680)\times 4=3200\ (\mathrm{W})$$

因此选用电能表的负载功率应为 1000～3200W。查表 2-4-1 可知，选用电流容量为 10～15A 的电能表较为适宜。

选用单相电能表前，除了要考虑电流容量外，还要注意表的内在质量，特别要注意电能表壳上的铅封是否损坏。一般电能表在出厂前，对表的准确性进行校验。检查合格后，对电能表可拆部位做铅封，使用者不得私自将铅封打开。

**4. 单相电能表的接线与安装**

选好单相电能表后，应进行检查、安装和接线。电能表最常见而且应用最多的是交叉接线方式，如图 2-4-14 所示。图中 1、3 为进线，2、4 接负载。接线柱 1 要接火线，实际按如图 2-4-15 所示进行安装接线。

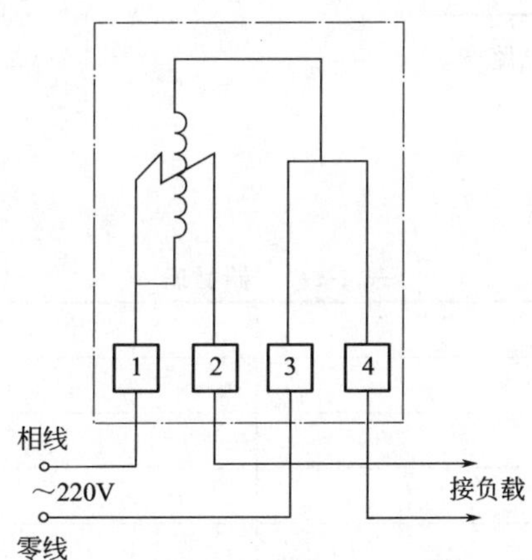


图 2-4-14　单相电能表交叉接线图

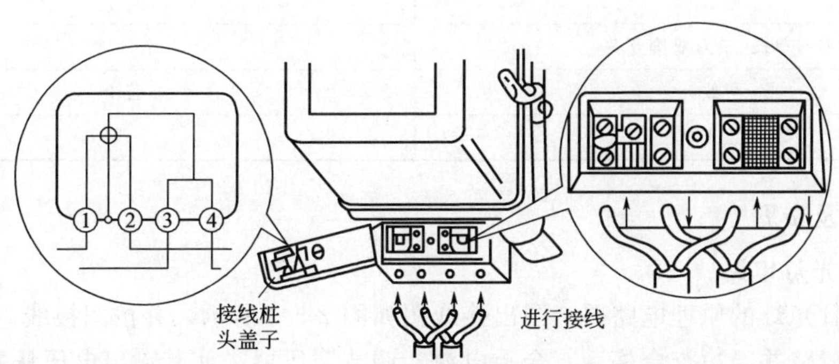


图 2-4-15　单相电能表的实际接线图

**5. 电能表的读数**

直接接入电路或与互感器配套使用的电能表，均可直接从电能表上读取被测电能。当电

能表上标有"10×kW·h"或"100×kW·h"字样时，应将表的读数乘以10或100才是被测电能的实际值。

# 任务实施

## 一、电路原理

日光灯电路由灯管、镇流器、启辉器三部分组成。日光灯原理电路如图2-5-1所示。灯管是内壁涂有荧光粉的玻璃管，灯丝通有电流时，发射大量电子，激发荧光粉发出白光。镇流器是带有铁心的电感线圈，具有自感作用，与启辉器配合，产生脉冲高压。启辉器是一个充有氖气的玻璃泡，并装有两个电极（双金属片和定片），启辉器的结构如图2-5-2所示，它本质上是一个带有时间延迟性的断路器。

L
镇流器
~220V
灯管
启辉器

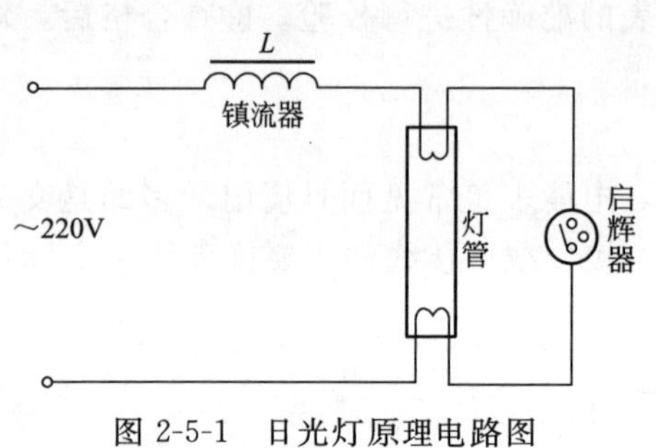

图2-5-1　日光灯原理电路图

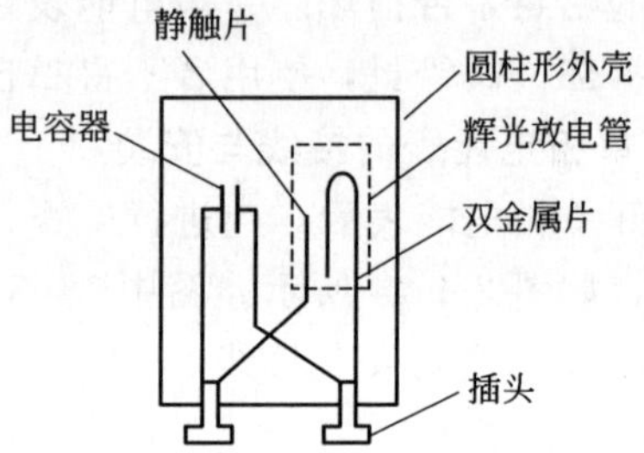

静触片
圆柱形外壳
电容器
辉光放电管
双金属片
插头

图2-5-2　启辉器的结构示意图

## 二、工具与仪表

所需器材如表2-5-1所示。

表2-5-1　器材表

| 名称 | 数量 |
|---|---|
| 日光灯灯具 | 1套 |
| 单向调压器 | 1台 |
| 功率表 | 1只 |
| 交流电压表 | 1只 |
| 交流电流表 | 1只 |
| 电容 | 若干 |
| 单刀单掷、单刀双掷开关 | 各1个 |
| 导线 | 若干 |
| 电工工具 | 一套 |

## 三、内容及步骤

**1. 安装日光灯电路**

(1) 根据日光灯的原理电路图，画出接线图如图2-5-3所示，并按图接线。

(2) 接好线路并经检查合格后，合上电源，调节调压器，使其输出电压从零开始慢慢增大，观察日光灯电路的启动过程。

**2. 测量日光灯电路的参数**

将调压器的输出电压调至220V，使日光灯正常工作后，测量电源电压有效值$U$、灯管

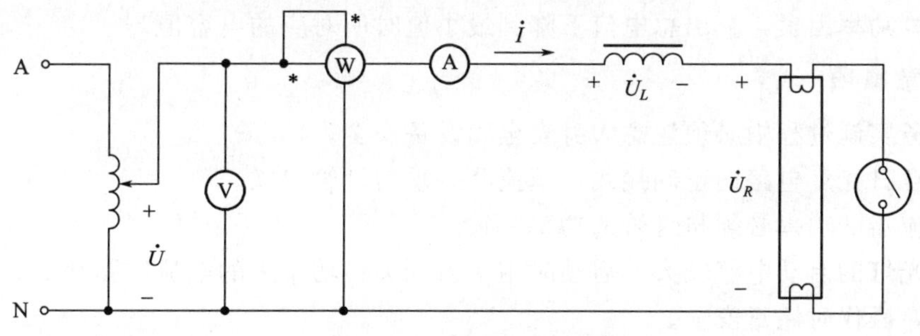


图 2-5-3　日光灯电路接线图

电压 $U_A$、灯管电流 $I$，镇流器电压 $U_L$ 及日光灯消耗的有功功率 $P$，并将结果记入表 2-5-2中。

**表 2-5-2　日光灯参数测量数据记录表**

| 测　量 | | | | | 计　算 | | | |
|---|---|---|---|---|---|---|---|---|
| 平均功率 $P$ | 总电压 $U$ | 镇流器电压 $U_L$ | 灯管电压 $U_R$ | 总电流 $I$ | $\cos\varphi$ | $R$ | $R_L$ | $L$ |
| | | | | | | | | |

注：$\cos\varphi$——功率因数，$\cos\varphi=\frac{P}{UI}$；$R$——灯管电路模型参数，$R=\frac{U_R}{I}$；$R_L$——镇流器电路模型参数，$R_L=\frac{P}{I_2}-R$；$L$——镇流器线圈的电感，$L=\frac{X_L}{2\pi f}$其中，$X_L=\sqrt{\left(\frac{U_L}{I_1}\right)^2-{R_L}^2}$。

### 3. 提高日光灯电路的功率因数

(1) 按照如图 2-5-4 所示的电路连接电路。

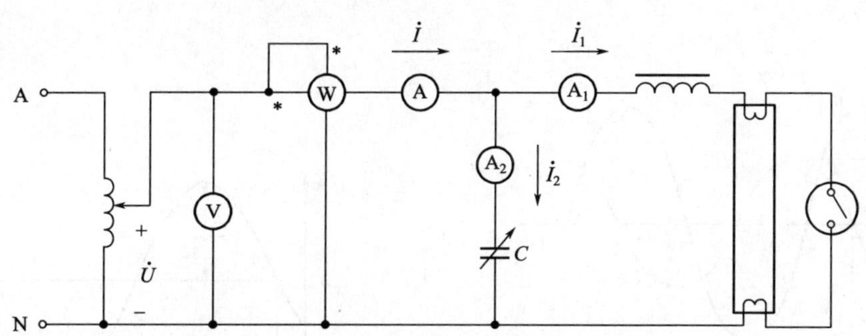


图 2-5-4　日光灯电路的功率因数提高测试图

(2) 检查无误后，合上电源，调节调压器使其输出电压从零开始慢慢增大到 220V。

(3) 改变并联电容的数值，分别测量日光灯电路的总电压 $U$、总电流 $I$、荧光灯电路 $I_1$、电容电流 $I_2$ 及功率 $P$，将结果记入表 2-5-3 中。

**表 2-5-3　功率因数提高测量数据**

| 电容 | 测　量 | | | | | 计算 |
|---|---|---|---|---|---|---|
| $C/\mu$F | 总电压 $U$/V | 总电流 $I$/A | 日光灯支路电流 $I_1$/A | 电容支路电流 $I_2$/A | 有功功率 $P$/W | 功率因素 $\cos\varphi$ |
| 0 | | | | | | |
| 2 | | | | | | |
| 4 | | | | | | |
| 6 | | | | | | |

（4）计算功率因素，找出总电流下降到最小值时所对应的电容值。

**四、注意事项**

（1）任务实施过程中必须注意人身安全和设备安全。

（2）注意日光灯电路的正确接线，镇流器必须与灯管串联。

（3）镇流器的功率必须与灯管的功率一致。

（4）日光灯的启动电流较大，启动时用单刀开关将功率表的电流线圈和电流表短路，防止仪表损坏，操作时注意安全。

（5）保证安装质量，注意安装工艺。

## 任务巩固

2-1 正弦电压 $u=220\sqrt{2}\sin(628t-120°)$ V，指出其最大值、有效值、角频率、频率、周期及初相角的数值。

2-2 已知正弦电流频率 $f=50$Hz，有效值为 $I=10$A，且 $t=0$ 时，$i=10$A，写出该正弦电流的瞬时值表达式。

2-3 正弦电压、电流频率 $f=50$Hz，波形如图 2-6-1 所示，指出电压、电流的最大值、有效值、初相角，说明哪个电量超前以及超前的相位差角，并计算该相位差角对应的时间。

2-4 一段电路的电流、电压是同频率的正弦电量，其中电流 $i=20\sqrt{2}\sin(628t-120°)$ A，电压有效值 $U=220$V，相位超前于电流 90°，试写出电压 $u$ 的瞬时值表达式。

2-5 有一正弦电流的波形如图 2-6-2 所示，频率 $f=50$Hz，写出它的解析式、相量式，并画出相量图。

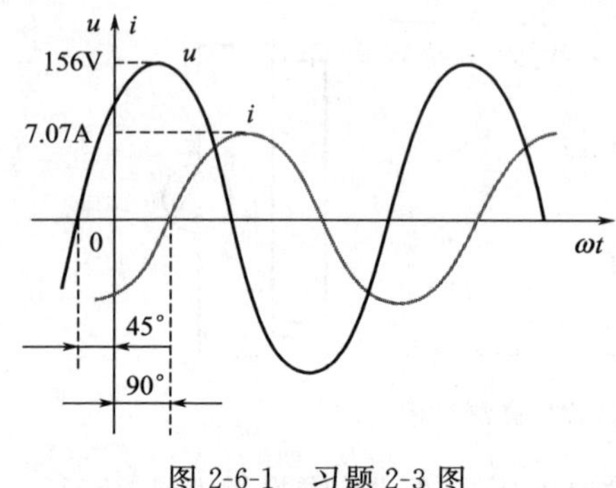


图 2-6-1 习题 2-3 图

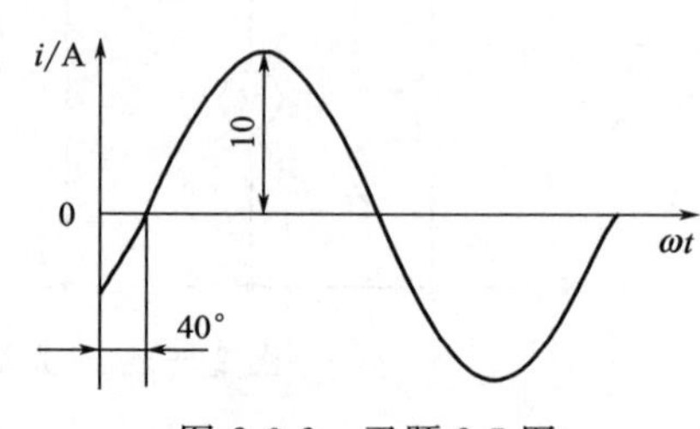


图 2-6-2 习题 2-5 图

2-6 写出下列每一组电量的相量式，画相量图，说明每组内两个电量的超前、滞后关系及两电量的相位差角。

（1）$u=220\sqrt{2}\sin(314t+45°)$V　$i=22\sqrt{2}\sin(314t-45°)$A

（2）$i_1=10\sqrt{2}\sin(1280t+45°)$V　$i_2=10\sqrt{2}\sin(1280t-15°)$A

（3）$u_1=8\sqrt{2}\sin(500t-75°)$V　$u_2=10\sqrt{2}\sin(500t-45°)$A

（4）$u=220\sqrt{2}\sin(2000t+150°)$V　$i=22\sqrt{2}\sin(2000t+150°)$A

2-7 写出下列各组相量所表示的正弦电量的瞬时值表达式，其频率均为 50Hz。

（1）$\dot{U}=220\angle 60°$V　（2）$\dot{I}=5\angle -\frac{\pi}{3}$A

(3) $\dot{U}=(40-j30)V$　(4) $\dot{I}=(-3-j4)A$

2-8　已知两正弦电压 $u_1=6\sin(314t+30°)V$，$u_2=8\sin(314t+120°)V$，试用相量法计算 $u=u_1+u_2$，$u'=u_1-u_2=8\sin(314t+120°)V$，并画出相量图。

2-9　有一只电阻炉，额定电压 $U_N=220V$，额定功率 $U_N=220V$，$P_N=968W$，现接于 $U=215V$，$f=50Hz$ 的交流电源上，计算通过电阻炉的电流。如果每天使用 3h，计算一个月（30 天）消耗的电能。

2-10　有一电感线圈，电阻可以忽略不计。接在 $u=220\sqrt{2}\sin(2\pi\times4000t+90°)V$ 的电源上，用电流表测知 $I=5A$，写出电流瞬时值表达式，计算线圈的感抗 $X_L$、电感 $L$ 和无功功率 Q。

2-11　电容元件 $C$ 两端的电压 $u=220\sqrt{2}\sin(314t+45°)V$，电流 $I_C=5A$。计算电容量 $C$，电流的初相角 $\psi_i$ 和无功功率 $Q$。

2-12　已知：$RLC$ 串联交流电路如图 2-6-3 所示，$R=30\Omega$、$L=127mH$、$C=40\mu F$，电源电压 $u=220\sqrt{2}\sin(314t+45°)V$，计算：

(1) 电路的阻抗 $Z$；

(2) 电流 $i$、电压 $u_R$、$u_L$ 和 $u_C$；

(3) 画相量图；

(4) 计算电路的平均功率 $P$ 和无功功率 $Q$、视在功率及功率因素。

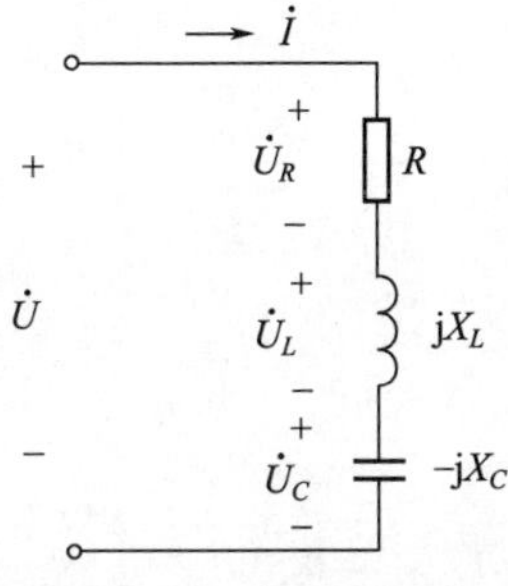

图 2-6-3　习题 2-12 图

2-13　让 10A 的直流电流和最大值为 12A 的交流电流分别通过阻值相同的电阻，问在同一时间内，哪个电阻产生的热量多？为什么？

2-14　如何正确选择功率表的量程？今有两块功率表，电压线圈和电流线圈的量程分别是甲表：300V、5A。乙表：300V、2.5A。它们的功率量程各是多少？如果被测电路的端电压是 220V，电流是 3A，应选择哪块功率表？

2-15　一块功率表，电压线圈量程是 600V，电流线圈量程是 2.5A，表盘刻度共 250 格。用该表测量功率时，指针偏转了 200 格，计算被测电路的功率是多少。

2-16　测量电感线圈参数的电路如图 2-6-4 所示，已知电源频率 $f=50Hz$，电压表读数 152V，电流表读数 1.2A，功率表读数 28.8W。计算线圈的电感 $L$ 和电阻 $R$。

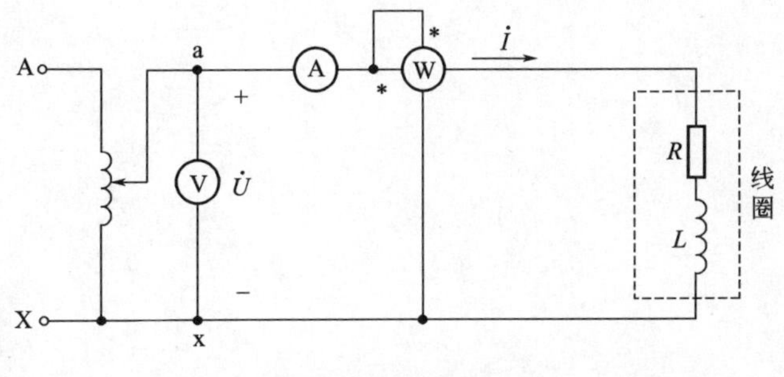

图 2-6-4　习题 2-16 图

2-17　日光灯电路如图 2-6-5 所示。交流电源电压 $U=220V$，$f=50Hz$，灯管等效电阻为 $R$，且测知灯管的端电压为 $U_1=100V$，电流 $I_1=0.4A$，镇流器消耗的功率为 8W。

（1）计算灯管的等效电阻 $R$ 和镇流器的电阻 $R_L$ 和电感 $L$；

（2）计算灯管消耗的平均功率、灯管电路消耗的总平均功率和灯管电路的功率因数；

（3）并联电容 $C=3.46\mu F$ 时，整个电路的功率因素是多少？

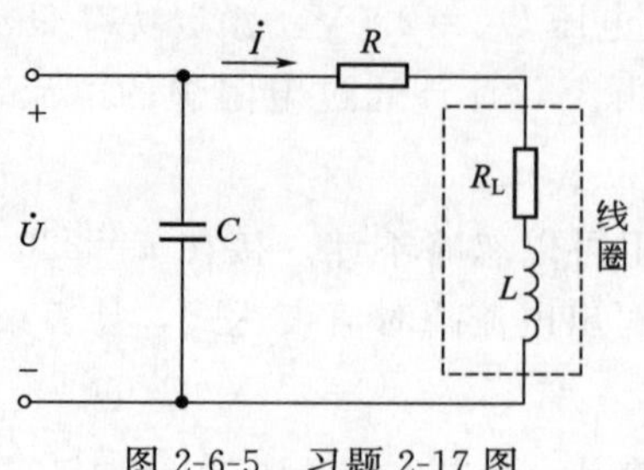


图 2-6-5 习题 2-17 图

# 任务三　三相负载的连接及功率的测量

## 任务描述

目前，电力系统大多数采用三相制供电方式。所谓三相制，就是由频率相同、最大值相等、相位互差120°的三相电源组成供电系统的体系，这样的三个电动势称为三相电动势。用输电导线把三相电源和三相负载连接在一起构成的电路，称为三相交流电路，或称为“三相制”。组成三相电路的每一单相电路，称为一相。和单相交流电相比，在相同的容量下，三相发电机的尺寸比单相发电机要小；三相发电机的结构简单、运行可靠、维护方便；输送距离和输送功率一定时，采用三相制比采用单相制能节省更多的有色金属。还有许多需要大功率直流电源的用户，通常利用三相整流来获得波形平滑的直流电压，因此大量的实际问题归结于三相交流电路的分析与计算。

## 能力目标

(1) 能够进行三相负载的星形和三角形连接；

(2) 掌握测量三相电路电压、电流的方法；

(3) 分析三相四线制系统中，不对称负载中线的作用；

(4) 掌握测量三相电路功率的方法。

## 相关知识

(1) 三相交流电；

(2) 三相电源的连接；

(3) 三相负载的连接；

(4) 三相电路的功率及其测量。

## 分任务一　认识三相交流电

三相交流电是指由三相电源供电产生的三相电压以及接上负载后形成的三相电流，统称为三相交流电。三相电源是由最大值相等、频率相同、彼此具有120°相位差的三个正弦交流电动势按照一定的方式连接而成的。

### 一、三相交流电动势的产生

三相交流电动势，是由三相发电机产生的。三相发电机主要由电枢（定子）和磁极（转子）组成，如图3-1-1所示为一对磁极的三相发电机原理示意图。

电枢是固定的，称为定子，由定子铁心和三相定子绕组组成，定子铁心由硅钢片叠装

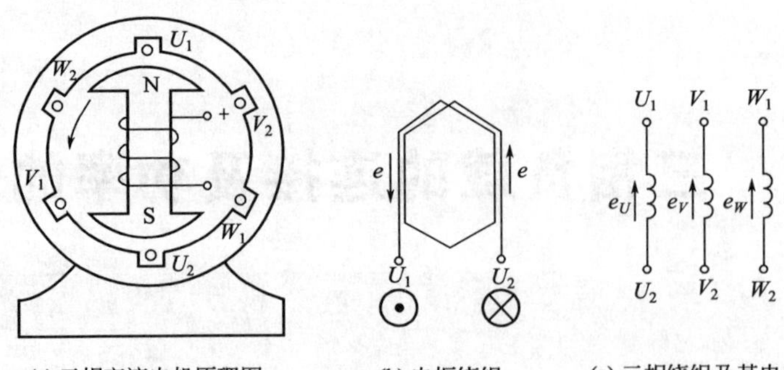

(a) 三相交流电机原理图　(b) 电枢绕组　(c) 三相绕组及其电动势

图 3-1-1　三相交流发电机原理图

成，内圆表面冲有槽，在槽内放置三相匝数相等、相互独立的绕组，绕组的首端分别用 $U_1$、$V_1$、$W_1$ 表示，末端分别用 $U_2$、$V_2$、$W_2$ 表示，其中一相绕组如图 3-1-1(b) 所示。三个绕组的首端或末端在空间彼此互差 120°。电机的磁极是旋转的，称为转子，转子铁心上绕有励磁绕组，通过直流电励磁。适当选择极面形状和励磁绕组的分布，可以使磁极与电枢空隙中的磁感应强度按正弦规律分布。

当原动机拖动转子以角速度 $\omega$ 做顺时针匀速转动时，定子的每相绕组依次切割磁力线，产生频率相同、幅值相等的正弦电动势 $e_U$、$e_V$、$e_W$，参考方向指定为由末端指向首端，如图 3-1-1(c) 所示。

## 二、三相交流电动势的表示方法

当 N 极的轴线转到 $U_2$ 位置时，$U$ 相的电动势达到正幅值，经过 120°后 N 极轴线转到 $V_2$ 处，$V$ 相的电动势达到正幅值，再由此经过 120°后，$W$ 相的电动势达到正幅值，其波形如图 3-1-2(a) 所示。所以 $e_U$ 比 $e_V$ 超前 120°，$e_V$ 比 $e_W$ 超前 120°，$e_W$ 又比 $e_U$ 超前 120°，若以 $e_U$ 为参考正弦量，则有

$$\begin{aligned} e_U &= E_m \sin\omega t \\ e_V &= E_m \sin(\omega t - 120°) \\ e_W &= E_m \sin(\omega t + 120°) \end{aligned} \tag{3-1}$$

用相量表示为

$$\begin{aligned} \dot{E}_U &= E\angle 0° \\ \dot{E}_V &= E\angle -120° \\ \dot{E}_W &= E\angle 120° \end{aligned} \tag{3-2}$$

相量图如图 3-1-2(b) 所示。

三相电动势达到最大值的先后次序，称为相序。上述三相电动势达到最大值的次序是 $U$-$V$-$W$-$U$，称为正序；若是 $U$-$W$-$V$-$U$，称为负序。通常，三相电源的相序都是正序。

三个电动势的最大值相等、频率相同、相位互差 120°，就称为三相对称电动势。若将一组对称三相电动势作为一组电源，则构成一组对称三相电源。以后在没有特别说明的情况下，三相电源就指对称三相电源，并且规定电动势的方向从末端指向首端，即电流从首端流出时为正，反之为负。

由相量图可知，对称三相电源的电动势之和为零。即

$$\dot{E}_U + \dot{E}_V + \dot{E}_W = 0 \tag{3-3}$$

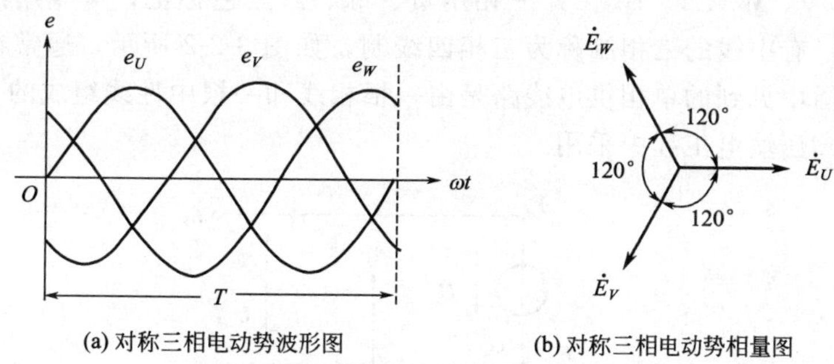


图 3-1-2　对称三相电动势波形和相量图

电动势瞬时值之和也等于零。

$$e_U+e_V+e_W=0 \tag{3-4}$$

由于发电机产生的是三相对称电动势，且发电机绕组的阻抗相等，故发电机三个绕组的电压 $u_U$、$u_V$、$u_W$ 是对称三相电压，即

$$\begin{aligned}\dot{U}_U&=U\angle 0^\circ\\ \dot{U}_V&=U\angle -120^\circ\\ \dot{U}_W&=U\angle 120^\circ\end{aligned} \tag{3-5}$$

# 分任务二　三相电源的连接

三相交流发电机的每一个绕组都是独立的电源，均可单独给负载供电，但这样供电需要 6 根导线，如图 3-2-1 所示，这样体现不出三相制在电能输送方面的优越性，很不经济，没有实用价值；实际上，是将三相电源的绕组按照一定的方式连接之后，再向负载供电，通常采用星形连接（Y 形）和三角形（Δ 形）连接两种方式。

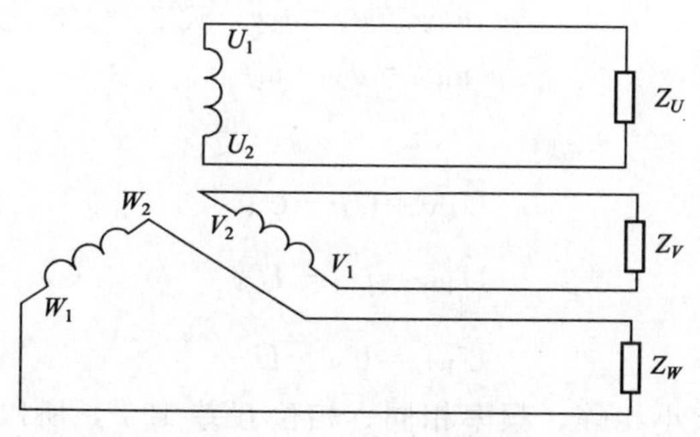


图 3-2-1　三相六线制

## 一、三相电源的星形连接

将三相电源的三个负极性端 $U_2$、$V_2$、$W_2$ 连接在一起，形成一个节点 $N$，称为中性点。再由三个正极性端 $U$、$V$、$W$ 分别引出三根输出线，称为端线或相线（俗称火线），这样就构成了三相电源的星形连接（用 Y 表示）。三相线常用 $L_1$、$L_2$、$L_3$ 表示，中性点也可引出一根线，这根线称为中性线，简称中线。低压供电系统的中性点是直接接地的，把接大地的中性点称为零点，而把接地的中性线称为零线。

工程上，$U$、$V$、$W$（$A$、$B$、$C$）三相用黄、绿、红三色标记；零线用黑色；地线用黄绿双色线来标记。有中线的三相制称为三相四线制，如图 3-2-2 所示，通常在低压供电电网中采用，日常生活中见到的单相供电线路是由一根相线和一根中性线组成的；无中线的称为三相三线制，在高压输电工程中采用。

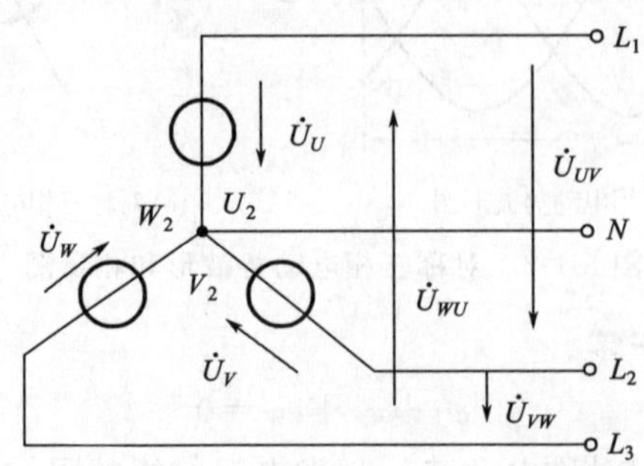

图 3-2-2 三相电源的星形连接

**1. 相电压**

电源每相绕组两端的电压称为电源的相电压，其相量形式为 $\dot{U}_U$、$\dot{U}_V$、$\dot{U}_W$，有效值用 $U_P$ 表示，相电压的参考方向规定为从始端指向末端。有中线时，各相线与中线之间的电压就是相电压。

**2. 线电压**

相线与相线之间的电压称为电源的线电压，其相量形式为 $\dot{U}_{UV}$、$\dot{U}_{VW}$、$\dot{U}_{WU}$，有效值用 $U_L$ 表示。

**3. 相电压和线电压的关系**

三相四线制供电系统可提供两种电压：相电压和线电压。由基尔霍夫定律可得

$$\begin{aligned} u_{UV} &= u_U - u_V \\ u_{VW} &= u_V - u_W \\ u_{WU} &= u_W - u_U \end{aligned} \tag{3-6}$$

相量式为

$$\begin{aligned} \dot{U}_{UV} &= \dot{U}_U - \dot{U}_V \\ \dot{U}_{VW} &= \dot{U}_V - \dot{U}_W \\ \dot{U}_{WU} &= \dot{U}_W - \dot{U}_U \end{aligned} \tag{3-7}$$

电源的三相电压的大小相等、频率相同、相位互差 120°，所以三相电压是对称的，设 $\dot{U}_U$ 为参考相量，即设 $\dot{U}_U = U_P\angle 0°$，$\dot{U}_V = U_P\angle 120°$，$\dot{U}_W = U_P\angle -120°$，根据相量的运算法则得出各线电压为：

$$\begin{aligned} \dot{U}_{UV} &= \sqrt{3}U_P\angle 30° = \sqrt{3}\dot{U}_U\angle 30° \\ \dot{U}_{VW} &= \sqrt{3}U_P\angle -90° = \sqrt{3}\dot{U}_V\angle 30° \\ \dot{U}_{WU} &= \sqrt{3}U_P\angle 150° = \sqrt{3}\dot{U}_W\angle 30° \end{aligned} \tag{3-8}$$

各相电压与线电压的相量图如图 3-2-3 所示。

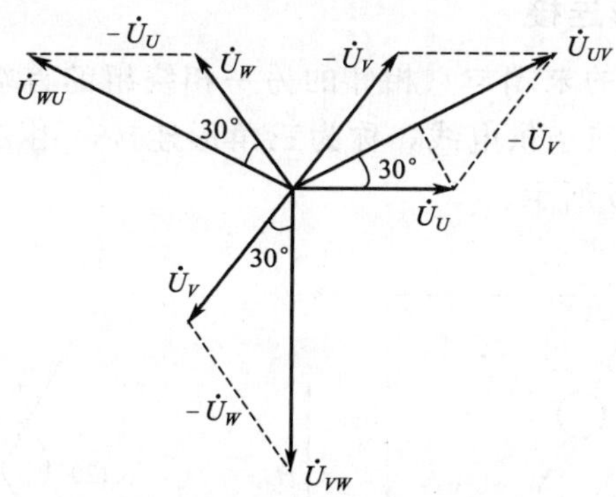


图 3-2-3　三相电源星形连接各电压相量图

由相量图 3-2-3 可知，三相线电压 $\dot{U}_{UV}$、$\dot{U}_{VW}$、$\dot{U}_{WU}$也是对称的，在相位上，线电压比相应的相电压超前 30°；线电压有效值是相电压有效值的$\sqrt{3}$倍，即 $U_l=\sqrt{3}U_P$。

发电机（或变压器）绕组接成星形，可以为负载提供两种对称的三相电压。目前，电力电网的低压供电系统中的线电压为 380V，相电压是 220V，常写电源电压“380V/220V”。

**【例题 3-1】** 已知发电机绕组星形连接，且线电压$\dot{U}_{CA}=380\angle 120°\text{V}$，试求$\dot{U}_{AB}$、$\dot{U}_{BC}$、$\dot{U}_A$、$\dot{U}_B$ 和$\dot{U}_C$，并画相量图。

**解**　发电机绕组星形连接时，相电压和线电压都是对称的，根据三相对称电源的特点，不难得出

$$\dot{U}_{AB}=380\angle 0°\text{V}$$

$$\dot{U}_{BC}=380\angle -120°\text{V}$$

根据相电压和线电压的关系，得出

$$U_P=U_L/\sqrt{3}=380/\sqrt{3}=220\ (\text{V})$$

$$\dot{U}_A=220\angle -30°\text{V}$$

$$\dot{U}_B=220\angle -150°\text{V}$$

$$\dot{U}_C=220\angle 90°\text{V}$$

相量图如图 3-2-4 所示。

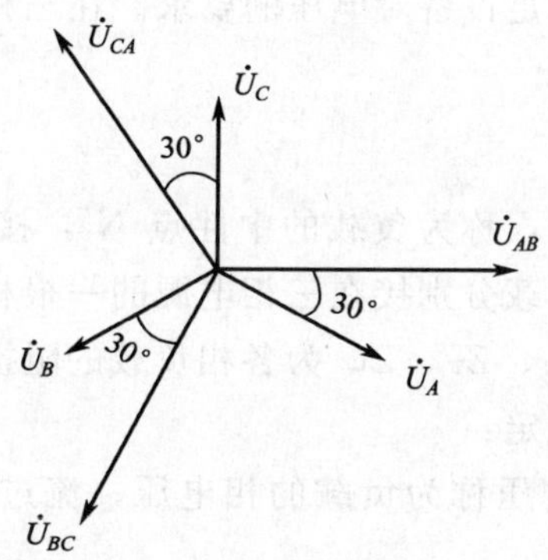


图 3-2-4　例题 3-1 图

**二、三相电源的三角形连接**

将三相电源内每相绕组的末端与它相邻的另一相绕组的首端依次相连，构成一闭合回路，然后从三个连接点引出三条供电线，称为三角形连接，用 Δ 表示，三角形接法是三相三线制供电方式，如图 3-2-5 所示。

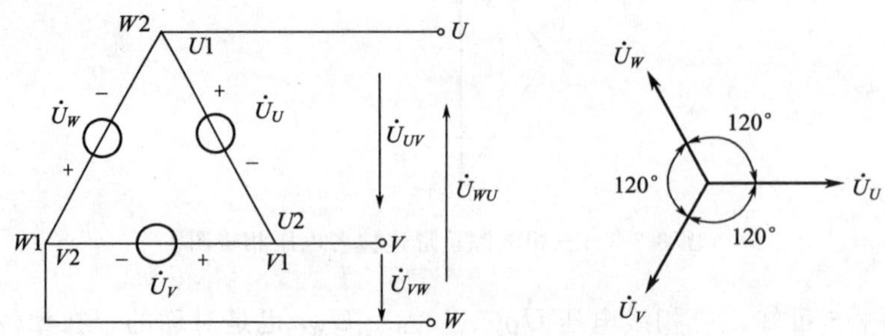

图 3-2-5 三相电源的三角形连接及电压相量图

由图 3-2-5 可看出，三相电源做三角形连接时，电源的线电压等于电源的相电压，即

$$U_L = U_P$$

若三相电源对称，则三角形闭合回路的总电动势等于零，这时电源绕组内部不存在环流，但若三相电源不对称或线路接错（绕组首末端调反），则回路总电动势就不为零，此时即使外部没有负载，也会因为各相绕组本身阻抗很小，使闭合回路内产生很大的环流，这将使绕组过热，甚至烧坏。因此，三相发电机绕组一般不采用三角形接法，三相变压器绕组有时采用三角形接法，但要求在连接前必须检查三相绕组的对称性及接线顺序。

## 分任务三　三相负载的连接

交流电电气设备统称为负载。按它们对电源的要求分为单相负载和三相负载。单相负载是指只需单相电源供电的设备，如照明用的日光灯、家用电器等。三相负载是指需要三相电源供电的负载，如三相异步电动机。

三相电路中的三相负载可能相同也可能不同，通常把三相负载相同的三相负载称做对称三相负载，如三相电动机、三相电炉等。若三相负载不同，则称为不对称三相负载，如三个照明电路组成的三相负载。使用任何电气设备，都要求其所承受的电压等于它的额定电压，所以要采用一定的连接方式来满足设备对电压的要求。在三相电路中，负载的连接方式有两种：星形连接和三角形连接。

**一、三相负载的星形连接**

将三个负载的一端连成一点，称为负载的中性点 $N'$，接在电源的中线上，另一端分别与三根端线相连。这种将三相负载分别接在三相电源的一根相线与中线之间的接法称为星形（Y）连接。如图 3-3-1 所示，$Z_U$、$Z_V$、$Z_W$ 为各相负载的阻抗。

为分析电路方便，作如下规定：

(1) 加在每相负载两端的电压称为负载的相电压；流过每相负载的电流称为负载的相电流。

(2) 流过每根相线的电流称为线电流；相线与相线之间的电压称为线电压。

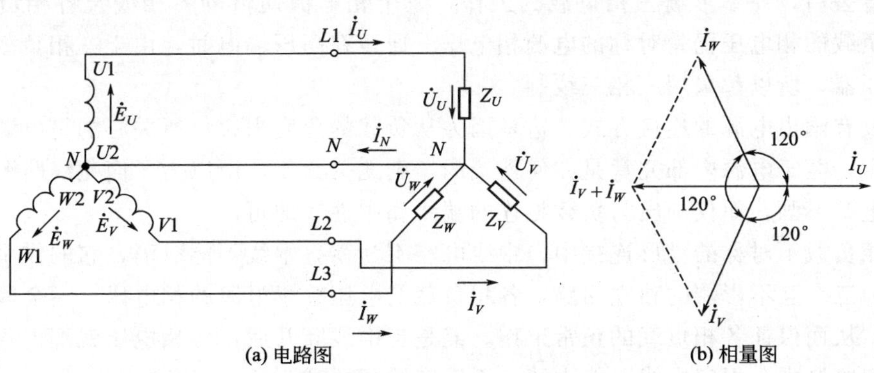


图 3-3-1　负载的星形连接

（3）负载为星形连接时，负载的相电压分别用$\dot{U}_U$、$\dot{U}_V$、$\dot{U}_W$ 表示，规定其参考方向为相线指向负载中性点；负载相电流分别用 $\dot{I}_u$、$\dot{I}_v$、$\dot{I}_w$ 表示，其参考方向与负载相电压的方向一致，线电流分别用$\dot{I}_U$、$\dot{I}_V$、$\dot{I}_W$ 表示，其参考方向为电源端指向负载端，中线电流用 $\dot{I}_N$ 表示，其参考方向规定为负载中性点指向电源中性点。

对于负载的星形连接，由图 3-3-1 可知，若忽略输电线上的电压损耗，可得出以下结论：

（1）负载的相电压等于电源的相电压；

（2）负载的相电流等于线电流，即 $\dot{I}_L=\dot{I}_P$；

（3）每一相电源、负载以及中线构成独立的回路，因此可采用单相交流电的分析方法对每相负载进行独立分析。各相电压、相电流及负载的相量关系为

$$\dot{I}_U=\frac{\dot{U}_U}{Z_U}$$

$$\dot{I}_V=\frac{\dot{U}_V}{Z_V} \tag{3-9}$$

$$\dot{I}_W=\frac{\dot{U}_W}{Z_W}$$

若三相电源对称，三相负载也对称（$Z_U=Z_V=Z_W$），则相电流也对称。若以 $\dot{I}_U$ 为参考相量，相电流相量关系如图 3-3-1(b) 所示。

根据相量图可知　$\dot{I}_N=\dot{I}_U+\dot{I}_V+\dot{I}_W=0$

因此，对称负载星形连接时，中性线可以省去，电路化简为三相三线制。如图 3-3-2 所

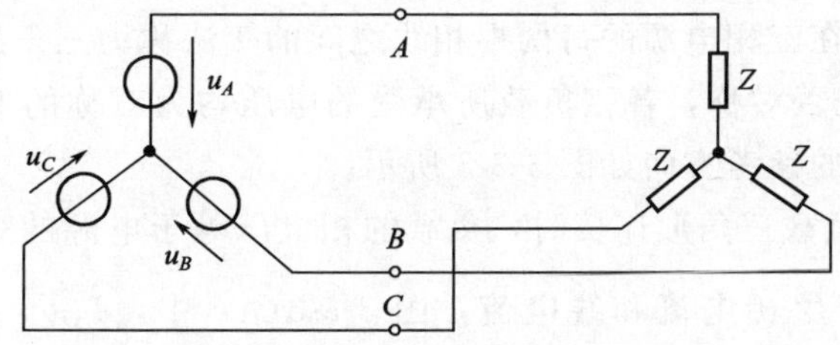


图 3-3-2　三相三线制供电系统

示，中线省去后，并不影响三相负载的工作，三个相电流便借助各相线及各相负载互成回路，各相负载的相电压仍是对称的电源相电压。通常在高压输电时，由于三相负载都是对称的三相变压器，所以都采用三相三线制。

图中没有画出电源的连接方式，这是因为从负载的角度来说，所关心的是电源能输出多大的线电压，至于电源内部究竟是如何连接的，则无关紧要，所以为了简化线路图，习惯上省略三相电源不画，而仅画出与负载相连的端线和中性线即可。

在三相负载不对称的星形连接中，中线电流不为零，中线不能取消，它的作用在于使三相负载成为三个互不影响的独立回路，各相负载的电压等于电源的相电压，不会因负载的变动而变动，从而保证各相负载的正常工作。但是当中线断开后，各相电压就不再相等了，所以在三相四线制中，规定中线不能去掉，不准安熔断器和开关，以免断开。另外，在连接三相负载时，尽量使其平衡，以减小中线电流。

**【例题 3-2】** 现有白炽灯 120 盏，每盏灯的额定电压 $U_N=220V$，额定功率 $P_N=100W$，电源是三相四线制供电系统，电压 220V/380V。

(1) 120 盏灯如何接入三相电源？

(2) 计算白炽灯全部点亮时负载的相电流。

**解** (1) 白炽灯额定电压与电源的相电压相等，又按照三相负载应尽可能平衡，对称分布的要求。应将这 120 盏灯平均地接在三根相线和中性线之间，每一相 40 盏，此时三相负载按星形连接，如图 3-3-1(a) 所示。

(2) 每盏白炽灯的电阻为

$$R=\frac{U_N{}^2}{P_N}=\frac{220^2}{100}=484\ (\Omega)$$

40 盏白炽灯全部点亮时，并联电阻为

$$R_P=\frac{484\Omega}{40}=12.1\Omega$$

取 $\dot{U}_U$ 为参考相量，则 $\dot{U}_U=220\angle 0°V$

$U$ 相负载的相电流为

$$\dot{I}_U=\frac{\dot{U}_U}{R_P}=\frac{220\angle 0°}{12.1}=4.545\angle 0°\ (A)$$

电源对称，负载对称，则相电流也对称，根据对称原则，可得出

$$\dot{I}_V=4.545\angle -120°A$$

$$\dot{I}_W=4.545\angle 120°A$$

## 二、三相负载的三角形连接

将三相负载分别接在三相电源的每两根相线之间的接法称为三角形（△形）连接，如图 3-3-3 所示。无论负载是否对称，各相负载所承受的电压均为对称的电源线电压。负载做三角形连接时电压、电流的参考方向如图 3-3-3 所示。

由图 3-3-3 可知，负载三角形连接时，负载的相电压等于电源的线电压。三角形连接的负载接通电源后，会产生相电流和线电流，图 3-3-3(a) 中，$\dot{I}_{UV}$、$\dot{I}_{VW}$、$\dot{I}_{WU}$ 为相电流；$\dot{I}_U$、$\dot{I}_V$、$\dot{I}_W$ 为线电流。相电流的计算同样根据单相交流电路的分析方法计算，然后根据

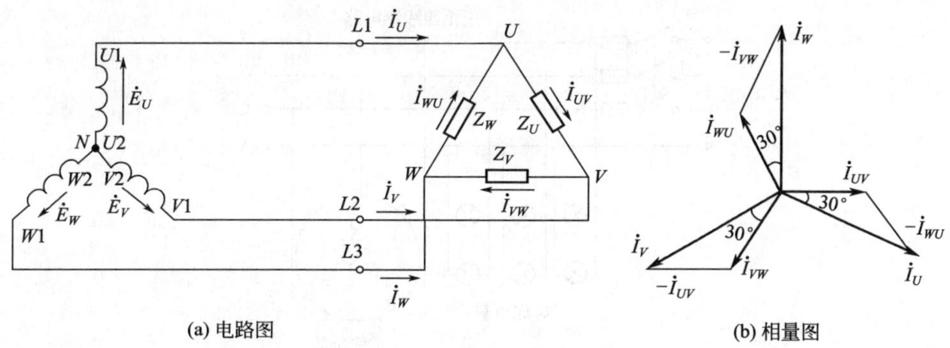

(a) 电路图 (b) 相量图

图 3-3-3 负载的三角形连接

基尔霍夫电流定律，得出线电流与相电流的关系。

$$\begin{aligned}\dot{I}_U&=\dot{I}_{UV}-\dot{I}_{WU}=\dot{I}_{UV}+(-\dot{I}_{WU})\\ \dot{I}_V&=\dot{I}_{VW}-\dot{I}_{VU}=\dot{I}_{VW}+(-\dot{I}_{VU})\\ \dot{I}_W&=\dot{I}_{WU}-\dot{I}_{VW}=\dot{I}_{WU}+(-\dot{I}_{VW})\end{aligned}\tag{3-10}$$

若三相负载对称，则三相电流也对称。以 $U$ 相电流 $\dot{I}_{UV}$ 为参考相量，做相量图，如图 3-3-3(b) 所示。由相量图可得，对三角形连接的三相对称负载而言，有以下结论。

$$\begin{aligned}\dot{I}_U&=\sqrt{3}\dot{I}_{UV}\angle-30^\circ=\sqrt{3}I_P\angle-30^\circ\\ \dot{I}_V&=\sqrt{3}\dot{I}_{VW}\angle-30^\circ=\sqrt{3}I_P\angle-150^\circ\\ \dot{I}_W&=\dot{I}_{WU}\angle-30^\circ=\sqrt{3}I_P\angle-90^\circ\end{aligned}\tag{3-11}$$

(1) 线电流是相电流的$\sqrt{3}$倍，即 $I_L=\sqrt{3}I_P$

(2) 线电流滞后于相应的相电流 30°。

(3) 线电流是对称的，即 $\dot{I}_U+\dot{I}_V+\dot{I}_W=0$。

三相负载按什么方式连接，根据每相负载的额定电压与电源线电压的关系而定。

当单相负载的额定电压等于电源的相电压（线电压的 $1/\sqrt{3}$）时，应将负载接在相线与中性线之间，形成负载的星形接法，如图 3-3-4(a) 所示。

当负载的额定电压等于电源的线电压时，应将负载接在两根相线之间，形成三角形连接，如图 3-3-4(b) 所示。

图 3-3-4 中没有画出电源的连接方式，这是因为从负载的角度来说，所关心的是电源能输出多大的线电压，至于电源内部究竟是如何连接的，则无关紧要，所以为了简化线路图，习惯上省略三相电源不画，而仅画出与负载相连的端线和中性线即可。

**【例题 3-3】** 对称三相负载的线电压 $u_{UV}=380\sqrt{2}\sin\omega t V$，对称三相负载的额定电压是 380V，$Z_{UV}=Z_{VW}=Z_{WU}=(30+j40)\Omega$。

(1) 三相负载如何接入三相电源？

(2) 计算负载的相电流和线电流。

**解** (1) 负载的额定电压等于电源的线电压，故三相负载应该接在两根相线之间，是三角形接法。

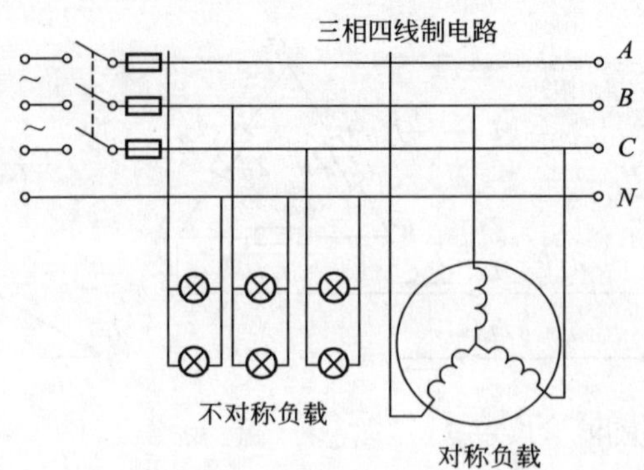


(a) 负载的Y形连接

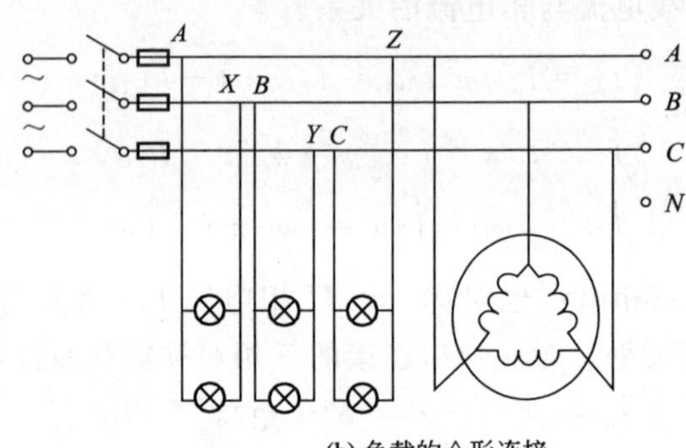


(b) 负载的△形连接

图 3-3-4 负载的连接方式

（2）已知线电压 $\dot{U}_{UV}=380\angle 0°\text{V}$

负载的相电流 $\dot{I}_{UV}=\dfrac{\dot{U}_{UV}}{Z_{UV}}=\dfrac{380\angle 0°}{30+\text{j}40}=\dfrac{380\angle 0°}{50\angle 53°}=7.6\angle -53°$（A）

依据对称关系 $\dot{I}_{VW}=7.6\angle -53°-120°=7.6\angle -173°$（A）

$\dot{I}_{WU}=7.6\angle -53°+120°=7.6\angle 67°$（A）

根据三角形连接，线电流与相电流的关系，按式(3-11) 计算，得

$$\dot{I}_U=\sqrt{3}\dot{I}_{UV}\angle -30°=\sqrt{3}\times 7.6\angle -53°-30°=13.16\angle -83°\ (\text{A})$$

依据对称关系，得

$$\dot{I}_V=13.16\angle -83°-120°=13.16\angle 157°\ (\text{A})$$

$$\dot{I}_W=13.16\angle -83°+120°=13.16\angle 37°\ (\text{A})$$

# 分任务四　三相电路的功率及其测量

## 一、三相电路的功率

在三相交流电路中，不论连接方式是星形还是三角形，负载对称不对称，三相电路总的有功功率均等于各相负载的有功功率之和，即

$$P=P_U+P_V+P_W \tag{3-12}$$

三相电路总的无功功率等于各相负载的无功功率之和，即

$$Q=Q_U+Q_V+Q_W \tag{3-13}$$

三相电路总的视在功率，根据功率三角形得

$$S=\sqrt{P^2+Q^2} \tag{3-14}$$

若三相负载对称，每相负载平均功率相等，则三相总功率为

$$P=3P_P=3U_P I_P\cos\varphi_P \tag{3-15}$$

其中，$P_P$ 表示单相负载的功率；

$U_P$ 表示负载的相电压；

$I_P$ 表示负载的相电流；

$\varphi_P$ 表示相电压与相电流之间的相位差，也等于阻抗角。

星形连接时　$U_L=\sqrt{3}U_P$，$I_L=I_P$

三角形连接时　$U_L=U_P$，$I_L=\sqrt{3}I_P$

将上述关系代入式(3-15)，将相值用线值表示，无论负载是三角形连接还是星形连接，三相总的有功功率均为

$$P=3U_P I_P\cos\varphi_P=\sqrt{3}U_L I_L\cos\varphi_P \tag{3-16}$$

同理，可得对称三相负载的有功功率和视在功率分别为

$$Q=3U_P I_P\sin\varphi_P=\sqrt{3}U_L I_L\sin\varphi_P \tag{3-17}$$

$$S=3U_P I_P=\sqrt{3}U_L I_L \tag{3-18}$$

**【例题 3-4】** 某三相对称电路，每相负载 $R=80\Omega$，$|Z_P|=100\Omega$，电源线电压 380V，试求：

（1）负载接成星形连接时，每相负载的相电流和电路线电流的大小。

（2）三相负载的平均功率、无功功率和视在功率。

（3）若负载改接成三角形，再求（1）、（2）两项。

**解**　（1）负载接成 Y 形时。

$$U_P=\frac{1}{\sqrt{3}}U_L=\frac{1}{\sqrt{3}}\times 380=220\ (\text{V})$$

$$I_L=I_P=\frac{U_P}{|Z_P|}=\frac{220}{100}=2.2\ (\text{A})$$

$$\cos\varphi=\frac{R}{|Z_P|}=\frac{80}{100}=0.8$$

（2）计算功率。

$$P=\sqrt{3}U_L I_L\cos\varphi_P=\sqrt{3}\times 380\times 2.2\times 0.8\approx 1158.4\ (\text{W})$$

$$Q=\sqrt{3}U_L I_L\sin\varphi_P=\sqrt{3}\times 380\times 2.2\times 0.6\approx 868.8\ (\text{Var})$$

$$S=\sqrt{P^2+Q^2}=\sqrt{1158.4^2+868.8^2}=1448\ (\text{V}\cdot\text{A})$$

（3）改接成三角形时。

$$U_P=U_L=380\ (\text{V})$$

$$I_L=\sqrt{3}I_P=\sqrt{3}\times\frac{U_P}{|Z_P|}=\sqrt{3}\times\frac{380}{100}=6.6\ (\text{A})$$

$$P=\sqrt{3}U_L I_L\cos\varphi_P=\sqrt{3}\times 380\times 6.6\times 0.8\approx 3475.2\ (\text{W})$$

$$Q=\sqrt{3}U_L I_L \sin\varphi_P=\sqrt{3}\times380\times6.6\times0.6\approx2606.3\ (\text{Var})$$

$$S=\sqrt{P^2+Q^2}=\sqrt{3475.2^2+2606.3^2}=4344\ (\text{V}\cdot\text{A})$$

## 二、三相功率的测量

在工程上，常用功率表测量三相电路的有功功率，主要有两种方法：一瓦特表法和二瓦特表法。

### 1. 一瓦特表法

对于三相四线制供电的三相星形连接的负载，可用一只功率表测量各相的有功功率 $P_A$、$P_B$、$P_C$，则三相负载的总有功功率 $\sum P=P_A+P_B+P_C$。这就是一瓦特表法，如图 3-4-1所示。若三相负载是对称的，则只需测量其中一相负载的功率，再乘以 3 即得三相总的有功功率。

对于三相三线制供电的三相对称负载，可用一表法测得三相负载总的无功功率 $Q$，测量原理线路如图 3-4-2 所示，图示功率表读数的 3 倍，即为对称三相电路总的无功功率。除了图 3-4-2 给出的一种连接法（$i_U$、$u_{VW}$）外，还有另外两种连接法，即接成（$i_V$、$u_{UW}$）或（$i_W$、$u_{UV}$）。

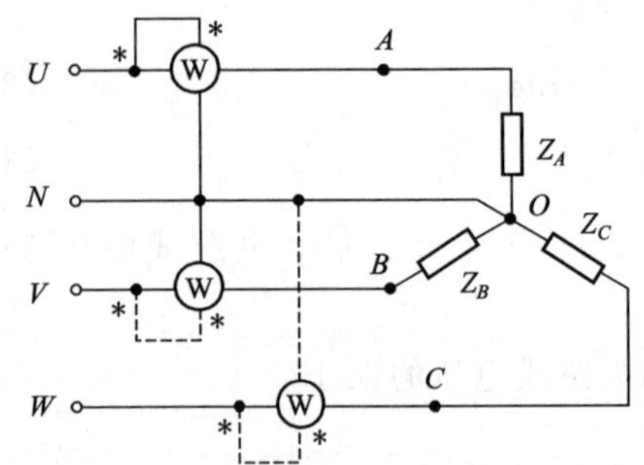


图 3-4-1 一瓦特表法测三相负载的单相功率图

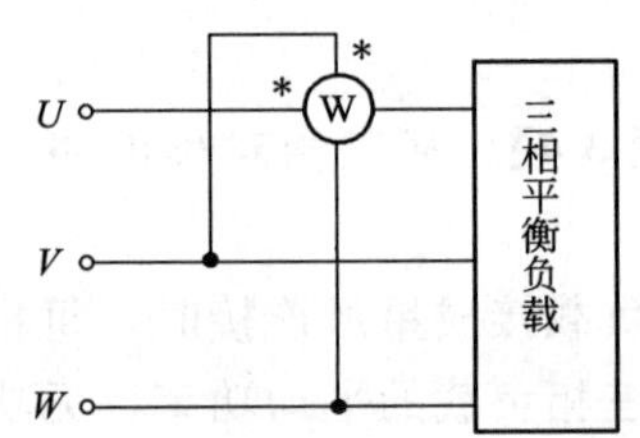


图 3-4-2 一瓦特表法测三相功率接线图

### 2. 二瓦特表法

三相三线制供电系统中，无论三相负载是否对称，也不论负载是 Y 接法还是△接法，都可用二表法测量三相负载的总功率，测量线路如图 3-4-3 所示。三相有功功率等于两表读数之和，三相无功功率等于两表读数之差的$\sqrt{3}$倍。

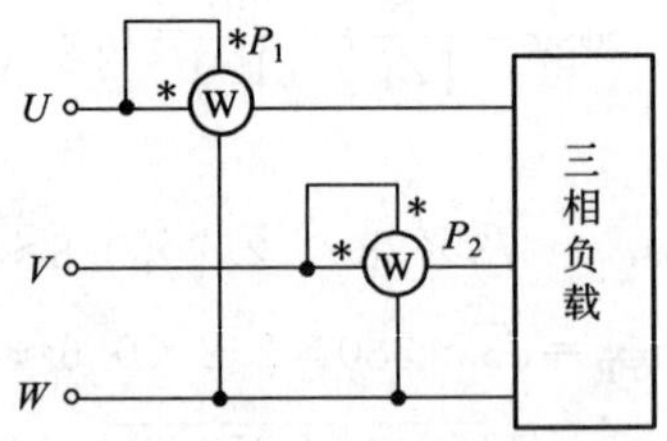


图 3-4-3 二瓦特表法测三相功率接线图

如果负载为感性或容性，且当存在相位差时，线路中的一只功率表指针将反偏（数字式功率表将出现负读数），这时应将功率表电流线圈的两个端子调换（不能调换电压线圈端子），其读数应记为负值。而三相总功率 $P=P_1+P_2$（$P_1$、$P_2$ 本身不含任何意义）。

除了图 3-4-3$i_U$、$u_{UW}$与 $i_V$、$u_{VW}$ 的接法外，还有 $i_V$、$u_{UV}$与 $i_U$、$u_{UV}$ 以及 $i_U$、$u_{UV}$与 $i_W$、

$u_{VW}$两种接法。

# 任务实施

## 一、工具和仪表

按表 3-5-1 材料清单准备材料。

表 3-5-1　材料清单表

| 名称 | 数量 |
|---|---|
| 交流电压表 | 1 |
| 交流电流表 | 1 |
| 单相功率表 | 2 |
| 万用表 | 1 |
| 三相自耦调压器 | 1 |
| 三相灯组负载 | 1 |

## 二、内容及步骤

### 1. 灯箱负载的连接

（1）星形连接。

用三个灯箱做三相负载的星形连接，灯箱内部的连接方式如图 3-5-1 所示。

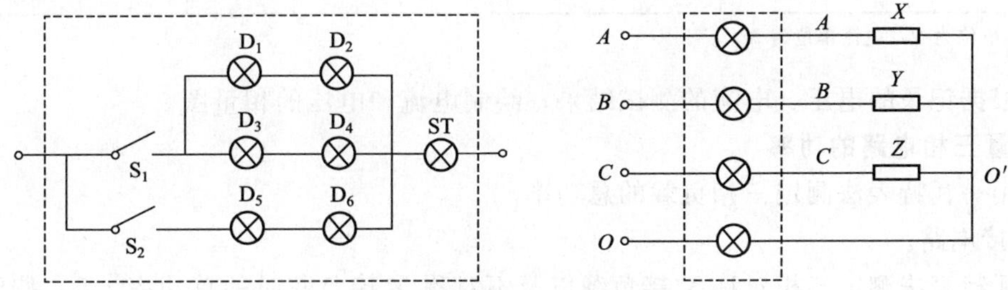


图 3-5-1　灯箱的结构示意图

① 负载对称（各相开 4 盏灯）接通中线，合上电源开关，观察各灯泡亮度。按表 3-5-2 测量电压、电流，并将测量结果记入表 3-5-2 中。

② 将中线拆去，重复①中的内容。

③ 若负载不对称（各相开灯数分别为 2、4、6 盏），则重复前两项测量，根据测量结果，分析中线的作用。

表 3-5-2　负载星形连接时线电压、相电压、相电流及线电流测量值

| 中线连接 | 开灯盏数 | | | 线电压 | | | 相电压 | | | 线(相)电流 | | | 中线电流 | 中线电压 |
|---|---|---|---|---|---|---|---|---|---|---|---|---|---|---|
| | $A$相 | $B$相 | $C$相 | $U_{AB}$ | $U_{BC}$ | $U_{CA}$ | $U'_{AO}$ | $U'_{BO}$ | $U'_{CO}$ | $I_A$ | $I_B$ | $I_C$ | $I'_{OO}$ | $U'_{OO}$ |
| 有 | 4 | 4 | 4 | | | | | | | | | | | |
| 无 | 4 | 4 | 4 | | | | | | | | | | | |
| 有 | 2 | 4 | 6 | | | | | | | | | | | |
| 无 | 2 | 4 | 6 | | | | | | | | | | | |

注：电压单位为 V，电流单位为 A。

（2）三角形连接。

按如图 3-5-2 所示接线，并接通电源。

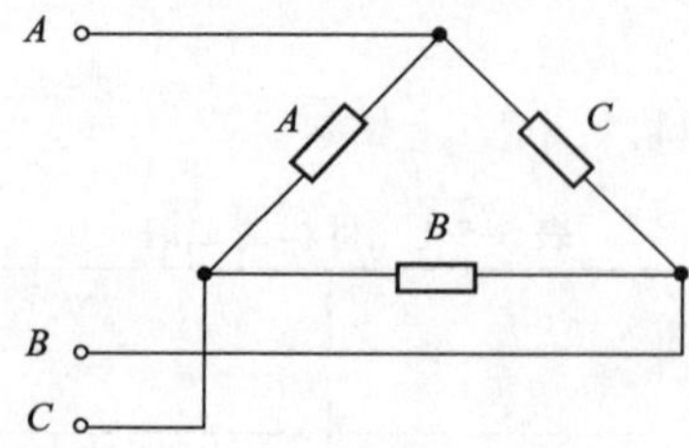


图 3-5-2 灯箱负载的三角形连接

① 各相开 4 盏灯，分别测量线电压、线电流及相电流，并将数据记入表 3-5-3 中。

② $A$、$B$、$C$ 三相分别开 2、4、6 盏灯，重复上述测量。

③ 将一相负载断开，观察其他两相负载的工作情况。

④ 将电源的一相断开，观察负载的工作情况。

**表 3-5-3 负载三角形连接时各电压、电流值**

| 开灯盏数 | | | 线电压(相电压) | | | 线电流 | | | 相电流 | | |
|---|---|---|---|---|---|---|---|---|---|---|---|
| $A$ 相 | $B$ 相 | $C$ 相 | $U_{AB}$ | $U_{BC}$ | $U_{CA}$ | $I_A$ | $I_B$ | $I_C$ | $I_{AB}$ | $I_{BC}$ | $I_{CA}$ |
| 4 | 4 | 4 | | | | | | | | | |
| 2 | 4 | 6 | | | | | | | | | |

注：电压单位为 V，电流单位为 A。

（3）根据记录的电压、电流的测试结果，绘制电流和电压的相量图。

**2. 测量三相电路的功率**

（1）用一瓦特表法测定三相负载的总功率。

① 连接电路。

用一瓦特表法测定三相对称 Y 接负载以及不对称 Y 接负载时的总功率$\sum P$，按图 3-5-3 线路接线。线路中的电流表和电压表用来监视该相的电流和电压，不要超过功率表电压和电流的量程。

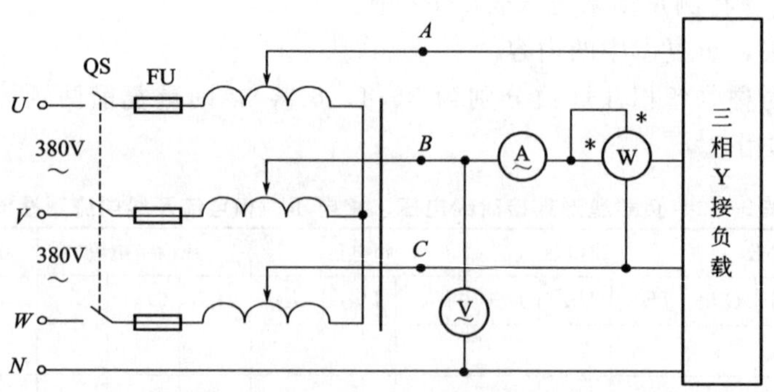


图 3-5-3 一瓦特表法测三相负载功率接线图

图中，先将三只表接入 $B$ 相进行测量，然后再分别换接到 $A$ 相和 $C$ 相，并进行测量。

② 经指导教师检查后，接通三相电源，调节调压器输出，使输出线电压为 220V，并按

实验表 3-5-4 的要求进行测量及计算。

表 3-5-4　负载 Y 接时三相功率的测量数据记录表

| 负载情况 | 开灯盏数 | | | 测量数据 | | | 计算值 |
|---|---|---|---|---|---|---|---|
| | *A* 相 | *B* 相 | *C* 相 | $P_A$/W | $P_B$/W | $P_C$/W | $\Sigma P$/W |
| Y 接对称负载 | 2 | 2 | 2 | | | | |
| Y 接不对称负载 | 2 | 1 | 2 | | | | |

(2) 用二瓦特表法测定三相负载的功率。

① 按图 3-5-4 接线，将三相灯组负载按 Y 形接法连接。

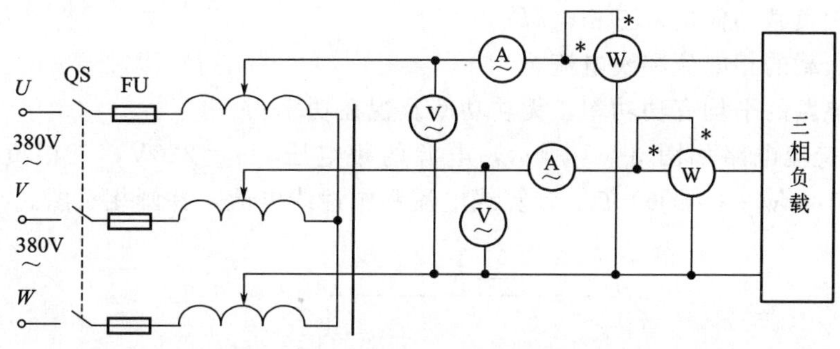


图 3-5-4　二瓦特表法测三相负载功率图

② 经指导教师检查后，接通三相电源，调节调压器的输出，使输出线电压为 220V，并按表 3-5-5 的内容进行测量。

表 3-5-5　二瓦特表法测量三相负载功率的数据记录表

| 负载情况 | 开灯盏数 | | | 测量数据 | | |
|---|---|---|---|---|---|---|
| | *A* 相 | *B* 相 | *C* 相 | $P_1$/W | $P_2$/W | $\Sigma P$/W |
| Y 接平衡负载 | 2 | 2 | 2 | | | |
| Y 接不平衡负载 | 2 | 1 | 2 | | | |
| △接平衡负载 | 2 | 2 | 2 | | | |
| △接不平衡负载 | 2 | 1 | 2 | | | |

③ 将三相灯组负载改成△形接法，重复测量，将数据记入表 3-5-5 中。

### 三、注意事项

任务完成后，需将三相调压器旋柄调回到零位。每次改变接线，均需断开三相电源，以确保人身安全。

## 任务巩固

3-1　已知对称三相电源中的，$\dot{U}_V=220\angle-60°$V，写出两相电压相量及瞬时值表达式，画出相量图。

3-2　已知三相四线制电源正相序，频率 $f=10$Hz，相电压 $\dot{U}_V=220\angle-150°$V，写出相电压 $u_U$、$u_W$ 的表达式和线电压 $u_{UV}$、$u_{VW}$、$u_{WU}$ 的表达式。

3-3　在三相四线制供电系统中线电压 $u_{UV}=380\sqrt{2}\sin\omega t$V，写出相电压 $u_U$、$u_V$、$u_W$ 和

线电压$u_{UV}$、$u_{VW}$、$u_{WU}$的表示式，相量式并画相量图。

3-4 对称三相负载$Z=(17.32+\mathrm{j}10)\ \Omega$，每相负载的额定电压$U_{\mathrm{N}}=220\mathrm{V}$。三相四线制电源的线电压$u_{UV}=380\sqrt{2}\sin(\omega t+30°)\ \mathrm{V}$。

(1) 该三相负载如何接入三相电源；

(2) 计算线电流$i_U$、$i_V$、$i_W$；

(3) 画相量图；

(4) 计算电路的平均有功功率、无功功率及视在功率。

3-5 对称三相负载$Z=(26.87+\mathrm{j}26.87)\ \Omega$，每相负载的额定电压$U_{\mathrm{N}}=380\mathrm{V}$，三相四线制电源，相电压$u_U=220\sqrt{2}\sin\ (\omega t+30°)\mathrm{V}$。

(1) 该三相负载如何接入三相电源？

(2) 计算负载的相电流和线电流。

(3) 计算电路的平均有功功率、无功功率及视在功率。

3-6 三相交流电路如图 3-6-1 所示，电源的相电压$U_{\mathrm{P}}=220\mathrm{V}$，三相负载$Z_U=10\Omega$，$Z_V=(6-\mathrm{j}8)\ \Omega$，$Z_W=(8+\mathrm{j}6)\ \Omega$。计算线电流和中性线电流，并画相量图。

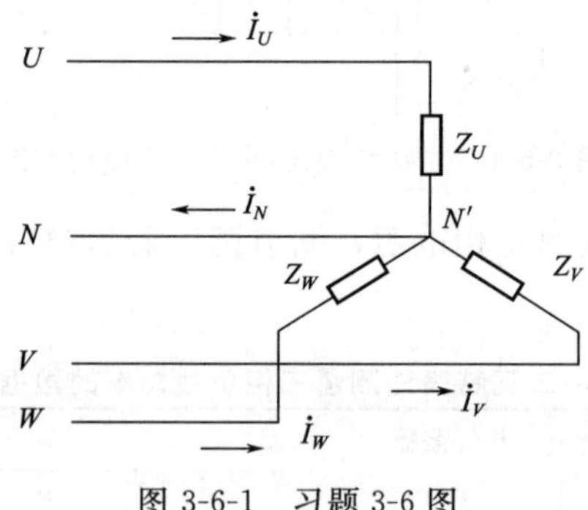


图 3-6-1 习题 3-6 图

3-7 三相交流电路如图 3-6-2 所示，线电压$U_{\mathrm{L}}=380\mathrm{V}$，三相负载$Z_{UV}=20\angle-90°\Omega$，$Z_{VW}=20\angle 90°\Omega$，$Z_{WU}=20\Omega$。

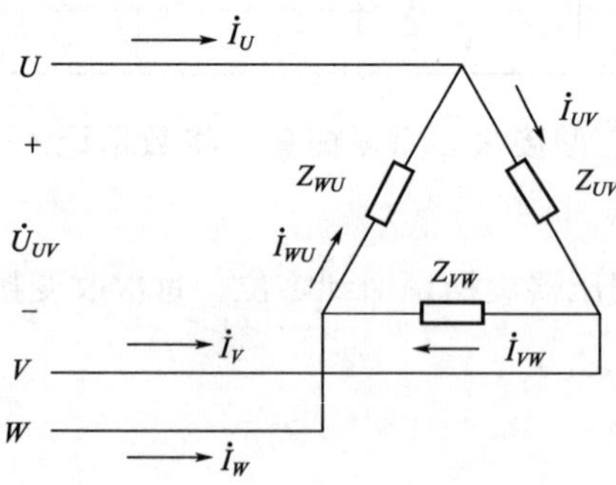


图 3-6-2 习题 3-7 图

(1) 计算相电流$\dot{I}_{UV}$、$\dot{I}_{VW}$、$\dot{I}_{WU}$；

(2) 计算线电流$\dot{I}_U$、$\dot{I}_V$、$\dot{I}_W$；

(3) 画相量图。

3-8　画出如图 3-6-3 所示“二表法”测量线路外的其他两种形式。

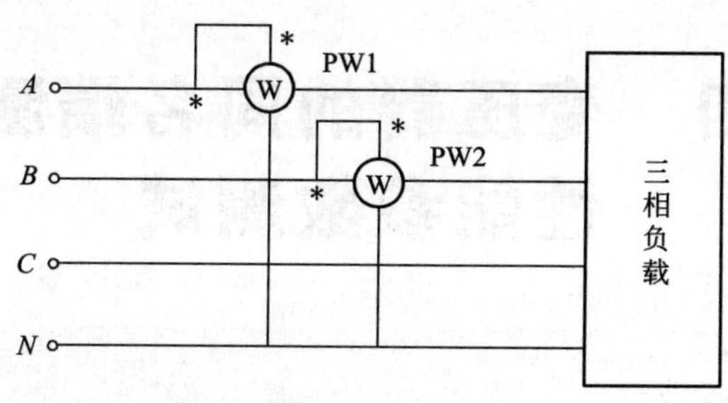


图 3-6-3　习题 3-8 图

# 任务四　变压器的同名端测定及性能参数测试

## 任务描述

实际电路中存在大量的电感元件，如电磁铁、变压器、电机等，它们的线圈中都有铁心，线圈通电后铁芯就构成磁路，磁路又影响电路。从发电机的安全运行和制造成本考虑，不允许从发电机直接产生高电压，所以，远距离输电前，必须用变压器把电压升高到几万伏，甚至几十万伏。为了安全、方便、并减低设备费用，用户使用的电压不能过高，故必须使用降压变压器把送电线路送来的电压降低，再接到用电线路以满足工业和民用所需。

有些单相变压器具有两个相同的一次绕组和几个二次绕组，这样可以适应不同的电源电压和提供几个不同的输出电压。在使用这种变压器时，若需要进行绕组间的连接，则首先应知道各绕组的同名端（在同一交变磁通的作用下，两个绕组上所产生的感应电压瞬时极性始终相同的端子，又称同极性端），才能正确连接，否则可能会导致变压器损坏。对于一台已经制成的变压器，无法从外部观察其绕组的绕向，因此无法辨认其同名端，此时可用实验的方法进行测定。铁芯变压器是一个非线性元件，铁芯中的磁感应强度 $B$ 取决于外加电压的有效值 $U_0$。当副边开路（即空载）时，原边的励磁电流 $I_{10}$ 与磁场强度 $H$ 成正比。在变压器中，副边空载时，原边电压与电流的关系称为变压器的空载特性。

本任务中，我们要学习使用直流法和交流法测定变压器的同名端，互感系数及耦合系数的测定方法，以及测量变压器的空载特性与外特性，并掌握测量、计算变压器的各项参数的方法。

## 能力目标

（1）会进行变压器的基本计算；

（2）会使用直流法和交流法测定变压器的同名端；

（3）会进行变压器短路、空载和负载测试；

（4）会计算变压器的各项参数，并判断变压器的性能优劣。

## 相关知识

（1）磁路的基本理论；

（2）磁路分析转化为电路分析的基本方法；

（3）变压器的基本结构、原理和工作特性；

（4）变压器空载、短路特性参数和负载特性的测量方法与技能；

（5）三相变压器的结构及工作原理。

# 分任务一　磁路的基本知识

## 一、磁路的基本物理量

如图 4-1-1(a) 所示，线圈中通以电流就会产生磁场，一个没有铁芯的载流线圈所产生的磁通量弥散在整个空间；而在图 4-1-1(b) 中，如果我们把线绕在闭合的铁芯上，由于铁磁材料优良的导磁性能即磁导率很大，使绝大多数的磁通量集中到铁芯内部，并形成一个闭合通路。这种人为造成的磁通路径，称为磁路。在同样大小的电流的作用下，有铁芯时磁通将大大增加，这就是在电磁器件中常采用铁芯的原因。

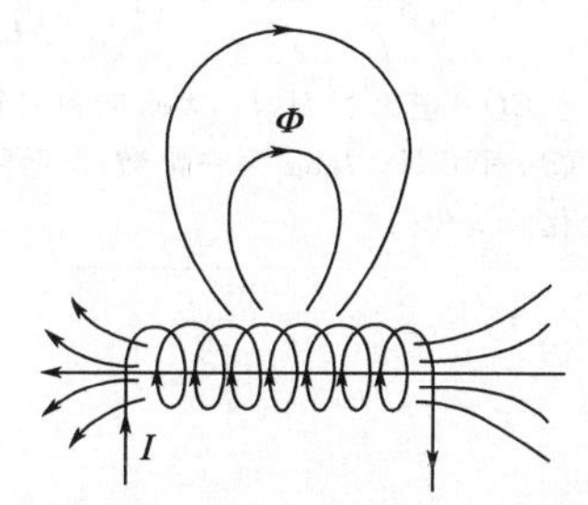


(a) 没有铁芯的载流线圈所产生的磁场

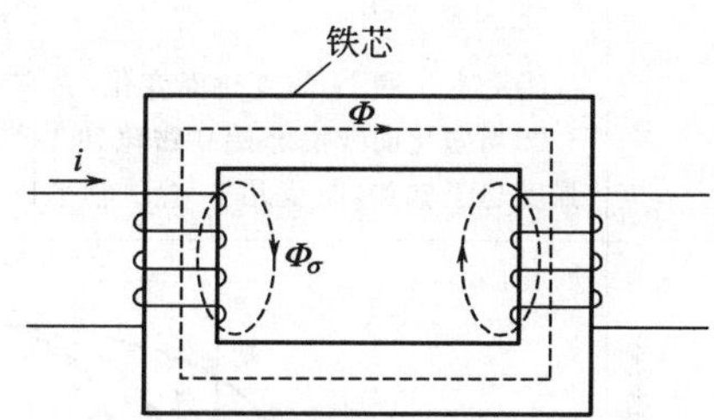


(b) 有铁芯的载流线圈所产生的磁场

图 4-1-1　磁场的比较

由励磁电流产生的磁通实际上分为两个部分。全部在磁路中闭合的磁通称为主磁通 $\Phi$；少量磁通通过周围空气构成的回路称为漏磁通 $\Phi_\sigma$，可忽略不计。

磁路的基本物理量如表 4-1-1 所示。

表 4-1-1　磁路的基本物理量

| 名称 | 符号 | 单位 | 物理意义 |
|---|---|---|---|
| 磁感应强度 | $B$ | 特斯拉(T，韦伯/米²) | 是描述磁场强弱和方向的基本物理量，是矢量。其大小可根据载流导体在磁场中受力的大小测定：$B=\frac{F}{Il}$(垂直于磁场方向、单位长度内流过单位电流的通电导体在该点所受的力) |
| 磁通 | $\Phi$ | 韦伯(Wb) | 是磁感应强度通量的简称。其大小为垂直穿过某一截面积的磁力线总数，$\Phi=B\cdot S$ |
| 磁导率 | $\mu$ | 亨利/米(H/m) | 是用来衡量物质导磁能力大小的物理量。实验测得，真空中的磁导率 $\mu_0$ 为一常数，即 $\mu_0=4\pi\times10^{-7}$ H/m<br>其他材料的磁导率一般用与真空磁导率的比值来表示，称为该物质的相对磁导率 $\mu_r$ |
| 磁场强度 | $H$ | 安/米(A/m) | 与物质的磁导率无关，只和载流导体的形状、电流强度等有关。磁场中某点的磁场强度的大小等于该点的磁感应强度与同一点上的磁导率的比值，$H=\frac{B}{\mu}$ |
| 磁动势 | $F$ | 安培匝 | 磁场是由电流产生的，把磁路中的线圈匝数 $N$ 和其电流 $I$ 的乘积看作产生磁通的源，称为磁动势(磁通势)$F=IN$ |

## 二、铁磁材料的磁特性

铁磁材料和非铁磁材料各自的磁特性见表 4-1-2。

表 4-1-2 铁磁材料和非铁磁材料的磁特性

| 分类 | 铁磁材料 | 非铁磁材料 |
| --- | --- | --- |
| 材料名称 | 铁、钴、镍及其合金 | 水银、铜、硫、氯、氢、银、金、锌、铅、氧、氮、铝、铂等 |
| 导磁性 | $\mu_r \gg 1$，高导磁性，在磁场中可被强烈磁化 | $\mu_r \approx 1$，不能被强烈磁化 |
| 非线性、饱和性 | B(Φ) μ I B–H Φ–I O H(I)<br>①$\mu$随$B$和$H$的变化而变化，具有非线性特点<br>②当磁化曲线沿起始0磁化到1点附近时，磁化强度趋于饱和，曲线几乎与$H$轴平行 | B(Φ) μ α O H(I)<br>①$B(\Phi)$正比于$H(I)$，无磁饱和现象<br>②$\mu=B/H=\tan\alpha$为一常数，$\mu$不随$H(I)$的变化而变化 |
| 磁滞性 | B C $B_r$ A $-H_c$ H D O $H_c$ F $-B_r$ E<br>$B$的变化滞后于$H$的变化，故名磁滞特性 | 无磁滞性 |

在磁场中，当磁化磁场做正负周期性的变化时，铁磁体中的磁感应强度总是落后于磁场强度变化，即所谓磁滞，其关系是一条闭合线，这条闭合线称为磁滞回线。磁滞回线中当$H=0$时，$B$不为0，这部分剩留的磁性称为剩磁$B_r$，永久磁铁的磁性就是由剩磁产生的。要想消除剩磁，必须施加反向磁场。使$B=0$所需的$H_c$称为矫顽磁力。$H_c$的大小反映铁磁材料保持剩磁状态的能力。

## 三、磁路的基本定律

线圈中电流有效值与线圈匝数的乘积称为磁动势。把励磁电流$I$和线圈匝数$N$的乘积看作磁路中产生磁通的源泉，称为磁动势$F$，即

$$F=NI \tag{4-1}$$

磁通的大小除了与磁动势有关以外，还与磁路的横截面积$S$成正比，与磁路的长度$l$成反比，并与组成磁路的材料磁导率$\mu$成正比，即

$$\Phi=F\frac{\mu S}{l}=\frac{F}{\dfrac{l}{\mu S}}=\frac{F}{R_m} \tag{4-2}$$

式中，$R_m$称为磁阻，是表示磁路对磁通起阻碍作用的物理量。磁阻的大小与磁路的材料及几何尺寸有关。磁通、磁动势、磁阻，这三个物理量可以分别对应电路中的电流$I$、电动势$E$和电阻$R$，式(4-2)可以对应电路中的欧姆定律，故称为磁路的欧姆定律。

**【例题 4-1】** 在如图 4-1-1(b) 所示的磁路中，为什么主磁通$\Phi$远大于漏磁通$\Phi_\sigma$？

**解**　主磁路的 $\mu$ 为铁芯的磁导率，漏磁路的 $\mu_\sigma$ 为空气的磁导率，显然，$\mu \gg \mu_\sigma$，所以，$R_m < R_\sigma$。根据磁路欧姆定律：$\Phi = F/R_m$，所为 $\Phi \gg \Phi_\sigma$。

### 四、交流铁心线圈

#### 1. 电压与磁通的关系

如图 4-1-2 所示为交流铁芯线圈电路，若线圈两端外加正弦电压，在线圈中就会产生变化的电流，变化的电流在铁芯中产生变化的磁通 $\Phi$，变化的磁通又在线圈中产生感应电动势 $e$。不考虑线圈的电阻及漏磁通时，实验和理论推导可得出电压和磁通之间的关系为

$$U \approx E = 4.44 f N \Phi_m \tag{4-3}$$

式中，$U$ 为加在铁芯线圈上电压的有效值，单位是伏［特］(V)；$N$ 为线圈匝数；$f$ 为电源频率，单位是赫［兹］(Hz)；$\Phi_m$ 为铁芯中交变磁通的幅值，单位是韦［伯］(Wb)。在相位关系上，端电压超前于磁通 90°。

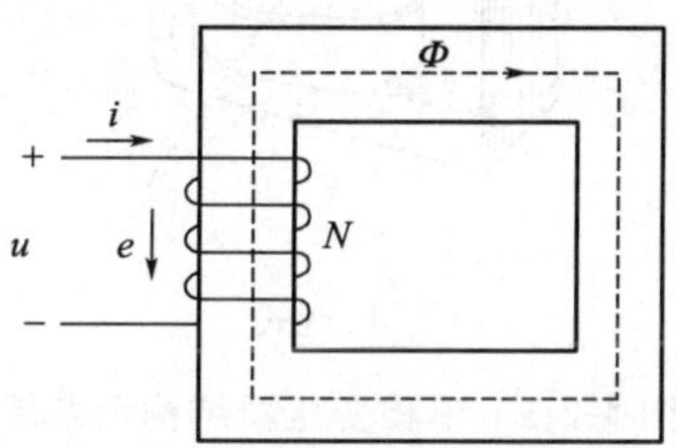


图 4-1-2　闭合铁芯的线圈

#### 2. 铁芯损耗

在交变磁通的作用下，铁芯中存在着能量损耗，称为铁芯损耗，简称铁损，用 $P_{Fe}$ 表示。铁芯损耗主要由两部分组成，即涡流损耗和磁滞损耗。

(1) 涡流损耗　铁芯中的交变磁通 $\Phi$ 在铁芯中感应出电压，由于铁芯也是导体，就产生了一圈一圈的电流，这种电流称为涡流。涡流产生的功率损耗与感应电压的平方成正比。由式(4-3) 可知感应电压 $U$ 与磁通交变的频率及磁感应强度的最大值 $B_m$ 成正比，因此涡流损耗与 $f$ 及 $B_m$ 的平方成正比。

(2) 磁滞损耗　铁磁性物质在反复磁化时，会产生一种类似于摩擦生热的能量损耗，这就是磁滞损耗。

**【例题 4-2】**　一个铁芯线圈接在 220V、50Hz 的交流电源上，若要使铁芯中产生的磁通的最大值为 0.002Wb，问铁芯上的线圈至少应绕多少匝？

**解**　根据式(4-3) 可得

$$N = \frac{U}{4.44 f \Phi_m} = \frac{220}{4.44 \times 50 \times 0.002} \text{匝} = 496 \text{匝}$$

## 分任务二　变压器的参数设置

### 一、变压器的结构

变压器是指利用电磁感应原理将某一等级的交流电压或电流变换成同频率的另一等级的交流电压或电流的电气设备。单相变压器是用来变换单相交流电的变压器，通常额定容量较小。在电子电路、焊接、冶金、测量系统、控制系统以及实验等方面，单相变压器的应用都

很广泛。

变压器种类很多，但其基本结构相同，主要由绕组和铁芯两部分构成。变压器按铁芯和绕组的组合方式，可分为芯式和壳式两种，如图 4-2-1 所示。芯式变压器是绕组包围着铁芯，而壳式变压器是铁芯上有分支，铁芯包围着绕组。芯式变压器用铁量比较少，多用于大容量的电力变压器；壳式变压器用铁量比较多，但不需要专门的变压器外壳，常用于小容量的电子设备和仪器中的变压器。此外，大容量的电力变压器，为解决运行中的散热问题，除铁芯和绕组主要部件之外，还装有油箱、散热管、风扇等冷却装置。

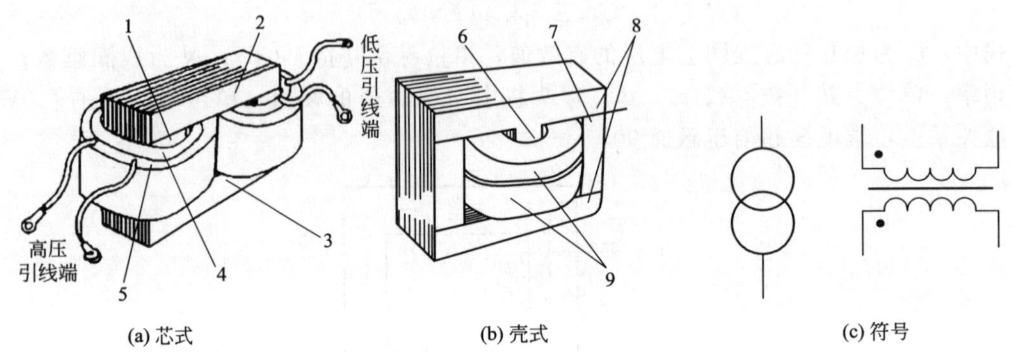


图 4-2-1 单相变压器结构示意图

1—铁芯柱；2—上铁轭；3—下铁轭；4—低压绕组；5—高压绕组；6—铁芯柱；7—分支铁芯柱；8—铁轭；9—绕组

国产单相变压器通常采用同心式绕组，即将高、低压绕组同心地套在铁芯柱上。为了便于绕组与铁芯之间的绝缘，常将低压绕组装在里面，高压绕组装在外面，如图 4-2-1 所示。

（1）铁芯　铁芯构成了变压器的磁路，并作为绕组线圈的支撑骨架。因而它一般是由导磁性能较好的硅钢片（0.35～0.5mm 厚）叠制而成的，且硅钢片之间彼此绝缘，以减小涡流损耗。铁芯分铁芯柱和铁轭两部分，铁芯柱上装有绕组线圈，铁轭的作用是使磁路闭合。

（2）绕组　绕组构成变压器的电路，常用有绝缘层的导线，即漆包铜线绕制而成。变压器中工作电压高的绕组称为高压绕组，工作电压低的绕组称为低压绕组。

## 二、变压器的工作原理

为了便于分析，把与电源连接的一侧称为原边（或称初级绕组、一次绕组），原边各量均用下脚标“1”表示，如 $N_1$，$u_1$ 等；与负载连接的一侧称为副边（或称为次级绕组、二次绕组），副边各量均用下脚标“2”表示，如 $N_2$，$u_2$ 等。

### 1. 空载运行及变压原理

一次绕组接交流电源、二次绕组开路的运行方式称为空载运行，如图 4-2-2 所示。此时，一次绕组的电流 $i_{10}$ 称为励磁电流，由于外加电压 $u_1$ 是按正弦规律变化的，因此铁心中产生的磁通 $\Phi$ 也是按正弦规律变化的，在交变磁通的作用下，在一次、二次绕组中分别产生感应电动势 $e_1$、$e_2$。

设 $\Phi=\Phi_m\sin\omega t$，由式(4-3) 得

$$E_1=4.44fN_1\Phi_m$$

$$E_2=4.44fN_2\Phi_m$$

所以

$$\frac{E_1}{E_2}=\frac{N_1}{N_2} \tag{4-4}$$

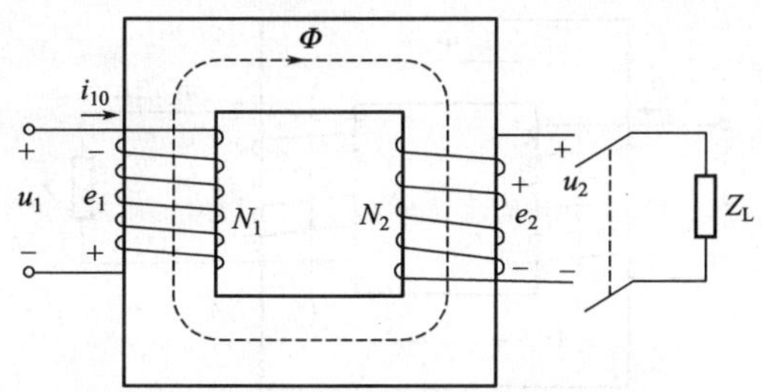

图 4-2-2　变压器空载运行

式中，$N_1$ 是一次绕组匝数；$N_2$ 是二次绕组匝数。

由于 $i_{10}$ 在空载时很小（仅占一次绕组额定电流的 3%～8%），故可忽略一次绕组的阻抗不计，则电源电压 $U_1$ 与 $E_1$ 近似相等，即

$$U_1 \approx E_1$$

由于二次绕组开路，空载端电压 $U_{20}$ 与 $E_2$ 相等，即

$$U_{20}=E_2$$

因此有

$$\frac{U_1}{U_{20}} \approx \frac{E_1}{E_2}=\frac{N_1}{N_2}=K \tag{4-5}$$

式中，$K$ 称为电压比，俗称变比，它是变压器的一个重要参数。

上式表明，变压器具有变换电压的作用，且电压大小与其匝数成正比。因此，匝数多的绕组电压高，匝数少的绕组电压低。当 $K>1$ 时为降压变压器；当 $K<1$ 时为升压变压器。在后续内容，二极管稳压电源的组装与调试项目中，电源变压器将来自电网的 220V 交流电压 $u_1$ 变换为整流电路所需要的交流电压 $u_2$，就利用了变压器的变压作用。

**【例题 4-3】**　有一台空载变压器，一次侧电源电压 $U_1=220\text{V}$，电源频率 $f=50\text{Hz}$，此时铁心中磁通的最大值 $\Phi_m=4.95\times10^{-4}\text{Wb}$，二次侧匝数 $N_2=500$ 匝。求一次侧匝数 $N_1$ 以及二次侧空载电压 $U_{20}$。

**解**　由式(4-3) 和式(4-5) 可知变压器一次侧匝数

$$N_1=\frac{U_1}{4.44f\Phi_m}=\frac{220}{4.44\times50\times4.95\times10^{-4}}=2000\ (\text{匝})$$

根据变压器一次、二次电压比等于匝数比，可求得二次侧空载电压

$$U_{20}=U_1\cdot\frac{N_2}{N_1}=\left(220\times\frac{500}{2000}\right)\text{V}=55\text{V}$$

**2. 负载运行及变流原理**

一次绕组接交流电源、二次绕组接负载的运行方式，如图 4-2-3 所示，此时二次绕组中有电流 $i_2$，一次绕组中的电流也由 $i_{10}$ 增加到 $i_1$，但铁芯中的磁通 $\Phi$ 和空载时相比基本保持不变，若不计一次、二次绕组的阻抗，仍有

$$U_1 \approx E_1=4.44fN_1\Phi_m$$

$$U_2 \approx E_2=4.44fN_2\Phi_m$$

$$\frac{U_1}{U_2} \approx \frac{E_1}{E_2}=\frac{N_1}{N_2}=K$$

变压器是一种传送电能的设备，在传送电能的过程中绕组及铁芯中的损耗很小，励磁电流也很小，理想情况下可以认为一次侧视在功率与二次侧视在功率相等，即

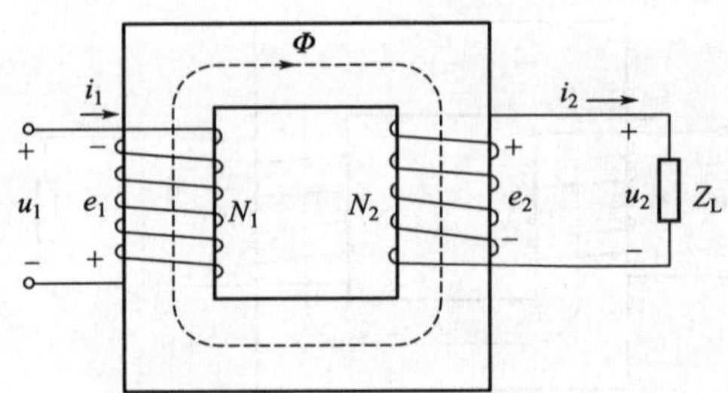


图 4-2-3 变压器负载运行

$$U_1 I_1 = U_2 I_2$$

$$\frac{I_1}{I_2} = \frac{U_2}{U_1} \approx \frac{N_2}{N_1} = \frac{1}{K} \tag{4-6}$$

上式表明，变压器具有变换电流的作用，电流大小与其匝数成反比。因此匝数多的绕组电流小，可用细导线绕制，匝数少的绕组电流大，可用粗导线绕制。

**3. 阻抗变换原理**

当变压器处于负载运行时，从一次绕组看进去的阻抗为$|Z_i| = \frac{U_1}{I_1}$，而负载阻抗$|Z_L| = \frac{U_2}{I_2}$，故有

$$|Z_i| = \frac{U_1}{I_1} = \frac{KU_2}{\frac{I_2}{K}} = K^2 |Z_L| \tag{4-7}$$

上式表明，对交流电源来讲，通过变压器接入阻抗为$|Z_L|$的负载，相当于在交流电源上直接接入阻抗为$K^2|Z_L|$的负载，如图 4-2-4 所示。

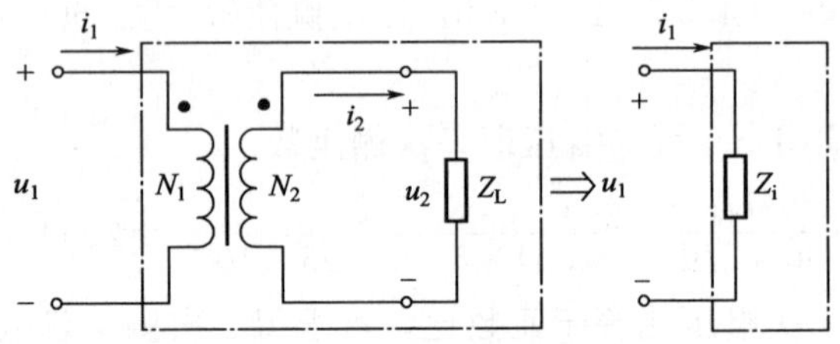


图 4-2-4 变压器阻抗变换

在电子技术中，经常要用到变压器的阻抗变换作用以达到阻抗匹配。例如，后续内容，晶体管收音机的组装与调试项目中，作为负载的扬声器电阻 $R_L$ 一般不等于晶体管收音机二端网络的等效内阻 $R_0$，这就需要在晶体管收音机二端网络和扬声器之间接入一输出变压器，利用变压器进行等效变换，使满足 $R_0 = R_i = K^2 R_L$，达到阻抗匹配，此时扬声器才能获得最大功率。

**【例题 4-4】** 有一单相变压器，当一次绕组接在 220V 的交流电源上时，测得二次绕组的端电压为 22V，若该变压器一次绕组的匝数为 2100 匝，求其电压比和二次绕组的匝数。

**解** 已知 $U_1 = 220\text{V}$，$U_2 = 22\text{V}$，$N_1 = 2100$ 匝

所以
$$K = \frac{U_1}{U_2} = \frac{220}{22} = 10$$

又　　$N_1/N_2=K=10$

所以　　$N_2=\frac{N_1}{K_1}=\frac{2100}{10}=210$（匝）

【例题 4-5】 已知某晶体管收音机输出变压器的一次线圈绕组匝数 $N_1=600$ 匝，二次线圈绕组匝数 $N_2=30$ 匝，原接阻抗为 16Ω 的扬声器，现在要改接 4Ω 的扬声器，试问二次线圈绕组的匝数应如何改变（一次绕组匝数不变）？

**解** 设输出变压器二次绕组变动后的匝数为 $N'_2$。

原变比　　$K=\frac{N_1}{N_2}=\frac{600}{30}=20$

原阻抗　　$|Z_1|=K^2|Z_2|=20^2\times16\Omega=6400\Omega$

现阻抗　　$|Z_1|=\left(\frac{N_1}{N'_2}\right)^2|Z'_2|$

$$6400=\left(\frac{600}{N'_2}\right)^2\times4$$

则　　$N'_2=15$ 匝

## 三、变压器的使用

### 1. 外特性

变压器的外特性是指一次侧电源电压和负载的功率因数均为常数时，二次侧输出电压 $U_2$ 与负载电流 $I_2$ 之间的变化关系，即 $U_2=f(I_2)$。如图 4-2-5 所示为变压器的外特性曲线，它表明输出电压随负载电流的变化而变化，在纯电阻负载时，端电压下降较少；在感性负载时，下降较多；在容性负载时，有可能上翘。

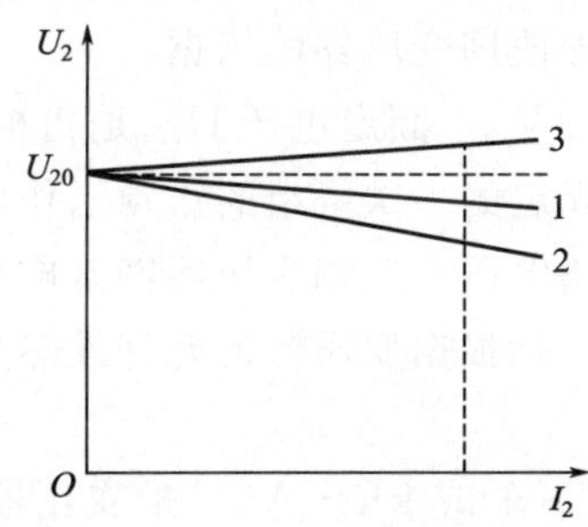


图 4-2-5　变压器的外特性曲线

1—纯电阻负载；2—感性负载；3—容性负载

工程上，常用电压变化率 $\Delta U\%$ 来反映变压器二次侧端电压随负载变化的情况。

$$\Delta U\%=\frac{U_{20}-U_2}{U_{2N}}\times100\%=\frac{U_{2N}-U_2}{U_{2N}}\times100\% \tag{4-8}$$

式中，$U_{20}$ 是空载时二次绕组的端电压，$U_2$ 是有负载时二次绕组的端电压。

电压变化率反映了变压器带负载运行时性能的好坏，是变压器的一个重要性能指标，一般控制在 3%～6%。为了保证供电质量，通常需要根据负载的变化情况进行调压。

### 2. 效率特性

(1) 损耗　变压器在运行过程中会有一定的损耗，主要分为铜损耗和铁损耗。

变压器绕组有一定的电阻，当电流通过绕组时会产生损耗，此损耗称为铜损耗，记作

$P_{Cu}$；当交变的磁通通过变压器铁芯时会产生磁滞损耗和涡流损耗，合称为铁损耗，记作$P_{Fe}$，总损耗为$\Delta P=P_{Cu}+P_{Fe}$。

（2）效率　变压器的输出功率$P_2$与输入功率$P_1$之比称为效率，用$\eta$表示，即

$$\eta=\frac{P_2}{P_1}\times 100\%=\frac{P_2}{P_2+\Delta P}=\frac{P_2}{P_2+P_{Cu}+P_{Fe}}\times 100\% \tag{4-9}$$

（3）效率特性　在一定的负载功率因数下，变压器的效率与负载电流之间的变化关系，即$\eta=f(I_2)$曲线称为效率特性曲线。如图 4-2-6 所示，当负载较小时，效率随负载的增大而迅速上升，当负载达到一定值时，效率随负载的增大反而下降，当铜损耗与铁损耗相等时，其效率最高。

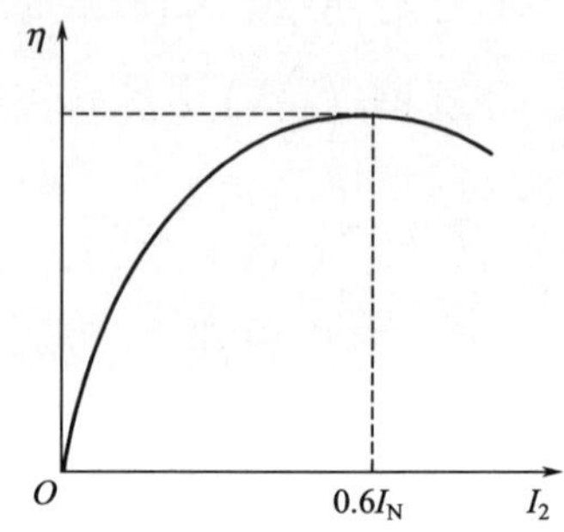


图 4-2-6　变压器的效率特性曲线

在额定工作状态下，变压器的效率可达 90%以上，且变压器容量越大，效率越高。

**3. 主要额定值**

额定值是制造厂根据设计或实验数据，对变压器正常运行状态所作的规定值。它通常标注在变压器铭牌上，是正确、合理使用变压器的依据。

（1）额定电压（单位为 V 或 kV）　额定电压$U_{1N}$是指根据变压器的绝缘强度和允许长时间运行所能承受的工作电压而规定的一次绕组的正常工作电压；额定电压$U_{2N}$是指一次绕组加额定电压时，二次绕组的开路电压。三相变压器额定电压一律指线电压。

（2）额定电流（单位为 A）　指根据变压器的允许发热条件而规定的绕组长时间允许通过的最大电流值。

（3）额定容量$S_N$（单位为 V·A 或 kV·A）　指变压器在额定工作状态下，二次绕组的视在功率，即铭牌规定在额定运行状态下所能输送的容量。忽略损耗时，额定容量$S_N=U_{1N}I_{1N}=U_{2N}I_{2N}$。

# 分任务三　认识三相变压器

## 一、三相变压器的结构

在电力系统中大多采用三相制供电，因此电压的变换是通过三相变压器来实现的。三相变压器按照磁路的不同可分为两种：一种是三相变压器组，即由三台相同容量的单相变压器，按照一定的方式连接起来；另一种是三相芯式变压器，它具有三个铁芯柱，把三相绕组分别套在三个铁芯柱上。现在广泛使用的是三相芯式变压器。

三相芯式变压器主要由日字形铁芯、三相绕组、外壳及附件构成。根据冷却方式，分为

干式和油浸式两种结构。干式变压器利用自然风进行散热，是新一代变压器，结构简单、效率高。油浸式变压器是将变压器装在一个密封的外壳中，外壳四周装有连通散热油管，壳内充满绝缘油，当变压器工作时由于发热使油温升高，绝缘油就在散热管中自上而下流动，将热量散去。油浸式变压器外形如图 4-3-1 所示。变压器的三相高压绕组输出端由三个高压套管引出，接到高压输电线上；三相低压绕组的输出端由三个低压套管引出，接到低压输电线上。

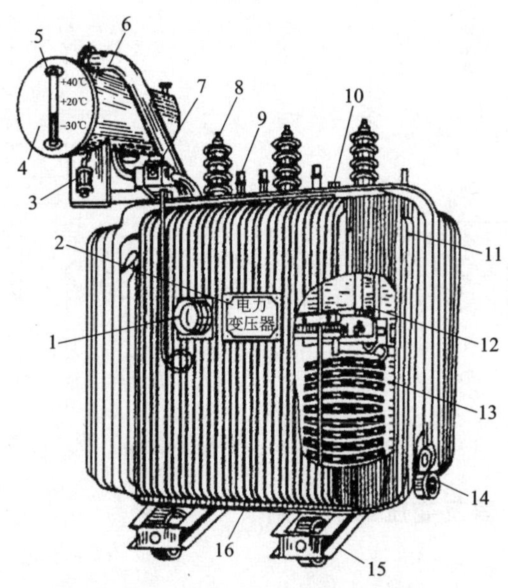


图 4-3-1 油浸自冷式三相电力变压器

1—信号温度计；2—铭牌；3—吸湿器；4—储油柜；5—油表；6—安全气道；7—气体继电器；8—高压套管；9—低压套管；10—分接开关；11—油箱；12—铁芯；13—绕组；14—放油阀门；15—小车；16—接地板

## 二、三相变压器绕组的接法

三相变压器高压、低压绕组的出线端都分别进行标记，以供正确连接和使用。如图 4-3-2 所示为三相变压器铁芯和绕组原理图，其出线端标记见表 4-3-1。

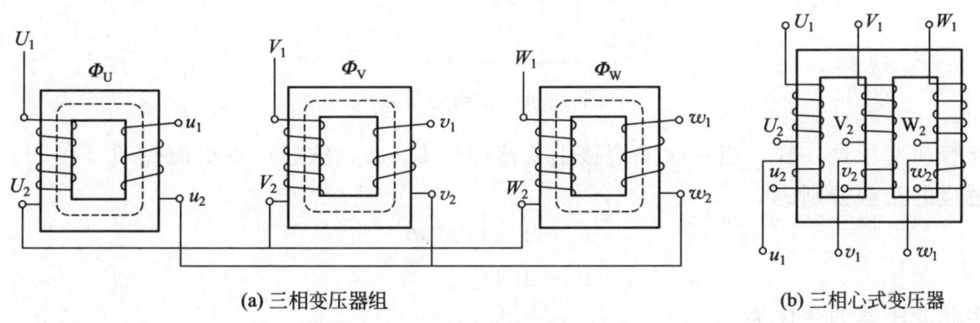


图 4-3-2 铁芯和绕组原理图

**表 4-3-1 变压器出线端标记**

| 绕组名称 | 首 端 | 末 端 | 中性点 |
|---|---|---|---|
| 高压绕组 | $U_1$、$V_1$、$W_1$ | $U_2$、$V_2$、$W_2$ | $N$ |
| 低压绕组 | $u_1$、$v_1$、$w_1$ | $u_2$、$v_2$、$w_2$ | $n$ |

三相电力变压器中，高压、低压绕组可根据需要接成星形或三角形。国家标准规定，高压绕组接成星形时用 Y 表示，有中性线时用 YN 表示；高压绕组接成三角形时用 D 表示。低压绕组接成星形时用 y 表示，有中性线时用 yn 表示；低压绕组接成三角形时用 d 表示。最常用的组合形式有三种，即 Y，yn；YN，d；Y，d。如图 4-3-3(a) 所示为 Y，yn 接法，用于三相四线制（220V/380V）供电系统中；如图 4-3-3(b) 所示为 Y，d 接法。

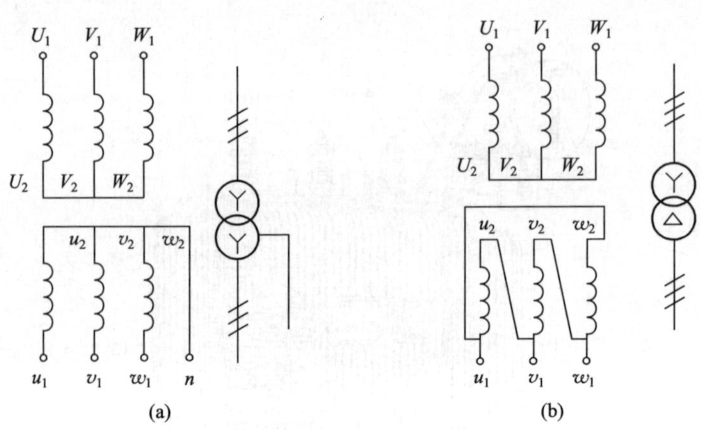


图 4-3-3 三相绕组的连接

## 三、其他用途的变压器及变压器的应用

### 1. 自耦变压器

普通变压器一般指双绕组变压器，其一次、二次绕组在电路上是互相分开的。而自耦变压器是一种单绕组变压器，其中一次绕组的部分线圈兼作二次绕组。因此，自耦变压器的一次、二次绕组之间不仅有磁的耦合，在电路上还互相连通，如图 4-3-4 所示。

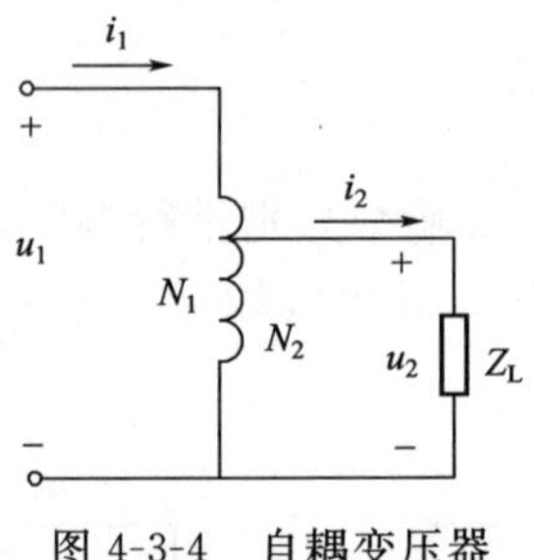


图 4-3-4 自耦变压器

与普通变压器一样，当一次绕组接上交流电压 $U_1$ 后，铁芯产生交流磁通，在 $N_1$ 和 $N_2$ 上的感应电动势分别为

$$E_1=4.44fN_1\Phi_m$$
$$E_2=4.44fN_2\Phi_m$$

因此变压器的变比为

$$K=\frac{E_1}{E_2}=\frac{N_1}{N_2}=\frac{U_1}{U_2}=\frac{I_1}{I_2}$$

由此可见，适当选择匝数 $N_2$ 就可以在二次侧电路中获得所需要的电压 $U_2$。若将二次绕组接通电源（在二次绕组额定电压之内），则自耦变压器可作为升压变压器使用。

自耦变压器的优点是：结构简单，节省铜线，效率比普通变压器高。其缺点是：由于高低压绕组在电路上是相通的，对使用者构成潜在的危险，因此自耦变压器的变比一般不超过1.5～2。

对于低压小容量的自耦变压器，可将其二次绕组的分接头做成能沿着线圈自由滑动的触头，因而可以平滑地调节二次侧电压。这种变压器称为自耦调压器，如图 4-3-5 所示。

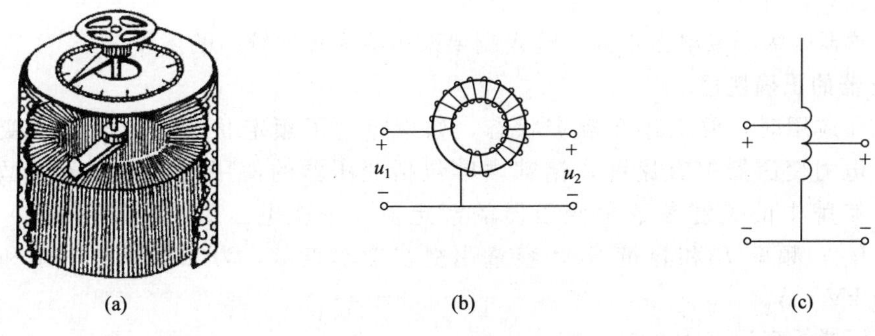


图 4-3-5　自耦调压器

自耦调压器常在实验室中使用。注意在使用前必须把手柄转到零位，使转出电压为零，以后再慢慢顺时针转动手柄使转出电压逐步上升。

按照电器安全操作规程，自耦变压器不能作为安全变压器使用，因为线路万一接错将可能发生触电事故，因此规定：安全变压器一定要采用一次绕组和二次绕组互相分开的双绕组变压器。

**2. 互感应变压器**

(1) 电流互感器。

电流互感器接线图如图 4-3-6(a) 所示，用于解决大电流的测量问题。电流互感器与普通变压器的结构相似，也是由一次和二次绕组组成的。一次绕组的匝数很少，一般只有 1 匝至几匝，二次绕组的匝数很多，用较细的导线绕制。其变流原理是根据 $I_2=I_1K$ 改变匝数比，就可以改变变流比 $K$，用较小量程的电流表测量较大的电流。

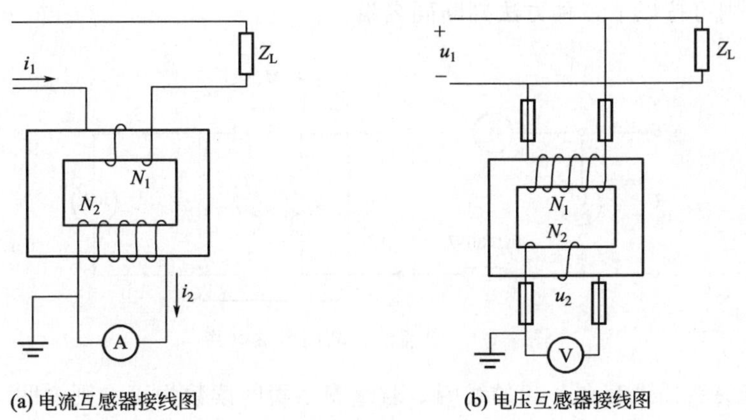


(a) 电流互感器接线图　　(b) 电压互感器接线图

图 4-3-6　互感器接线圈

电流互感器二次绕组的电压只有几伏，接电流表或电能表的电流线圈。因电能表、电流表线圈的阻抗很低，所以互感器的二次绕组工作时相当于短路。

电流互感器在运行时二次绕组严禁开路，因为开路会造成二次绕组过压击穿而损坏。

(2) 电压互感器。

电压互感器接线图如图 4-3-6(b) 所示，与小型双绕组普通降压变压器的结构相同，外形如图 4-2-1(b) 所示。电压互感器是为了解决高电压的测量问题。高电压通过电压互感器降压后，可选择较低量程的电压表进行测量。测出的电压值乘以互感器的变压比 $K$，就是被测电压值。

电压互感器因为测量电压很高，输入端要采用绝缘程度较高的接线端子。

**3. 变压器的正确使用**

变压器在应用时，要工作在额定状态，如果超过了额定状态，就会造成变压器的过载而损坏。电力变压器都有铭牌，铭牌内容包括变压器的使用要求和技术参数，应用时必须细读。铭牌中的关键参数是变压器的额定值：一次电压 $U_{1N}$、电流 $I_{1N}$；二次电压 $U_{2N}$、电流 $I_{2N}$；频率 $f_N$和容量 $S_N$。容量用视在功率表示，为二次额定电压和电流的乘积，单位为 kV·A。

单相变压器的容量表达式为

$$S_N = U_{2N} I_{2N} / 1000$$

三相变压器的容量为

$$S_N = \sqrt{3} U_{2N} I_{2N} / 1000$$

# 任务实施

## 一、互感线圈同名端判断

当电流分别从两个线圈对应的端钮流入时，磁通相互加强，则这两个端钮称为同名端。对于一台已经制成的变压器，无法从外部观察其绕组的绕向，因此无法辨认其同名端，此时可用实验的方法进行测定，测定的方法有直流法、交流法等。

**1. 直流法**

按图 4-4-1 连接电路，将两线圈套在一起并给 4 个端子编号 1、2 和 3、4，电源电压 $U$ 取 6V，线圈 $N_1$ 接量程为 5A 的安培表。接入 30Ω 电阻作为限流保护电阻，$N_2$ 接毫安表，量程取 20mA，则可按以下三种方法判断同名端。

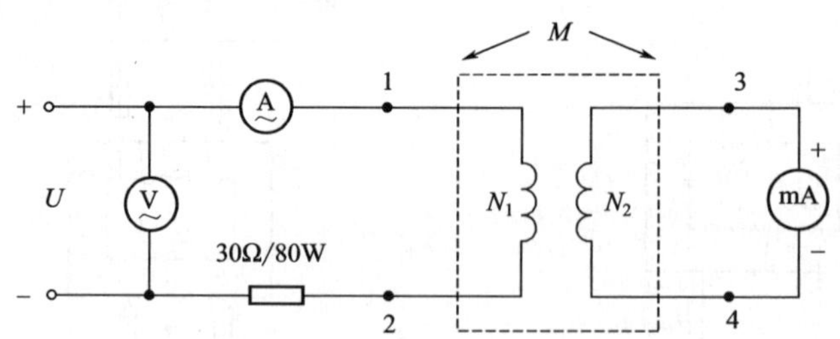


图 4-4-1 直流法判断同名端电路

(1) 将铁棒突然插入套在一起的线圈，若毫安表瞬间读数为正，则说明 1、3 为同名端，若毫安表读数为负，则 1、4 为同名端。

(2) 突然接入电源，若毫安表瞬间读数为正，则 1、3 为同名端，若毫安表读数为负，则 1、4 为同名端。

(3) 突然将电源电压增大（可通过调节稳压电源的输出实现），最大不能超过 10V，若毫安表读数为正，则 1、3 为同名端，否则 1、4 为同名端。

**2. 交流法**

按图 4-4-2 接线，由于加在 $N_1$ 上的电压仅为 3V，直接由屏内调压器很难调节，因此采用图示的电路扩展调压器的调节范围，图中 $W$、$N$ 为主屏上的自耦调压器的输出端，B 原为升压变压器，此处作降压变压器用，将线圈 $N_2$ 套入线圈 $N_1$ 中，并在两线圈中插入铁棒，电流表选量程为 5A 的交流数字表。$N_2$ 侧开路，接通电源前，先将自耦调压器调到零位（逆时针旋到头），然后用交流电压表的 30V 挡位检查降压器的输出电压 $U_{12}$ 使该电压等于 3V（以后在操作过程中不再动自耦调压器），将 2、4 用导线连接，分别测出 $U_{13}$、$U_{12}$ 和 $U_{34}$。

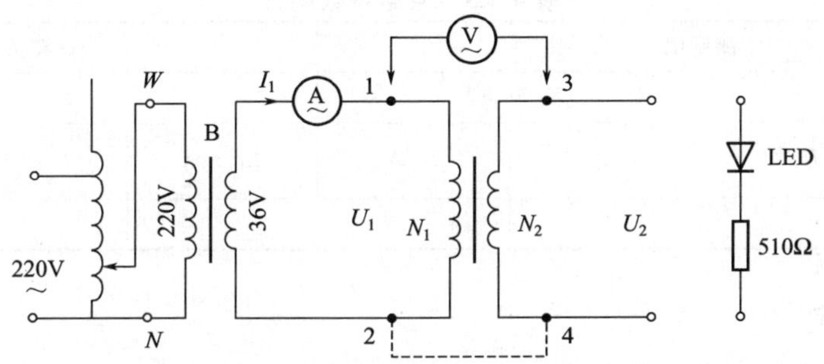


图 4-4-2　交流法判断同名端电路

若 $U_{13}=U_{12}+U_{34}$，则 1、4 为同名端，若 $U_{13}$ 等于 $U_{12}$ 和 $U_{34}$ 之差，则 1、3 为同名端（也可不连 2、4，将 2、3 相连，测量 $U_{12}$、$U_{34}$、$U_{14}$，判断同名端），将测量结果填入表 4-4-1。

**表 4-4-1　同名端测定**

| | | | | |
|---|---|---|---|---|
| 2、4 相连 | $U_{12}$ | $U_{34}$ | $U_{13}$ | 结论 |
| | | | | |
| 2、3 相连 | $U_{12}$ | $U_{34}$ | $U_{14}$ | 结论 |
| | | | | |

## 二、互感 $M$ 及耦合系数 $k$ 的测量

互感系数的大小取决于两个线圈的几何形状，大小，相对位置，各自的匝数以及它们周围介质的磁导率。根据互感电势 $E_{2M}\approx U_{20}=\omega MI_1$，可算得互感系数为 $M=\dfrac{U20}{\omega I_1}$。

在电路中，为表示元件间耦合的松紧程度，把两电感元件间实际的互感（绝对值）与其最大极限值之比定义为耦合系数 $k$。$k=\dfrac{M}{\sqrt{L_1L_2}}$，由公式 $U_1=\omega L_1I_1$ 及 $U_2=\omega L_2I_2$，求出各自的自感 $L_1$、$L_2$ 即可算出 $k$ 值。

**1. 测量互感 $M$**

将图 4-4-2 中的 2、4 连接拆除，测出 $U_1$、$I_1$、$U_2$，由公式 $M=\dfrac{U_2}{\omega I_1}=\dfrac{U_2}{314I_1}$ 求出 $M$ 值，并将数值记入表 4-4-2 中。

**表 4-4-2　互感的测量**

| 测量值 | | | 计算结果 |
|---|---|---|---|
| $U_1$/V | $I_1$/A | $U_2$/V | $M$/mH |
| 3 | | | |

**2. 测耦合系数 $k$**

在 $N_1$ 上加交流电压 $U_1=3V$，使 $N_2$ 开路，测出 $N_1$ 侧电流 $I_1$，然后在 $N_2$ 侧加交流电压 $U_2=3V$，使 $N_1$ 开路，测出 $N_2$ 侧的电流 $I_2$，由公式 $U_1=\omega L_1 I_1$，$U_2=\omega L_2 I_2$，分别求出 $L_1=\frac{U_1}{\omega I_1}$，$L_2=\frac{U_2}{\omega I_2}$。

再由公式 $k=\frac{M}{\sqrt{L_1L_2}}$求出 $k$ 值，将测量及计算结果填入表 4-4-3 中。

**表 4-4-3　互感系数测量**

| 测量值 | | | | 计算结果 | | |
|---|---|---|---|---|---|---|
| $N_2$ 开路时 | | $N_1$ 开路时 | | $M=$　mH | | |
| $U_1$/V | $I_1$/A | $U_2$/V | $I_2$/A | $L_1$/mH | $L_2$/mH | $k=\frac{M}{\sqrt{L_1L_2}}$ |
| 3 | | 3 | | | | |

## 三、参数测定

按图 4-4-3 的线路接线。其中 $A$、$X$ 为变压器的低压绕组，$a$、$x$ 为变压器的高压绕组。即电源经屏内调压器接至低压绕组，高压绕组 220V 接 $Z_L$ 即 15W 的灯组负载（3 只灯泡并联），经指导教师检查后方可测试。

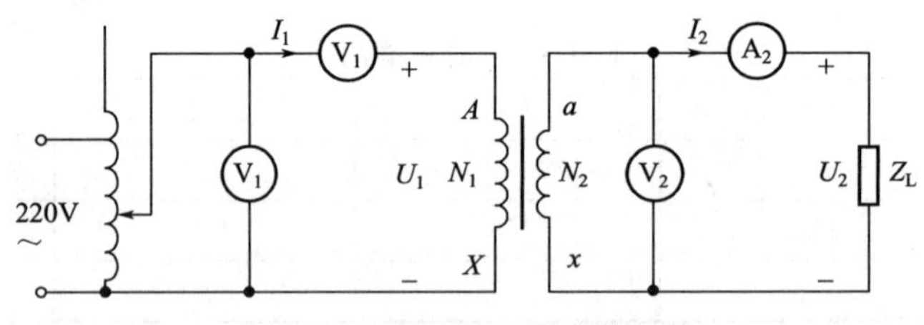

图 4-4-3　测试变压器参数电路

取 $U_1=36V$，测出 $I_1$、$U_2$、$I_2$。计算电压比 $K_U=\frac{U_1}{U_2}$，电流比 $k_1=\frac{I_2}{I_1}$，原边阻抗 $Z_1=\frac{U_1}{I_1}$，副边阻抗 $Z_2=\frac{U_2}{I_2}$。

将测量及计算数据填入表 4-4-4 中。

**表 4-4-4　变压器参数测定**

| $U_1$/V | $U_2$/V | $K_U=\frac{U_1}{U_2}$ | $I_1$/mA | $I_2$/mA | $k_1=\frac{I_2}{I_1}$ | $Z_1=\frac{U_1}{I_1}/\Omega$ | $Z_2=\frac{U_2}{I_2}/\Omega$ |
|---|---|---|---|---|---|---|---|
| 36 | | | | | | | |

## 四、外特性测定

为了满足三组灯泡负载额定电压为 220V 的要求，故以变压器的低压（36V）绕组作为原边，220V 的高压绕组作为副边，即当做一台升压变压器使用。

将调压器手柄置于输出电压为零的位置（逆时针旋到底）。合上电源开关，调节调压器，使其输出电压为 36V。令负载由开路逐次增加（最多亮 5 个灯泡），分别记下各个仪表的读数，记入表 4-4-5，按此数据绘制变压器外特性曲线。

表 4-4-5　外特性测定

| 灯泡数 | 0 | 1 | 2 | 3 | 4 | 5 |
| --- | --- | --- | --- | --- | --- | --- |
| $P_L$/W | 0 | 15 | 30 | 45 | 60 | 75 |
| $U_2$/V | | | | | | |
| $I_2$/mA | | | | | | |

实验完毕将调压器调回零位，断开电源。

要注意当负载为 4 个及 5 个灯泡时，变压器已处于超载运行状态，很容易烧坏。因此，测试和记录应当尽量快，总共不应超过 3min。实验时，可先将 5 只灯泡并联安装好，断开控制每个灯泡的相应开关，通电且电压调至规定值后，再逐一打开各个灯的开关，并记录仪表读数。待开 5 只灯时的数据记录完毕后，立即用相应的开关断开各灯。

## 五、空载特性测定

空载实验通常是将高压侧开路，由低压侧通电进行测量，又因为空载时功率因数很低，故测量功率时应采用低功率因数瓦特表。此外因变压器空载时阻抗很大，故电压表应接在电流表外侧。

将高压侧（副边）开路，确认调压器处在零位后，合上电源，调节调压器输出电压，使 $U_1$ 由零逐次上升到 1.2 倍的额定电压（1.2×36V），分别记下各次测得的 $U_1$、$U_{20}$ 和 $I_{10}$ 数据，记入表 4-4-6，用 $U_1$ 和 $I_{10}$ 绘制变压器空载特性曲线。

表 4-4-6　空载特性测定

| 次数 | 1 | 2 | 3 | 4 | 5 | 6 | 7 |
| --- | --- | --- | --- | --- | --- | --- | --- |
| $U_1$/V | 0 | 5 | 10 | 20 | 30 | 40 | 43 |
| $I_{10}$/mA | | | | | | | |
| $U_{20}$/V | | | | | | | |

## 六、输入、输出功率的测定

取一个可变电阻器作负载，按表 4-4-7 的数值改变电阻器的值，测出输出端的电压、电流、功率和输入端的电压、电流、功率，填入表 4-4-7，比较变压器的输入功率和输出功率。

表 4-4-7　输入功率和输出功率的测量

| $Z_L$/Ω | 0 | 50 | 100 | 150 | 200 |
| --- | --- | --- | --- | --- | --- |
| $U_2$/V | | | | | |
| $I_2$/mA | | | | | |
| $P_L$/W | | | | | |
| $U_1$/V | 100 | 100 | 100 | 100 | 100 |
| $I_1$/mA | | | | | |
| $P_i$/W | | | | | |
| 输入、转出功率相对误差/% | | | | | |

## 七、注意事项

(1) 测试过程中，注意流过线圈 $N_1$ 的电流不得超过 1.4A，流过线圈 $N_2$ 的电流不得超过 1A。

（2）测定同名端及其他数据测量时，都应将小线圈 $N_2$ 套在 $N_1$ 中，并插入铁心。

（3）做交流测试前，首先要检查自耦调压器，要保证手柄置在零位。因加在 $N_1$ 上的电压只有 2～3V 左右，因此，调节时要特别仔细小心，要随时观察电流表的读数，不得超过规定值。

（4）本任务是将变压器作为升压变压器使用，并用调压器提供原边电压 $U_1$，故使用调压器时应首先调至零位，然后才可合上电源。此外，必须用电压表监视调压器的输出电压，防止被测变压器输出过高的电压而损坏实验设备，且要注意安全，以防高压触电。

（5）由负载测试转到空载测试时，要注意及时变更仪表量程。

（6）遇异常情况，应立即断开电源，待处理好故障后，再继续测试。

## 八、工具及仪表（表 4-4-8）

表 4-4-8 工具及仪表

| 序号 | 名称 | 型号与规格 | 数量 |
|---|---|---|---|
| 1 | 数字直流电压表 | 0～200V | 1 |
| 2 | 数字直流电流表 | 0～200mA | 2 |
| 3 | 交流电压表 | 0～500V | 2 |
| 4 | 交流电流表 | 0～5A | 2 |
| 5 | 空心互感线圈 | $N_1$ 为大线圈<br>$N_2$ 为小线圈 | 1 对 |
| 6 | 自耦调压器 | | 1 |
| 7 | 直流稳压电源 | 0～30V | 1 |
| 8 | 电阻器 | 30Ω/8W，510Ω/2W | 各 1 |
| 9 | 发光二极管 | 红或绿 | 1 |
| 10 | 粗、细铁棒、铝棒 | | 各 1 |
| 11 | 变压器 | 36V/220V | 1 |
| 12 | 试验变压器 | 220V/36V 50V·A | 1 |
| 13 | 单相功率表 | | 1 |
| 14 | 白炽灯 | 220V，15W | 5 |

# 任务巩固

4-1 变压器的主要部件有哪些？各自的作用是什么？

4-2 变压器绕组的排列方式如何？

4-3 变压器一次、二次绕组之间是否有电的直接联系？

4-4 变压器铁芯中的主磁通最大值 $\Phi_m$ 与哪些因素有关？当电源电压 $U_1$ 不变，而副边负载电流变化时，$\Phi_m$ 的大小会变化吗？

4-5 有一台单相变压器，原边电压 220V，原边绕组 $N_1=2500$ 匝，副边绕组 $N_2=1250$ 匝。（1）求副边电压 $U_2=$？（2）如果为了节省铜线，将原边 $N_1$ 改为 50 匝，副边 $N_2$ 改为 25 匝，这样做行吗？为什么？

4-6 一台额定容量为 50kV·A、额定电压为 3000V/400V 的变压器，原边绕组为 6000

匝，试求：(1) 副边绕组匝数；(2) 原、副绕组的额定电流？

4-7　某晶体管收音机输出变压器的一次绕组匝数 $N_1=230$ 匝，二次绕组匝数 $N_2=80$ 匝，原来配有阻抗为 8Ω 的扬声器，现在要改接 4Ω 的扬声器，问输出变压器二次绕组的匝数应如何变动（一次绕组匝数不变）？

4-8　已知信号源的内阻 $R_0=10\text{k}\Omega$，用输出变压器带一个电阻为 $R_L=3.2\Omega$ 的扬声器，为使扬声器获得最大的功率，输出变压器的变比应该是多少？

4-9　一台降压变压器，$U_1=380\text{V}$，$U_2=36\text{V}$，在副边接入一盏 36V、60W 的白炽灯，试求相当于在原边接入一个多大的电阻？

4-10　有些家用电器（例如电冰箱等）用的是单相交流电，但为什么电源插座是三相的？图 4-5-1 是插座接线图，其中哪一种接法是正确的，哪一种接法是错误的？

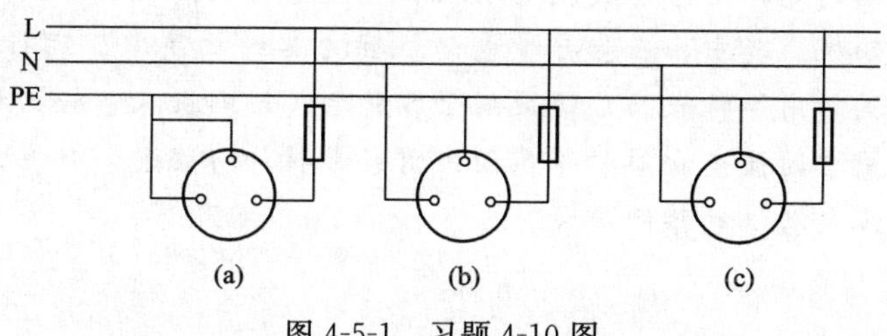


图 4-5-1　习题 4-10 图

# 任务五 三相异步电动机的拆装

## 任务描述

电机是实现电能与机械能互换的旋转机械，其中，将机械能转换为电能的电机称为发电机，而将电能转换为机械能的电机称为电动机。各种生产机械都广泛采用电动机来驱动。电动机按其所用的电源可分为交流电动机和直流电动机两大类，交流电动机又分为异步电动机和同步电动机。其中，三相异步电动机因为其结构简单、运行可靠、价格低廉、维护操作方便、坚固耐用等特点而广泛应用于各种金属切削机床、轻工机械、水泵等生产设备。电动机在使用中因检查和维护等原因，需经常拆卸与装配。只有掌握正确的拆卸与装配技术，才能保证电动机的维修质量。

## 能力目标

(1) 正确测量三相异步电动机的各种参数；

(2) 能够正确连接三相异步电动机控制线路；

(3) 能够排除控制线路常见故障。

## 相关知识

(1) 三相异步电动机的结构；

(2) 三相异步电动机的工作原理；

(3) 三相异步电动机的机械特性；

(4) 三相异步电动机的启动和调速方法。

## 分任务一 认识三相异步电动机的基本结构和工作原理

### 一、基本结构

三相异步电动机的种类很多，但各类三相异步电动机的基本结构是相同的，它们都由固定部分（定子）和转动部分（转子）两大基本部分组成，在定子和转子之间有一定的气隙。此外，还有端盖、轴承、接线盒、风扇等其他附件，如图 5-1-1 所示。

**1. 定子**

定子是用来产生旋转磁场的。定子主要由铁芯、定子绕组［见图 5-1-2(c)］和机座三部分组成。

定子铁芯是电动机磁路的一部分，由 0.5mm 厚的硅钢片叠制而成。硅钢片之间相互绝缘，可以减少由于交变磁通而引起的涡流损耗。定子硅钢片内圆上冲有均匀分布的槽口，用

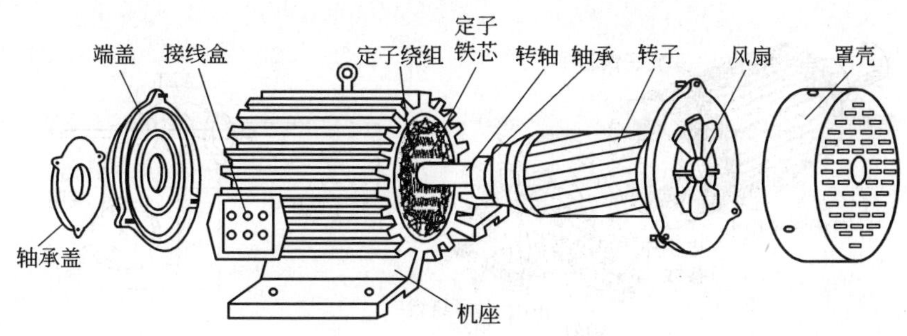


图 5-1-1　三相异步电动机的结构

来安装定子绕组，如图 5-1-2(b) 所示。定子铁芯固定在机座内，如图 5-1-2(a) 所示。

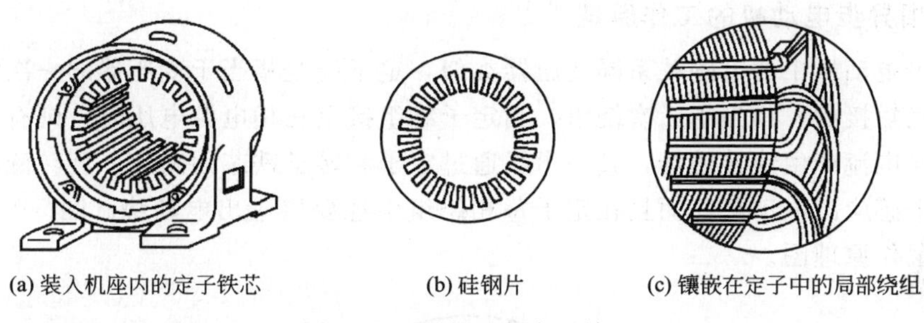

(a) 装入机座内的定子铁芯　(b) 硅钢片　(c) 镶嵌在定子中的局部绕组

图 5-1-2　硅钢片与定子铁芯

**2. 转子**

转子由转子铁芯、转子绕组和转轴组成，如图 5-1-3 所示。

转子铁芯也是用 0.5mm 厚的硅钢片叠制而成的，也是电动机的磁路部分。转子铁芯外圆上冲有均匀分布的槽口，用来放置转子绕组。

转子绕组的作用是产生感应电流，形成电磁转矩，使电动机转动起来。转子绕组分为铸铝和绕线两大类。笼型转子导体和端环是用熔化的铝液整体浇注出来的，呈笼形状，如图 5-1-3(a) 所示。转子两端的风叶为电动机冷却用。

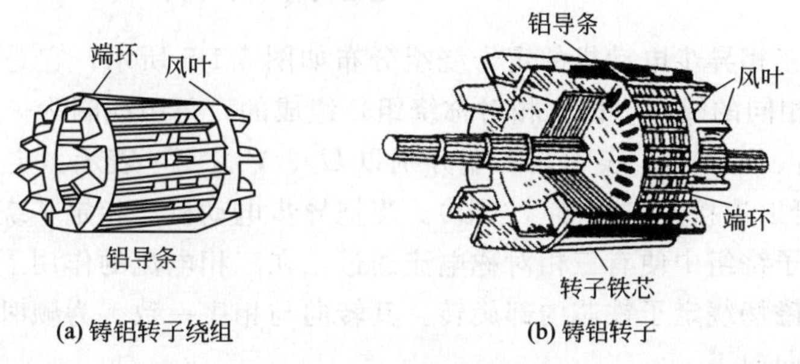


(a) 铸铝转子绕组　(b) 铸铝转子

图 5-1-3　铸铝转子结构

绕线转子电动机的结构如图 5-1-4 所示。转子绕组的结构形式与定子绕组相同，并做星形连接。如图 5-1-4(a) 所示为三相绕线转子电动机转子绕组与外加变阻器连接的示意图，三个首端分别接到转轴上的三个互相绝缘的滑环上，通过电刷与外部变阻器连接，改变变阻器的电阻值可以调节电动机的机械特性，电阻阻值越大，机械特性越软，转子的转速越低。绕线转子电动机多用于对调速性能有特殊要求的设备中，如起重设备、卷扬机械、鼓风机和压缩机等。

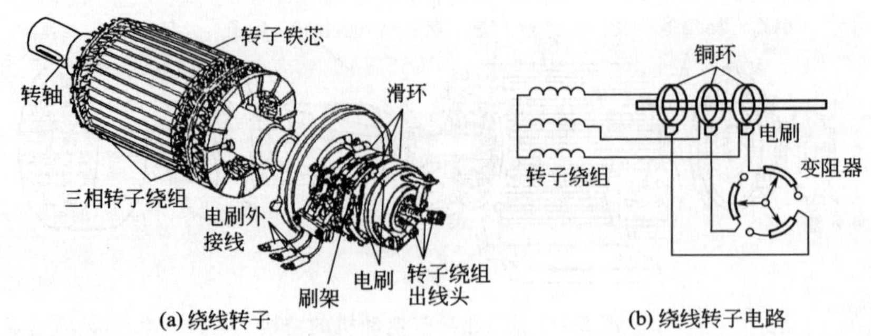


(a) 绕线转子　　(b) 绕线转子电路

图 5-1-4　绕线转子结构

## 二、三相异步电动机的工作原理

三相异步电动机中的电磁关系同变压器类似，定子绕组相当于变压器的一次绕组，转子绕组（一般是短接的）相当于二次绕组。当定子绕组接上三相电源电压时，则有三相电流通过。定子三相电流产生旋转磁场，其磁力线通过定子和转子铁芯而闭合。旋转磁场不仅在转子每相绕组中感应出电动势，而且在定子每相绕组中也要感应出电动势。图 5-1-5 是三相异步电动机的工作原理图。

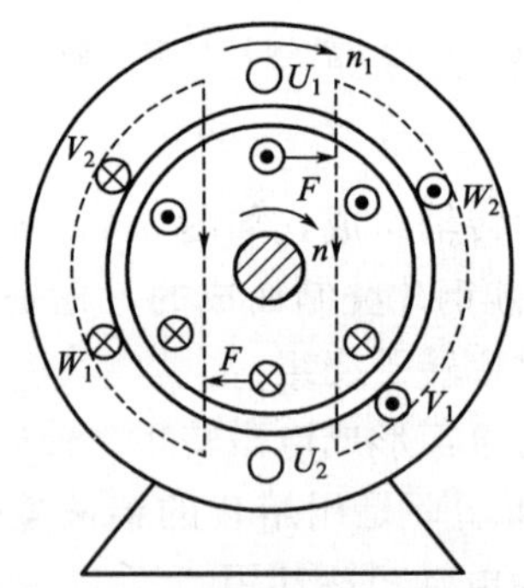


图 5-1-5　三相异步电动机转动原理图

（1）电生磁　三相异步电动机的定子绕组分布如图 5-1-5 所示，它是由在空间彼此相隔 120°机械角的三组相同的线圈（即三相对称绕组）组成的，每组线圈为一相绕组。其各相绕组的始端分别以 $U_1$、$V_1$、$W_1$ 表示，末端分别以 $U_2$、$V_2$、$W_2$ 表示。定子绕组可以连接成星形（Y 形），也可以连接成三角形（△形）。当把异步电动机三相定子绕组按规定接法与三相电源接通后，定子绕组中便有三相对称电流通过，在三相电流的作用下，定子绕组会产生一个旋转磁场，该磁场绕定子铁芯内部旋转。其转向与相序一致，为顺时针方向，假定该瞬间定子旋转磁场方向向下。

（2）（动）磁生电　定子旋转磁场旋转切割转子绕组，在转子绕组感应电动势，其方向由“右手定则”确定。由于转子绕组自身闭合，便有电流流过，并假定电流方向与电动势方向相同，如图 5-1-5 所示。

（3）电磁力（矩）　这时转子绕组感应电流在定子旋转磁场的作用下，产生电磁力 $F$，其方向由“左手定则”判断，如图 5-1-5 所示。该力对转轴形成顺时针方向的转矩（称电磁转矩），于是，电动机在该电磁转矩的驱动下，便顺着电磁转矩的方向旋转。

转向：图 5-1-6 是电流的瞬时值与旋转磁场的对应关系。由图 5-1-6 可见，各相电流为正时，从绕组的首端（$U_1$、$V_1$、$W_1$）流进；各相电流为负时，从绕组的首端流出。随着电流的变化，由各相绕组形成的合磁场在空间旋转。由图 5-1-5 可知，其转向与旋转磁场转向一致，而旋转磁场转向又与三相电流相序一致，因此三相异步电动机的转向与三相电流相序一致。改变三相电流相序能改变三相异步电动机转向就是这个道理。

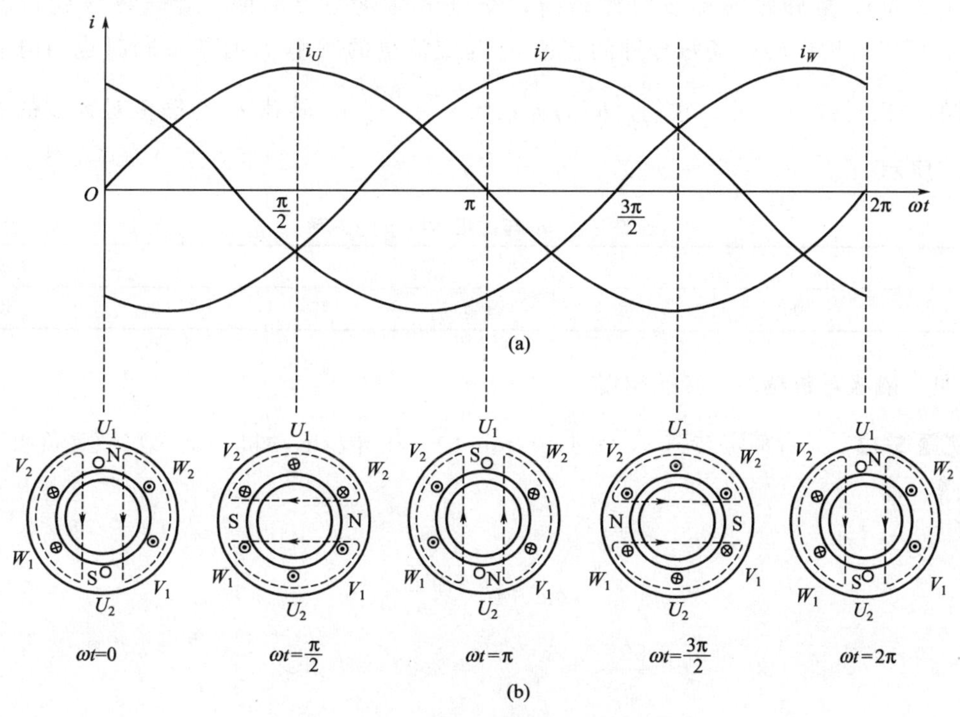


图 5-1-6　三相电流波形与旋转磁场

转速：旋转磁场的转速决定于定子绕组的磁极对数和电流的频率。图 5-1-6 中是只有一对磁极（一个 N 极和一个 S 极）的电动机结构，三相交流电变化一个周期，旋转磁场就在空间转一周。当通入工频交流电（50Hz）时，旋转磁场就在 1s 内转 50r，即转速为 50r/s。当通入频率为 $f_1$ 的交流电时，旋转磁场的转速就为 $f_1$（单位为 r/s）。通常旋转磁场的转速都以 r/min 为单位，则频率为 $f_1$ 的交流电旋转磁场的转速为 $n_1=60f_1$（单位为 r/min）。

异步电动机的转速 $n$ 恒小于定子旋转磁场转速 $n_1$（$n<n_1$）。如果两者相等的话（$n=n_1$），即为同速同向运行，也就是说，转子与旋转磁场之间无相对运动（相对静止），因而转子不切割旋转磁场，也就不感应电动势和电流，也不产生电磁力和电磁转矩，因此转子就不可能继续以 $n$ 的速度旋转了，转子与旋转磁场必须有相对运动。因而，$n<n_1$，是三相异步电动机旋转的必要条件，异步（$n\neq n_1$）的名称也由此而来。

异步电动机的转速差（$n_1-n$）与旋转磁场转速 $n_1$ 的比值，称为转差率，用 $s$ 表示

$$s=\frac{n_1-n}{n_1} \tag{5-1}$$

转差率是分析异步电动机运行的一个重要参数，它与负载情况有关。当转子尚未转动（如起动瞬间）时，$n=0$，$s=1$；当转子转速接近于同步转速（空载运行）时，$n\approx n_1$，$s\approx 0$。因此对异步电动机来说，$s$ 在 1～0 范围内变化。异步电动机负载越大，转速越慢，转差率就越大；负载越小，转速越快，转差率就越小。由式(5-1) 推得

$$n=(1-s)n_1 \tag{5-2}$$

在正常运行范围内，异步电动机的转差率很小，仅为0.01～0.06，可见异步电动机的转速很接近旋转磁场转速。

对于4极（两对磁极）定子绕组，三相交流电变化一个周期，旋转磁场在空间转180°（1/2周）。旋转磁场有 $p$ 对磁极时，交流电变化一个周期，旋转磁场就在空间转 $1/p$ 周。可以看出旋转磁场每分钟的转速 $n_1$ 与交流电的频率 $f_1$ 有关，同时也与电动机定子绕组的磁极对数 $p$ 有关。它们之间的关系为 $n_1=\frac{60f_1}{p}$。转速 $n_1$ 与磁极对数 $p$ 的关系如表5-1-1所示。

**表 5-1-1　$n_1$ 与磁极对数 $p$ 的关系**

| $p$ | 1 | 2 | 3 | 4 | 5 | 6 |
|---|---|---|---|---|---|---|
| $n_1$/(r/min) | 3000 | 1500 | 1000 | 750 | 600 | 500 |

可见，磁极对数越多，转速越慢。

**【例题 5-1】** 一台额定转速 $n_N=1450$r/min 的三相异步电动机，试求它额定负载运行时的转差率 $s_N$。

**解**

$$n_N \approx n_1=\frac{60f_1}{p}$$

$$p \approx \frac{60f_1}{n_N}=\frac{60\times 50}{1450}=2.07 \quad 取\ p\approx 2$$

$$n_1=\frac{60f_1}{p}=\frac{60\times 50}{2}\text{r/min}=1500\text{r/min}$$

$$s_N=\frac{n_1-n_N}{n_1}=\frac{1500-1450}{1500}=0.033$$

### 三、三相异步电动机的机械特性

转矩特性曲线 $T=f(S)$ 表示了电源电压一定时电磁转矩 $T$ 与转差率 $S$ 的关系。但在实际应用中，需要更直接了解的是电源电压一定时转速与电磁转矩的关系，即 $n=f(T)$ 曲线。$n=f(T)$ 曲线称为电动机的机械特性曲线，如图5-1-7所示。为了正确使用三相异步电动机，下面研究机械特性曲线上的两个区域和三个重要转矩。

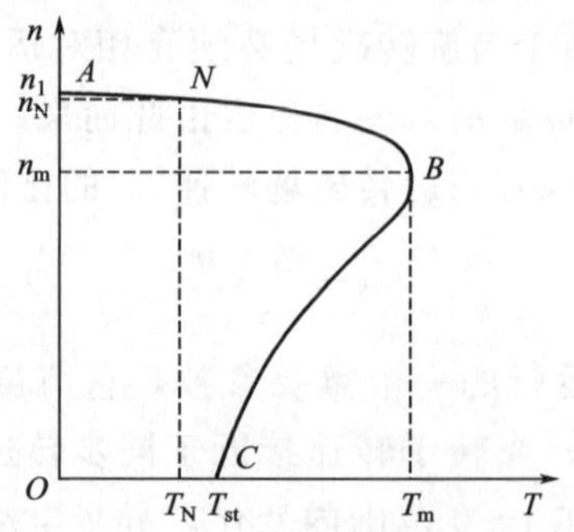


图 5-1-7　电动机的机械特性曲线

**1. 稳定区和不稳定区**

机械特性曲线上有两个工作区：BC 段为不稳定区，AB 段为稳定区。

三相异步电动机一般都工作在稳定区域 AB 段上。在该区域内，负载转矩变化时（如负载转矩增加），三相异步电动机能够通过调节自身转速和转矩（转速减小、转矩增加）来达到新的平衡，以自动适应负载的变化，并且转速变化不大，一般仅为 2%～8%。这样的机械特性称为硬特性。这种硬特性很适宜于金属切削机床等加工场合。

而在 BC 段上，当负载转矩变化时，如负载转矩增加，使转速下降、转矩减小，使得与负载转矩差距加大，转速进一步下降，甚至会使电动机停车，造成转子和定子绕组电流急剧增大而烧毁电动机。电动机不能自动适应负载的变化，因此 BC 段为不稳定区。

**2. 三个重要转矩**

（1）额定转矩 $T_N$。

电动机在额定电压下，以额定转速 $n_N$ 运行，输出额定功率 $P_N$ 时，其轴上输出的转矩称为额定转矩，即

$$T_N = 9550\frac{P_N}{n_N} \tag{5-3}$$

三相异步电动机的额定工作点通常在机械特性稳定区的中部。为了避免电动机出现过热现象，一般不允许电动机在超过额定转矩的情况下长期运行，但允许短期过载运行。

（2）最大转矩 $T_m$。

电动机转矩的最大值称为最大转矩。为了描述电动机允许的瞬间过载能力，通常用最大转矩与额定转矩的比值来表示，称为过载系数 $\lambda$。一般 $\lambda = 1.8 \sim 2.5$，过载系数为

$$\lambda = \frac{T_m}{T_N} \tag{5-4}$$

最大转矩是电动机能够提供的极限转矩，电动机运行中的机械负载不可超过最大转矩，否则电动机的转速将越来越低，并很快导致堵转，使电动机过热，甚至烧毁。

（3）启动转矩 $T_{st}$。

电动机刚接入电源但尚未转动时的转矩称为启动转矩。三相异步电动机的启动能力通常用启动转矩与额定转矩的比值 $\lambda_{st}$ 来表示：

$$\lambda_{st} = \frac{T_{st}}{T_N} \tag{5-5}$$

## 四、三相异步电动机的铭牌数据

电动机制造厂按照国家标准，根据电动机的设计和试验数据而规定的每台电动机的正常运行状态和条件，称为电动机的额定运行情况。如图 5-1-8 所示，电动机的铭牌用来表示电动机额定运行情况的各种参数。

（1）型号 Y160L-4　Y 表示三相异步电动机（T 表示同步电动机）；160 表示机座中心高度为 160mm；L 是机座长度规格（L 表示长机座，S 表示短机座，M 表示中机座规格）；4 表示旋转磁场为 4 极（$p=2$）。

（2）额定电压 $U_N$（380V）　定子绕组上的线电压。

（3）接法　通常 3kW 以下的三相异步电动机定子绕组做星形连接，4kW 以上的三相异步电动机定子绕组做三角形连接。

（4）额定功率 $P_N$（15kW）　表示额定运行时电动机轴上输出的额定机械功率。

| ××××电机厂 | | | | | |
|---|---|---|---|---|---|
| | | | | 编号 | ×××× |
| 三相交流笼型异步电动机 | | | | | |
| 型号 | Y160L-4 | 电压 | 380V | 接法 | △ |
| 功率 | 15kW | 电流 | 30.3A | 工作方式 | 连续 |
| 转速 | 1460r/min | 功率因数 | 0.85 | | |
| 频率 | 50Hz | 绝缘等级 | B | | |
| | | | | 出厂年月 | × 年 × 月 |

图 5-1-8 电动机的铭牌

(5) 额定电流 $I_N$ (30.3A) 电动机在额定电压和额定频率下，输出额定功率时定子绕组的线电流。

(6) 工作方式 电动机运行的持续时间，分为连续、断续、短时工作制。

(7) 额定转速 $n_N$ (1460r/min) 电动机在额定电压、额定频率、额定负载下，电动机每分钟的转速。

(8) 额定功率因数 $\cos\varphi_N$ 额定负载下定子等效电路的功率因数。

(9) 额定频率 电动机的电源额定频率。

(10) 耐热等级 电动机的耐热等级是指其所用绝缘材料按其在正常运行条件下允许的最高工作温度分级。如表 5-1-2 所示为绝缘材料耐热等级及极限工作温度。

**表 5-1-2 绝缘材料耐热等级及极限工作温度**

| 绝缘等级 | Y | A | E | B | F | H | C |
|---|---|---|---|---|---|---|---|
| 工作极限温度/℃ | 90 | 105 | 120 | 130 | 155 | 180 | >180 |

除铭牌上标出的参数外，还有其他一些技术数据，如额定效率 $\eta_N$，为电动机额定状态下输出功率与输入功率的比值，即

$$\eta_N=\frac{P_N}{P_1}\times100\%=\frac{P_N}{\sqrt{3}I_NU_N\cos\varphi}\times100\%$$

**【例题 5-2】** 已知两台异步电动机功率都是 10kW，但转速不同，其中 $n_{1N}=2930\text{r/min}$，$n_{2N}=1450\text{r/min}$，如过载系数都是 2.2，试求它们的额定转矩和最大转矩。

**解**

① 第一台电动机（二级）。

$$T_{1N}=9550\frac{P_{1N}}{n_{1N}}=9550\frac{10}{2930}=32.6\ (\text{N}\cdot\text{m})$$

由式(5-4) 可知

$$T_{1max}=2.2\times32.6=71.7\ (\text{N}\cdot\text{m})$$

② 第二台电动机（四级）。

$$T_{2N}=9550\frac{P_{2N}}{n_{2N}}=9550\frac{10}{1450}=65.9\ (\text{N}\cdot\text{m})$$

由式(5-4) 可知

$$T_{2max}=2.2\times65.9=145\ (N\cdot m)$$

可见，电动机功率相同时，转速低的（极数多）转矩大，转速高的（极数少）转矩小。

**【例题 5-3】** Y132M-4 型三相异步电动机技术数据如下：$P_N=7.5kW$，$U_N=380V$，三角形连接，$S_N=0.04$，$\eta_N=0.87$，$f_1=50Hz$，$\cos\varphi_N=0.88$，$T_{st}/T_N=2$，$T_m/T_N=2.2$，$I_{st}/I_N=7$。求：(1) 电动机的极对数 $p$、额定转速 $n_N$；(2) 输入功率 $P_1$；(3) 额定电流 $I_N$，额定转矩 $T_N$；(4) 直接启动时的起动电流 $I_{st}$、启动转矩 $T_{st}$；(5) 最大转矩 $T_m$。

**解**　(1) 由型号最后的数字 4（4 极），可看出这是两对磁极的电动机，所以 $p=2$。

$$n_N=(1-s_N)\frac{60f_1}{p}=1440\ (r/min)$$

(2) 输入功率为　$$P_1=\frac{P_N}{\eta_N}=\frac{7.5}{0.87}=8.6\ (kW)$$

(3) 额定电流为　$$I_N=\frac{P_N}{\sqrt{3}U_N\eta_N\cos\varphi_N}=14.9\ (A)$$

额定转矩为　$$T_N=9550\frac{P_N}{n_N}=49.7\ (N\cdot m)$$

(4) 启动电流为　$$I_{st}=7I_N=104.3\ (A)$$

启动转矩为　$$T_{st}=2T_N=99.4\ (N\cdot m)$$

(5) 最大转矩为　$$T_m=2.2T_N=109.3\ (N\cdot m)$$

# 分任务二　分析三相异步电动机的启动、制动和调速

## 一、异步电动机的启动

电动机从接通电源（$n=0$）到在某个转速下稳定运转的过程称为启动。

### 1. 直接启动产生的问题

直接启动会产生启动电流 $I_{st}$ 加大以及启动转矩 $T_{st}$ 不大的问题。

(1) 启动电流 $I_{st}$ 加大　启动瞬间（$n=0$），旋转磁场以同步转速切割静止的转子导体，在转子电路中产生最大的感应电动势、感应电流。转子电流很大，必然使得定子电流很大。相应的定子启动电流与额定电流之比值约为 5～7（对一般的中小型笼型转子电动机）。

启动电流过大对电动机本身而言，因启动时间较短（几分之一秒至几秒），且启动电流随转速的升高很快减小，只要电动机不处于频繁启动中，一般不会引起电动机过热。但是，电动机的启动电流对线路是有影响的。过大的启动电流在短时间内会在线路上造成大的电压降落，使负载端的电压降低，影响同一线路上其他负载的正常工作。例如使同一线路上的照明灯突然暗下来；对同一线路的异步电动机，由于电压的急剧下降使其最大转矩 $T_m$ 降到小于负载转矩，从而使电动机停转。

(2) 启动转矩 $T_{st}$ 不大　在刚启动时，虽然转子电流加大，但转子的功率因数很低；且瞬间电源电压降低，又使主磁通减小，因此启动转矩并不大，它与额定转矩的比值为 1.0～2.2。普通笼型转子异步电动机的启动转矩不大，一般应在空载或轻载下启动，对于必须在满载下启动的场合（如用于起重），应选用启动转矩大的绕线转子异步电动机。

由上述可知，异步电动机启动时的主要缺点是启动电流大。为了减小启动电流，必须采用适当的启动方法。

**2. 启动方法**

笼型转子电动机的启动有直接启动和降压启动两种方法。

（1）直接启动 直接启动就是利用闸刀开关或接触器将电动机直接加上额定电压使之运转，是全压启动，方法简单经济。适用于容量较小，不频繁启动的电动机。因为电动机容量小，启动电流小，不至于影响其他设备的正常工作。

一台电动机能否直接启动，有一定的规定：若用电单位有独立的变压器，在频繁启动的情况下，电动机容量不超过变压器容量的 20%；而不经常启动时，电动机容量不超过变压器容量的 30%。这两种情况都允许直接启动。若电动机与照明负载共用变压器，电动机直接启动时所产生的电压降不应超过 5%。

如图 5-2-1 所示为最简单的直接启动，手动开关控制电机启动电路图。

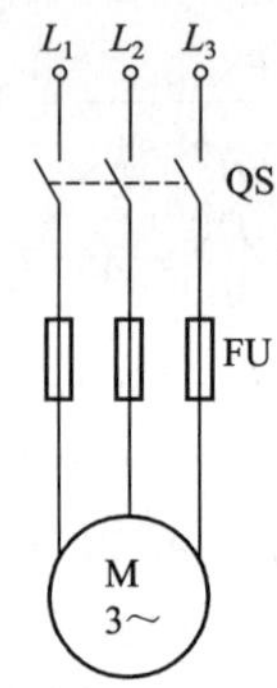


图 5-2-1 手动开关控制电机启动电路

手动开关控制电路用刀闸开关或转换开关控制电动机启停的电路，工作原理如下。

闭合刀开关 QS，电动机通电运转；断开 QS，电动机断电停转。这种启动电路只有主电路，没有控制电路，所以无法实现自动控制。同时，由于直接对主电路进行操作，安全性能也较差，操作频率低，只适合电动机容量较小、启动和换向不频繁的场合。图中，$L_1$、$L_2$、$L_3$ 表示三相交流电源线，FU 表示熔断器，在电路中起到短路保护作用。

由于篇幅有限，其他全压直接起动电路请查阅其他参考书。

（2）降压启动 如果电动机直接启动时所引起的线路电压降较大，就必须采用降压启动，即启动时降低加在定子绕组上的电压，以减小启动电流；当电动机转速接近 $n_N$ 后再加上额定电压运行。笼型转子电动机的降压启动常用的方法有以下几种。

① 星形（Y）—三角形（△）转换启动。

对正常运行采用三角形连接的电动机，在启动时先连接成星形，待转速接近额定值时再转换成三角形。由于启动时，定子绕组连接成星形，故定子每相绕组所承受的电压只有三角形连接时的 $1/\sqrt{3}$。图 5-2-2 表示出两种接法，设三相电源线电压为 $U_1$，启动时每相定子绕组的等效阻抗为 $|Z|$，Y 形连接时相电流为 $I_{PY}$，线电流为 $I_{LY}$，其关系为

$$I_{LY}=I_{PY}=\frac{U_L/\sqrt{3}}{Z} \tag{5-6}$$

△形连接时的相电流和线电流分别为 $I_{P\triangle}$ 和 $I_{L\triangle}$，其关系为

$$I_{L\triangle}=\sqrt{3}I_{P\triangle}=\sqrt{3}\frac{U_L}{|Z|} \tag{5-7}$$

比较式(5-6)、式(5-7) 可得

$$\frac{I_{LY}}{I_{L\triangle}}=\frac{1}{3} \tag{5-8}$$

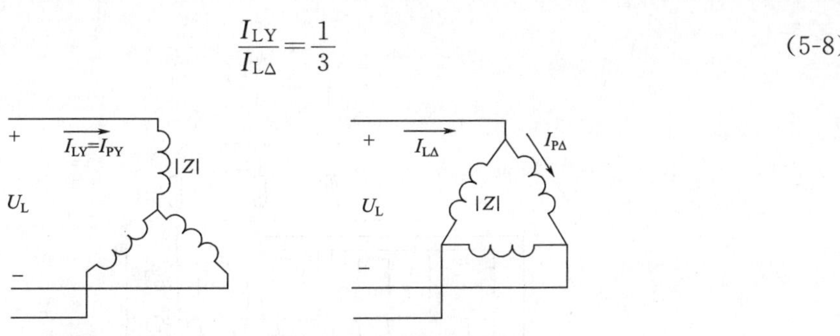


图 5-2-2　比较 Y 连接和△连接的起动电流

即星形连接起动时，其线电流是三角形连接启动时线电流的 1/3。由于转矩和电压的平方成正比，所以启动转矩也减小到直接启动时的 1/3。因此，此种方法只适合于空载或轻载时启动。

Y-△转换启动可使用 Y-△启动器来实现，其电路图如图 5-2-3 所示。启动前，先将开关 $Q_2$ 扳到"Y 启动"位置，然后闭合电源开关 $Q_1$，于是电动机在 Y 形连接下启动。待转速上升接近额定值时，再将 $Q_2$ 从"Y 启动"位置扳向"△运转"位置，电动机在△形连接下进入正常运行。

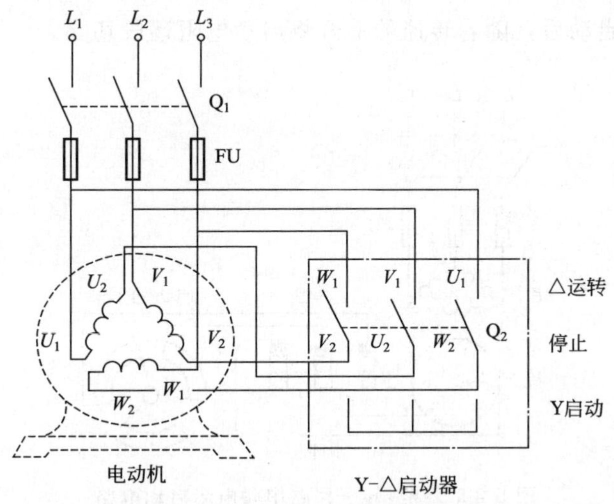


图 5-2-3　Y-△转换启动控制电路

Y-△启动器的体积小、成本低、寿命长、工作可靠。目前 4～100kW 的异步电动机都已设计为 380V 三角形连接，因此 Y-△启动得到了广泛的应用。

② 自耦降压启动。

使用三相自耦变压器降低三相异步电动机启动时的电压，即自耦降压启动。图 5-2-4 是自耦降压启动控制电路图。启动时先将开关 $Q_2$ 置于"启动"位置，然后闭合开关 $Q_1$ 接通电源，此时定子绕组与变压器副绕组相连接，电动机降压启动，从而减小启动电流；当电动机转速接近额定转速时，将开关 $Q_2$ 置于"运转"位置，自耦变压器被切除，电动机全压运转。自耦变压器具有不同的电压抽头（如 80%、60%、40%的电源电压），这样可获得不同的启动转矩，供用户选用。自耦降压启动，常用来启动容量较大或正常运行时为星形连接的笼型转子电动机。

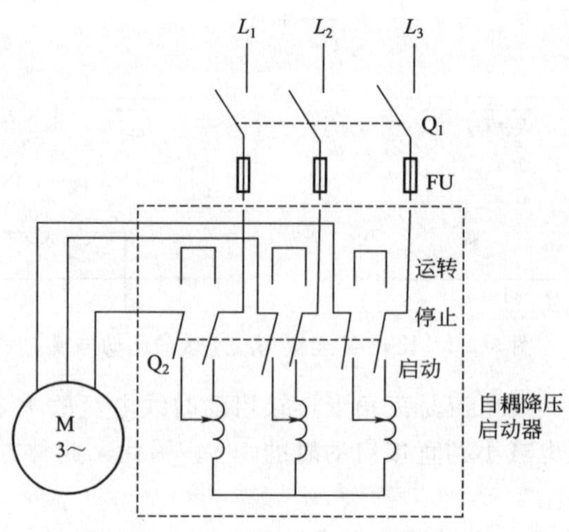


图 5-2-4 自耦降压启动控制电路图

③ 绕线转子异步电动机的启动。

就是在转子电路中串入大小适当的启动电阻，达到减小启动电流的目的（如图 5-2-5 所示），同时启动转矩也提高了。所以绕线转子电动机适合要求启动转矩大的生产机械，例如卷扬机、起重机等。启动后，随着转速的上升将启动电阻逐段切除。

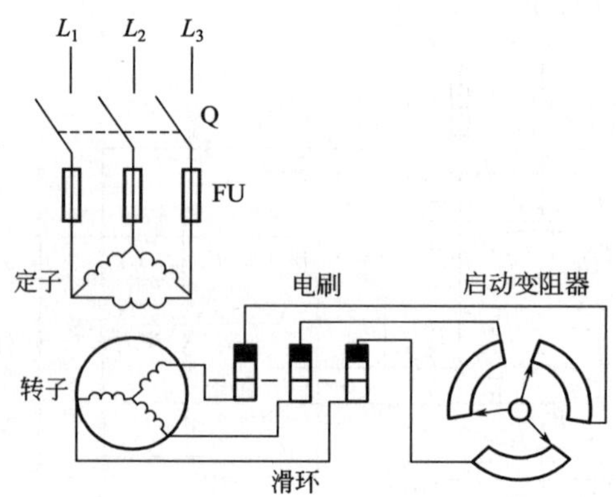


图 5-2-5 绕线转子回路串联电阻启动电路

## 二、异步电动机的正反转

生产实践中，有很多情况需要电动机能进行正反两个方向的运动，如夹具的夹紧与松开、升降机的提升与下降等。要改变电动机的转向，只需将定子三相绕组接到电源的三条导线中的任意两条对调即可。常用两种控制方式：一种是利用组合开关（或倒顺开关）改变相序，另一种是利用接触器的主触点改变相序。前者主要适用于不需要频繁正反转的电动机，而后者则主要适用于需要频繁正反转的电动机。

图 5-2-6 是实现三相异步电动机正反转的手动控制电路图。该电路使用一只三刀双掷开关 QS。电路原理为：如果把开关 QS 合向上方位置，则电动机正转。断开开关 QS，电动机停止。再把开关 QS 合向下方位置，由于电源线 $U$ 和 $V$ 对调，改变了通入定子绕组电流的相序，故电动机反转。图中使用的是笼型转子三相异步电动机的国家标准图形符号。

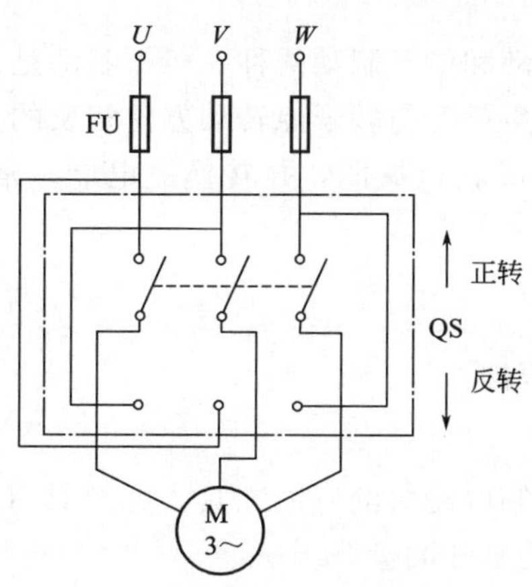

图 5-2-6　电动机正反转控制电路

## 三、异步电动机的调速

在一定的负载下，通过人为的方法使电动机转速改变以满足生产机械的需要称为调速。例如金属切削机床要按加工金属种类、切削刀具的性质来调节转速。起重运输机械在起吊重物或卸下重物停车前都应降低转速以保证安全等。

由
$$n=(1-s)n_1=(1-s)\frac{60f_1}{p} \tag{5-9}$$

可知，可以通过改变磁极对数 $p$，转差率 $s$ 或电源频率 $f_1$ 这三种基本方法来改变异步电动机的转速。

**1. 变极调速**

改变定子绕组的连接方式使电动机产生不同的磁极对数 $p$，以获得不同的转数。这种调速方法仅限于笼型转子电动机采用，机床上用得较多，且只能做到有级调速，例如双速（2 极/4 极）电机的转速就是成倍数关系变速的。

**2. 变频调速**

通过改变电源频率来改变电动机转速就必须在电源与电动机之间加装一套变频装置，将 50Hz 的交流电变为频率连续可调的交流电。随着大功率新型全控电力电子器件的不断涌现，使变频技术得到迅速发展。由整流器和逆变器组成的变频装置，使笼型异步电动机的转速实现了调速范围大、无级连续可调和转速变化平滑的目的。

**3. 改变转差率调速**

只有绕线转子电动机才能采用改变转差率来调速。在绕线转子电动机的转子电路中接入一个调速电阻，改变转子串联电阻的大小，就可得到平滑调速。在负载转矩不变的情况下，加大调速电阻，可使机械特性越来越软，从而改变工作点并得到越来越低的转速。由于电阻耗能和机械特性变软，调速电阻不能过大，故使得这种调速的范围比较小。它简单易行，广泛应用于起重设备中。

## 四、异步电动机的制动

三相异步电动机断电后，由于惯性作用，自由停车时间较长。而某些生产工艺则要求电动机在某一个时间段内能迅速而准确地停止，如镗床、车床的主电动机需快速停止；起重机为满足重物停位准确及现场安全要求，就要对电动机采用快速、可靠的制动控制，使之迅速停止。

制动的方法主要有机械制动和电气制动两种。机械制动是采用机械抱闸制动；电气制动是用电气的办法，使电动机产生一个与转子原转动方向相反的力矩迫使电动机迅速制动而停转的方法，此时电动机由轴上吸收机械能，并转换成电能。常用的电气制动方法有反接制动、能耗制动和回馈制动。

# 任务实施

## 一、三相异步电动机的拆卸

### 1. 拆卸前的准备工作

（1）准备好拆卸场地及拆卸电动机的专用工具，如拉具（一般用捋子）、扳手（如套筒扳手）、铜棒、手锤、改锥、毛刷和油盘等。

（2）做好记录或标记。在线头、端盖和刷握等处做好标记，记录好联轴器与端盖之间的距离。

### 2. 电动机的拆卸步骤

电动机拆卸步骤示意图如图 5-3-1 所示。

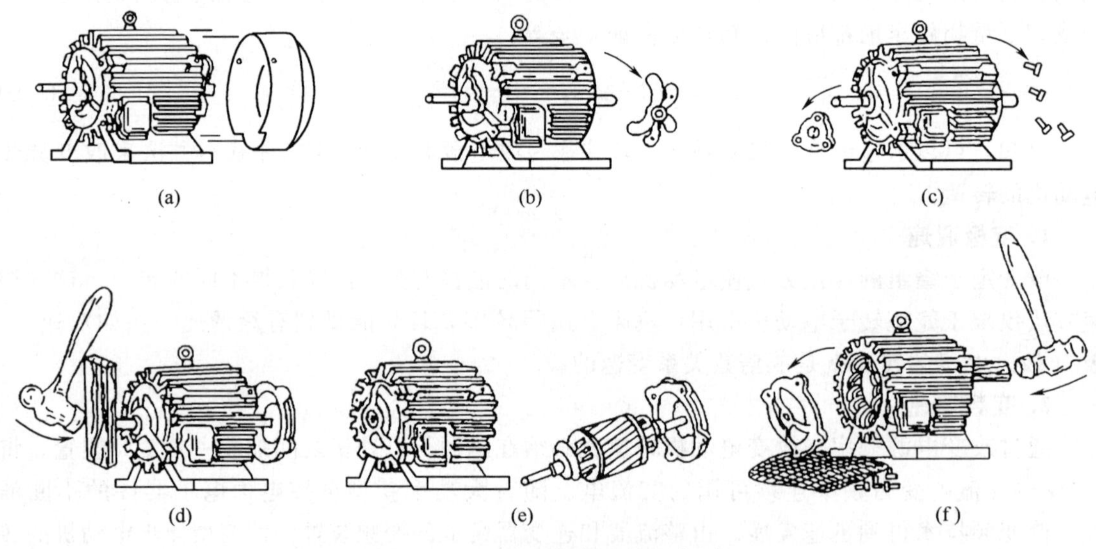


图 5-3-1 电动机拆卸步骤示意图

（1）切断电源，拆下电动机与电源的连接线，并对电源线头做好绝缘处理。

（2）卸下皮带，卸下地脚螺栓，将各螺母和垫片等小零件收拾好，以免丢失。

（3）卸下带轮或联轴器。

（4）卸下前轴承外盖和端盖（绕线转子电动机要先提起和拆除电刷、电刷架及引出线）。

（5）卸下风罩和风扇。

（6）卸下后轴承外盖和后端盖。

（7）抽出或吊出转子（绕线转子电动机注意不要损伤滑环面和刷架）。

### 3. 电动机主要零部件的拆卸方法

（1）带轮或联轴器的拆卸。

带轮或联轴器的拆卸如图 5-3-2 所示。

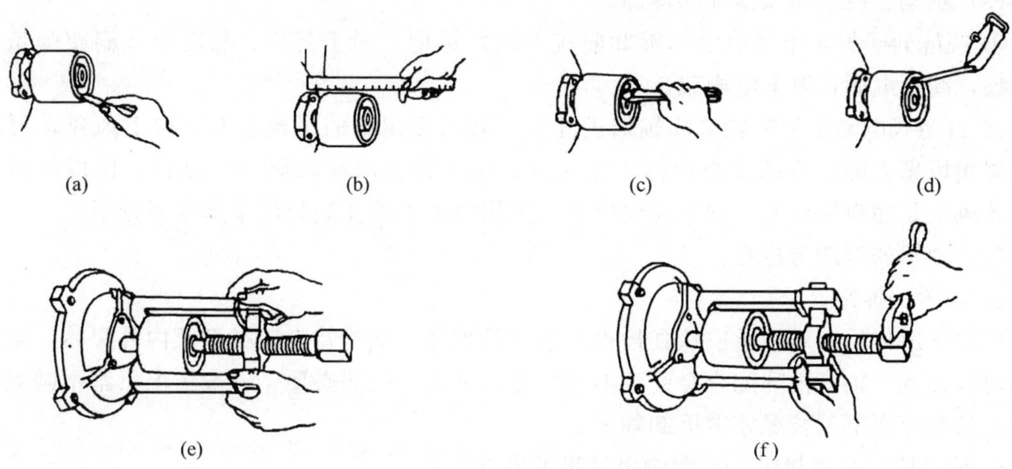

图 5-3-2　带轮或联轴器的拆卸

① 用粉笔标好带轮的正反面，以免安装时装反。

② 在带轮（或联轴器）的轴伸端做好标记。

③ 松下带轮或联轴器上的压紧螺钉或销子。

④ 在螺钉孔内注入煤油。

⑤ 装好拇子，拇杆的中心线要对准电动机轴的中心线，转动丝杆，掌握力度，把带轮或联轴器慢慢拉出，切忌硬拆。对带轮或联轴器较紧的电动机，按此法拉出仍有困难时，可用喷灯等急火在带轮外侧轴套四周加热（掌握好温度，以防变形），使其膨胀就可拉出。在拆卸过程中，严禁用手锤直接敲出带轮，避免造成带轮或联轴器碎裂，使轴变形、端盖受损。

（2）轴承盖和端盖的拆卸。

端盖的拆卸如图 5-3-3 所示。

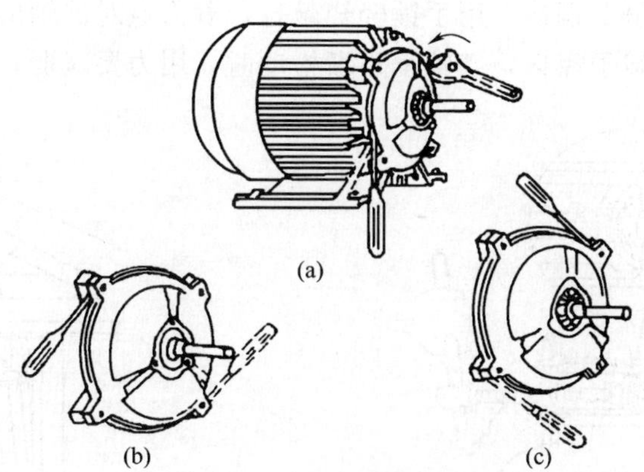

图 5-3-3　端盖的拆卸

① 在端盖与机座体之间做好标记（前后端盖的标记应有区别），便于装配时复位。

② 松开端盖上的紧固螺栓，用一个大小适宜的螺丝刀插入螺钉孔的根部，将端盖按对角线一先一后地向外扳撬（也可用紫铜棒均匀敲打端盖上有脐的部位），把端盖卸下。较大的电动机因端盖较重，应先把端盖用起重设备吊住，以免拆卸时端盖跌碎或碰伤绕组。

（3）刷架、风罩和风扇叶的拆卸。

① 绕线转子异步电动机电刷拆卸前应先做好标记，便于复位。然后松开刷架弹簧，抬起刷握，卸下电刷，取下电刷架。

② 封闭式电动机的带轮或联轴器拆除后，就可把风罩的螺栓松开，取下风罩，再将转子轴尾端风扇上的定位销或螺栓拆下或松开。用手锤在风扇四周轻轻敲打，慢慢将扇叶拉下。若风扇是塑料制成的，则不易硬拆下，可用热水加热使塑料风扇膨胀后拧下。

（4）轴承的拆卸与检查。

① 轴承的拆卸。

电动机解体后，对轴承应认真检查，了解其型号、结构特点、类型及内外尺寸。轴承在拆卸时因轴颈、轴承内环配合会受到不同程度的削弱，除非必要，一般情况下都不随意拆卸轴承，只有存在下列情况才需拆卸轴承。

a. 轴承磨损超过极限，已影响电动机的安全运行。

b. 构成轴承的配件有裂纹、变形、缺损、剥离、严重麻点或拉伤。

c. 由于潮湿和酸类物质的侵入，轴承配件上有严重锈蚀，在轴上无法处理。

d. 发现内外环配合有松动，外环和端盖镗孔配合太松，需要调换轴承或对轴颈进行维修。

e. 发现轴承不合技术要求，如超负荷或转速太快等。

f. 发现前后轴承类型不同，发现位置调错。

g. 轴承因受热而变色，经检查硬度已下降到不能使用。

② 轴承拆卸的常用方法。

a. 用拉具拆卸。根据轴承的大小，选择适当的拉具，一方面想办法夹住轴承，另一方面把拉具的脚爪紧扣在轴承内圈上，拉具的丝杆顶点要对准转子轴的中心，缓慢匀速地扳动丝杆，即可拆下，如图 5-3-4 所示。

b. 搁在圆桶上拆卸。在轴的内圆下面用两块铁板夹住，搁在一只内径略大于转子的圆桶上面，在轴的端面上垫上铜块，用手锤轻轻敲打，着力点对准轴的中心。网桶内放一些棉纱头，以防轴承脱下时转子摔坏，当轴承逐渐松动时，用力要减弱，如图 5-3-5 所示。

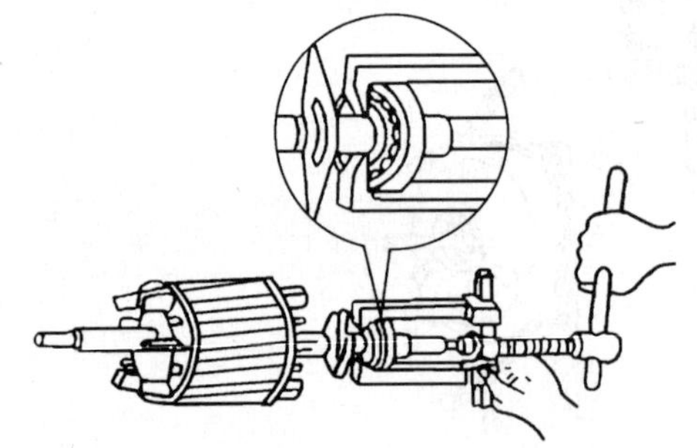

图 5-3-4　用拉具拆卸电动机轴承

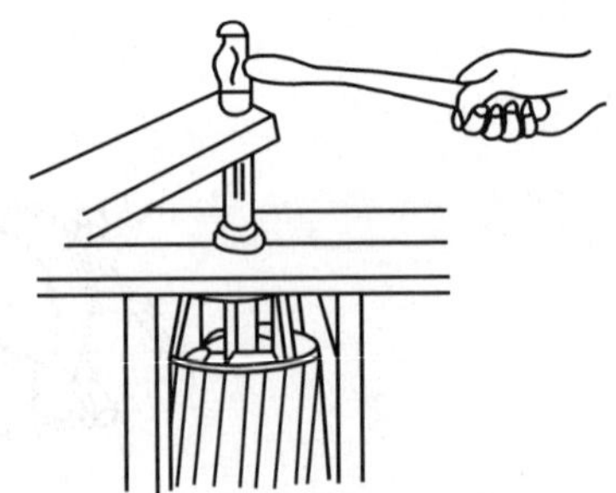

图 5-3-5　轴承搁在圆桶上拆卸

c. 加热拆卸。因轴承装配过紧或轴承氧化锈蚀不易拆卸时，可将 100℃的机油浇在轴承内圈上，趁热用上述方法拆卸。为了防止热量过快扩散，可先将轴承用布包好再拆。

d. 轴承在端盖内的拆卸。拆卸电动机时，可能遇到轴承留在端盖的轴承孔内的情况，可令端盖止口面朝上，平滑地搁在两块铁板上，垫上一直径小于轴承外径的金属棒，用手锤沿轴承外圈敲打金属棒，将轴承敲出，如图 5-3-6 所示。

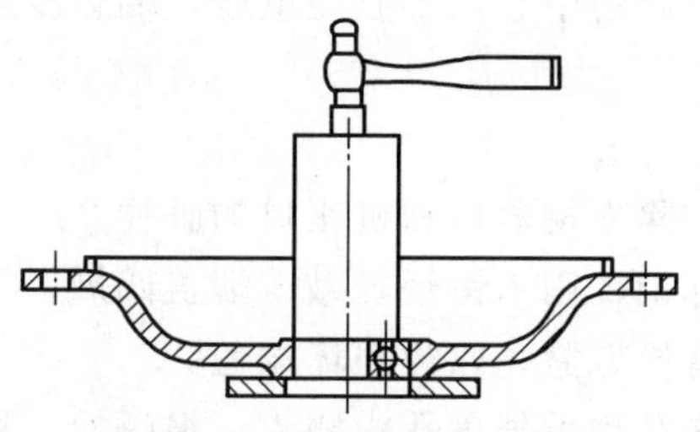

图 5-3-6　轴承在端盖内的拆卸

③ 轴承的清洗与检查。

a. 将轴承放入煤油桶内浸泡，待轴承上油膏落入煤油中，再将轴承放入另一桶比较洁净的煤油中，用细软毛刷将轴承边转边洗，最后在汽油中洗一次，用布擦干即可。

b. 检查轴承有无裂纹、滚道内有无生锈等。再用手转动轴承外圈，观察其转动是否灵活、均匀，是否有卡位或过松的现象。小型轴承可用左手的拇指和食指捏住轴承内圈并摆平，用另一只手轻轻地用力推动外钢圈旋转。如轴承良好，外钢圈应平稳转动，并逐渐减速至停，转动中没有振动和明显的停滞现象，停止转动后的钢圈没有倒退现象。如果轴承有缺陷，转动时会有杂音和振动，停止时像刹车一样突然，严重的还会倒退反转，这样的轴承应及时更换。

## 二、电动机的装配

### 1. 轴承的装配

（1）敲打法　敲打法是在干净的轴颈上抹一层薄薄的机油，把轴承套上，用一根内径略大于轴颈直径、外径略大于轴承内圈外径的铁管，将铁管的一端顶在轴承的内圈上，用手锤敲打铁管的另一端，将轴承敲进去，如图 5-3-7(a) 所示。

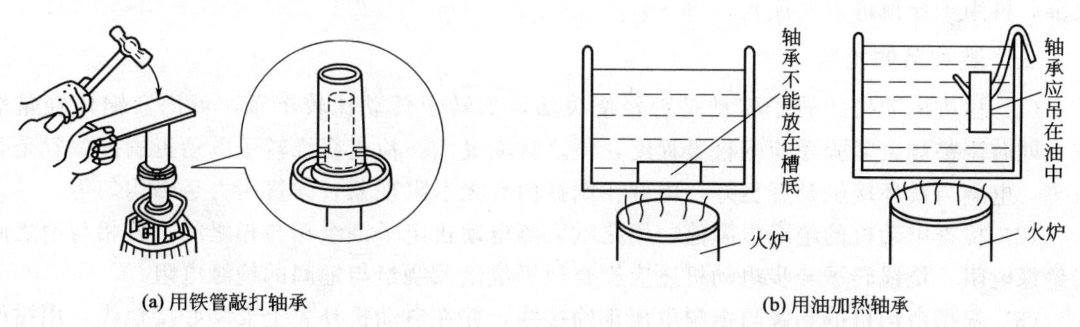


(a) 用铁管敲打轴承　(b) 用油加热轴承

图 5-3-7　轴承装配

（2）热装法　如配合较紧，为了避免把轴承内环胀裂或损伤配合面，可采用热装法。将轴承放在油锅里（或油槽里）加热，油的温度保持在100℃左右，轴承必须浸没在油中，且不能与锅底接触，可用铁丝将轴承吊起架空，加热要均匀，浸 30～40min 后，把轴承取出，趁热迅速将轴承一直推到轴颈，如图 5-3-7(b) 所示。

（3）装润滑脂　在轴承内外圈里和轴承盖里抹的润滑脂应洁净，塞装要均匀，一般二极电动机装满 1/3～1/2 的空间容积；四极及其以上的电动机装满轴承的 2/3 空间容积。轴承内外盖的润滑脂一般为盖内容积的 1/3～1/2。

**2. 转子的安装**

安装时转子要对准定子内腔的中心，小心往里送，端盖要对准机座的标记，拧上后盖的螺栓，但不要拧紧。

**3. 端盖的安装**

（1）将端盖洗净、晾干，除去端盖口和机座口的脏物。

（2）将前端盖对准机座标记，用木锤轻轻敲击端盖四周。待盖口对好后，套上螺栓，按对角线把螺栓拧紧，切不可有松有紧，以免损坏端盖。

（3）装前轴承外盖。可先在轴承外盖孔内插入一根螺栓，用手缓慢转动转轴，当轴承内盖的孔转得与外盖的孔对齐时，即可将螺栓拧入轴承盖的螺孔内，再装另外两根螺栓。

也可先用两根硬导线通过轴承外盖孔插入轴承内盖孔中，拧上一根螺栓，挂住内盖螺钉扣，然后依次抽出导线，拧上螺栓。

**4. 刷架、风扇叶及风罩的安装**

绕线转子异步电动机的刷架要按所做的标记装上，安装前要做好滑环、电刷表面和刷握内壁的清洁工作。安装时，滑环与电刷的吻合要密切，弹簧压力要调匀，风扇的定位螺钉（或销子）要拧到位，且不得松动。

上述零部件装完后，要用手转动转子，检查其转动是否灵活、均匀、无停滞或偏重现象。

**5. 带轮或联轴器的安装**

（1）将抛光布卷在圆木上，把带轮或联轴器的轴孔打磨光滑。

（2）用抛光布把转轴的表面打磨光滑。

（3）对准键槽把带轮或联轴器套在转轴上。

（4）调整好带轮或联轴器与键槽的位置后，将木板垫在键的一端，轻轻敲打，使键慢慢进入槽内。安装大型电动机的带轮时，可先用固定支持物顶住电动机的非负荷端和千斤顶的底部，再用千斤顶将带轮顶入。

## 三、装配后的检验

（1）检查电动机的转子转动是否轻便灵活，如转子转动比较沉重，可用紫铜棒轻敲端盖，同时调整端盖紧固螺栓的松紧程度，使之转动灵活。检查绕线转子电动机刷握位置是否正确，电刷与滑环接触是否良好，电刷在刷握内有无卡阻现象，弹簧压力是否均匀等。

（2）检查电动机的绝缘电阻值，用兆欧表测电动机定子绕组相与相之间、各相与地之间的绝缘电阻，绕线转子异步电动机还应检查转子绕组及绕组与地间的绝缘电阻。

（3）根据电动机的铭牌与电源电压正确接线，并在电动机外壳上安装好接地线，用钳形电流表分别检测三相电流是否平衡。

（4）用转速表测量电动机的转速。

（5）让电动机空转运行半个小时后，检测机壳和轴承处的温度，观察振动和噪声。绕线转子电动机在空载时，还应检查电刷有无火花及过热现象。

## 四、注意事项

（1）拆卸带轮或轴承时，要正确使用拉具。

（2）电动机解体前，要做好标记，以便组装。

（3）端盖螺钉的松动与紧固必须按对角线上下左右依次旋动。

(4) 不能用手锤直接敲打电动机的任何部位，只能用紫铜棒在垫好木块后再敲击。

(5) 抽出转子或安装转子时动作要小心。一边送一边接，不可擦伤定子绕组。

(6) 清洗轴承时，一定要将陈旧的润滑脂排出洗净，再适量加入牌号合适的新润滑脂。

(7) 电动机装配后，要检查转子转动是否灵活，有无卡阻现象。

(8) 电动机试车前，应做绝缘检查并有指导教师在现场。

**五、工具及仪表**（表 5-1-3）

**表 5-1-3　工具及仪表**

| 序　号 | 名　称 | 数　量 |
|---|---|---|
| 1 | 三相异步电动机 | 1台 |
| 2 | 拉具 | 1套 |
| 3 | 活络扳手 | 1把 |
| 4 | 呆扳手或套筒扳手 | 若干 |
| 5 | 紫铜棒 | 1根 |
| 6 | 小盒(或纸盒) | 1个 |
| 7 | 手锤 | 1把 |
| 8 | 油盒 | 1只 |
| 9 | 刷子 | 1把 |
| 10 | 煤油和钠基润滑脂 | 若干 |

## 任务巩固

5-1　三相异步电动机的旋转磁场是如何产生的？同步转速 $n_1$ 与哪些因素有关？

5-2　三相异步电动机转子转动方向与旋转磁场转向是否一致？为什么转子转速 $n$ 与同步转速 $n_1$ 必须保持异步关系？转子的转速能高于同步转速 $n_1$ 吗？

5-3　怎样才能使三相异步电动机反转？

5-4　三相异步电动机拖动额定负载运行时，若电源电压下降过多，会产生什么后果？

5-5　为什么三相异步电动机不在最大转矩 $T_m$ 处或接近最大转矩处运行？

5-6　为什么异步电动机启动电流大而启动转矩并不大？

5-7　同一台三相异步电动机在空载或满载下启动，启动电流和启动转矩大小是否一样？启动过程是否一样快？

5-8　绕线转子电动机采用转子串联电阻启动时，所串联的电阻越大，启动转矩是否也越大？

5-9　电动机的额定功率是指输出机械功率，还是输入电功率？额定电压是指线电压，还是相电压？额定电流是指定子绕组的线电流，还是相电流？

5-10　在电源电压不变的情况下，如果电动机的三角形连接误接成星形连接，或者星形连接误接成三角形连接，其后果如何？

# 任务六　稳压电路的组装与测试

## 任务描述

在日常生产和生活中，除了大量应用交流电以外，某些场合，如电解、电镀、电池充电和直流电动机的驱动等，必须用直流电源供电。此外，在电子设备、通信和计算机控制系统中还需要用到电压非常稳定的直流电源。在这些直流电源中，除了我们常见的各种电池以外，其余大部分都是通过整流电路将电力网的交流电变换成直流电，再经过滤波电路和稳压电路而得到的，整流电路中的主要元件就是半导体二极管。

常用小功率设备稳压电源有稳压管稳压电路、线性稳压电路以及开关型稳压电路三种类型。按其组成的电路结构可分为并联型直流稳压电源以及串联型直流稳压电源。无论哪种直流稳压电源都是由电源变压器、整流电路、滤波电路、稳压电路等部分组成的，本任务中我们将通过示波器与数字万用表测试桥式整流电路、电容滤波电路、并联稳压电路和集成稳压电路，达到学会测试方法并进一步理解各电路原理的目的。最后完成稳压管并联型稳压电源的设计制作。

## 能力目标

(1) 能确定和识别电子产品的电子元器件；

(2) 绘制电子元件布置图、原理草图；

(3) 利用仪器、仪表对元器件进行检测、筛选；

(4) 能对产品的故障进行分析判断，并排除故障。

## 相关知识

(1) PN 结的形成；

(2) PN 结为什么具有单向导电性；

(3) 二极管的结构、原理、特性和参数；

(4) 二极管的应用；

(5) 整流电路、滤波电路和稳压电路的工作原理；

(6) 手工焊接技术与工艺。

## 分任务一　二极管的识别

### 一、半导体的基础知识

#### 1. 导体、绝缘体和半导体

物质按导电性能可分为导体、绝缘体和半导体。物质的导电特性取决于原子结构。

（1）导体　导体一般为低价元素，如铜、铁、铝等金属，其最外层电子受原子核的束缚力很小，因而极易挣脱原子核的束缚成为自由电子。因此在外电场作用下，这些电子产生定向运动（称为漂移运动）形成电流，呈现出较好的导电特性。

（2）绝缘体　一般为高价元素（如惰性气体）和高分子物质（如橡胶，塑料），最外层电子受原子核的束缚力很强，极不易摆脱原子核的束缚成为自由电子，所以其导电性极差，可作为绝缘材料。

（3）半导体　半导体的最外层电子数一般为 4 个，既不像导体那样极易摆脱原子核的束缚，成为自由电子，也不像绝缘体那样被原子核束缚得那么紧，因此半导体的导电特性介于两者之间。常用的半导体材料有硅、锗、硒等。

**2. 半导体的独特性能**

日常生活中接触到的金、银、铜、铝等金属都是良好的导体，它们的电导率在 $10^5$S/cm 量级；而像塑料、云母、陶瓷等几乎不导电的物质称为绝缘体，它们的电导率在 $10^{-22}$～$10^{-14}$S/cm 量级；导电能力介于导体和绝缘体之间的物质称为半导体，它们的电导率在 $10^{-9}$～$10^2$S/cm 量级。

半导体的应用极其广泛，这是由以下的独特性能决定的：

（1）通过掺入杂质可明显地改变半导体的电导率。例如，室温 30℃时，在纯净锗中掺入一亿分之一的杂质（称掺杂），其电导率就会增加几百倍。

（2）温度可明显地改变半导体的电导率。利用这种热敏效应可制成热敏器件，但另一方面，热敏效应使半导体的热稳定性下降。因此，在半导体构成的电路中常采用温度补偿及稳定参数等措施。

（3）光照不仅可改变半导体的电导率，还可以产生电动势，这就是半导体的光电效应。利用光电效应可制成光敏电阻、光电晶体管、光电耦合器和光电池等。光电池已在空间技术中得到广泛的应用，为人类利用太阳能提供了广阔的前景。

**3. 本征半导体**

常用的半导体材料是硅和锗，它们都是四价元素，在原子结构中最外层轨道上有四个价电子。把硅或锗材料制成单晶体时，相邻两个原子的一对最外层电子（价电子）成为共有电子，它们一方面围绕自身的原子核运动，另一方面又出现在相邻原子所属的轨道上。即价电子不仅受到自身原子核的作用，同时还受到相邻原子核的吸引。于是，两个相邻的原子共有一对价电子，组成共价键结构。这种纯净晶体结构的半导体材料称为本征半导体。晶体中，每个原子都和周围的 4 个原子以共价键的形式互相紧密地联系起来，如图 6-1-1 所示。

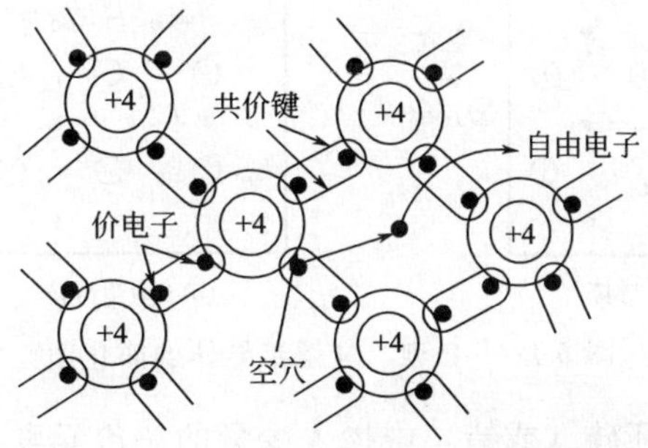


图 6-1-1　硅或锗的共价键的结构示意图

从共价键晶体结构来看，每个原子外层都具有 8 个价电子。但价电子是相邻原子共用的，所以稳定性并不像绝缘体那样好。受光照或温度上升的影响，共价键中价电子的热运动加剧，一些价电子会挣脱原子核的束缚游离到空间成为自由电子。游离走的价电子原位上留下一个不能移动的空位，叫空穴。

由于热激发而在晶体中出现“电子-空穴”对的现象称为本征激发。

本征激发的结果，造成了半导体内部自由电子载流子运动的产生，由此本征半导体的电中性被破坏，使失掉电子的原子变成带正电荷的离子。由于共价键是定域的，这些带正电的离子不会移动，即不能参与导电，成为晶体中固定不动的带正电离子。受光照或温度上升影响，共价键中其他一些价电子直接跳进空穴，使失电子的原子重新恢复电中性。价电子填补空穴的现象称为复合。

参与复合的价电子又会留下一个新的空位，而这个新的空穴仍会被从邻近共价键中跳出来的价电子填补上，这种价电子填补空穴的复合运动使本征半导体中又形成一种不同于本征激发下的电荷迁移，为区别于本征激发下自由电子载流子的运动，我们把价电子填补空穴的复合运动称为空穴载流子运动。

自由电子载流子运动可以形容为没有座位的人的移动；空穴载流子运动则可形容为有座位的人依次向前挪动座位的运动。半导体内部的这两种运动总是共存的，且在一定温度下达到动态平衡。一般情况下，本征半导体中的载流子浓度很小，其导电能力较弱，且受温度影响很大，不稳定，因此其用途还是很有限的。

**4. 杂质半导体**

在本征半导体中，有选择地掺入少量其他元素，会使其导电性能发生显著变化。这些少量元素统称为杂质。掺入杂质的半导体称为杂质半导体，根据掺入的杂质不同，有 N 型半导体和 P 型半导体两种。

(1) N 型半导体　在本征半导体中，掺入微量 5 价元素，如磷、锑、砷等，则原来晶格中的某些硅（锗）原子被杂质原子代替。由于杂质原子的最外层有 5 个价电子，因此它与周围 4 个硅（锗）原子组成共价键时，还多余 1 个价电子。价电子不受共价键的束缚，而只受自身原子核的束缚，因此，它只要得到较少的能量就能成为自由电子，并留下带正电的杂质离子，杂质离子不能参与导电。显然，这种杂质半导体中电子浓度远远大于空穴的浓度，主要靠电子导电，所以称为N型半导体或电子型半导体。由于5价杂质原子可提供自由电子，故称为施主杂质。N 型半导体中，自由电子称为多数载流子，空穴称为少数载流子，如图 6-1-2(a) 所示。

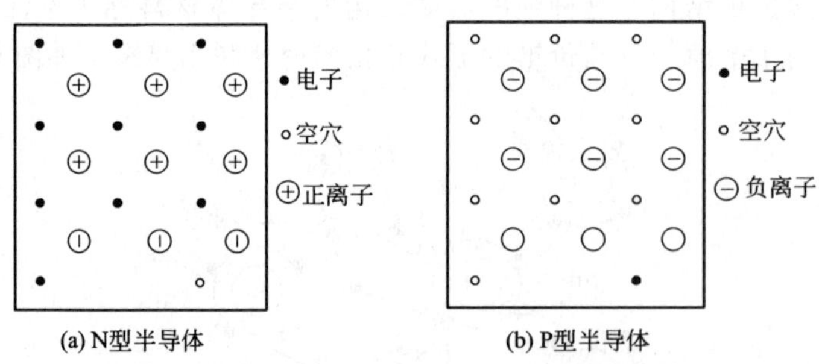


图 6-1-2　P 型、N 型半导体的简化图

(2) P 型半导体　在本征硅（或锗）中掺入少量的三价元素，如硼、铝、铟等，就得到 P 型半导体。这时杂质原子替代了晶格中的某些硅原子，它的三个价电子和相邻的四个硅原子组成共价键时，只有三个共价键是完整的，第四个共价键因缺少一个价电子而出现一个空

穴。当相邻共价键上的电子受到热振动或在其他激发条件下获得能量时，就有可能填补这个空穴，使硼或其他原子得到电子而成为不能移动的负离子；而原来的硅原子共价键则因缺少一个电子，出现一个空穴。于是半导体中的空穴数目大量增加。空穴成为多数载流子，而自由电子则成为少数载流子。其空穴的浓度远远大于自由电子的浓度，因此称为空穴型半导体，也叫做P型半导体，如图6-1-2(b)所示。

**5. PN结**

P型和N型半导体并不能直接用来制造半导体器件。通常是在N型或P型半导体的局部再掺入浓度较大的三价或五价杂质，用专门的制造工艺在同一块半导体晶片上，在一侧形成P型半导体区，另一侧形成N型半导体区，在这两个区的交界处就形成了一个PN结。

外加不同极性的电压时，PN结的导电能力相差极为悬殊。

给PN结加正向偏置电压，即P区接电源正极，N区接电源负极，此时称PN结为正向偏置（简称正偏）。由于外加电源产生的外电场方向与PN结产生的内电场方向相反，削弱了内电场，使PN结变薄，有利于两区多数载流子向对方扩散，形成正向电流，此时PN结处于正向导通状态，如图6-1-3(a)所示。

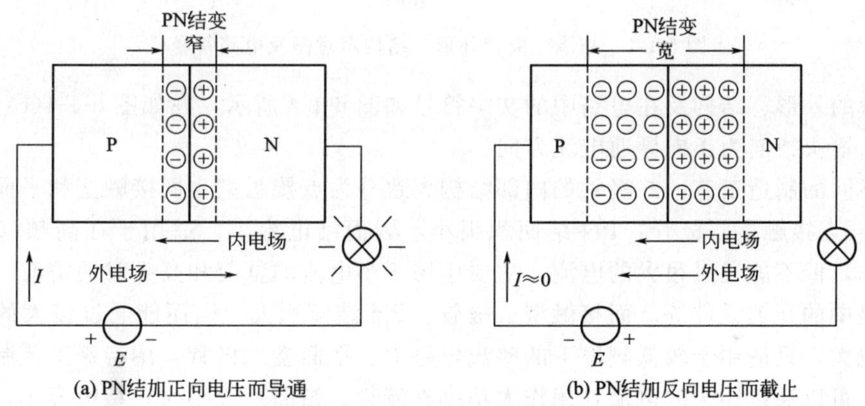

(a) PN结加正向电压而导通　(b) PN结加反向电压而截止

图6-1-3　PN结及单向导电性

给PN结加反向偏置电压，即N区接电源正极，P区接电源负极，称PN结反向偏置（简称反偏）。由于外加电场与内电场的方向一致，因而加强了内电场，使PN结加宽，阻碍了多子的扩散运动。在外电场的作用下，只有少数载流子形成的很微弱的电流，称为反向电流，如图6-1-3(b)所示。少数载流子是由于热激发产生的，因而PN结的反向电流受温度影响很大。由于数量极少，反向电流 $I_{反}$ 一般情况下可忽略不计，此时称PN结处于截止状态。

**6. PN结的击穿特性**

当加于PN结的反向电压增大到一定值时，反向电流会急剧增大，这种现象称为PN结击穿。PN结发生反向击穿的机理可以分为以下两种。

(1) 雪崩击穿　在轻掺杂的PN结中，当外加反向电压时，耗尽区较宽，少子漂移通过耗尽区时被加速，动能增大。当反向电压大到一定值时，在耗尽区内被加速而获得高能的少子，会与中性原子的价电子相碰撞，将其撞出共价键，产生电子、空穴对。新产生的电子、空穴被强电场加速后，又会撞出新的电子、空穴对。这种击穿称为雪崩击穿。

(2) 齐纳击穿　在重掺杂的PN结中，耗尽区很窄，所以不大的反向电压就能在耗尽区内形成很强的电场。当反向电压大到一定值时，强电场足以将耗尽区内中性原子的价电子直接拉出共价键，产生大量电子、空穴对，使反向电流急剧增大。这种击穿称为齐纳击穿。

齐纳击穿和雪崩击穿都不会造成二极管的永久性损坏。

## 二、半导体二极管

### 1. 二极管的基本结构与类型

把 PN 结用管壳封装，然后在 P 区和 N 区分别向外引出一个电极，即可构成一个二极管，如图 6-1-4(b) 所示。二极管是电子技术中最基本的半导体器件之一。

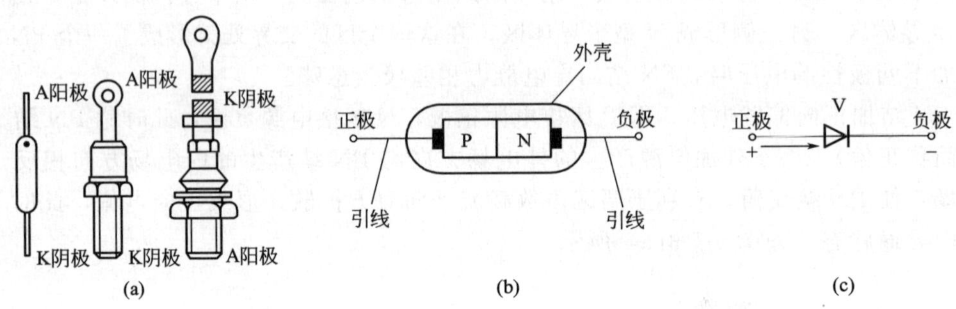


图 6-1-4 晶体二极管外形、结构示意图及电路符号

二极管的外形、结构及在电路中的文字符号如图 6-1-4 所示，在如图 6-1-4(c) 所示的电路符号中，箭头指向为正向导通电流方向。

根据不同的制造工艺，二极管的内部结构大致分为点接触型、面接触型和平面型，如图 6-1-5 所示。点接触型二极管：PN 结面积很小，因而结电容小，适用于在高频（几百兆赫兹）下工作，但不能通过很大的电流。主要应用于小电流的整流和高频时的检波、混频及脉冲数字电路中的开关元件等。面接触型二极管：PN 结面积大，因而能通过较大的电流，但其结电容也大，只适用于较低频率下的整流电路中。平面型二极管：用特殊工艺制成，结面积较大时，可以通过很大的电流，用作大功率整流管。结面积较小时，结电容小，适用于高频率或高整流开关管及数字电路。

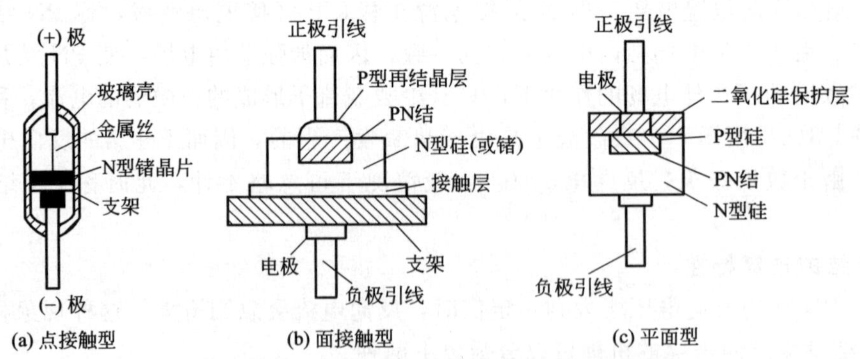


图 6-1-5 三种不同类型二极管结构示意图

根据制作材料分类，二极管主要有锗二极管和硅二极管。锗二极管：内部多为点接触型，允许的工作温度较低，只能在 100℃以下工作；硅二极管：内部多为面接触型或平面型，允许的工作温度较高，有的高达 150～200℃。

根据用途分类，电工设备中较常用的二极管有 4 类。普通二极管：用于设备型号检测、取样、小电流整流等。整流二极管：广泛使用在各种电源设备中做不同功率的整流。开关二极管：用于数字电路和控制电路中。稳压二极管：用于各种稳压电源和晶闸管电路中。

**2. 二极管的伏安特性**

半导体二极管的核心是PN结，它的特性就是PN结的特性——单向导电性。常利用伏安特性曲线来形象地描述二极管的单向导电性。

若以电压为横坐标，电流为纵坐标，用作图法把电压、电流的对应值用平滑的曲线连接起来，就构成了二极管的伏安特性曲线，如图6-1-6所示（图中虚线为锗管的伏安特性，实线为硅管的伏安特性）。

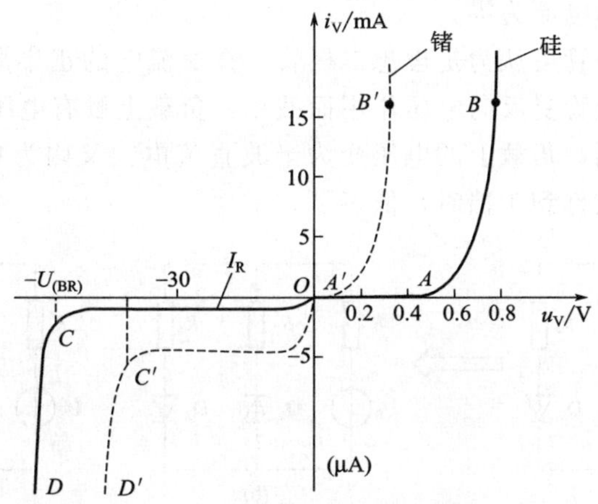


图6-1-6　二极管的伏安特性曲线

（1）正向特性　二极管两端加正向电压时，就产生正向电流，当正向电压较小时，正向电流极小（几乎为零），这一部分称为死区，相应的点$A(A')$的电压称为死区电压或门槛电压（也称阈值电压），硅管约为0.5V，锗管约为0.1V，如图6-1-6中$OA(OA')$段所示。

当正向电压超过门槛电压时，正向电流就会急剧地增大，二极管呈现很小的电阻并处于导通状态。这时硅管的正向导通压降为0.6～0.7V，锗管为0.2～0.3V，如图6-1-6中$AB(A'B')$段所示。

二极管正向导通时，要特别注意它的正向电流不能超过最大值，否则将烧坏PN结。

（2）反向特性　二极管两端加上反向电压时，在开始的很大范围内，二极管相当于非常大的电阻，反向电流很小，且不随反向电压而变化。此时的电流称为反向饱和电流$I_R$，见图6-1-6中$OC(OC')$段。

（3）反向击穿特性　二极管反向电压加到一定数值时，反向电流急剧增大，这种现象称为反向击穿。此时对应的电压称为反向击穿电压，用$U_{BR}$表示，如图6-1-6中$CD(C'D')$段所示 。

（4）温度对特性的影响　由于二极管的核心是一个PN结，它的导电性能与温度有关，温度升高时二极管正向特性曲线向左移动，正向压降减小；反向特性曲线向下移动，反向电流增大。

**【例题6-1】**　图6-1-7(a)是电暖气调温电路，请分析开关打到2挡时负载的电压波形。

**解**　工程实践中，当二极管的正向压降远小于和它串联的电压，反向电流远小于和它并联的电流时，认为二极管是理想的。所谓理想二极管，即正向导通时死区电压和导通压降均

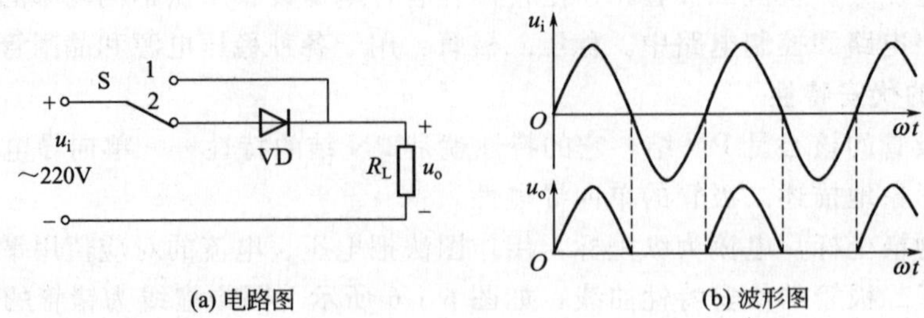

(a) 电路图　　(b) 波形图

图 6-1-7　整流调压电路

为零；反向截止时，反向电流为零。

本例题电路中，二极管可认为是理想二极管，在交流电的正半周，VD 导通，电压加在负载上；在负半周，二极管受反向电压作用而截止，负载上没有电压。由图 6-1-7(b) 可见，因二极管的“整流”作用，负载上的电压变为半波直流电。又因为负载电压只有半个波形，负载发热量比全波（开关打到 1 挡时）低多了。

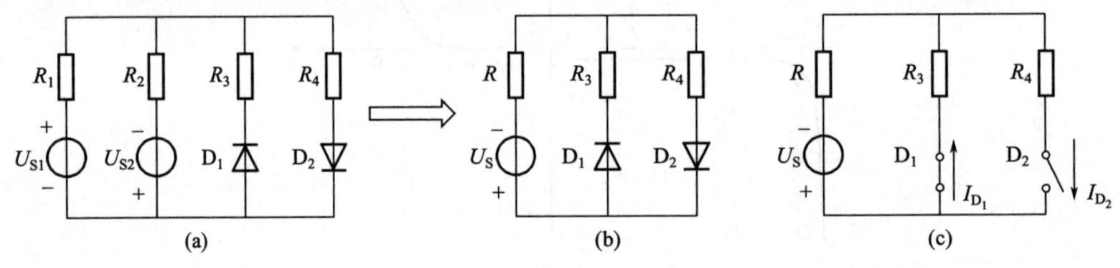

图 6-1-8　例题 6-2 电路图

**【例题 6-2】** 在如图 6-1-8(a) 所示的电路中，已知二极管正向导通电压 $U_D=0.7V$，$U_{S1}=5V$，$U_{S2}=10V$，$R_1=R_2=10k\Omega$，$R_3=R_4=5k\Omega$，试判断二极管是导通还是截止，并求流过二极管的电流。

**解** 二极管是非线性元件，不能用叠加原理进行分析计算，先用电源等效变换法将图 6-1-8(a) 等效变换为图 6-1-8(b)，再根据电源的极性判断二极管是否导通。

$$R=R_1 /\!/ R_2=5k\Omega$$

$$U_S=\left(\frac{U_{S2}}{R_2}-\frac{U_{S1}}{R_1}\right)R=\left(\frac{10}{10}-\frac{5}{10}\right)\times 5=2.5\ (V)$$

在电源作用下，二极管 $D_1$ 承受的是正向电压，$D_1$ 导通；$D_2$ 承受的是反向电压，$D_2$ 截止。二极管正向导通时相当于开关闭合，其电压降为 0.7V，反向截止时通过的电流为零（其电阻为无穷大），相当于开关断开，如图 6-1-8(c) 所示，其流过二极管的电流分别为

$$I_{D_2}=0$$

$$I_{D_1}=\frac{U_S-U_D}{R+R_3}=\frac{2.5-0.7}{5+5}=0.18\ (mA)$$

**3. 二极管的主要参数**

器件参数是定量描述器件性能质量和安全工作范围的重要数据，是我们合理选择和正确使用器件的依据。参数一般可以从产品手册中查到，也可以通过直接测量得到。下面介绍晶体二极管的主要参数及其意义。

(1) 最大整流电流 $I_{FM}$　它是二极管允许通过的最大正向平均电流。工作时应使平均工作电流小于 $I_{FM}$，如超过 $I_{FM}$，二极管将过热而烧毁。此值取决于 PN 结的面积、材料和散热情况。

(2) 最大反向工作电压 $U_{RM}$　这是二极管允许的最大工作电压。当反向电压超过此值时，二极管可能被击穿。为了留有余地，通常取击穿电压的一半作为 $U_R$。

(3) 反向电流 $I_R$　指二极管未击穿时的反向电流值。此值越小，二极管的单向导电性越好。由于反向电流是由少数载流子形成的，所以 $I_R$ 的值受温度影响很大。

(4) 最高工作频率 $f_M$　$f_M$ 的值主要取决于 PN 结结电容的大小，结电容越大，二极管允许的最高工作频率就越低。

**4. 二极管极性的识别与应用**

(1) 二极管极性的识别　通常在二极管的外壳上标有型号和标记，标记有三角形箭头、色点、色环三种，如图 6-1-9 所示。箭头指向为阳极（正极）到阴极（负极）；塑料二极管有色环标志的一端为阴极；在点接触二极管的外壳上，通常标有色点（白色或红色）。除少数二极管（如 2AP9、2AP10 等）外，一般标记色点的这端为阳极。

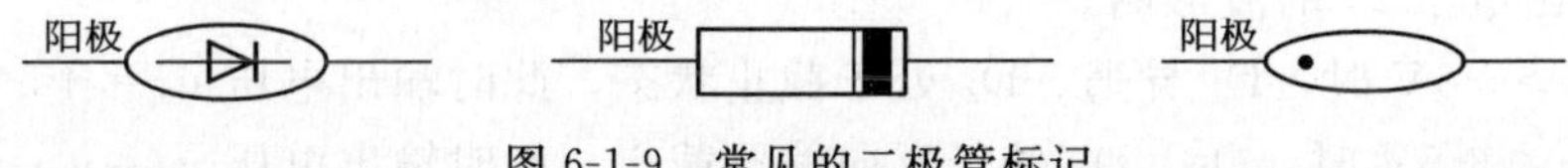


图 6-1-9　常见的二极管标记

对于点接触型玻璃外壳二极管，如果标记已磨掉，就可将外壳上的漆层（黑色或白色）轻轻刮掉一点，透过玻璃看哪头是金属触针，哪头是 N 型锗片。有金属触针的那头就是正极。

除了外观识别，还可以利用二极管的单向导电性用万用表检测二极管极性。

(2) 二极管的应用　二极管的应用范围很广，主要都是利用它的单方向导电性能，其典型的应用如图 6-1-10 所示。

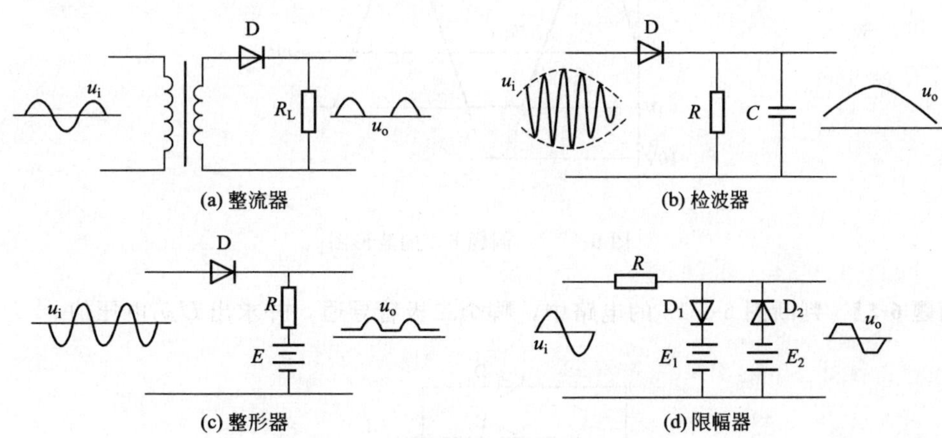


图 6-1-10　半导体二极管的典型应用

**【例题 6-3】** 在图 6-1-10(c) 电路中，$E=5V$，$u_i=10\sin\omega t V$，忽略二极管的正向压降，试画出电压 $u_o$ 的波形图。

**解**　当 $u_i \leqslant 5V$ 时，二极管 D 截止，$u_o=E=5V$；

当 $u_i > 5V$ 时，二极管 D 导通，$u=u_i$。

输出电压 $u_o$ 的波形图如图 6-1-11 所示。通过此例说明，利用整形器可以在输出端得到预期的波形。

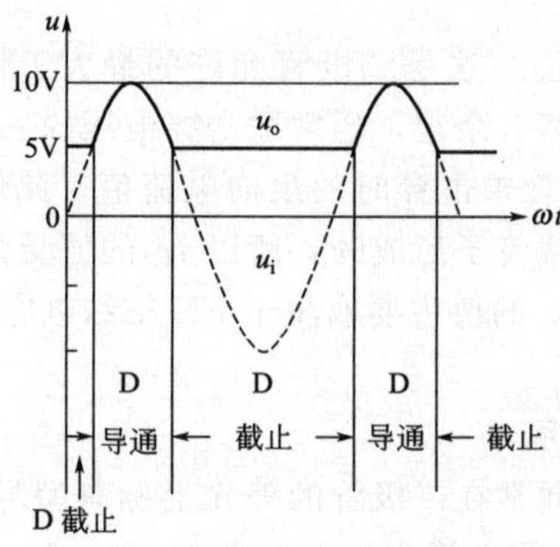


图 6-1-11 例题 6-3 的波形图

**【例题 6-4】** 在图 6-1-10(d) 电路中，$E_1=E_2=5\text{V}$，$u_i=10\sin\omega t\text{V}$，若忽略二极管的正向压降，试画出电压 $u_o$ 的波形图。

**解** 当 $u_i>+5\text{V}$ 时，$D_1$ 导通、$D_2$ 处于截止状态，此时输出电压 $u_o=+5\text{V}$；

当 $-5<u_i<+5\text{V}$ 时，$D_1$、$D_2$ 处于反向偏置截止，此时输出电压 $u_o=u_i$；

当 $u_i<-5\text{V}$ 时，$D_2$ 导通、$D_1$ 处于截止状态，此时输出电压 $u_o=-5\text{V}$。

输出电压 $u_o$ 的波形图表示在图 6-1-12 中。由图可知，输入电压 $u$ 正负半周的幅值受到限制，使输出电压 $u_o$ 近似于梯形波，这就是限幅器的作用。

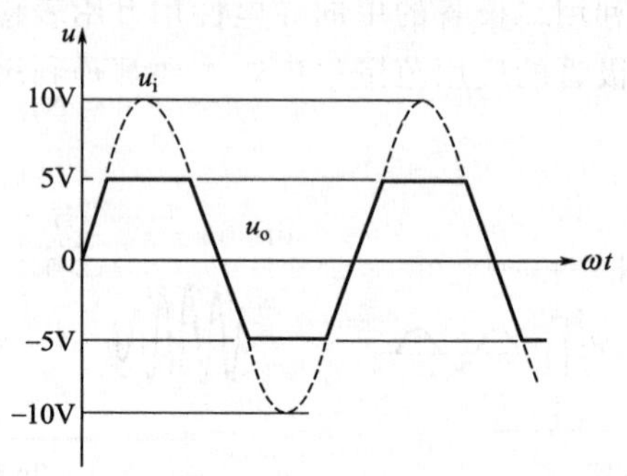


图 6-1-12 例题 6-4 的波形图

**【例题 6-5】** 判断图 6-1-13 的电路中，哪个二极管导通，并求出 $U_{AO}$ 电压值。

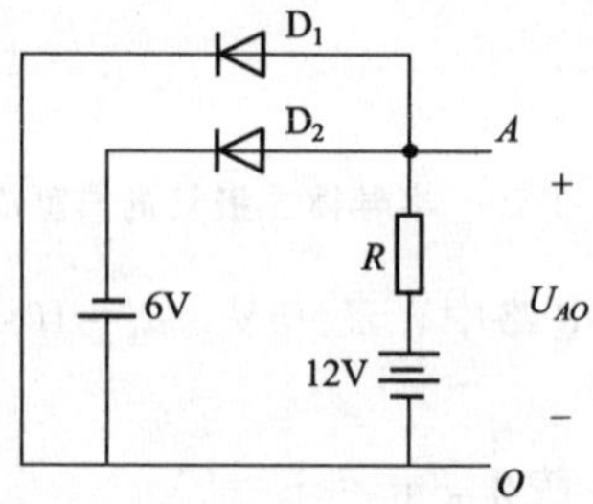


图 6-1-13 例题 6-5 电路图

**解**　两个二极管阳极连接在一起，在电路中其阳极电位是相同的。因此两二极管中，阴极电位最低的那只管子导通。显然 $D_2$ 管导通，并使 $AO$ 两端电压箝位于－6V。$D_1$ 管上加的是－6V，所以 $D_1$ 管截止。

图 6-1-14 是直流稳压电源的组成框图，它表示把交流电变换为稳定的直流电的过程，图中各环节的功能如下。

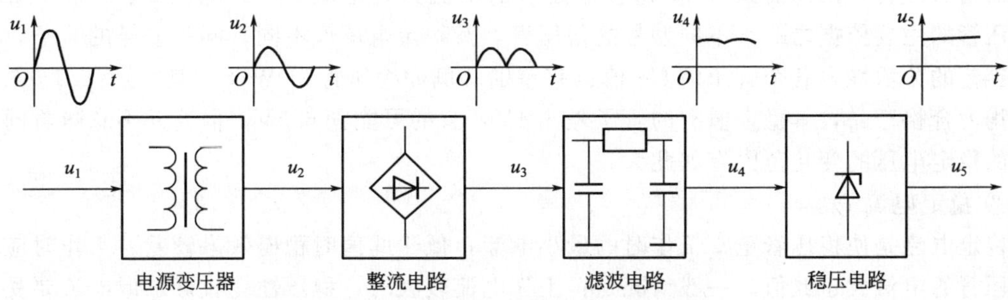


图 6-1-14　直流稳压电源组成框图

(1) 电源变压器将交流电源电压变换为符合整流需要的电压。

(2) 整流电路将交流电压变换为脉动直流电压。

(3) 滤波电路减小整流电压的脉动程度，以适合负载的需要。

(4) 稳压电路在电网电压波动或负载变动时，使直流输出电压稳定。如果电路对直流电压的稳定程度要求较低，稳压电路也可以不要。

其中变压器我们在任务 4 变压器的同名端测定及性能测试中已经学习了，整流电路、滤波电路和稳压电路我们将在本任务的其他相关知识链接中学习。

## 三、特殊二极管

### 1. 稳压管

稳压管是由硅材料制成的特殊面接触型二极管，与普通二极管不同的是，稳压管的正常工作区域是 PN 结的反向齐纳击穿区，故而也称为齐纳二极管。

(1) 稳压管的工作特性。

稳压二极管简称稳压管，它的特性曲线和符号如图 6-1-15 所示。

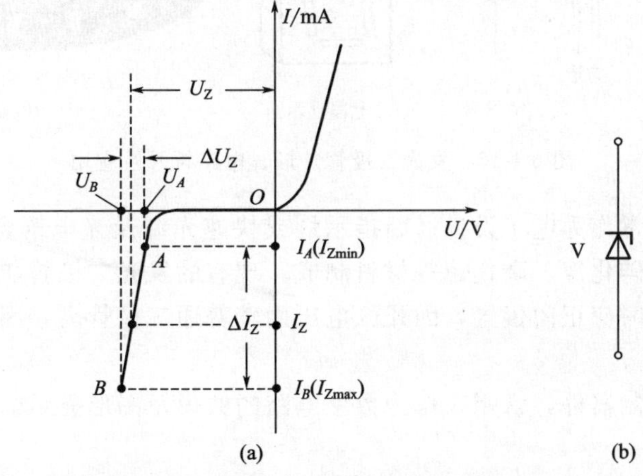


图 6-1-15　稳压二极管的特性曲线和符号

显然稳压管的伏安特性曲线比普通二极管的更加陡峭。稳压二极管的反向电压几乎不随反向电流的变化而变化、这就是稳压二极管的显著特性。

（2）稳压二极管的主要参数。

① 稳定电压 $U_Z$。

稳定电压是稳压管工作在反向击穿区时的稳定工作电压。由于稳定电压随着工作电流的不同而略有变化，因而测试 $U_Z$ 时应使稳压管的电流为规定值。稳定电压 $U_Z$ 是根据要求挑选稳压管的主要依据之一。不同型号的稳压管，其稳定电压值不同。同一型号的管子，由于制造工艺的分散性，各个管子的 $U_Z$ 值也有差别。例如稳压管 2DW7C，其 $U_Z=6.1\sim6.5V$，表明均为合格产品，其稳定值有的管子是 6.1V，有的可能是 6.5V，但这并不意味着同一根管子的稳定电压的变化范围有如此大。

② 稳定电流 $I_Z$。

稳定电流是使稳压管正常工作时的最小电流，低于此值时稳压效果较差。工作时应使流过稳压管的电流大于此值。一般情况是：工作电流较大时，稳压性能较好。但电流要受管子功耗的限制，即 $I_{ZMax}=P_{ZM}/U_Z$。

③ 耗散功率 $P_{ZM}$。

由于稳压管两端的电压值为 $U_Z$，而管子中又流过一定的电流，因此要消耗一定的功率。这部分功耗转化为热能，会使稳压管发热。$P_{ZM}$取决于稳压管允许的温升。

④ 动态电阻 $r_Z$。

$r_Z$ 是稳压二极管在击穿状态下，两端电压变化量与其电流变化量的比值。反映在特性曲线上，是工作点处切线斜率的倒数。$r_Z$ 随工作电流的增大而减小。$r_Z$ 的数值一般为几欧姆到几十欧姆。

**2. 发光二极管**

发光二极管与普通二极管一样，也是由 PN 结构成的，同样具有单向导电性，但在正向导通时能发光，所以它是一种把电能转换成光能的半导体器件，如图 6-1-16 所示。当发光二极管正偏时，注入到 N 区和 P 区的载流子复合时，会发出可见光和不可见光。

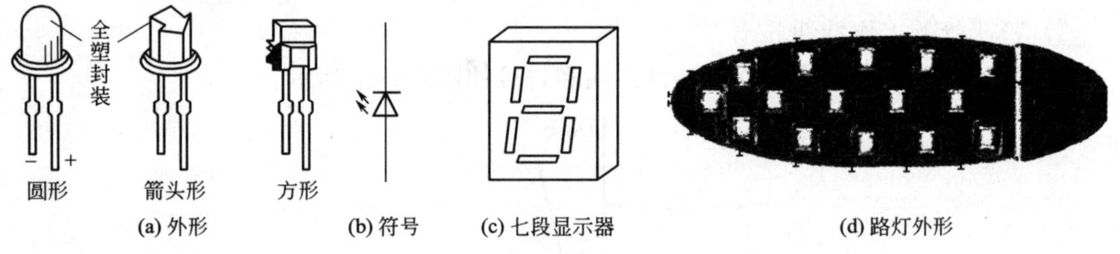


图 6-1-16 发光二极管外形、电路符号及应用

单个发光二极管常作为电子设备通断指示灯或快速光源及光电耦合器中的发光元件等。发光二极管一般使用砷化镓、磷化镓等材料制成。现有的发光二极管能发出红黄绿等颜色的光。发光管正常工作时应正向偏置，因死区电压而较普通二极管高，因此其正偏工作电压一般在 1.3V 以上。

发光管属功率控制器件，常用来作为数字电路的数码及图形显示的七段式或阵列器件。

**3. 光电二极管**

光电二极管也称光敏二极管，是将光信号变成电信号的半导体器件，其核心部分也是一个 PN 结。光电二极管 PN 结的结面积较小、结深很浅，一般小于 1μm。

光电二极管工作在反偏状态，它的管壳上有一个玻璃窗口，以便接受光照，如图 6-1-17 所示。无光照时，反向电流很小，称为暗电流；有光照射时，携带能量的光子进入 PN 结后，把能量传给共价键上的束缚电子，使部分价电子挣脱共价键的束缚，产生“电子—空穴”对，称为光生载流子。光生载流子在反向电压的作用下形成反向光电流，其强度与光照强度成正比。

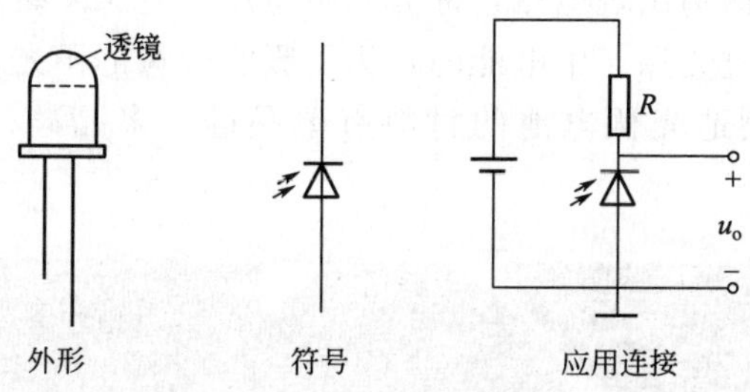


图 6-1-17　光电二极管外形、电路符号及应用连接

光电二极管的检测方法和普通二极管的一样，通常正向电阻为几千欧，反向电阻为无穷大，否则光电二极管质量将变差或损坏。当受到光线照射时，反向电阻显著变化，正向电阻不变。

**4. 发光二极管和光电二极管的应用**

(1) 光电耦合器。

将一个红外发光二极管和一个光电二极管封装在一个外壳内，就构成了一个光电耦合器，如图 6-1-18 所示。当发光二极管中通入电流时，通过光耦合，在光电二极管中就产生反向电流。光电耦合器最大的优点是隔断了输入和输出端电的联系，广泛应用于计算机、数控机床、稳压电源等需要进行电隔离的电子电路中。

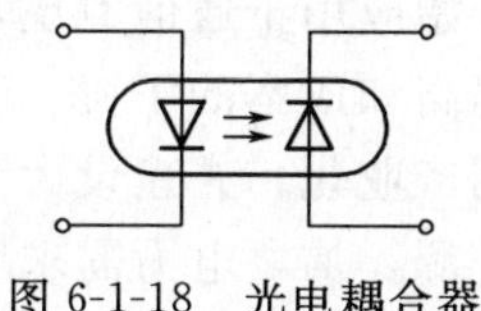

图 6-1-18　光电耦合器

(2) 在光缆传输中的应用。

光纤是目前微波信号理想的传输媒质，广播、通信、因特网等信号都采用光纤传输。如图 6-1-19 所示为信号的传输原理。由一只红外发光二极管将电信号转变为光信号输入光缆，在光缆的另一端再将光信号传送给光电二极管，由光电二极管还原为电信号。

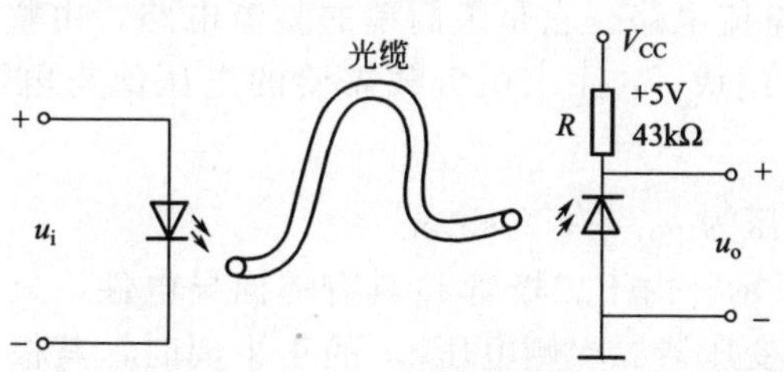


图 6-1-19　光缆传输示意图

(3) 在家用电器中的应用。

家用电器中使用的遥控器就是采用红外发光二极管制成的。遥控器手柄上用红外发光二极管发射信号，接收端用一只红外光电二极管接收。因为是光传递信号，使用时发射器要对准接收端。

**5. 光伏电池**

光伏电池是由半导体材料制成的PN结，当光照射到PN结时，在PN结的两端就会产生光伏效应，即在PN结两边出现电压，称为光生电压。将PN结短路，就会产生电流。光伏电池的PN结因为是通过光照产生电能的，为了吸收大量的阳光，PN结的面积做得较大，如图6-1-20所示。现在制造光伏电池的材料有单晶硅、多晶硅、非晶硅，砷化镓，硒铟铜等。

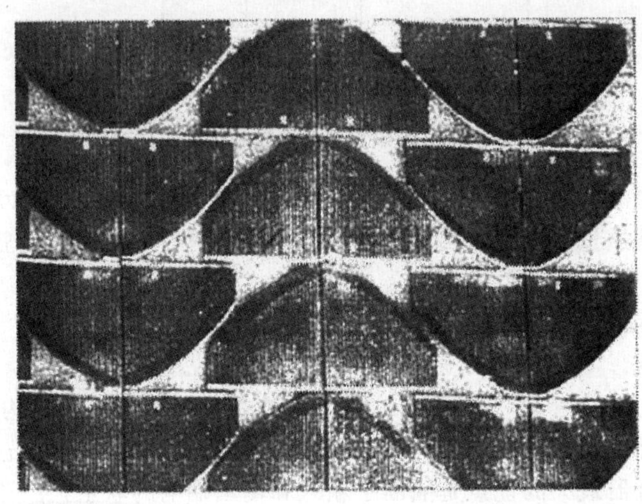

图6-1-20 硅光伏电池晶片

在20世纪60年代，光伏电池开始应用于通信卫星，近年来随着人们对于清洁可再生能源的渴望以及光伏电池制造技术的提高和成本的下降，太阳能光伏发电进入社会应用阶段。世界发达国家已经将光伏发电的应用产业化，并建设大型光伏发电厂。我国为世界最大的光伏电池生产国，我国有着丰富的光资源，加之电力需求增长迅猛，大型太阳能并网发电示范工程已投资建设。

# 分任务二 分析二极管整流电路

## 一、单相半波整流电路

图6-2-1是单相半波整流电路。它是最简单的整流电路，由整流变压器T、整流元件D（二极管）及负载电阻$R_L$组成。（注：在负载需要的电压值与电源能提供的电压值相符合时，变压器也可以不用。）

设变压器二次侧的电压为$u_2=\sqrt{2}U_2\sin\omega t$

波形如图6-2-2(a)所示。由于二极管D具有单向导电性，只有它的阳极电位高于阴极电位时才能导通，所以在变压器二次侧电压$u_2$的正半周时，其极性为上正下负，即$a$点的电位高于$b$点，二极管因承受正向电压而导通。这时负载电阻$R_L$上的电压为$u_o$，通过的电

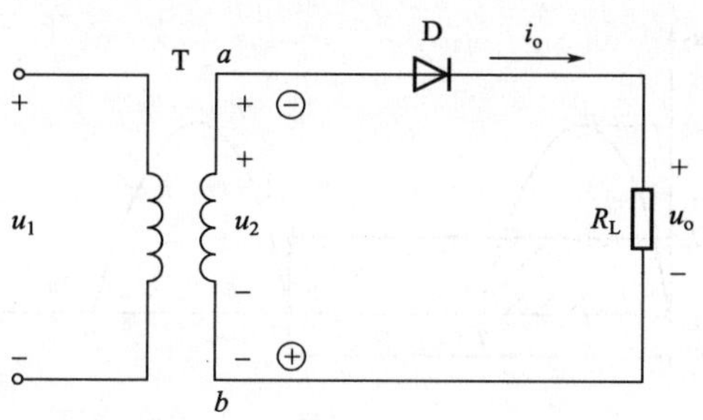


图 6-2-1 单相半波整流电路

流为 $i_o$。在电压 $u_2$ 的负半周时，$a$ 点的电位低于 $b$ 点，二极管因承受反向电压而截止，负载电阻 $R_L$ 上电压为零。因此，在负载电阻 $R_L$ 上得到的是半波电压 $u_o$。二极管导通时正向压降很小，可以忽略不计，因此，可以认为 $u_o$ 这个半波电压和变压器二次侧电压 $u_2$ 的正半波是相同的，如图 6-2-2(b) 所示。负载电阻上得到的整流电压 $u_o$ 是大小变化的单向脉动直流电压，$u_o$ 的大小常用一个周期的平均值来表示，单相半波整流电压的平均值为

$$U_o=\frac{1}{2\pi}\int_0^{\pi}\sqrt{2}U_2\sin\omega t\,\mathrm{d}(\omega t)=\frac{\sqrt{2}U_2}{\pi}=0.45U_2 \tag{6-1}$$

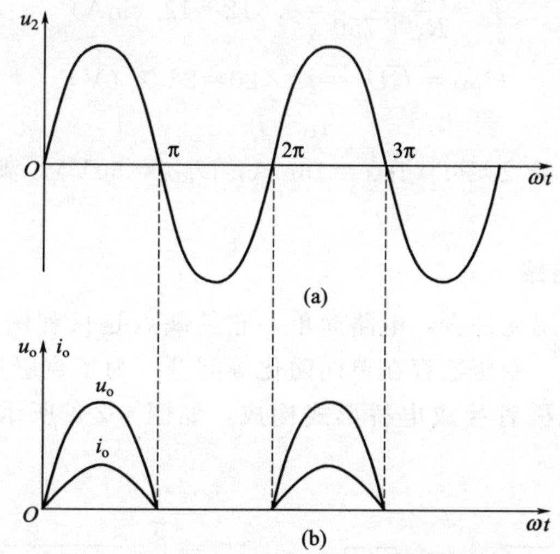


图 6-2-2 单相半波整流电路波形图

从如图 6-2-3 所示的波形来看，如果使半个正弦波与横轴所包围的面积等于一个矩形的面积，矩形的宽度为周期 $T$，则矩形的高度就是这半波的平均值，或者称为半波的直流分量。

式(6-1) 表示整流电压平均值与变压器二次侧交流电压有效值之间的关系。由此可得出流过负载电阻 $R_L$ 的整流电流 $i_o$ 的平均值

$$I_o=\frac{U_o}{R_L}=0.45\frac{U_2}{R_L} \tag{6-2}$$

在交流电压的负半周，二极管截止，$u_2$ 全部加在二极管上，二极管所承受的最高反向电压 $U_{DM}$ 为 $u_2$ 的峰值，即 $U_{DM}=\sqrt{2}U_2$。二极管导通时的电流为负载电流，所以二极管平均电流 $I_D=I_o$。

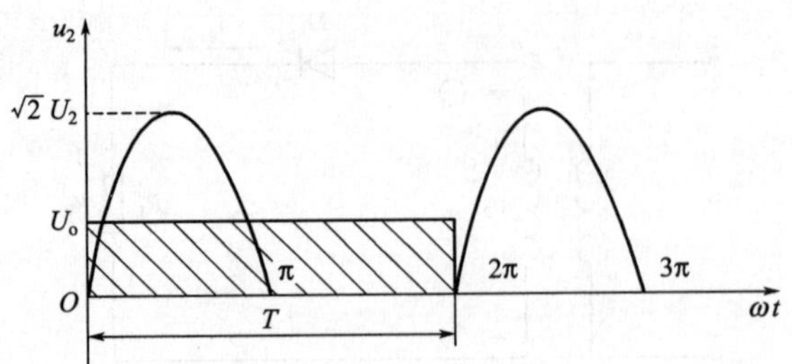


图 6-2-3 半波的直流分量

为了安全地使用二极管，选用二极管必须满足以下原则。

$$I_{FM} \geqslant I_D; \quad U_{RM} \geqslant U_{DM} \tag{6-3}$$

式中 $I_{FM}$为最大整流电流；$U_{RM}$为最高反向工作电压。

**【例题 6-6】** 有一单相半波整流电路接到电压为 220V 的正弦工频交流电源上，如图 6-2-1 所示。已知负载电阻 $R_L = 750\Omega$，变压器二次电压 $U_2 = 20V$，试求 $U_o$、$I_o$及 $U_{DM}$并选用二极管。

**解**

$$U_o = 0.45U_2 = 0.45 \times 20 = 9 \text{ (V)}$$

$$I_o = \frac{U_o}{R_L} = \frac{9}{750} = 0.012 = 12 \text{ (mA)}$$

$$U_{DM} = \sqrt{2}U_2 = \sqrt{2} \times 20 = 28.2 \text{ (V)}$$

$$I_D = I_o$$

查相关手册选用二极管 2AP4（$I_{FM} = 16mA$，$U_{RM} = 50V$），满足式(6-3) 并留有安全余量。

## 二、单相桥式整流电路

单相半波整流电路使用元件少，电路简单，它的缺点是只利用了电源电压的半个周期，整流输出电压的脉动较大，变压器存在单向磁化等问题。为了克服这些缺点，多采用单相桥式整流电路，它由 4 只二极管接成电桥形式构成，如图 6-2-4 所示为桥式整流电路及其简化图。

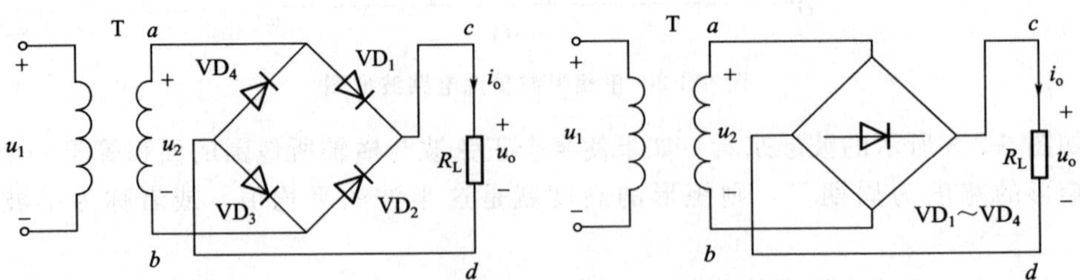


图 6-2-4 单相桥式整流电路

在 $u_2$的正半周，变压器二次绕组输出电压 $u_2$的极性为 $a$ 正 $b$ 负，二极管 $VD_1$、$VD_3$ 导通，$VD_2$、$VD_4$ 截止，如图 6-2-5(a) 所示。从图中可知，电流流向为 $a \rightarrow VD_1 \rightarrow c \rightarrow R_L \rightarrow d \rightarrow VD_3 \rightarrow b$。负载电阻 $R_L$上得到一个半波电压，波形如图 6-2-6(b) 中的 0～π 段所示，实际极性 $c$ 正 $d$ 负。在 $u_2$的负半周，变压器二次绕组输出电压极性为 $a$ 负 $b$ 正，二极管 $VD_2$、$VD_4$ 导通，$VD_1$、$VD_3$ 截止，如图 6-2-6(a) 所示。从图中可知，电流流向为 $b \rightarrow VD_2 \rightarrow c \rightarrow$

$R_L \to d \to VD_4 \to a$。负载电阻 $R_L$ 上得到另一个半波电压，波形如图 6-2-6(b) 中的 $\pi \sim 2\pi$ 段所示，实际极性仍然是 $c$ 正 $d$ 负。

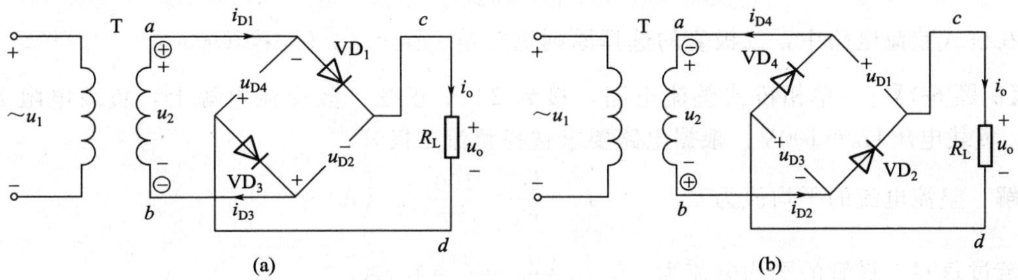

图 6-2-5 单相桥式整流原理

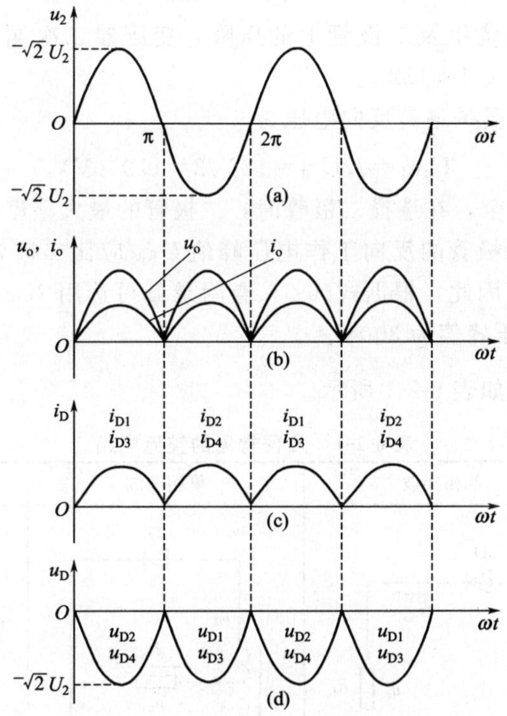

图 6-2-6 单相桥式整流波形图

显然，全波整流电路的整流电压的平均值 $U_o$ 比半波整流增加了一倍，即

$$U_o = 2\frac{\sqrt{2}U_2}{\pi} = 0.9U_2 \tag{6-4}$$

流过负载电阻的电流 $i_o$ 的平均值 $I_o$ 为

$$I_o = \frac{U_o}{R_L} = 0.9\frac{U_2}{R_L} \tag{6-5}$$

在单相桥式整流电路中，每两只二极管串联导通半个周期，在一个周期内负载电阻均有电流流过，且方向相同。而每只二极管流过的电流平均值 $I_D$ 是负载电流 $I_o$ 的一半，即

$$I_D = \frac{1}{2}I_o \tag{6-6}$$

当 $VD_1$、$VD_3$ 两只二极管导通时，就将 $u_2$ 加到了二极管 $VD_2$、$VD_4$ 两端，使这两只二极管因承受反向电压而截止，波形如图 6-2-6(d) 所示，即二极管承受的最高反向电压为

$$U_{DM}=\sqrt{2}U_2 \tag{6-7}$$

在桥式整流电路中，二极管的选择原则仍然是 $I_{FM} \geqslant I_D$，$U_{RM} \geqslant U_{DM}$

**【例题 6-7】** 一单相桥式整流电路，接到 220V 正弦工频交流电源上，负载电阻 $R_L=50\Omega$，负载电压 $U_o=100V$。根据电路要求选择整流二极管。

**解** 整流电流的平均值为 $I_o=\frac{U_o}{R_L}=\frac{100}{50}=2$（A）

流过每只二极管的平均电流为 $I_D=\frac{I_o}{2}=\frac{2}{2}=1$（A）

变压器二次侧电压有效值为 $U_2=\frac{U_o}{0.9}=\frac{100}{0.9}=111$（V）

考虑到变压器二次侧绕组及二极管上的压降，变压器二次侧电压一般应高出（5%～10%）$U_2$，即 $U'_2=111\times1.1\approx122V$。

每只二极管截止时承受的最高反向电压为

$$U_{DM}=\sqrt{2}U'_2=122\sqrt{2}=172 \text{ (V)}$$

为使整流电路工作安全，在选择二极管时，二极管的最大整流电流 $I_{OM}$ 应大于二极管中流过的电流平均值 $I_o$，二极管的反向工作电压峰值 $U_{RM}$ 应比二极管在电路中承受的最高反向电压 $U_{DM}$ 大一倍左右。因此，根据式(6-3) 查附录 B 可选用 2CZ12D 二极管，其最大整流电流为 3A，反向工作电压峰值为 300V。

几种常见的整流电路如表 6-2-1 所示。

**表 6-2-1 几种常见的整流电路**

| 电路名称 | 单相半波 | 单相全波 | 单相桥式 |
| --- | --- | --- | --- |
| 电路 | 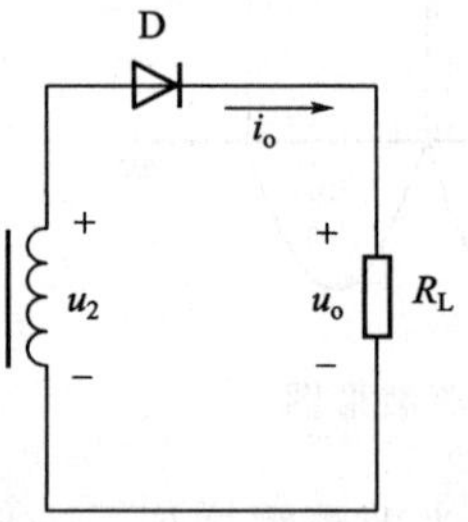 D<br>$i_o$<br>+ $u_2$ −<br>+ $u_o$ − $R_L$ | 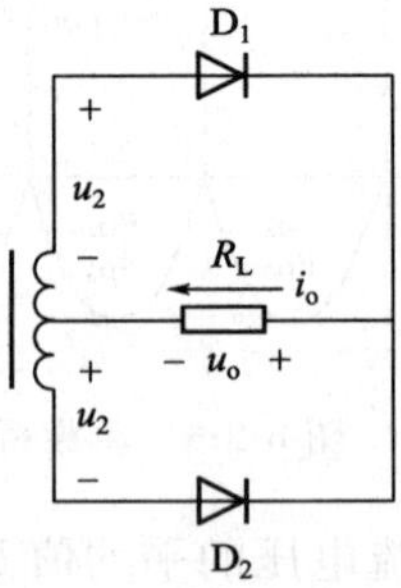 $D_1$<br>+ $u_2$ −<br>$R_L$ $i_o$<br>− $u_o$ +<br>+ $u_2$ −<br>$D_2$ | 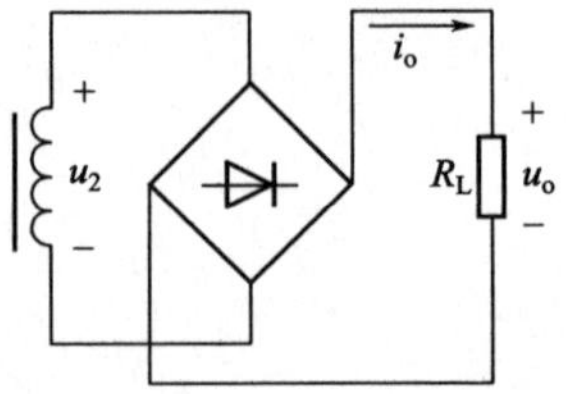 $i_o$<br>+ $u_2$ −<br>$R_L$ + $u_o$ − |
| 整流输出电压波形 | 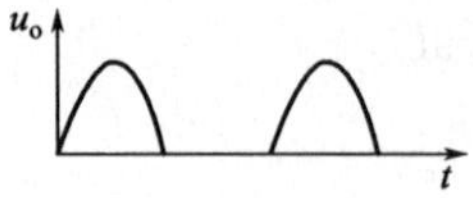 $u_o$ $t$ | 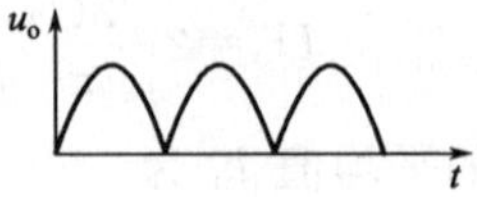 $u_o$ $t$ | 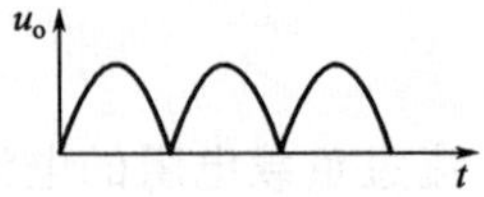 $u_o$ $t$ |
| 整流输出电压平均值 | $0.45U_2$ | $0.9U_2$ | $0.9U_2$ |
| 二极管截止时承受的最高反相电压 | $\sqrt{2}U_2$ | $2\sqrt{2}U_2$ | $\sqrt{2}U_2$ |
| 变压器二次侧电流有效值 | $1.57I_o$ | $1.79I_o$ | $1.11I_o$ |

现在封装成一个整体的多种规格的整流桥块已批量生产，给使用者带来了方便。其外形如图 6-2-7 所示。使用时，只要将交流电压接到标有“～”的管脚上，从标有“+”和“−”的管脚引出的就是整流后的直流电压。

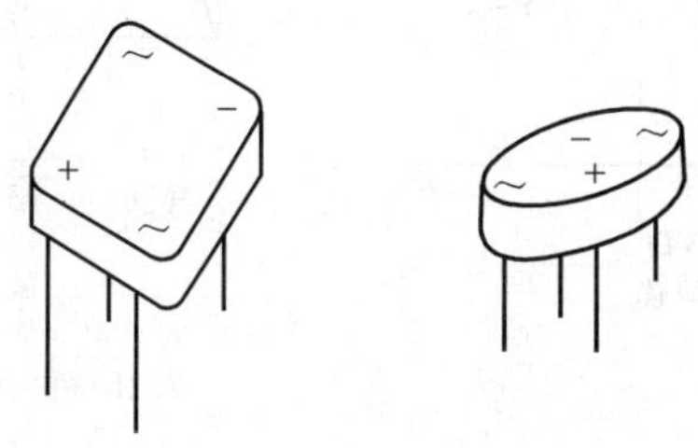

图 6-2-7　整流桥外形图

上述整流电路输出的是脉动电压，只能用于电镀、电解和蓄电池充电等对波形要求不高的工艺和设备中，但是像大多数电子设备中的直流电源，需要脉动程度小的平滑直流电压，这时就需要采用有滤波的整流电路。

# 分任务三　分析滤波电路

## 一、电容滤波电路

图 6-3-1(a) 与图 6-3-1(b) 中与负载并联的电容器就是一个最简单的滤波电路。电容滤波电路是根据电容器的端电压在电路状态改变时不能跃变的原理设计的。现分析电容滤波电路的工作原理。

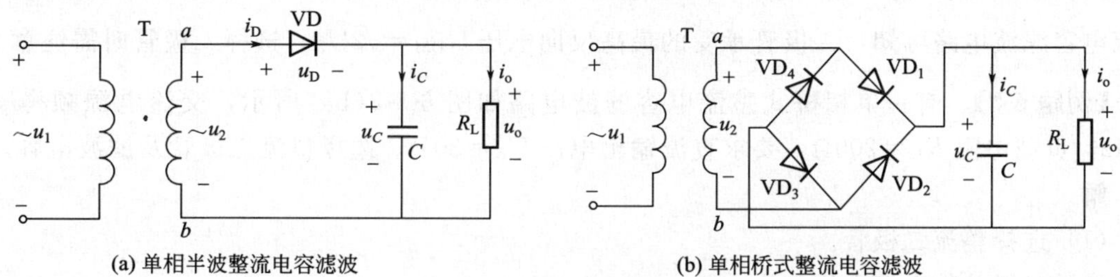


(a) 单相半波整流电容滤波　(b) 单相桥式整流电容滤波

图 6-3-1　整流电容滤波电路

图 6-3-2 中的虚线和实线分别表示整流电路不接滤波电容和接滤波电容的波形。显然，接上电容后的输出电压脉动程度减小了。下面以半波整流电容滤波为例说明滤波原理。

当 $u_C$ 由零逐渐增大时，二极管 VD 导通，一方面供电给负载，同时对电容 C 充电，电容电压 $u_C$ 的极性为上正下负，如果忽略二极管的压降，则在 VD 导通时，$u_C$（$u_C = u_o$）与 $u_2$ 同步上升，并达到 $u_2$ 的最大值。$u_2$ 达到最大值以后开始下降，当 $u_2 < u_C$ 时，VD 反向截止，电源不再向负载供电，而是电容对负载放电。电容放电使 $u_C$ 以一定的时间常数按指数规律下降，直到下一个正半波 $u_2 > u_C$ 时，VD 又导通，电容再次被充电，重复上述过程。使得输出电压波形如图 6-3-2(a) 的实线所示。

桥式整流电容滤波的原理与此相同，只不过在一个周期内电容充电、放电两次。由于电容向负载放电的时间缩短了，因此输出电压波形比半波整流电容滤波更加平滑，波形如图 6-3-2(b) 所示。

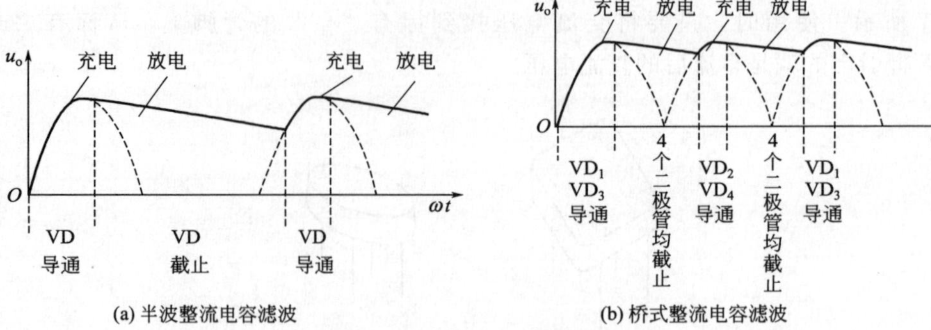


(a) 半波整流电容滤波　　(b) 桥式整流电容滤波

图 6-3-2　电容滤波输出波形

电容滤波电路一般用于要求输出电压较高，负载电流较小并且变化也较小的场合。电容滤波电路的输出电压随输出电流而变化，经验上通常取

$$U_o = U_2 \quad（半波）；\quad U_o = 1.2U_2 \quad（全波） \tag{6-8}$$

如果电容和电阻都比较大，$U_o \approx \sqrt{2}U_2$。确定电容值的经验公式为

$$R_L C \geqslant (3 \sim 5)T/2 \quad（全波） \tag{6-9}$$

式中，$T$ 是电源交流电压的周期。

电容放电时间常数 $\tau = R_L C$ 越大，放电过程越慢，则输出电压越大，滤波效果也越好。为此，应选择大容量的电容和大阻值的 $R_L$，当然负载电流就较小。$\tau$ 越大，二极管的导通角就越小，因此整流管在短暂的时间内流过较大的冲激电流（浪涌电流），对管子的寿命不利，所以必须选择容量较大的整流二极管。另外从半波整流电容滤波电路图可知，在 $u_2$ 负半周的极值点处有 $u_D = u_2 - u_C$，因此二极管承受的最高反向电压值 $U_{DM} \approx 2\sqrt{2}U_2$。由桥式整流电容滤波电路可知，二极管承受的最高反向电压 $U_{DM} = \sqrt{2}U_2$，选择二极管时需注意。

**【例题 6-8】** 有一单相桥式整流电容滤波电路如图 6-3-2(b) 所示，交流电源频率 $f=50\text{Hz}$，负载电阻 $R_L = 200\Omega$，要求直流输出电压 $U_o = 30\text{V}$，选择整流二极管及滤波电容。

**解**

(1) 选择整流二极管。

流过二极管的电流平均值为

$$I_D = \frac{1}{2}I_o = \frac{1}{2} \times \frac{U_o}{R_L} = \frac{1}{2} \times \frac{30}{200} = 0.075\ (\text{A}) = 75\ (\text{mA})$$

根据式(6-8)，取 $U_o = 1.2U_2$，所以变压器二次电压有效值为

$$U_2 = \frac{U_o}{1.2} = \frac{30}{1.2} = 25\ (\text{V})$$

二极管所承受的最高反向电压为

$$U_{DM} = \sqrt{2}U_2 = \sqrt{2} \times 25 = 35\ (\text{V})$$

查相关手册，选用二极管 2CP11，最大整流电流为 100mA，反向工作峰值电压为 50V。

(2) 选择滤波电容器。

根据式(6-9)，取 $R_L C = 5T/2$，所以

$$C = \frac{5T}{2R_L} = \frac{5 \times 0.02}{2 \times 200} = 250 \times 10^{-6}\ (\text{F}) = 250\ (\mu\text{F})$$

查相关手册，按系列选用 $C=270\mu F$，耐压为 50V 的极性电容。

**【例题 6-9】** 桥式整流电容滤波电路如图 6-3-2(b) 所示，$U_2=20V$（有效值），负载电阻 $R_L=40\Omega$，$C=1000\mu F$。试问：

(1) 正常时 $U_o=$？

(2) 如果测得 $U_o$ 为下列数值，可能出了什么故障？

$U_o=18V$；$U_o=28V$；$U_o=9V$。

**解**　(1) 正常时，$U_o$ 的值应由下式确定。

$$U_o=1.2U_2=1.2\times20=24\ (V)$$

(2) 当 $U_o=18V$ 时，此时 $U_o=0.9U_2$ 电路称为桥式整流电路，故可判定滤波电容 $C$ 开路。

当 $U_o=28V$ 时，此时 $U_o=1.4U_2$ 属于整流滤波电路 $R_L=\infty$ 时的情况，故可判定是负载电阻开路。

当 $U_o=9V$ 时，此时 $U_o=0.45U_2$ 电路成为半波整流电路，故可判定 4 只二极管中有一只开路，同时电容 $C$ 也开路。

## 二、电感滤波电路

由于电感元件的阻抗特性与电容器相反，具有“通直抗交”的作用。因此，将电感元件与负载电阻串联起来，也能起到滤波作用。电容滤波带负载能力较差，对于负载电流较大且负载经常变化的场合，采用电感滤波。

如图 6-3-3(a) 所示，是一个桥式整流电感滤波的电路，它在整流电路之后与负载串联一个电感器。当脉动电流通过电感线圈时，线圈中要产生自感电动势阻碍电流的变化，从而使得负载电流和电压的脉动程度减小，如图 6-3-3(b) 所示，脉动电流的频率越高，滤波电感越大，滤波效果就越好。但是，滤波电感越大，在频率一定的情况下，电感线圈的匝数就越多，这时电感线圈本身的电阻就不能忽略。因此，电感滤波在使得负载电压 $u_o$ 脉动减少的同时，也使得负载电压的平均值 $U_o$ 有所下降。故电感滤波一般只适用于负载电流较大，并且变化大的场合，但由于电感体积大、成本高，因此，滤波电感常取几毫亨到几十毫亨，并且在小功率的电子设备中很少采用电感滤波。

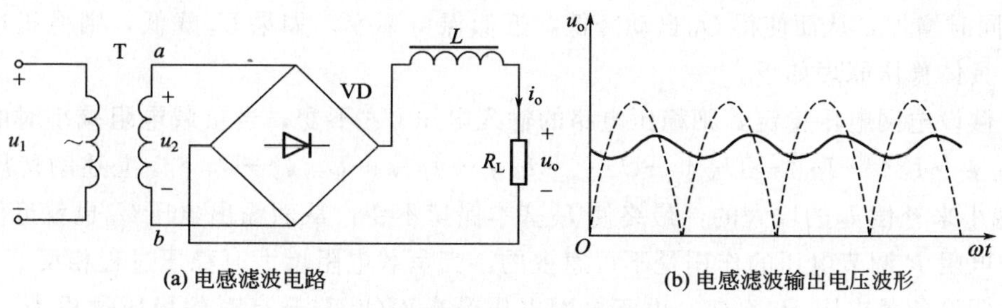


图 6-3-3　电感滤波电路及其波形

## 三、复式滤波电路

在一些直流用电设备中，既要求电源电压脉动小，又要求电源能适应负载变化，为了得到更好的滤波效果，还可以将滤波电容和滤波电感混合使用，组成复式滤波电路，如图 6-3-4 所示。复式滤波进一步提高了滤波效果，同时又不降低带负载能力。

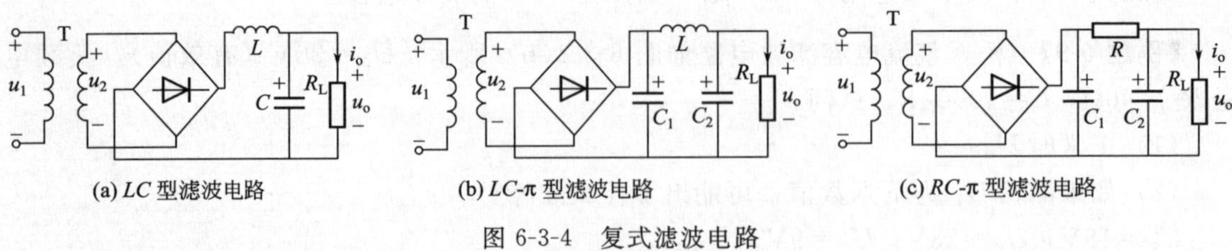


(a) $LC$ 型滤波电路　(b) $LC$-π 型滤波电路　(c) $RC$-π 型滤波电路

图 6-3-4　复式滤波电路

# 分任务四　直流稳压电路与集成稳压器

## 一、稳压管（并联型）直流稳压电路

有滤波的整流电路虽然能提供平滑的直流电压，但是由于交流电源电压的波动和负载电流的变化，会引起输出直流电压的不稳定，直流电压的不稳定会使电子设备、控制装置、测量仪表等的工作不稳定，产生误差，甚至不能正常工作。为此，需要在整流滤波电路之后再加上稳压电路。利用稳压二极管就可以组成稳压电路。

最简单的直流稳压电源是采用稳压管来稳定电压，稳压管并联型稳压电路如图 6-4-1 所示。经过桥式整流电路和电容滤波得到直流电压 $U_C$，再经过稳压电路（由限流电阻 $R$ 和稳压管 VS 组成）接到负载电阻 $R_L$ 上，这样，负载上就能得到比较稳定的电压。

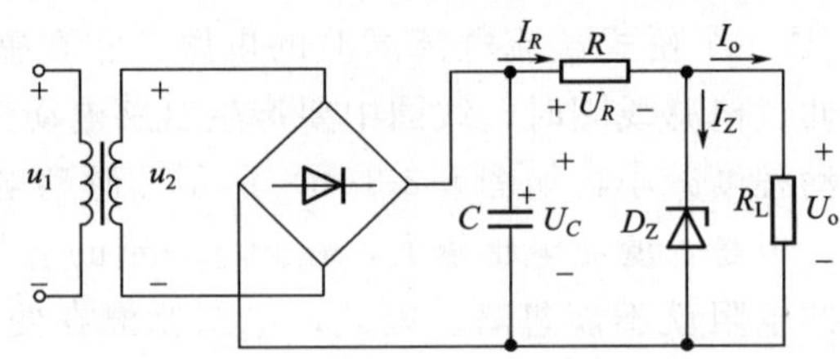


图 6-4-1　稳压管并联型稳压电路

由图 6-4-1 可知 $U_o=U_C-RI_R=U_C-R(I_Z+I_0)$，当电源电压波动或者负载电流变化而引起 $U_o$ 变化时，该电路的稳压过程为：只要 $U_o$ 略有增加，$I_Z$ 便会显著增加，$I_R$ 随之增加，$RI_R$ 同时增加，从而使得 $U_o$ 自动降低，近似保持不变。如果 $U_o$ 降低，则稳压过程与上述相反。具体稳压原理如下。

（1）假设电网电压稳定，则稳压电路的输入电压 $U_C$ 不变，当负载电阻减小时的稳压过程为：$R_L\downarrow\rightarrow I_o\uparrow\rightarrow I_R\uparrow\rightarrow U_R\uparrow\rightarrow U_o\downarrow\rightarrow I_Z\downarrow\rightarrow I_R\downarrow\rightarrow U_R\downarrow\rightarrow U_o\uparrow$。上述的稳压过程是用 $I_Z$ 的减小来补偿 $I_o$ 的增大的，最终使 $I_R$ 基本保持不变，从而输出电压 $U_o$ 也就近似稳定不变，其中电阻 $R$ 调节电压的作用是不可忽视的。当负载电阻增大时稳压过程相反。

（2）假设负载电阻 $R_L$ 不变，由于电网电压升高而使 $U_C$ 升高时的稳压过程为：$U_C\uparrow\rightarrow U_o\uparrow\rightarrow I_Z\uparrow\rightarrow I_R\uparrow\rightarrow U_R\uparrow\rightarrow U_o\downarrow$。这个过程用 $U_R$ 的增大来抵消 $U_C$ 的增大，从而使输出电压基本保持不变。当 $U_C$ 降低时稳压过程相反。

选择稳压管时，一般取

$$U_Z=U_o;\quad I_{Zm}=(1.5\sim3)I_{om};\quad U_C=(2\sim3)U_o \tag{6-10}$$

**【例题 6-10】** 有一稳压电路如图 6-4-1 所示。负载电阻 $R_L$ 由开路变到 3kΩ，整流滤波

后的输出电压 $U_C=45\text{V}$。今要求输出直流电压 $U_o=15\text{V}$，试选择稳压管 VS。

**解** 根据输出电压 $U_o=15\text{V}$ 的要求，负载电流最大值为

$$I_{om}=\frac{U_o}{R_L}=\frac{15}{3\times10^3}=5\times10^{-3}\ (\text{A})=5\ (\text{mA})$$

查相关手册，选择稳压管 2CW20，其稳压值 $U_Z=13.5\sim17\text{V}$，稳定电流 $I_Z=5\text{mA}$，最大稳定电流 $I_{Zm}=15\text{mA}$。

## 二、集成稳压器

随着半导体集成技术的发展，从 20 世纪 70 年代以来，集成稳压器迅速发展。我国生产的集成稳压器品种很多，其中三端固定式集成稳压器是目前国内外使用最广、销售量最大的品种。它具有体积小、使用方便、内部含有过流和过热保护电路、使用安全可靠等优点。

国产三端固定式集成稳压器以 W78、W79 系列小功率三端式稳压器应用最普遍。三端式是指稳压器只有输入、输出及接地三个接线端子"管脚"，如图 6-4-2 所示，把调整管、取样电路、基准电压、比较放大及保护电路等全部集成在一块芯片上，其内部电容和基本原理请读者查阅"串联型稳压电路"相关介绍。

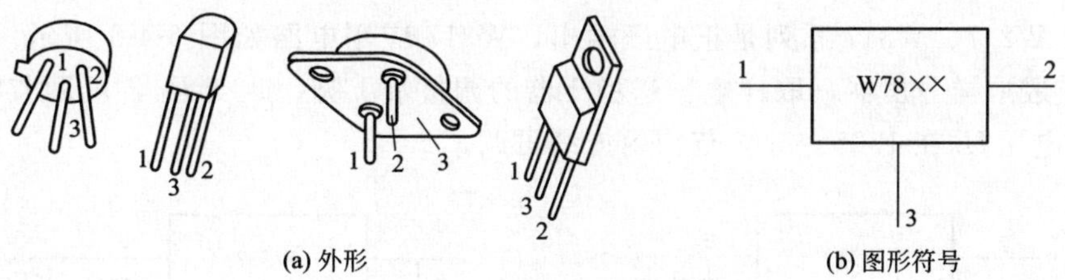


图 6-4-2 三端集成稳压器外形和图形符号

W78 系列输出固定的正电压，系列电压等级有：5V、6V、9V、12V、15V、18V、24V。例如 W7815，"15"代表输出电压 15V，使用时，除了输出电压值外，还要了解它们的输入电压和最大输出电流等数值，这些参数可查阅有关手册。W79 系列与 W78 系列对应，它输出固定的负电压。

以上两种系列三端稳压器可以输出 0.5A 电流，如果加装散热片，可达到 1.5A。下面介绍 W78、W79 系列部分应用电路。

如图 6-4-3 所示，W78 系列 1、2、3 脚分别为输入端、输出端及公共端。W79 系列 1、2、3 脚分别为公共端、输入端、输出端。$U_i$为整流滤波后的直流电压。电容 $C_1$ 的旁路高频干扰信号以消除自激振荡。电容 $C_2$ 起滤波作用，并能改善暂态响应。

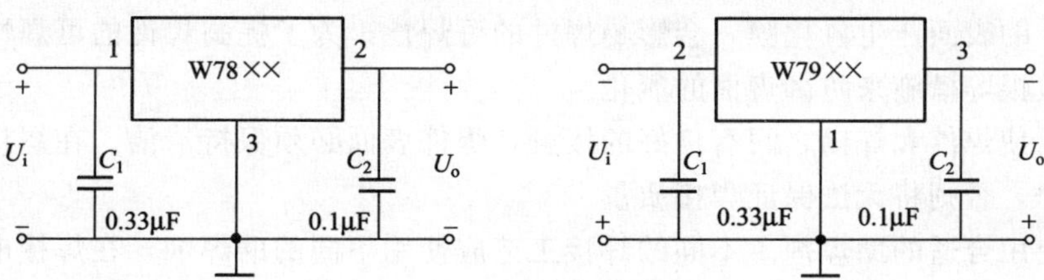


图 6-4-3 三端固定式稳压电源

如果需要同时输出正负两组电压，可选用正负两块集成稳压器，如图 6-4-4 所示。它是

一个由 W78 系列和 W79 系列的典型电路共用一个接地端组合而成的正负电压输出电路。例如需要 $U_{o1}=+15V$，$U_{o2}=-15V$，则可选用 W7815 和 W7915 三端稳压器，这时的 $U_i$ 应为单电压输出时的两倍。

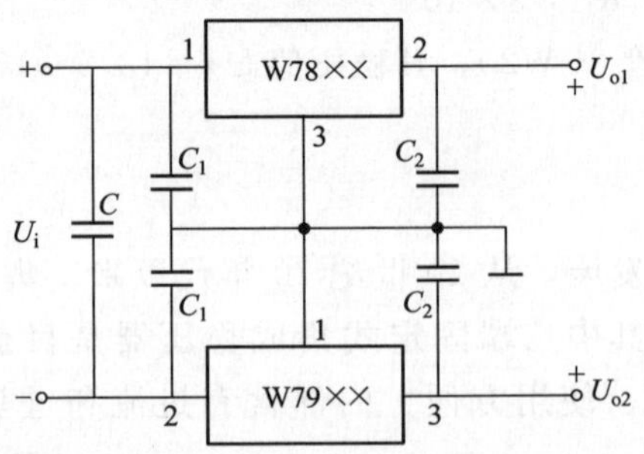


图 6-4-4 正负电压输出电路

三端固定式稳压器通过外接元件也可以得到可调输出电压，可以扩大输出电压，其电路原理在这里不加说明。

三端可调式集成稳压器不仅输出电压可调，且稳压性能优于固定式，被称为第二代三端集成稳压器。同样有正电压输出和负电压输出两类。

W117、W217、W317 系列是正电压输出，W317 应用电路如图 6-4-5 所示。电位器 $R_P$ 和电阻 $R_1$ 组成取样分压器，取样电压送稳压器的调整端 1 脚，改变 $R_P$，可调节输出电压的大小，输出电压 $U_o$ 在 1.25～37V 范围内连续可调。

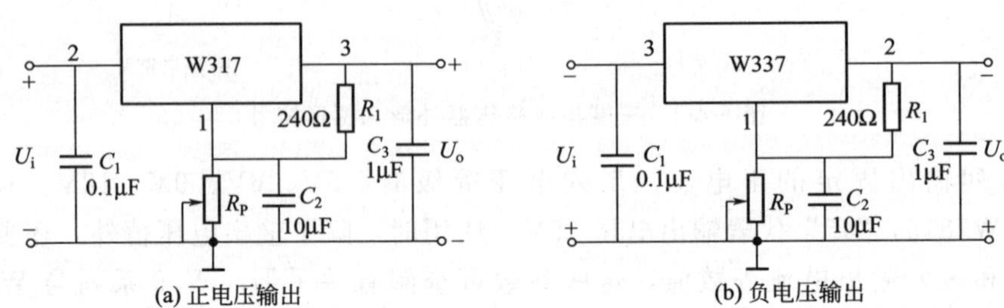


图 6-4-5 三端可调式稳压电路

# 分任务五 手工焊接技术与工艺

**1. 焊接必须具备的条件**

(1) 焊件必须具有良好的可焊性。不是所有的金属都具有良好的可焊性的，焊接时，由于高温使焊件的表面产生氧化膜，会影响焊件的可焊性，为了提高焊件的可焊性，一般采用表面镀锡，镀银等措施来防御表面的氧化。

(2) 为了使焊件和焊锡之间有良好的接触，焊件表面必须保持清洁。在焊接前必须把氧化膜清除干净，否则将无法保证焊接质量。

(3) 要使用合适的助焊剂。不同的焊接工艺应使用不同的助焊剂，在焊接电子线路板等精密电子产品的时候，为使焊接可靠稳定，通常采用松香助焊剂，一般使用酒精将松香溶解成松香水使用。

(4) 焊件加热到适当的温度。需要强调的是，不但焊锡要加热到熔化，而且应当同时将焊件加热到能够熔化焊锡的温度。

**2. 焊接前的准备**

（1）镀锡。

为了提高焊接的质量和速度，避免虚焊等缺陷，应在焊接以前对焊接表面进行可焊性处理。在电子元器件的待焊面（引线或其他需要焊接的地方）镀上焊锡，是焊接前一道十分重要的工序。镀锡，实际就是液态焊锡对被焊金属表面的浸润，形成一层既不同于被焊金属又不同于焊锡的结合层。由结合层将焊剂与待焊金属这两种性能成分都不相同的材料牢固连接起来。

（2）镀锡的工艺。

① 待焊面应该清洁。对清洁后的元件引线涂抹助焊剂（酒精松香水），对容易氧化的引线还要进行镀锡。

② 温度要够。被焊金属表面的温度应该接近焊锡熔化时的温度，才能与焊锡形成良好的结合层。要根据焊件的大小使用相应的焊接工具，提供足够的热量，由于元器件所承受的温度不能太高，所以必须掌握恰到好处的加热时间。

③ 使用有效的助焊剂——酒精松香溶液。

**3. 焊接操作的基本步骤**

五步操作法，如图 6-5-1 所示。

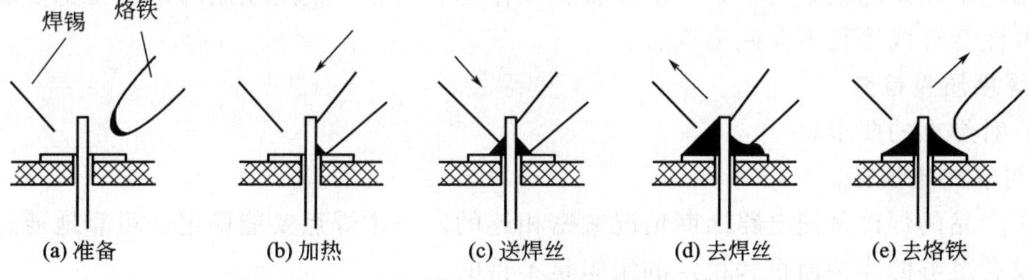


图 6-5-1　焊接五步操作法

（1）准备焊接　左手拿焊丝，右手握烙铁。要求烙铁头保持清洁，无焊渣等氧化物，并在表面镀有一层焊锡。

（2）加热焊件　将烙铁头靠在两焊件的连接处，加热整个焊件全体，时间为 1～2s，要注意烙铁头同时接触焊盘和元件的引线。

（3）送入焊丝　加热焊件达到一定温度后，将焊锡丝从烙铁对面接触焊点，焊锡丝开始熔化并润湿焊点。

（4）移开焊丝　当焊丝熔化一定量后，立即向左上大致 45°方向移开焊丝。

（5）移开烙铁　当焊锡完全润湿焊点后移开烙铁，注意移开烙铁的方向应该是大致 45°的方向。

**4. 焊接手法与卫生**

焊剂加热挥发出的化学物质对人体是有害的，如果操作时鼻子距离烙铁头太近，则很容易将有害气体吸入。一般烙铁离开鼻子的距离应不小于 30cm，通常以 40cm 为宜。电烙铁的拿法有三种，如图 6-5-2 所示。

反握法动作稳定，长时间操作不易疲劳，适于大功率熔铁的操作。正握法适于中等功率烙铁或带弯头电烙铁的操作。一般在操作台上焊印制板等焊件时，多采用握笔法。

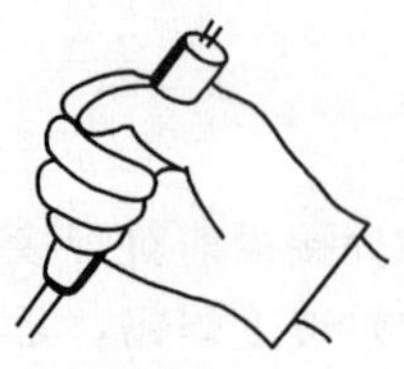

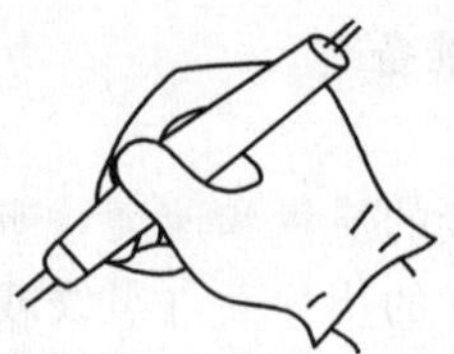

图 6-5-2 电烙铁的拿法

焊锡丝一般有两种拿法，如图 6-5-3 所示。

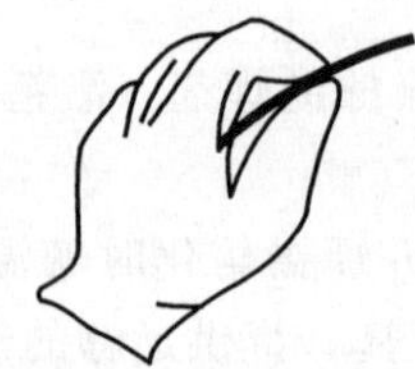

(a) 连续锡焊时焊锡丝的拿法

(b) 断续锡焊时焊锡丝的拿法

图 6-5-3 焊锡丝拿法

由于焊锡丝成分中铅占一定的比例，而铅是对人体有害的重金属，因此操作时应戴手套或操作后洗手，避免食入。

使用电烙铁要配置烙铁架，一般放置在工作台右前方，电烙铁用后一定要稳妥放于烙铁架上，并注意导线等物不要碰烙铁头。

**5. 焊接质量检查**

（1）对焊点的要求。

① 可靠的电连接。

电子产品的焊接是同电路通断情况紧密相连的。一个焊点要能稳定、可靠地通过一定的电流，没有足够的连接面积和稳定的组织是不行的。

② 足够的机械强度。

焊接不仅起电连接作用，同时也是固定元器件、保证机械连接的手段，这就有个机械强度的问题。作为锡焊材料的铅锡合金本身强度是比较低的，要想增加强度，就要有足够的连接面积。当然如果是虚焊点，焊料仅仅堆在焊盘上，自然谈不到强度了。常见的影响机械强度的缺陷还有焊锡过少、焊点不饱满、焊接时焊料尚未凝固就使焊件振动而引起的焊点晶粒粗大（像豆腐渣状）以及裂纹、夹渣等。

③ 光洁整齐的外观。

良好的焊点要求焊料用量恰到好处，外表有金属光泽，没有拉尖、桥接等现象，并且不伤及导线绝缘层及相邻元件。良好的外表是焊接质量的反映，例如，表面有金属光泽是焊接温度合适、生成合金层的标志，而不仅仅是外表美观的要求。

（2）典型焊点外观及检查。

① 外形以焊接导线为中心，均匀，成裙形拉开；

② 焊料的连接面呈半弓形凹面，焊料与焊件交界处平滑，接触角尽可能小；

③ 表面有光泽且平滑；

④ 无裂纹、针孔、夹渣。

所谓外观检查，除目测焊点是否合乎上述标准外，还包括检查以下各点：

a. 是否有漏焊；

b. 是否有焊科拉尖；

c. 是否因焊料引起导线间短路（即所谓“桥接”）；

d. 是否有导线及元器件绝缘的损伤；

e. 布线整形；

f. 是否有焊料飞溅。

检查时除目测外还要用指触、镊子拨动、拉线等方法检查有无导线断线，焊盘剥离等缺陷。

## 任务实施

### 一、示波器、数字万用表的使用

**1. SR-8 型双踪示波器使用方法简介**

（1）面板装置。

SR-8 型双踪示波器的面板装置按其位置和功能通常可划分为三大部分：显示、垂直（$Y$ 轴）、水平（$X$ 轴）。现分别介绍这三个部分控制装置的作用。

① 显示部分主要控制件为：a. 电源开关；b. 电源指示灯；c. 辉度，调整光点亮度；d. 聚焦，调整光点或波形清晰度；e. 辅助聚焦，配合“聚焦”旋钮调节清晰度；f. 标尺亮度，调节坐标片上刻度线的亮度；g. 寻迹，当按键向下按时，使偏离荧光屏的光点回到显示区域，而寻到光点位置；h. 标准信号输出，1kHz、1V 方波校准信号由此引出。加到 $Y$ 轴输入端，用以校准 $Y$ 轴输入灵敏度和 $X$ 轴扫描速度。

② $Y$ 轴插件部分主要控制件为：a. 显示方式选择开关，用以转换两个 $Y$ 轴前置放大器 YA 与 YB 工作状态的控制件，具有 5 种不同作用的显示方式。b. DC-⊥-AC，$Y$ 轴输入选择开关，用以选择被测信号接至输入端的耦合方式。c. “微调 V/div”，灵敏度选择开关及微调装置。灵敏度选择开关是套轴结构，黑色旋钮是 $Y$ 轴灵敏度粗调装置，自 10mV/div～20V/div 分 11 挡。红色旋钮为细调装置，顺时针方向增加到满度时为校准位置，可按粗调旋钮所指示的数值，读取被测信号的幅度。当此旋钮反时针转到满度时，其变化范围应大于 2.5 倍，连续调节“微调”电位器，可实现各挡级之间的灵敏度覆盖，在做定量测量时，此旋钮应置于顺时针满度的“校准”位置。d. “平衡”，当 $Y$ 轴放大器输入电路出现不平衡时，显示的光点或波形就会随 V/div 开关的“微调”旋转而出现 $Y$ 轴方向的位移，调节“平衡”电位器能将这种位移减至最小。e. ↑↓，$Y$ 轴位移电位器，用以调节波形的垂直位置。f. “极性、拉 YA”，YA 通道的极性转换按拉式开关。拉出时 YA 通道信号倒相显示，即显示方式为（YA＋YB）时，显示图像为 YB-YA。g. “内触发、拉 YB”，触发源选择开关。h. $Y$ 轴输入插座，采用 BNC 型插座，被测信号由此直接或经探头输入。

③ $X$ 轴插件部分有：a. t/div，扫描速度选择开关及微调旋钮。b. “扩展、拉×10”，扫描速度扩展装置。c. →←，$X$ 轴位置调节旋钮。d. “外触发、$X$ 外接”插座，采用 BNC 型插座。e. “触发电平”旋钮，触发电平调节电位器旋钮。f. “稳定性”，触发稳定性微调旋钮。用以改变扫描电路的工作状态，一般应处于待触发状态。g. “内、外”，触发源选择开关。置于“内”位置时，扫描触发信号取自 $Y$ 轴通道的被测信号；置于“外”位置时，触发信号取自“外触发 $X$ 外接”输入端引入的外触发信号。h. AC，AC(H)，DC，触发耦

合方式开关。i. “高频、常态、自动”，触发方式开关。j. ＋、－，触发极性开关，在“＋”位置时选用触发信号的上升部分，在“－”位置时选用触发信号的下降部分对扫描电路进行触发。

(2) 使用步骤。

用示波器能观察各种不同电信号幅度随时间变化的波形曲线，在这个基础上示波器可以应用于测量电压、时间、频率、相位差和调幅度等电参数。下面介绍用示波器观察电信号波形的使用步骤。

① 选择 $Y$ 轴耦合方式。

根据被测信号频率的高低，将 $Y$ 轴输入耦合方式选择“AC-地-DC”开关置于 AC 或 DC。

② 选择 $Y$ 轴灵敏度。

根据被测信号的大约峰-峰值（如果采用衰减探头，应除以衰减倍数；在耦合方式取 DC 挡时，还要考虑叠加的直流电压值），将 $Y$ 轴灵敏度选择 V/div 开关（或 $Y$ 轴衰减开关）置于适当挡级。实际使用中如无需读测得的电压值，则可适当调节 $Y$ 轴灵敏度微调（或 $Y$ 轴增益）旋钮，使屏幕上显现所需高度的波形。

③ 选择触发（或同步）信号来源与极性。

通常将触发（或同步）信号极性开关置于“＋”或“－”挡。

④ 选择扫描速度。

根据被测信号周期（或频率）的大约值，将 $X$ 轴扫描速度 t/div（或扫描范围）开关置于适当挡级。实际使用中如无需读测得的时间值，则可适当调节扫速 t/div 微调（或扫描微调）旋钮，使屏幕上显示测试所需周期数的波形。如果需要观察的是信号的边沿部分，则扫速 t/div 开关应置于最快扫速挡。

⑤ 输入被测信号。

被测信号由探头衰减后（或由同轴电缆不衰减直接输入，但此时的输入阻抗降低、输入电容增大），通过 $Y$ 轴输入端输入示波器。

**2. 数字万用表的使用方法简介**

在前面的任务中，我们已经使用万用表进行过交流、直流电流的测量以及电阻的测量。这里不做介绍，只简单介绍二极管导通电压检测，在这一挡位，红表笔接万用表内部正电源，黑表笔接万用表内部负电源；短路检测时将功能、量程开关转到“·)))”位置，两表笔分别测试点，若有短路，则蜂鸣器会响。

另外，这里将后续任务中用到的三极管值 $\beta$ 测试也做简单介绍，首先要确定待测三极管是 NPN 型还是 PNP 型，然后将其管脚正确地插入对应类型的测试插座中，功能量程开关转到 $\beta$ 挡，即可以直接从显示屏上读取 $\beta$ 值，若显示“000”，则说明三极管已坏。

使用数字万用表的注意事项有：

(1) 注意正确选择量程及红表笔插孔。对未知量进行测量时，应首先把量程调到最大，然后从大向小调，直到合适为此。若显示“1”，则表示过截，应加大量程。

(2) 改变量程时，表笔应与被测点断开。

(3) 测量电流时，切忌过载。

(4) 不测量时，应随手关断电源。

(5) 不允许用电阻挡和电流挡测电压。

## 二、整流、滤波与稳压电路的测试

### 1. 半波整流、桥式整流电路的测试

半波整流、桥式整流测试电路分别如图 6-6-1，图 6-6-2 所示。

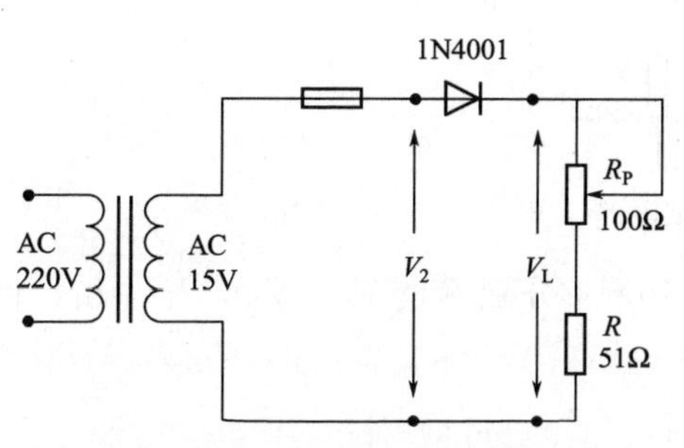


图 6-6-1　半波整流测试电路

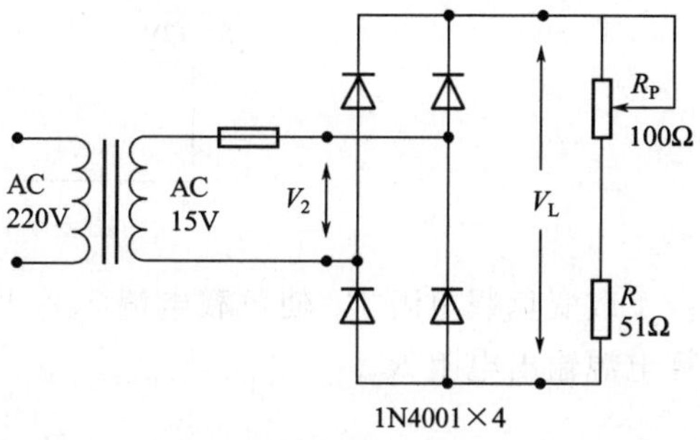


图 6-6-2　桥式整流测试电路

分别接两种电路，用数字万用表交流电压挡测量变压器副边电压 $V_2$（15V），用数字万用表直流电压挡测量输出电压 $V_L$ 的直流分量，用数字万用表交流电压挡测量输出电压 $V_L$ 的交流分量，用数字万用表测量二极管电压 $V_D$，最后用示波器分别观察输入电压 $V_2$ 和输出电压 $V_L$ 的脉动波形，并将上述测量结果填入表 6-6-1 中。

表 6-6-1　半波整流、桥式整流电路测试结果

| 参数 | $V_2$ | $V_D$ | $V_L$ 直流分量 | $V_L$ 交流分量 | $V_2$ 和 $V_L$ 电压波形对比 |
|---|---|---|---|---|---|
| 半波整流 | | | | | |
| 桥式整流 | | | | | |

### 2. 电容滤波电路的测试

电容滤波电路的测试电路如图 6-6-3 所示。

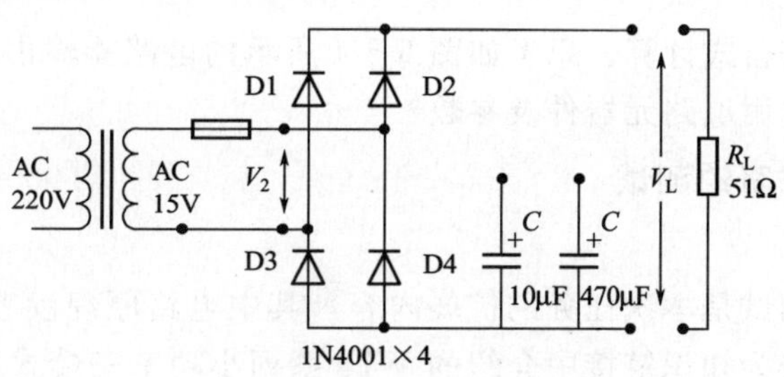


图 6-6-3　电容滤波测试电路

（1）分别将不同的电容接入电路，$R_L$ 先不接，用示波器观察波形，用数字万用表测 $V_L$ 并记录。

（2）接上 $R_L$，先用 $R_L=1k\Omega$，重复上述实验并记录。

（3）将 $R_L$ 改为 150Ω，重复上述实验并记录。

将上述测量结果填入自制表格中。

### 3. 稳压电路的测试

并联稳压电路的测试电路如图 6-6-4 所示。

（1）电源输入电压不变，负载变化时电路的稳压性能。

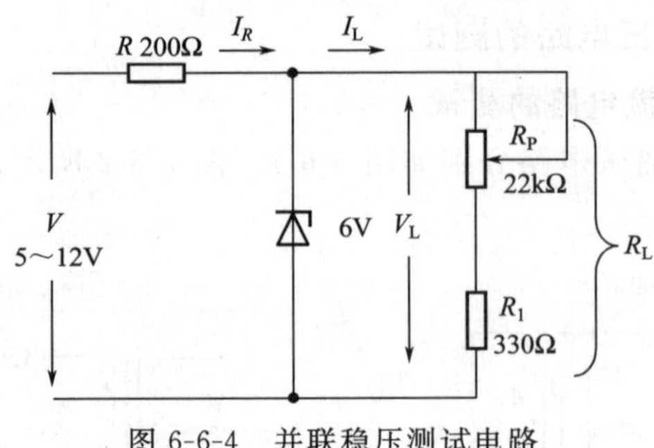

图 6-6-4 并联稳压测试电路

改变负载电阻 $R_L$ 使负载电流 $I_L=1mA$，5mA，10mA 分别测量 $V_L$，$V_R$，$I_L$，$I_R$，计算电源输出电阻 $R_o$。

$$R_o=\frac{\Delta U_L}{\Delta I_L}(U_i\text{不变})$$

(2) 负载不变，电源电压变化时电路的稳压性能。

用可调的直流电压变化模拟 220V 电源电压变化，电路接入前将可调电源调到 10V，然后调到 8V，9V，11V，12V，按表 6-6-2 内容测量填表，并计算电路稳压系数 $S$。

$$S=\frac{\Delta U_L}{\Delta U_i}(R_L\text{不变})$$

**表 6-6-2 负载不变，电源电压变化时的电路测量结果**

| $V$/V | $V_L$/V | $I_R$/mA | $I_L$/mA |
|---|---|---|---|
| 10 | | | |
| 8 | | | |
| 9 | | | |
| 11 | | | |
| 12 | | | |

整理测试数据并按公式计算。思考如图 6-6-4 所示的电路能输出的电流最大为多少？为获得更大电流应如何选用电路元器件及参数？

## 三*、集成稳压电路的测试

### 1. 测试原理

集成稳压电路的测试是本次任务的扩展内容，其中电路原理读者可以查阅相关参考书。本任务所用集成稳压器为知识链接中介绍的 W78 系列小功率三端式稳压器中的 W7812，它的主要参数有：输出直流电压 $U_o=+12V$，输出电流 $I_L=0.1A$，$M=0.5A$，电压调整率 10mV/V，输出电阻 $R_o=0.15\Omega$，输入电压 $U_i$ 的范围为 15～17V。因为一般 $U_i$ 要比 $U_o$ 大 3～5V，才能保证集成稳压器工作在线性区。

如图 6-6-5 所示是用三端式稳压器 W7812 构成的单电源电压输出串联型稳压电源的电路图。其中整流部分采用了由 4 个二极管组成的桥式整流器成品（又称桥堆），型号为 2W06（或 KBP306），内部接线和外部管脚引线如图 6-6-6 所示。滤波电容 $C_1$、$C_2$ 一般选取几百至几千微法。当稳压器距离整流滤波电路比较远时，在输入端必须接入电容器 $C_3$（数值为 0.33μF），以抵消线路的电感效应，防止产生自激振荡。输出端电容 $C_1$（0.1μF）用以滤除输出端的高频信号，改善电路的暂态响应。

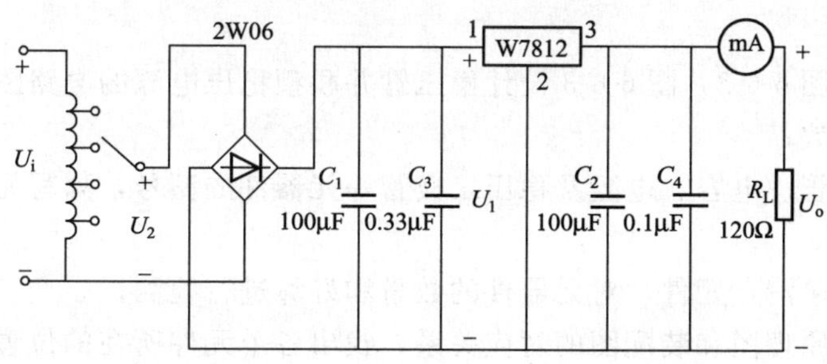


图 6-6-5　由 W7812 构成的串联型稳压电源

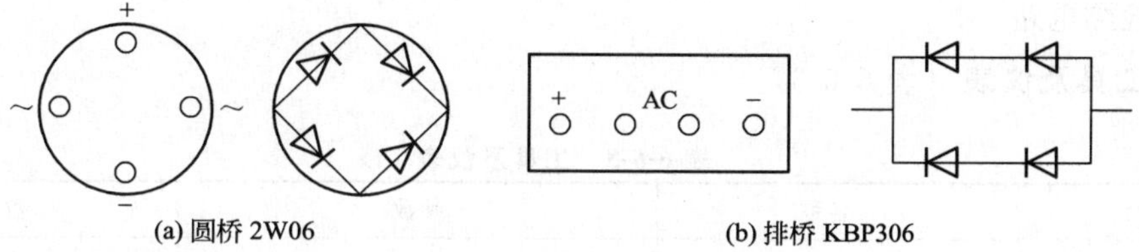


(a) 圆桥 2W06　(b) 排桥 KBP306

图 6-6-6　桥式整流器

当集成稳压器本身的输出电压或输出电流不能满足要求时，可通过外接电路来进行扩展。如图 6-6-7 所示是一种简单的输出电压扩展电路。如 W7812 稳压器的 3、2 端间输出电压为 12V，因此只要适当选择 R 的值，使稳压管 VS 工作在稳压区，则输出电压 $U_o=12+U_s$，可以高于稳压器本身的输出电压。

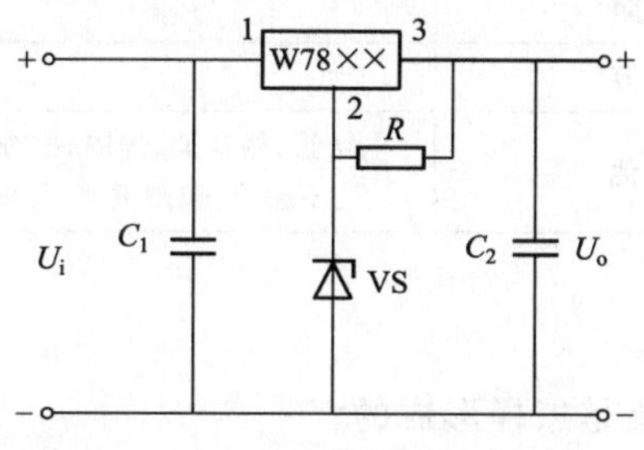


图 6-6-7　输出电压扩展电路

**2. 稳压器性能测试内容及步骤**

断开工频电源，按图 6-6-5 改接测试电路，取负载电阻 $R_L=120\Omega$。

(1) 初测。接通工频 14V 电源，测量 $U_2$ 值；测量滤波电路输出电压 $U_L$（稳压器输入电压），集成稳压器输出电压 $U_o$，它们的数值应与理论值大致相符，否则说明电路出了故障。设法查找故障并加以排除。电路经初测进入正常工作状态后，才能进行各项指标的测试。

(2) 输出电压 $U_o$ 和最大输出电流 $I_{omax}$ 的测量。在输出端接负载电阻 $R_L=120\Omega$，由于 M7812 输出电压 $U_o=12V$，因此流过 $R_L$ 的电流 $I_{omax}=12/120=100$（mA）。这时，$U_o$ 应基本保持不变，若变化较大则说明集成块性能不良。

(3) 集成稳压器性能扩展。根据设备，选取图 6-6-7 中的各元器件，并自拟测试方法与表格，记录测试结果。

## 四、稳压管并联型稳压电源的设计组装

设计要求：负载从 0～1kΩ 变动时，输出电压 12V，输出电压基本稳定，最大输出电流

为 100mA。

（1）参考电路图 6-6-2，图 6-6-3 设计稳压管并联型稳压电源的电路图、装配图，根据设计要求计算相关参数；

（2）确定二极管、电容、电阻及稳压二极管等元器件的型号，列写元件清单，制定工具清单；

（3）按装配清单清点元件，对元器件的数量和好坏进行检测；

（4）根据电路原理图和装配图的对应关系，找出各个元件所在的位置；

（5）根据装配图正确安装各元器件，进行安装焊接；

（6）检查元器件位置和极性是否正确，焊点是否饱满，避免虚焊、错焊、漏焊现象；

（7）检测电路。

**五、工具及仪表**（表 6-6-3）

**表 6-6-3 工具及仪表**

| 序号 | 名称 | 参数 | 数量 |
| --- | --- | --- | --- |
| 1 | 模拟电路实验台 | | 1 台 |
| 2 | 可调工频电源 | | 1 个 |
| 3 | 桥堆 | 2W06(或 KBP306) | 1 个 |
| 4 | 集成稳压管 | W7812 | 1 个 |
| 5 | 双踪示波器 | 自备 | 1 台 |
| 6 | 数字万用表 | 自备 | 1 台 |
| 7 | 电阻 | | 若干 |
| 8 | 电容 | | 若干 |
| 9 | 其他 | 电烙铁、烙铁架、焊锡、松香、钳子、小起子、包塑铜线、导线等 | 若干 |

# 任务巩固

6-1 电子电流和空穴电流是怎样形成的？

6-2 N 型半导体电子多于空穴，P 型半导体空穴多于电子，是否 N 型半导体带负电？P 型半导体带正电？

6-3 流过 PN 结的正向、反向电流各与什么因素有关？

6-4 二极管加正向偏置电压时是否有稳压作用？

6-5 如图 6-7-1 所示，判断电路中的二极管是导通还是截止，并求出 $AO$ 两端的电压

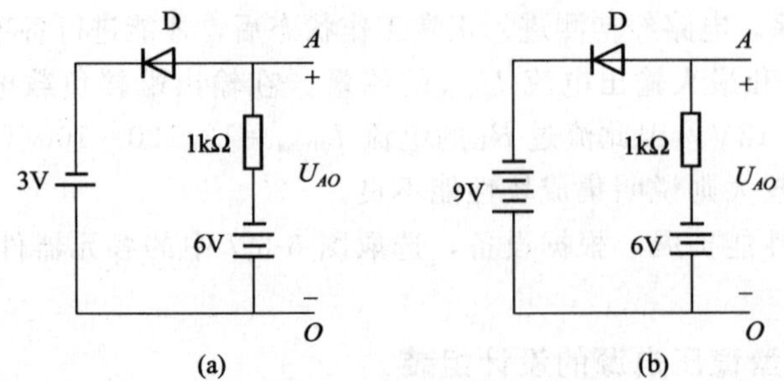


图 6-7-1 习题 6-5 图

$U_{AO}$（忽略二极管的正向压降）。

6-6　如图 6-7-2 所示的电路中，$E=5\text{V}$，$u_i=10\sin\omega t\text{V}$，忽略二极管的正向压降，试画出输出电压 $u_o$ 的波形图。

6-7　如图 6-7-3 所示，电路图中哪个二极管导通，并求出 $U_{AO}$ 的值。

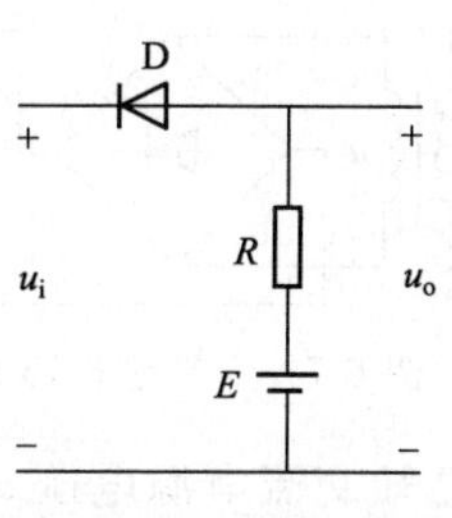

图 6-7-2　习题 6-6 图

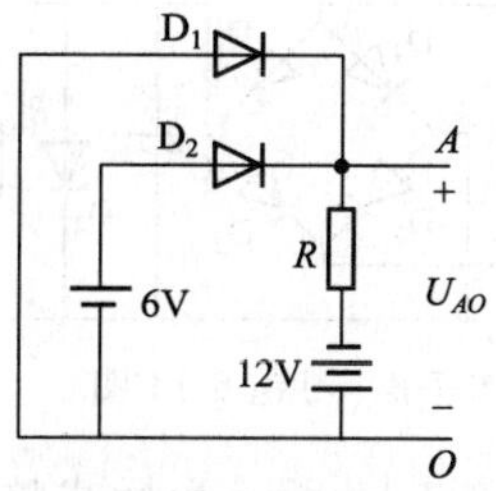

图 6-7-3　习题 6-7 图

6-8　如果要求某一单相桥式整流电路的输出直流电压 $U_o$ 为 36V，直流电流 $I_o$ 为 1.5A，试选用合适的二极管。

6-9　如图 6-7-4 所示的电路中，已知二极管的导通电压为 0.7V，稳压管的稳定电压 $U_Z=9\text{V}$，那么电流 $I$ 为多少？

6-10　如图 6-7-5 所示的电路中，稳压管的稳定电压 $U_Z=6\text{V}$，稳定电流 $I_Z=5\text{mA}$。试求在稳定条件下 $I_L$ 的数值最大不应超过何值？

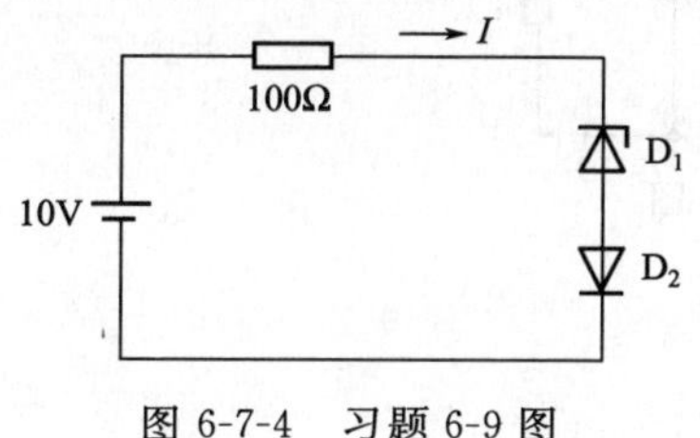

图 6-7-4　习题 6-9 图

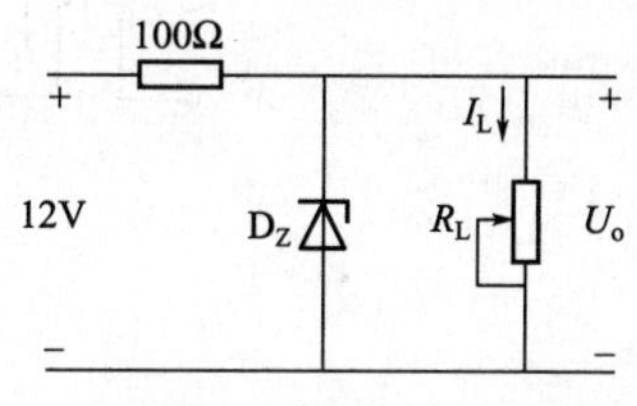

图 6-7-5　习题 6-10 图

6-11　如图 6-7-6 所示的电路中，设二极管 D 的导通压降 $U_D=0.7\text{V}$。在①$R_1=2\text{k}\Omega$，$R_2=3\text{k}\Omega$；②$R_1=R_2=3\text{k}\Omega$ 的条件下，试判断二极管的导通情况，并求二极管导通时的电流 $I_D$。

6-12　判断图 6-7-7 电路中的二极管是导通还是截止的，并求出 $AO$ 两端的电压 $U_{AO}$（忽略二极管的正向压降）。

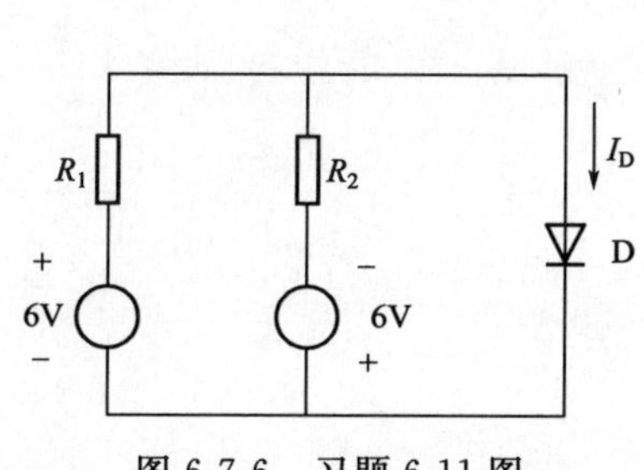

图 6-7-6　习题 6-11 图

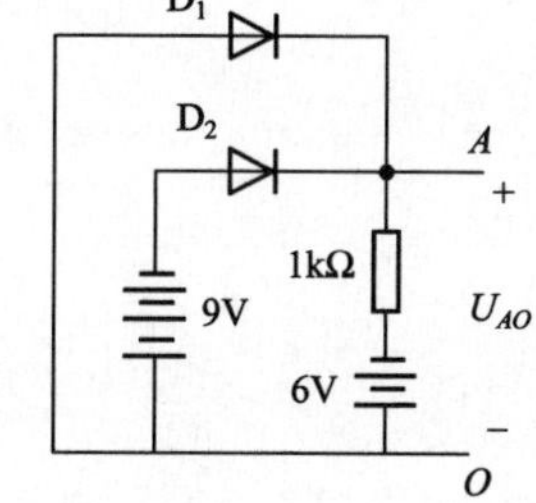

图 6-7-7　习题 6-12 图

6-13　设两只稳压管的正向导通电压降为 0.7V，稳压值分别为 9V 和 6V。试问这两只稳压管在串联或并联使用时，可得到几种不同的稳压值？各为多少伏？

6-14 指出图 6-7-8 中的错误，并在原图的基础上修正。

6-15 整流电路如图 6-7-9 所示，流过负载电流的平均值为 $I_o$，忽略二极管的正向压降，求变压器副边电压的有效值为多少？

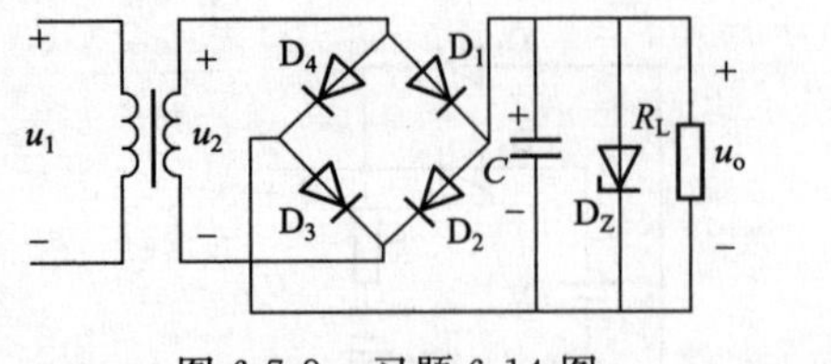


图 6-7-8 习题 6-14 图

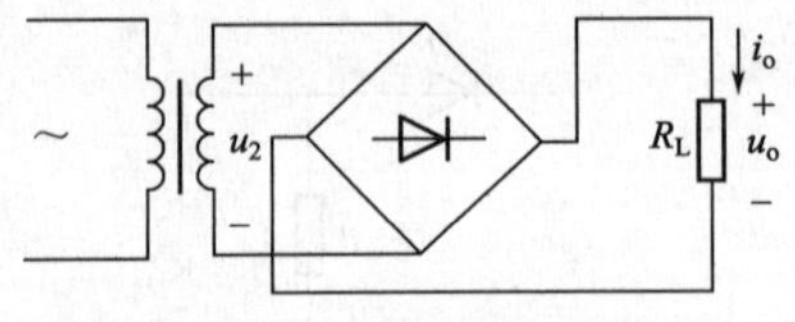


图 6-7-9 习题 6-15 图

6-16 如图 6-7-10 所示为桥式整流、电容滤波电路。已知交流电源电压 $u_1=220V$，$f=50Hz$，$R_L=50\Omega$，要求输出直流电压为 24V，纹波较小（纹波即输出纹波电压，是指电源输出端的交流电压分量）。试选择：

① 整流管的型号；

② 滤波电容器（容量和耐压）；

③ 确定电源变压器副边的电压和电流。

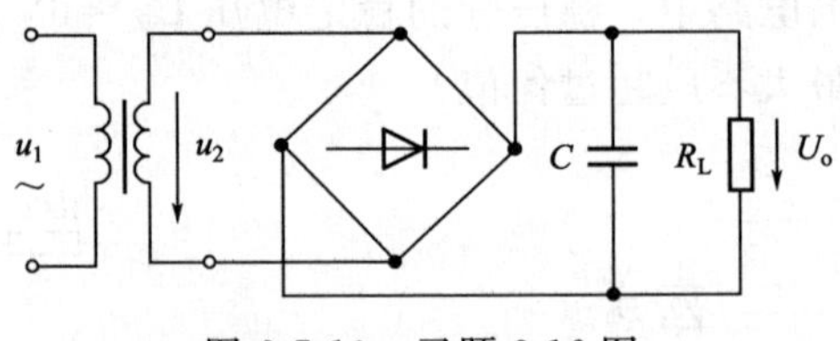


图 6-7-10 习题 6-16 图

# 任务七　扩音机电路的组装与调试

## 任务描述

放大电路的作用是将微弱的电信号（电压、电流、电功率等）放大成较大的信号。放大电路一般由两部分组成：电压放大电路和功率放大电路，先由电压放大电路将微弱的信号放大去驱动功率放大电路，再由功率放大电路输出足够大的功率去推动执行元件。电压放大电路按组成器件可分为分立元器件放大电路和集成电路放大电路。本任务在基本放大电路的基础上，按照放大电路的基本要求制作一个扩音机音频放大电路。

## 能力目标

（1）查阅资料，能识别与选取三极管；
（2）能正确使用万用表、交流毫伏表以及示波器等器件；
（3）能绘制电子元件布置图、原理草图；
（4）能识读电路原理图、元件布置图、组装接线图；
（5）能根据元器件布置图进行电气元件布置；
（6）能根据安装接线图，按照装配工艺标准进行焊接、组装，并能进行产品的检验；
（7）能够对扩音机电路进行调试，检测故障及排除故障；
（8）能够对操作过程进行评价，具有独立思考能力、分析判断与决策能力。

## 相关知识

（1）三极管的类型、结构及其主要性能指标；
（2）放大电路的一般组成部分和分析方法；
（3）集成电路的内部结构及其特点；
（4）集成运算放大器的基本结构及应用电路的分析方法；
（5）同相放大电路、反相放大电路、差分放大电路的结构和特性。

## 分任务一　放大电路概述

### 一、放大电路的实质

所谓“放大”，是指将一个微弱的电信号，通过某种装置，得到一个波形与该微弱信号相同、但幅值却大很多的输出信号。这个装置就是晶体管放大电路。“放大”作用的实质是电路对电流、电压或能量的控制作用，用小能量的信号通过三极管的电流控制作用，将放大电路中直流电源的能量转化成交流能量输出。放大电路的放大作用，实质是把直流电源 $U_{CC}$ 的能量转移给输出信号。输入信号的作用则是控制这种转移，使放大电路输出信号的变化重复或反映输入信号的变化。总之，输出信号来源于直流电源，但是受输入信号控制，如图 7-1-1 所示。

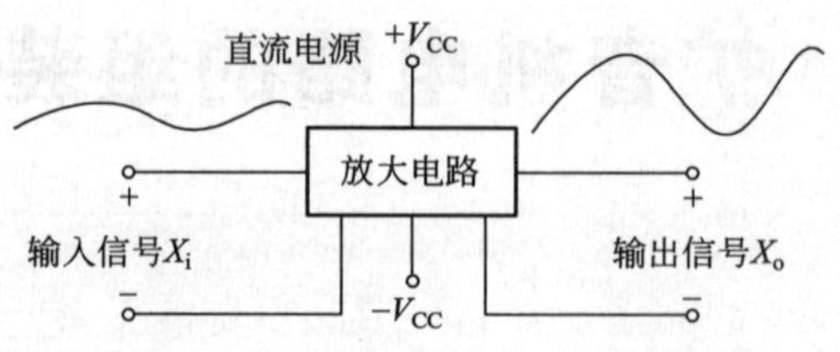


图 7-1-1 放大电路信号放大的实质

## 二、对放大电路的基本要求

放大电路应满足一定的控制要求，也就是它的性能指标要符合电路要求，基本要求如下。

**1. 要有足够的放大倍数**

$A_u = u_o/u_i$，$A_u$是电压放大倍数，用来衡量放大电路不失真电压放大能力，要求它足够大，满足放大需求。

**2. 尽可能小的波形失真**

即要求放大电路有足够的稳定性，能在不同的工作条件下稳定放大信号。

**3. 输入电阻较大，输出电阻较小**

输入电阻 $R_i = u_i/i_i$，即从放大电路输入端看进去的等效交流电阻。用来衡量电路对前级或信号源的影响强弱，$R_i$越大，影响越小。

输出电阻 $R_o = u_o/i_o$，即从放大电路输出端看过去的等效交流电阻。用来衡量电路的带负载能力，$R_o$越小，带负载能力越强。

## 三、放大电路的分类

放大电路的种类很多，按照不同的方式分类如下：

（1）按照放大元器件的不同，一般分为分立元器件（如三极管、场效应管等）放大电路和集成电路放大电路。

（2）按照放大系数不同，一般分为电压、电流和功率放大电路。

（3）按照电路结构不同，一般分为单级和多级放大电路。

（4）按照信号频率不同，一般分为直流、低频、高频、选频放大电路等多种类型。

# 分任务二 三极管

## 一、三极管的结构与符号

三极管又称为晶体管、半导体三极管、双极性三极管或简称 BJT。三极管是放大电路的基本原件之一，其外形结构如图 7-2-1 所示。

**1. 结构**

三极管内部由两个 PN 结组成，如图 7-2-2 所示，按 PN 结组合方式的不同分为 NPN 型和 PNP 型，它们都有三个区（发射区、基区和集电区），三个电极（发射极、基极和集电极）以及两个结（发射结和集电结）。三极管中 E 表示发射极，B 表示基极，C 表示集电极。

在制造三极管的过程中，对其内部三个区域（发射区、基区和集电区）都有一定的工艺

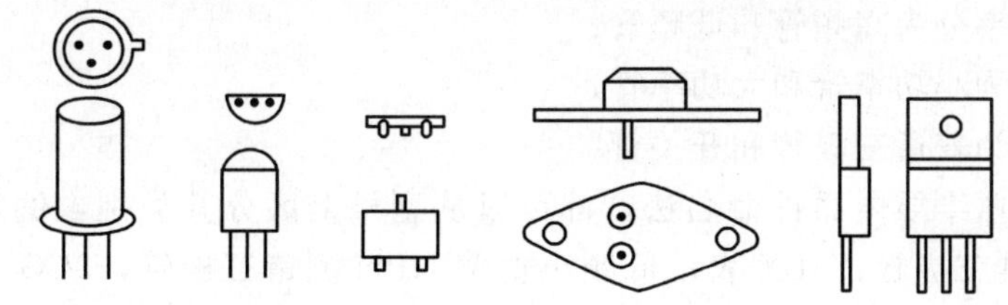

图 7-2-1　三极管外形图

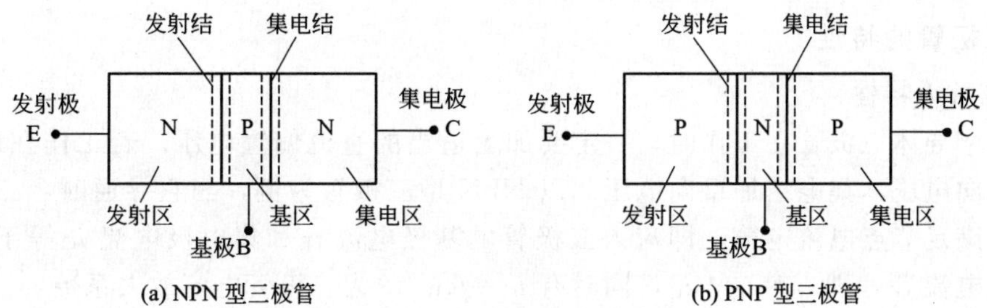


图 7-2-2　三极管外形图

要求，必须保证它们具有下列特点，如图 7-2-3 所示。

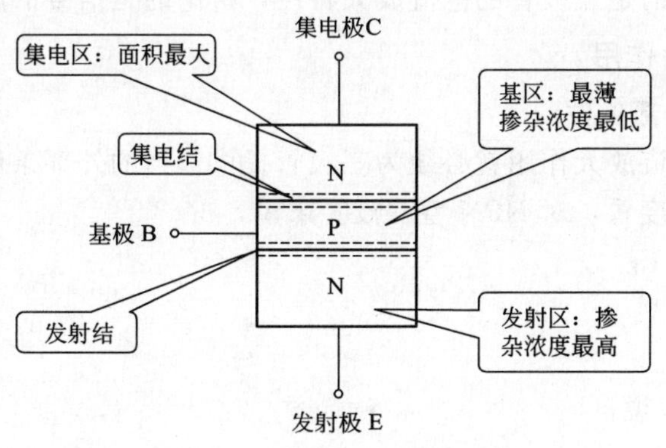


图 7-2-3　三极管内部结构特点

**2. 符号**

三极管的符号如图 7-2-4 所示，其中图 7-2-4(a) 为 NPN 型三极管符号，图 7-2-4(b) 是 PNP 型三极管符号，图中箭头的方向表示发射极加正向电压时电流的方向。

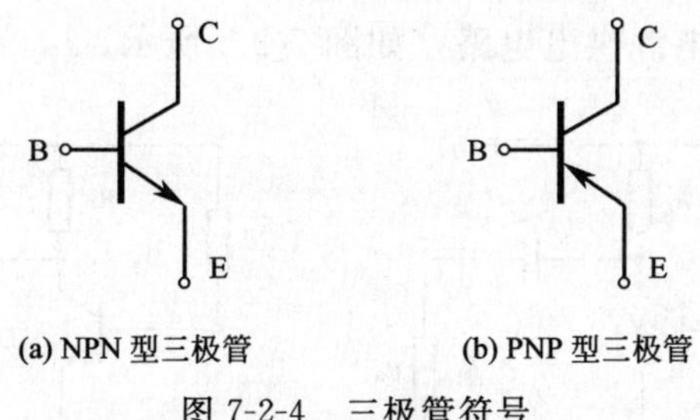


图 7-2-4　三极管符号

## 二、三极管分类

(1) 按其结构类型分为 NPN 管和 PNP 管；

(2) 按其制作材料分为硅管和锗管；

（3）按工作频率分为高频管和低频管；

（4）按功率分为小功率管和大功率管；

（5）按用途分为普通三极管和开关管。

国产三极管按照半导体器件命名法，都可以从型号上区分其类别，例如：3DG 表示高频小功率 PNP 型硅三极管；3BX 表示低频小功率 NPN 型锗三极管；3CG 表示高频小功率 PNP 型硅三极管；3DD 表示低频大功率 NPN 型硅三极管；3AK 表示 PNP 型开关锗三极管。

## 三、三极管的特性

### 1. 电流放大特性

双极型半导体三极管在工作时，一定要加上适当的直流偏置电压。若工作在放大状态，发射结加正向电压，集电结加反向电压。以 NPN 型三极管为例，当它导通时，三个电极上的电流必然满足节点电流定律，即流入三极管的基极电流 $i_B$ 和集电极电流 $i_C$ 等于流出三极管的发射极电流 $i_E$，即 $i_E=i_B+i_C$，同时有 $i_C=\beta i_B$，$\beta$ 为三极管电流放大系数。

### 2. 开关特性

三极管饱和时，C、E 极相当于开关接通；三极管截止时，C、E 极相当于开关断开。

放大电路主要利用的是三极管的电流放大特性，讨论的是信号的放大问题。

## 四、三极管的放大作用

### 1. 三极管放大的外部条件

要使三极管具有电流放大作用就必须为三极管提供适当的外部条件，即发射结正偏，集电结反偏。从电位的角度看，对 NPN 型三极管来说，

发射结正偏　$V_B>V_E$

集电结反偏　$V_C>V_B$

即　$V_C>V_B>V_E$

对 PNP 型三极管来说，

发射结正偏　$V_B<V_E$

集电结反偏　$V_C<V_B$

即　$V_C<V_B<V_E$

### 2. 三极管共发射极电流放大电路

为满足电流放大作用的外部条件，一般将供电电源接成共发射极式。其电路有两种基本形式：双电源供电电路和单电源供电电路，如图 7-2-5 所示。

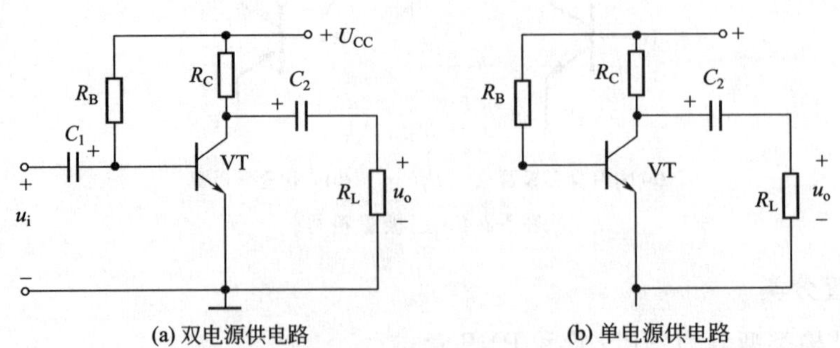


(a) 双电源供电路　　(b) 单电源供电路

图 7-2-5　共发射基极放大电路

三极管 VT 具有电流放大作用，是放大电路的核心元件。不同的三极管有不同的放大倍数。产生放大作用的外部条件是：发射结为正向电压偏置，集电结为反向电压偏置。集电极直流电源 $U_{CC}$确保三极管工作在放大状态。集电极负载电阻 $R_C$将三极管集电极电流的变化转变为电压变化，以实现电压放大。基极偏置电阻 $R_B$为放大电路提供基极偏置电压。

耦合电容 $C_1$和 $C_2$隔直流通交流。电容 $C_1$和 $C_2$具有通交流的作用，交流信号在放大器之间的传递叫耦合，$C_1$和 $C_2$正式起到这种作用，所以叫耦合电容。$C_1$为输入耦合电容，$C_2$为输出耦合电容。电容 $C_1$和 $C_2$还具有隔直流的作用，因为有 $C_1$和 $C_2$，放大电路的直流电压和直流电流才不会受到信号源和输出负载的影响。

在如图 7-2-5(b) 所示单电源供电电路中，$V_{CC}$既要为三极管提供基极电流 $i_B$，又要为三极管供集电极电流 $i_C$，只需要选择适当的 $R_B$和 $R_C$（一般 $R_B \gg R_C$），同样能满足发射结正偏，集电结反偏的条件，就能保证 $i_C$受 $i_B$的控制，$i_C = \beta i_B$，$R_B$称为基极偏置电阻；$R_C$为集电极负载电阻。

由于单电源供电电路只需一个电源，电路简单、方便，因此在实际中得到广泛应用。

## 五、三极管特性曲线

三极管特性曲线是指三极管电极电流与极间电压之间的关系曲线，是管子内部载流子运动的外部表现，反映了晶体管的性能，是分析放大电路的依据。它的优点是能直观、准确地表达三极管在一定状态的特性。三极管的特性曲线包括输入特性曲线和输出特性曲线。

### 1. 输入特性

在一定环境条件下，当三极管集电极与发射极之间的电压 $U_{CE}$保持为某一固定数值时，基极电流 $I_B$与加在三极管基极与发射极之间的电压 $U_{BE}$的关系曲线。

由图 7-2-6(a) 可见，三极管的输入特性是非线性的，与二极管正向特性相似，也有一段死区（硅管约为 0.5V，锗管约为 0.2V）。当三极管正常工作时，发射结压降变化不大，此时的电压称为导通电压（硅管为 0.6～0.7V，锗管为 0.2～0.3V）。

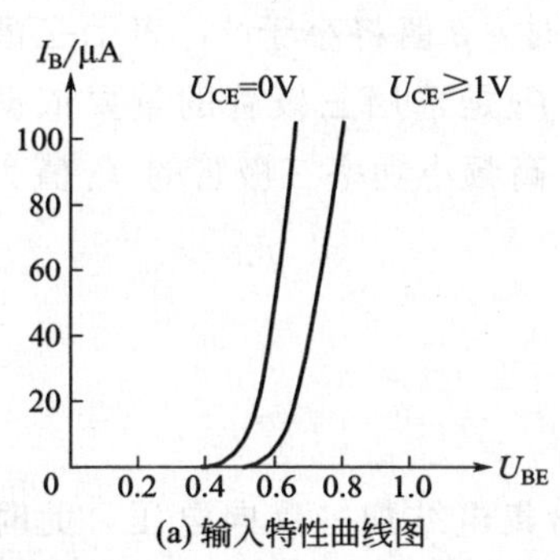


(a) 输入特性曲线图

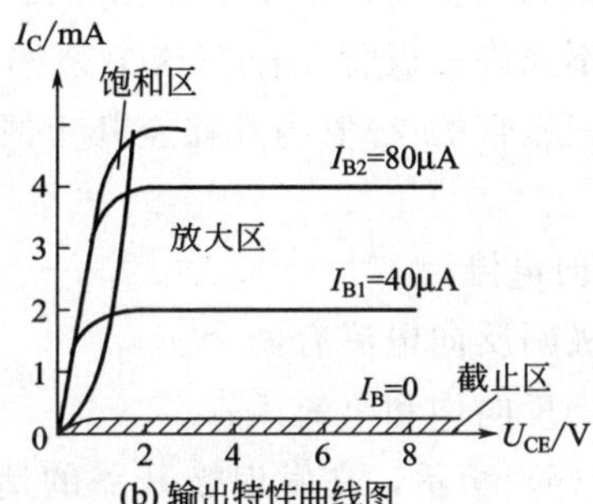


(b) 输出特性曲线图

图 7-2-6　三极管特性曲线

### 2. 输出特性

在基极电流一定时，集电极电流 $I_C$与加于集电极和发射极之间的电压 $U_{CE}$之间的关系曲线。输出特性曲线一般分为三个工作区，如图 7-2-6(b) 所示。

(1) 截止区　当基极电流 $I_B = 0$ 时，$I_C \approx 0$。此时三极管的 C、E 极间相当于一个关断的开关，三极管的发射结电压一般小于或等于死区电压。在三极管输出特性曲线图中对应于 $I_B = 0$ 时的曲线与横坐标所夹区域，即将 $I_B \leqslant 0$ 的区域称为截止区。出现截止区的条件是两个 PN 结均反偏。

在截止区 $I_B=0$、$I_C=I_{CEO}\approx0$，无放大作用，$U_{CE}=V_{CC}$，$I_{CEO}$是集电极-发射极穿透电流，$I_{CEO}$不受 $I_B$控制，同时明显随温度变化。

(2) 放大区　当基极电流 $I_B\neq0$ 且 $U_{CE}$较大时，$I_C$基本与$U_{CE}$无关，只取决于 $I_B$的大小。此时三极管的C、E极之间相当于一个受 $I_B$控制的电流源。三极管工作在放大区的条件是发射结正向偏置而集电结反向偏置，$I_C$大小受 $I_B$控制，即 $I_C=\beta I_B$。在三极管输出特性曲线图上对应于右侧弯曲虚线与 $I_B=0$ 时的曲线所夹的区域。

(3) 饱和区　当基极电流 $I_B\neq0$ 而 $U_{CE}$较小时，管子的集电极电流 $I_C$基本上不随基极电流 $I_B$而变化，这种现象称为饱和。一般认为，当 $U_{CE}=U_{BE}$，即 $U_{CB}=0$ 时，三极管达到临界饱和状态，当$U_{CE}<U_{BE}$时称为饱和。在饱和区三极管的两个PN结均正向偏置。

除此之外，当$U_{CE}$增加到一定大小时，集电极电流会急剧增加，此时三极管被击穿，击穿将损坏三极管内部结构，所以正常工作时不允许出现。

## 六、三极管的主要参数

### 1. 共发射极电流放大倍数

此参数表示三极管在共发射极接法时，基极电流对于集电极电流的控制能力。当三极管加直流电压时，将$\bar{\beta}=\dfrac{I_C}{I_B}$称为直流电流放大倍数；当三极管加交流信号时，将 $\beta=\dfrac{\Delta I_C}{\Delta I_B}$称为交流放大倍数。

在中频区，由于两者近似相等，一般将$\beta$统称为电流放大倍数。管子的$\beta$值可以在手册上查到，选用时$\beta$值太小，电流放大作用差；$\beta$值太大，管子的工作稳定性差。

值得注意的是，由于三极管极间电容的存在，其电流放大能力将随着频率的升高而逐渐下降，直至为零。

### 2. 特征频率 $f_T$

通常将$\beta$值下降到1时的频率称为三极管的特征频率，用符号 $f_T$表示。

特征频率是三极管的一个重要参数。当 $f>f_T$时，$\beta$值将小于1，表示三极管已失去放大能力，因而不允许三极管工作在这个频率范围。$f_T$是选用三极管的重要依据之一，一般低频率小功率三极管的 $f_T$值为几兆至几十兆赫兹，高频小功率三极管的 $f_T$值为几十兆至几百兆赫兹。

### 3. 极间反向电流

三极管的极间反向电流有两个。

(1) 集电结反向饱和电流 $I_{CBO}$。

如图7-2-7(a) 所示，在发射极开路的情况下给集电结加一反向电压，此时集电结上有极小的电流流过，形成的电流即集电结反向饱和电流 $I_{CBO}$。该值越小表明三极管性能越好。$I_{CBO}$是由少数载流子的漂移运动所形成的电流，受温度的影响大。对于同一个三极管，工作温度升高，该值会变大。

(2) C、E极间的穿透电流 $I_{CEO}$。

如图7-2-7(b) 所示，在基极开路的情况下，给集电极与发射极之间加一定的反向电压时，流过集电极和发射极之间的反向电流即为C、E极间的穿透电流。因为 $I_{CEO}$不受 $I_B$控制，对于放大是无用的，所以该值越小，三极管的性能越好。但 $I_{CEO}$受温度的影响大，随着温度的升高，三极管的 $I_{CEO}$值也会增大。

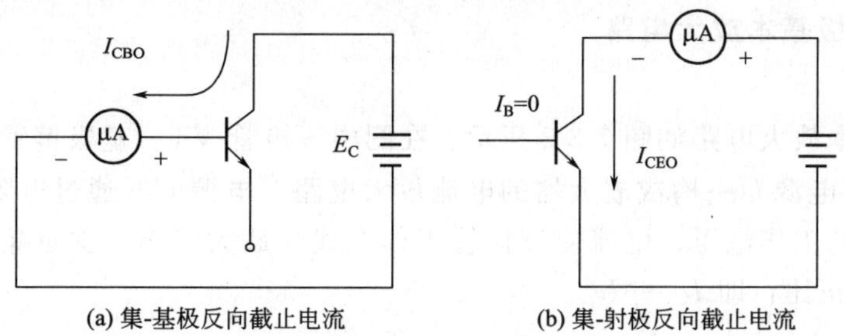


(a) 集-基极反向截止电流　　(b) 集-射极反向截止电流

图 7-2-7　三极管极间反向电流

**4. 极限参数**

为了保证三极管安全可靠地工作，要求三极管工作时不能超过以下极限参数。

(1) 集电极最大允许电流 $I_{CM}$。

指能够流过集电极的最大直流电流或交流电流的平均值。在选择三极管时，一般选用额定值大约为平常使用状态最大电流的 2 倍以上的管子。

(2) 集电极最大允许耗散功率 $P_{CM}$。

指集电结上允许功率损耗的最大值。$P_{CM}$取决于三极管允许的温升，消耗功率过大，温升过高会烧坏三极管。

$$P_C \leqslant P_{CM} = I_C U_{CE}$$

硅管允许结温约为 150℃，锗管约为 75℃。对于大功率三极管，为提高 $P_{CM}$值，可以在三极管表面加装一定面积的散热器。

## 分任务三　三极管放大电路

三极管放大电路一般包括三部分：三极管电流放大电路、输入电路和输出电路。输入电路将信号源或上一级电路的输出信号可靠、有效地送达三极管放大电路的输入回路中。三极管电流放大电路通过三极管的电流放大作用将输入的电信号的微弱变化转换成电信号的较大变化。输出电路将三极管电流放大电路输出的电压信号可靠、有效地送达下一级电路或执行元件（负载）。

### 一、三极管电流放大电路的三种组态

晶体管放大电路一般有三种组态，如图 7-3-1 所示。无论放大电路的组态如何，其目的都是让输入的微小信号通过放大电路后，其输出信号幅度显著增强。必须清楚：幅度得到增强的输出信号，其能量并非来自于晶体管，而是由放大电路中的直流电源提供的。晶体管只是实现了对能量的控制，使之转换成信号能量，并传递给负载。

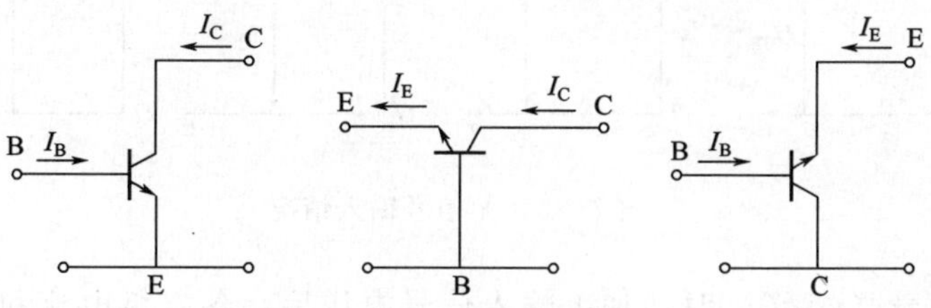


图 7-3-1　三极管的三种组态

## 二、共发射极基本放大电路

### 1. 电路组成

共发射极基本放大电路如图 7-3-2 所示。在图中三极管 VT、基极偏置电阻 $R_B$、集电极负载电阻 $R_C$ 以及电源 $U_{CC}$ 构成放大器的电流放大电路。电源 $U_{CC}$ 通过电阻 $R_B$ 和 $R_C$ 为三极管 VT 提供适当的工作电压、电流使三极管工作在线性放大状态，保证集电极电流 $I_C$ 与基极输入电流 $I_B$ 成正比，即 $I_C=\beta I_B$。

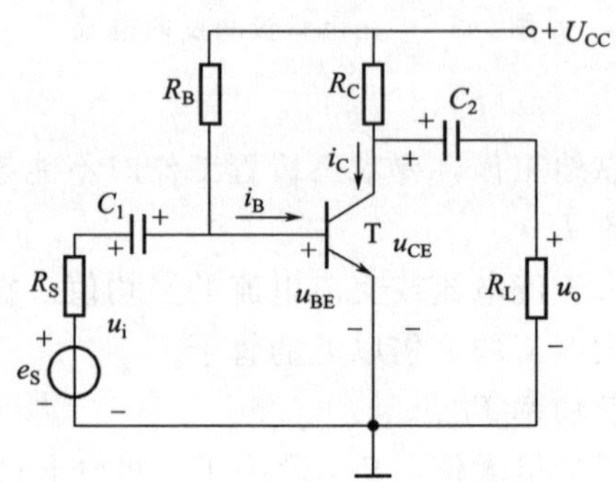


图 7-3-2 共发射极基本放大电路

电容 $C_1$ 构成放大器的信号输入电路。一方面保证信号源或上一级电路的输出信号送到三极管回路进行放大，另一方面保证三极管的直流工作状态不随负载或上一级电路的加入而发生政变。

电容 $C_2$ 构成放大器的信号输出电路。它的作用与 $C_1$ 相同，一方面保证三极管放大的信号输送到负载或下一级电路，另一方面保证三极管的直流工作状态不随负载或下一级电路的加入而发生政变。

电容 $C_1$ 和 $C_2$ 具有通交流的作用，交流信号在放大器之间的传递叫耦合，$C_1$ 和 $C_2$ 正是起到这种作用的，所以叫做耦合电容。$C_1$ 为输入耦合电容，$C_2$ 为输出耦合电容。电容 $C_1$ 和 $C_2$ 还具有隔直流的作用。因为有 $C_1$ 和 $C_2$，放大电路的直流电压和直流电流才不会受到信号源和输出负载的影响。

### 2. 原理

（1）无输入信号（$u_i=0$）时　三极管各电极都是恒定的电压和电流：$I_B$、$U_{BE}$ 和 $I_C$、$U_{CE}$，$u_{BE}=U_{BE}$，$u_{CE}=U_{CE}$，$u_o=0$，如图 7-3-3 所示。

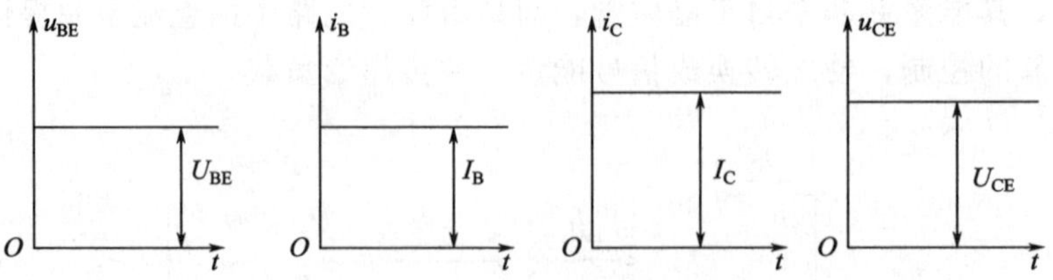


图 7-3-3 无信号输入情况

（2）有输入信号（$u_i\neq0$）时　加上输入信号电压后，各电极电流和电压的大小均发生了变化，都在直流量的基础上叠加了一个交流量，如图 7-3-4 所示。

$$u_{BE}=U_{BE}+u_i \quad u_{CE}=U_{CE}+u_o \quad u_o\neq 0$$
$$u_{CE}=U_{CC}-i_C R_C$$

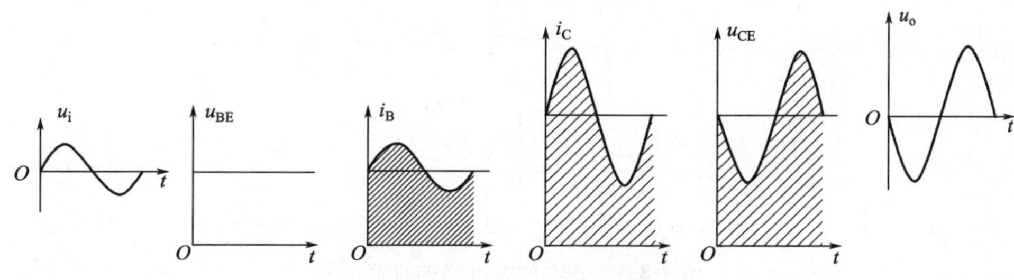

图 7-3-4　有信号输入情况

放大电路内部各电压、电流都是交直流共存的。其直流分量及其注脚均采用大写英文字母；交流分量及其注脚均采用小写英文字母；叠加后的总量用英文小写字母，但其注脚采用大写英文字母。例如：基极电流的直流分量用 $I_B$表示；交流分量用 $i_b$表小；总量 $i_B$表示需放大的信号电压 $u_i$通过 $C_1$转换为放大电路的输入电流，与基极偏流叠加后加到晶体管的基极，基极电流 $i_B$的变化通过晶体管的以小控大作用引起集电极电流 $i_C$的变化；$i_C$通过 $R_C$使电流的变化转换为电压的变化，即 $u_{CE}=U_{CC}-i_C R_C$。

由上式可看出：当 $i_C$增大时，$u_{CE}$就减小，所以 $u_{CE}$的变化正好与 $i_C$相反，这就是它们反相的原因。$u_{CE}$经过 $C_2$滤掉了直流成分，耦合到输出端的交流成分即为输出电压 $u_o$。若电路参数选取适当，$u_o$的幅度将比 $u_i$的幅度大很多，亦即输入的微弱小信号 $u_i$被放大了，这就是放大电路的工作原理。

## 三、放大电路的分析方法

### 1. 静态分析

静态是指无交流信号输入时，电路中的电流、电压都不变的状态，静态时三极管各极电流和电压值称为静态工作点 Q（主要指 $I_{BQ}$、$I_{CQ}$和 $U_{CEQ}$），如图 7-3-5 所示。静态分析主要是确定放大电路中的静态值 $I_{BQ}$、$I_{CQ}$和 $U_{CEQ}$。

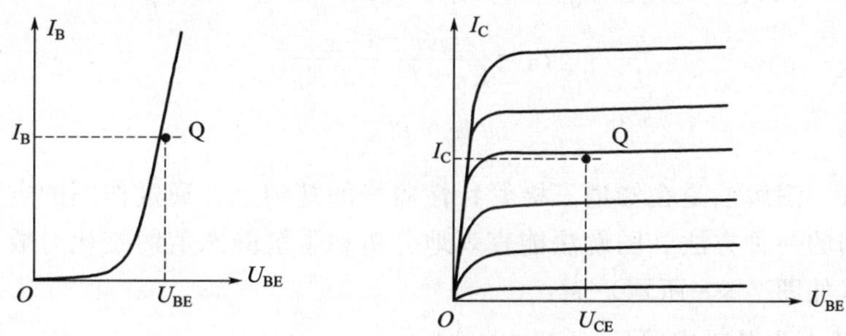

图 7-3-5　静态工作点

（1）直流通路的画法　静态时，电路中各处的电压、电流均为直流量。由于电路中的电容、电感等电抗元件对直流没有影响，因此，对直流而言，放大电路中的电容可视为开路、电感可视为短路。据此所得到的等效电路称为放大电路的直流通路，如图 7-3-6 所示。

（2）估算法　对直流通路进行电路分析，根据电路结构和参数，采用计算的形式获得放大电路静态工作点的大致数据，由图可得

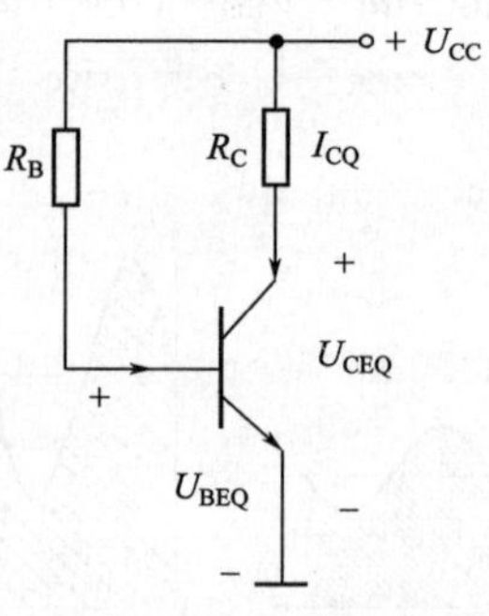


图 7-3-6　基本放大电路的直流通路

$$I_{BQ}=\frac{U_{CC}-U_{BEQ}}{R_B}$$

$$I_{CQ}=\beta I_{BQ}$$

$$U_{CEQ}=U_{CC}-I_{CQ}R_C$$

**【例题 7-1】**　用估算法确定图 7-3-7 所示电路的静态工作点。

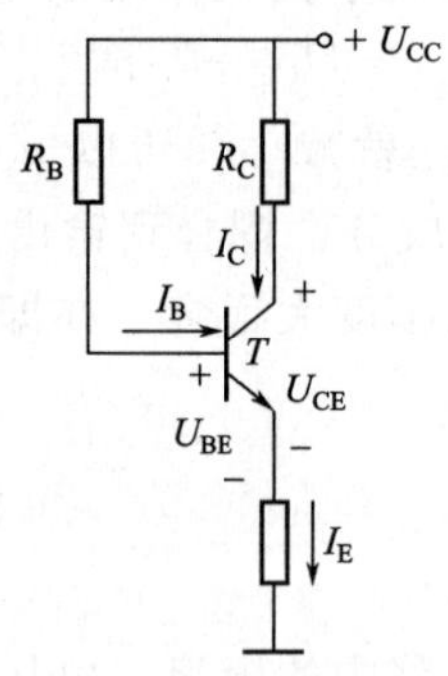


图 7-3-7　例题 7-1 图

**解**　由 KVL 可得

$$U_{CC}=I_BR_B+U_{BE}+I_ER_E=I_BR_B+U_{BE}+(1+\beta)I_BR_E$$

$$I_B=\frac{U_{CC}-U_{BE}}{R_B+(1+\beta)R_E}$$

$$I_C\approx\bar{\beta}I_B$$

（3）图解法　图解法是在知道三极管特性曲线的基础上，通过作图的方法获得放大电路静态工作点数据的一种方法。图解法能直观地分析和了解静态值的变化对放大电路的影响。

图解步骤（如图 7-3-8 所示）为：

① 用估算法求出基极电流 $I_{BQ}$（如 40$\mu$A）。

② 根据 $I_{BQ}$在输出特性曲线中找到对应的曲线。

③ 作直流负载线。根据集电极电流 $I_C$与集电极、射极电压$U_{CE}$的关系式$U_{CE}=U_{CC}-I_C R_C$可画出一条直线，该直线在纵轴上的截距为$U_{CC}/R_C$，在横轴上的截距为$U_{CC}$，其斜率为$1/R_C$，只与集电极负载电阻$R_C$有关，称为直流负载线。

④ 求静态工作点 Q，并确定$U_{CEQ}$、$I_{CQ}$的值。晶体管的$I_{CQ}$和$U_{CEQ}$既要满足 $I_B=40\mu$A 的输出特性曲线，又要满足直流负载线，因而晶体管必然工作在它们的交点 Q，该点就是静

态工作点。由静态工作点 Q 便可在坐标上查得静态值 $I_{CQ}$ 和 $U_{CEQ}$。

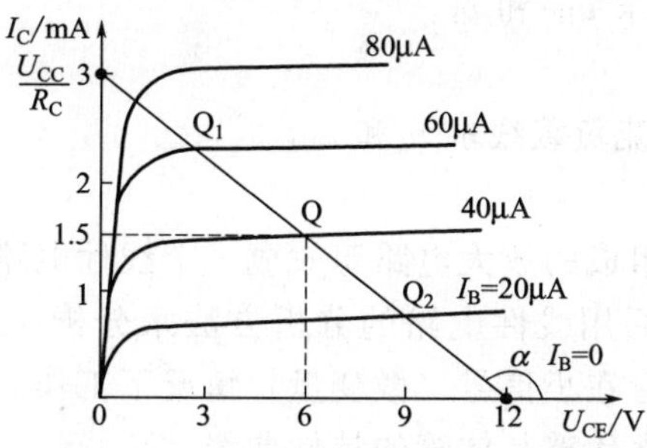

图 7-3-8　图解法求解静态工作点

**2. 动态分析**

动态是指放大电路加入交流信号输入时，电路中的电流、电压随输入信号做相应变化的状态。由于动态时放大电路是在直流电源 $U_{CC}$ 和交流输入信号 $u_i$ 的共同作用下工作的，电路中的电压 $u_{CE}$、电流 $i_B$ 和 $i_C$ 均包含两个分量。动态时，放大电路输入的是交流微弱小信号；电路内部各电压、电流都是交直流共存的叠加量；放大电路输出的则是被放大的输入信号。求解放大电路的动态输入电阻 $r_i$、输出电阻 $r_o$ 及电压放大倍数 $A_u$ 等参量的过程称为动态分析。

（1）交流通路的画法。

交流通路是指在 $u_i$ 单独作用下的电路。由于电容 $C_1$、$C_2$ 足够大，容抗近似为零，相当于短路，去掉直流电源 $U_{CC}$ 相当于短接，如图 7-3-9 所示。

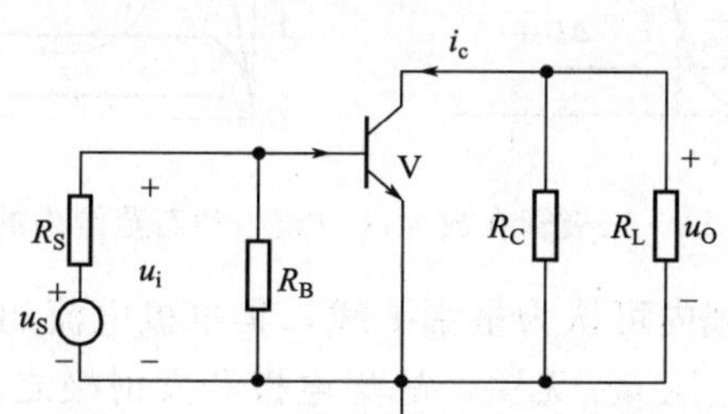

图 7-3-9　基本放大电路的交流通路

（2）图解法。

图解步骤（如图 7-3-10 所示）为：

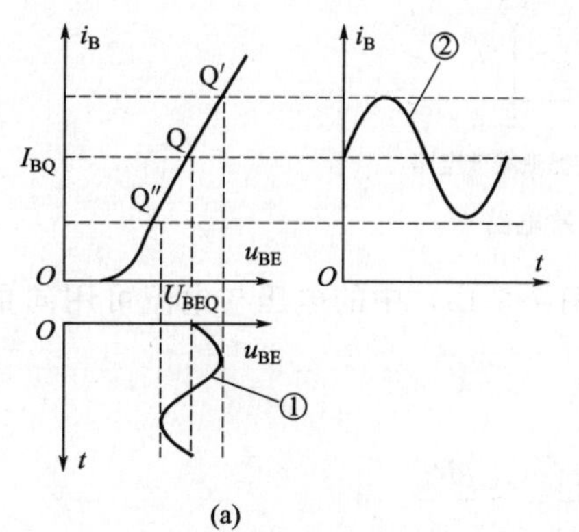

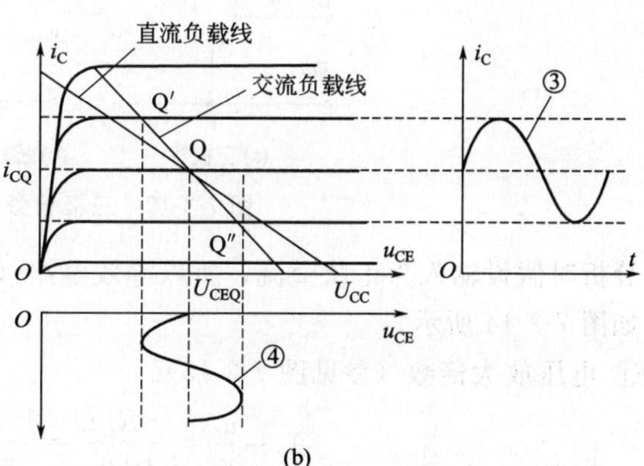

图 7-3-10　动态分析图解法

① 根据静态分析方法，求出静态工作点Q。

② 根据 $u_i$ 在输入特性上求 $u_{BE}$ 和 $i_B$。

③ 作交流负载线。

④ 由输出特性曲线和交流负载线求 $i_C$ 和 $u_{CE}$。

（3）微变等效电路法。

把非线性元件晶体管所组成的放大电路等效成一个线性电路，就是放大电路的微变等效电路，如图 7-3-12 所示，然后用线性电路的分析方法来分析，这种方法称为微变等效电路分析法。等效的条件是晶体管在小信号（微变量）情况下工作。这样就能在静态工作点附近的小范围内，用直线段近似地代替晶体管的特性曲线。

输入特性曲线在 Q 点附近的微小范围内可以认为是线性的，如图 7-3-11 所示。当 $u_{BE}$ 有一微小变化 $\Delta U_{BE}$ 时，基极电流变化 $\Delta I_B$，两者的比值称为三极管的动态输入电阻，用 $r_{be}$ 表示，即

$$r_{be}=\frac{\Delta U_{BE}}{\Delta I_B}=\frac{u_{be}}{i_b}$$

$$r_{be}=300+(1+\beta)\frac{26(\text{mV})}{I_{EQ}(\text{mA})}$$

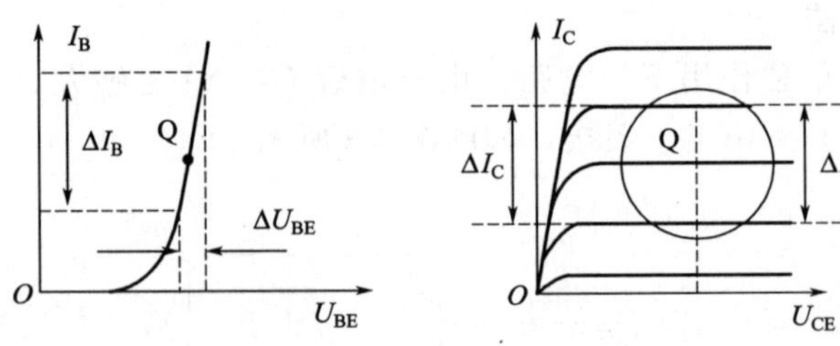


图 7-3-11　三极管在放大区中较小动态范围内的特性

输出特性曲线在放大区域内可认为呈水平线，集电极电流的微小变化 $\Delta I_C$ 仅与基极电流的微小变化 $\Delta I_B$ 有关，而与电压 $u_{CE}$ 无关，故集电极和发射极之间可等效为一个受 $i_B$ 控制的电流源，即 $i_C=\beta i_B$。

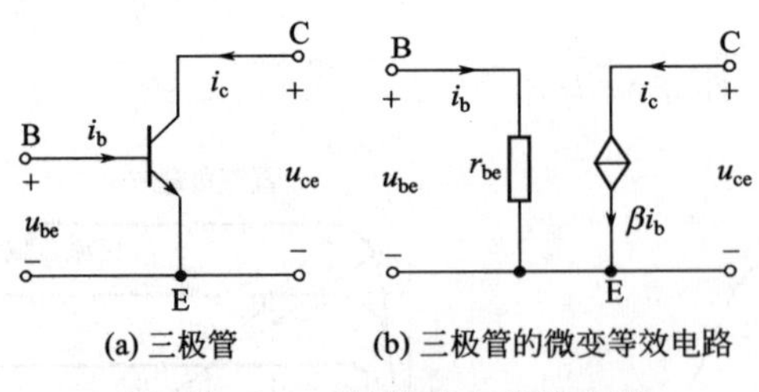


(a) 三极管　　(b) 三极管的微变等效电路

图 7-3-12　三极管微变等效电路

分析时假设输入为正弦交流，所以等效电路（见图 7-3-13）中的电压与电流可用向量表示，如图 7-3-14 所示。

① 电压放大倍数（参见图 7-3-15）。

$$A_u=\frac{u_o}{u_i}=\frac{-R_L^1 i_c}{r_{be} i_b}=\frac{-R_L^1\beta i_b}{r_{be} i_b}=-\frac{\beta R_L^1}{r_{be}}$$

式中 $R_L^1=R_C /\!/ R_L$。当 $R_L=\infty$（开路）时，

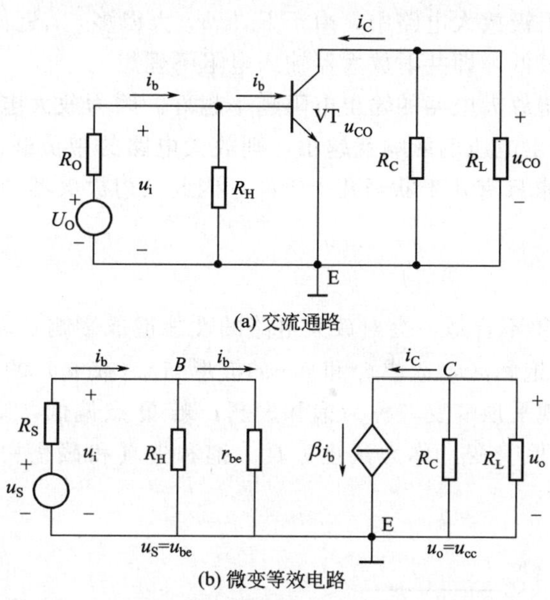


(a) 交流通路

(b) 微变等效电路

图 7-3-13　放大电路的微变等效电路

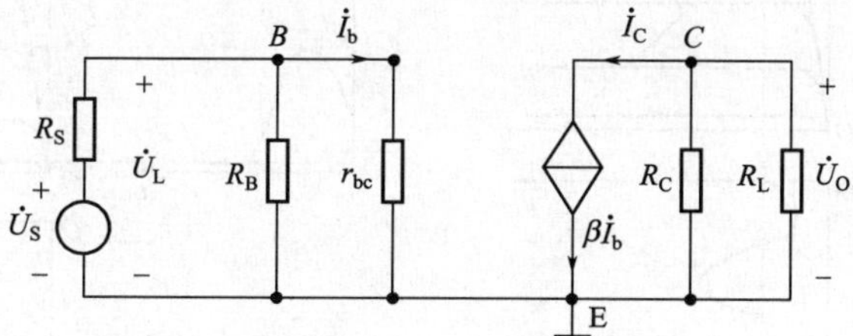


图 7-3-14　微变等效电路向量表示

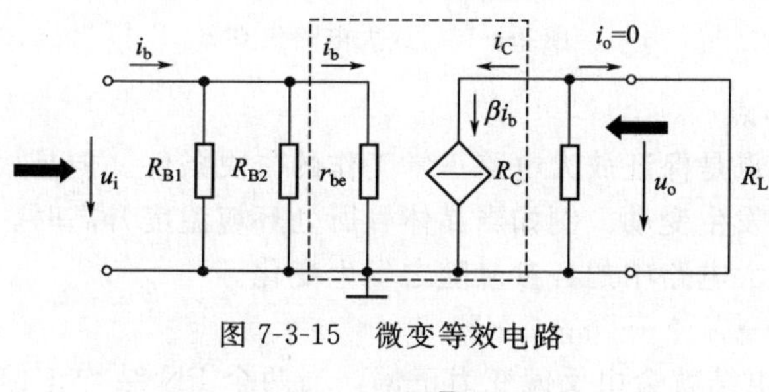


图 7-3-15　微变等效电路

$$A_u=-\frac{\beta R_C}{r_{be}}$$

② 输入电阻。

$$r_i=\frac{u_i}{i_i}=R_B /\!/ r_{be}$$

③ 输出电阻。

$$r_o=\frac{\dot{U}}{\dot{I}}=R_C$$

输入电阻 $r_i$的大小决定了放大电路从信号源吸取电流的太小。为减轻信号源负担，总希望 $r_i$大些。另外，较大的输入电阻 $r_i$，也可降低信号源内阻 $R_S$的影响，使放大电路获得较强的输入电压。在共发射极放大电路中，由于 $R_B$ 比 $r_{be}$ 大得多，$r_i$ 近似等于 $r_{be}$，一般只有几百欧至几千欧，阻值比较低，即共射放大器输入电阻不理想。

对负载而言，总希望放大电路的输出电阻越小越好。因为放大电路的输出电阻 $r_o$ 越小，负载电阻 $R_L$ 的变化对输出电压的影响就越小，则放大电路的带负载能力就越强。而共射放大电路的输出电阻 $r_o$ 通常只有几千欧至几十千欧，因此共射放大器的输出电阻也不理想。

## 四、工作点稳定

### 1. 失真问题

静态工作点 Q 设置得不合适，会对放大电路的性能造成影响。若 Q 点偏高，当 $i_b$ 按正弦规律变化时，Q[1] 进入饱和区，造成 $i_C$ 和 $u_{CE}$ 的波形与 $i_b$（或 $u_i$）的波形不一致，输出电压 $u_o$（即 $u_{ce}$）的负半周出现平顶畸变，称为饱和失真；若 Q 点偏低，则 Q 进入截止区，输出电压 $u_o$ 的正半周出现平顶畸变，称为截止失真。饱和失真和截止失真统称为非线性失真，具体如图 7-3-16 所示。

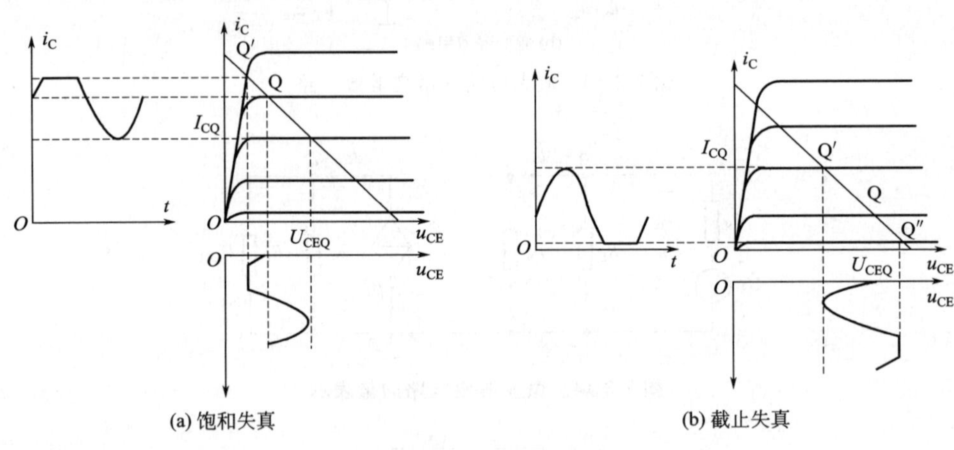


(a) 饱和失真　　(b) 截止失真

图 7-3-16　放大电路失真

### 2. 稳定的静态工作点

合理设置静态工作点是保证放大电路正常工作的先决条件。但是放大电路的静态工作点常因外界条件的变化而发生变动。例如当晶体管所处环境温度升高时，晶体管内部载流子运动加剧，因此将造成放大电路中的各参量随之发生变化。

温度 $T\uparrow \rightarrow$ Q 点 $\uparrow \rightarrow I_C\uparrow \rightarrow U_{CE}\downarrow \rightarrow V_C\downarrow$

如果 $V_C<V_B$，集电结就会由反偏变为正偏，当两个 PN 结均正偏时，电路出现“饱和失真”。为不失真地传输信号，实际使用时需对上述电路进行改造。分压式偏置的共发射极放大电路可通过反馈环节有效地抑制温度对静态工作点的影响。

分压式偏置的共发射极放大电路由于设置了反馈环节，因此当温度升高而造成 $I_C$ 增大时，可自动减小 $I_B$，从而抑制了静态工作点由于温度而发生的变化，保持 Q 点稳定，如图 7-3-17 所示。

静态分析时，此电路需满足 $I_1\approx I_2\gg I_B$ 的小信号条件。偏置电阻 $R_{B1}$ 和 $R_{B2}$ 应选择适当的数值，使之符合 $I_1\approx I_2\gg I_B$ 的条件。在小信号条件下，$I_B$ 可近似视为 0 值。忽略 $I_B$ 时，$R_{B1}$ 和 $R_{B2}$ 可以对 $U_{CC}$ 进行分压，即

$$U_B=U_{CC}\frac{R_{B2}}{R_{B1}+R_{B2}}$$

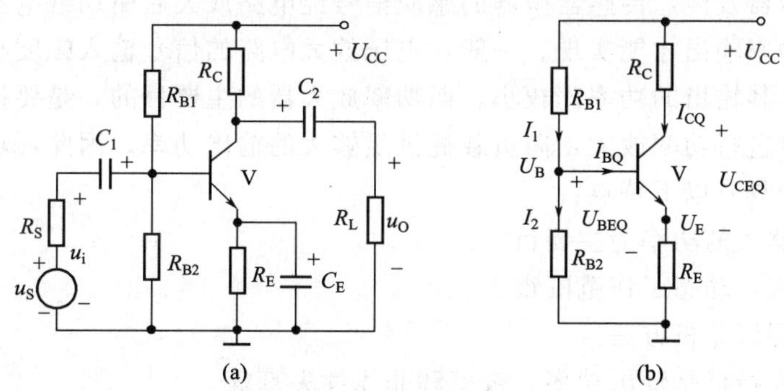


图 7-3-17　分压式偏置放大电路

$$I_C = I_E = \frac{U_B - U_{BE}}{R_E}$$

$$I_B = \frac{I_C}{\beta}$$

$$U_{CE} = U_{CC} - I_C(R_C + R_E)$$

上述分析步骤，就是分压式偏置的共发射极电压放大电路的估算法。显然，基极电压$V_B$的高低对静态工作点的影响非常大。分压式偏置的共发射极放大电路由于加设了负反馈环节，因此当温度升高时，具有自调节能力。设放大电路环境温度升高，此时

$T\uparrow \rightarrow I_C\uparrow \rightarrow I_E\uparrow \rightarrow V_E\uparrow \rightarrow u_{BE}\downarrow \rightarrow I_B\downarrow \rightarrow I_C\downarrow \rightarrow$温度变化 $I_C$基本不受影响。

由于电路具有对温度变化的自调节能力，因此集电极电流通常恒定，即

$$I_C = \frac{V_B}{R_E}$$

通过分析可知，交流放大电路中如果不设置静态工作点，输入的交流信号就无法全部通过放大电路，将造成传输过程中信号的严重失真；若静态工作点设置不合适，同样会发生传输过程中的饱和失真和截止失真。

设置合适的静态工作点显然是放大电路保证传输质量的必要条件，其设置的原则是：保证正常的输入信号不失真地输出且保证静态工作点的相对稳定。

分压式偏置的共射放大电路显然可以实现上述原则。通过选择合适的分压电阻$R_{B1}$和$R_{B2}$，可获得一个恰当的基极电压$U_B$值，以确保晶体管的发射结正偏和集电结反偏。这样，在信号传输的过程中晶体管就会始终工作在放大区，使放大电路正常工作。电路中的反馈电阻$R_E$则起到了稳定工作点的作用，从而抑制了由于温度变化对放大电路产生的影响。

## 分任务四　功率放大电路

功率放大电路与电压放大电路没有本质上的区别。它们都是利用放大器件的控制作用，把直流电源的能量转化为按输入信号规律变化的交变能量输出送给负载。所不同的是：电压放大电路的主要任务是不失真地放大信号电压；功率放大电路的主要任务则是使负载得到尽可能不失真的信号功率。功放电路中的晶体管称为功率放大管，简称“功放管”。广泛用于各种电子设备、音响设备、通信及自控系统中。

在实际应用电路中，通常要利用放大后的信号去控制某一负载工作，例如声音信号扩音

器放大后驱动扬声器发声，传感器微弱的感应信号经电路放大后驱动继电器动作等，都需要电路有足够大的功率输出才能实现。一般，电压放大电路的信号输入幅度小，解决的主要问题是电压的放大，其输出的功率比较小。而功率放大器的主要目的，是要把电压放大电路输出的较大的电信号进行功率放大，向负载提供足够大的输出功率。因此，功率放大电路不同于放大电路，它们具有以下特点：

① 以输出足够大的功率为主要目的。

② 大信号输入，动态工作范围很大。

③ 通常采用图解分析方法。

④ 分析的主要指标是输出功率、效率和非线性失真等。

## 一、功率放大电路的基本要求

功率放大电路不仅要有足够大的电压变化量，还要有足够大的电流变化量，这样才能产生足够大的功率，使负载正常工作。因此，对功率放大电路有以下几个基本要求。

### 1. 输出功率要大

功率放大器的主要目的是为负载提供足够大的输出功率。在实际应用时，除了要功放管具有较高的工作电压和较大的工作电流外，还要选择适当的功率放大电路、实现负载阻抗匹配等，这也是电路有较大功率输出的关键。

### 2. 效率要高

功率放大电路的输出功率由直流电源 $V_{CC}$ 提供。由于功放管及电路自身的损耗，电源提供的功率 $P_V$ 一定大于负载获得的输出功率 $P_o$，我们把 $P_o$ 与 $P_V$ 之比称为电路的效率 $\eta=\frac{P_o}{P_V}$。显然，功率放大电路的效率越高越好。

### 3. 非线性失真要小

由于功率放大电路工作在大信号放大状态，信号的动态范围较大，功率放大管工作时易进入线性范围。因此，功率放大电路必须想办法解决非线性失真问题，使输出信号的非线失真尽可能地减小。

### 4. 功放管的散热保护措施

功率放大电路在工作时，功率放大管消耗的能量将使其自身温度升高，不但影响其工作性能，甚至可能导致其损坏，为此，功放管需要采取安装散热片等散热保护措施。另外，为了使功放管安全工作，还应采用过压、过流等保护措施。

## 二、功率放大电路的分类

### 1. 按工作状态分

按功放中功放管的导电方式不同，可以分为甲类功放（又称 A 类）、乙类功放（又称 B 类）、甲乙类功放（又称 AB 类），如图 7-4-1 所示。甲类功放静态工作点在负载线线性段的中间，在整个周期内（正弦波的正负两个半周）都有电流 $i_C$，导通角为 360°。甲类放大器工作时会产生高热，效率很低，但固有的优点是不存在交越失真。乙类功放静态工作点移置截至点，电流 $i_C$ 仅在半个信号周期内存在，导通角为 180°。乙类放大器的优点是效率高，缺点是会产生交越失真。甲乙类功放界于甲类和乙类之间，将静态工作点移置接近截至点，其电流 $i_C$ 流通的时间增加半个周期，导通角为 180°～360°。甲乙类功放有效解决了乙类放大器的交越失真问题，效率又比甲类功放高。

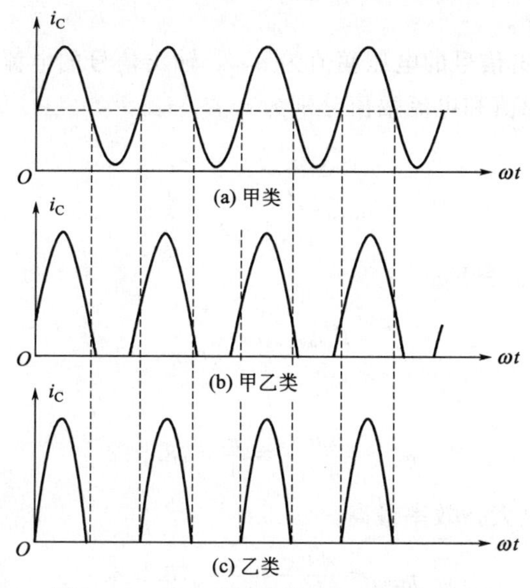


图 7-4-1　功率放大电路的三种工作状态

**2. 按放大器功能分类**

① 前级功放：主要作用是对信号源传输过来的信号进行必要的处理和电压放大后，再输出到后级放大器。

② 后级功放：对前级放大器送出的信号进行不失真放大，以强劲的功率驱动扬声器系统。除放大电路外，还设计了各种保护电路，如短路保护、过压保护、过热保护、过流保护等。前级功放和后级功放一般只在高档机或专业的场合采用。

③ 合并式放大器：将前级放大器和后级放大器合并为一台功放，兼有前两者的功能，通常所说的放大器都是合并式的，应用范围较广。

## 三、互补推挽功率放大器

乙类、甲乙类功率放大器虽然效率高，但它的输出波形严重失真，为了妥善解决失真和效率的矛盾，采用了互补推挽式电路，如图 7-4-2 所示，当 $u_i=0$，$VT_1$、$VT_2$ 截止，$u_o=0$，当 $u_i$为正半周，$VT_2$ 截止，$VT_1$ 放大，负载上有电流流过，负半周时，$VT_1$ 截止，$VT_2$ 放大，两只管子在无信号时均不工作。而有信号时，轮流导通，故称互补推挽式电路。

$VT_1$、$VT_2$ 的静态工作点分别为 $Q_1$（$u_{eq1}=0$，$i_{eq1}=0$），$Q_2$（$u_{eq2}=0$，$i_{eq2}=0$），鉴于

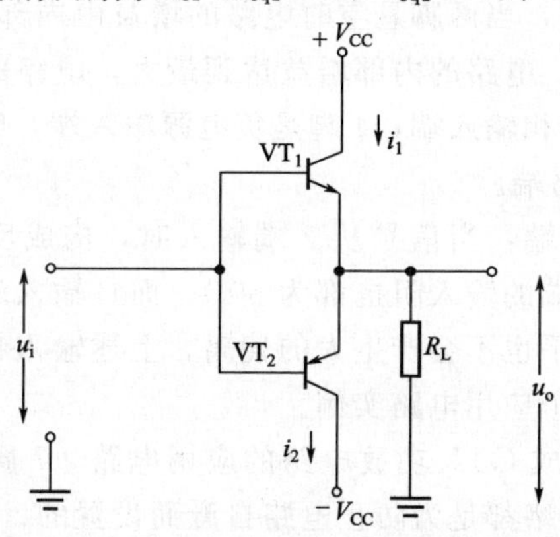


图 7-4-2　互补对称式推挽功率放大器原理图

$VT_1$、$VT_2$ 特性完全对称。

若 $u_i = u_{im}\sin\omega t$，输出信号的电压幅值为 $u_{om}$，输出信号的电流幅值分别为 $i_{om}$，三极管 $VT_1$、$VT_2$ 的交流电压幅值和电流幅值分别为 $u_{cem}$、$i_{cm}$。

(1) 输出功率。

$$P_{om} = u_o i_o = \frac{u_{om}}{\sqrt{2}} \frac{i_{om}}{\sqrt{2}} = \frac{1}{2} u_{om} i_{om}$$

由上图，可知 $u_{cem(max)} \approx V_{CC}$

所以
$$P_{om(max)} = \frac{V_{CC}}{2R_L}$$

(2) 效率 $\eta$。

$$\eta_{max} = \frac{\pi u_{CC}}{4V_{CC}} = \frac{\pi}{4} = 78.5\%$$

当 $u_{cem}$ 最大时，$P_o$ 最大，效率最高。

所以
$$\eta_{max} = \frac{\pi u_{CC}}{4V_{CC}} = \frac{\pi}{4} = 78.5\%$$

上式是忽略了 $u_{CE(sat)}$ 得到的，因此实际最大效率要比它小。

## 四、集成功率放大器简介

集成功率放大器由集成功放电路和一些外部阻容元件构成。集成功率放大器和分立元件功率放大器相比具有体积小、重量轻、调试简单、效率高、失真小、使用方便等优点，已经成为音频领域中应用十分广泛的功率放大器。功率放大电路的电路形式很多，有单电源供电的 OTL 功放电路，双电源供电的 OCL 互补对称功放电路，BTL 桥式推挽功放电路等。

### 1. LM386 集成功率放大器及其应用电路

LM386 是小功率音频放大器集成电路，图 7-4-3 是它的外形和引脚排列图，采用 8 脚双列直插式塑料封装，其额定工作电压范围为 4～16V，当电源电压为 6V 时静态工作电流为 4mA，因而极适合用电池供电，脚 1 和脚 8 之间用来外接电阻、电容元件以调整电路的电压增益。电路的频响范围较宽，可达数百千赫。最大允许功耗为 660mW（25℃），使用时不需加散热片。工作电压为 4V，负载电阻为 4Ω 时输出功率（失真为 10%）约 300mW；工作电压为 6V，负载电阻分别为 4Ω、8Ω、16Ω 时输出功率分别为 340mW、325mW、180mW。

LM386 管脚功能如下。

1 脚、8 脚是增益调整端，当两脚悬空时电路的增益由内部设计决定，当在 1 脚和 8 脚接入几十微法以上的电容时，电路的内部增益达到最大，电路的增益可根据实际需要调整。2 脚是反相输入端，3 脚是同相输入端，4 脚是负电源输入端，5 脚是功率输出端，6 脚是正电源输入端，7 脚是滤波旁路端。

LM386 有两个信号输入端，当信号从 2 端输入时，构成反相放大器，从 3 端输入时，构成同相放大器。每个输入端的输入阻抗都为 50Ω，而且输入端对地的直流电位接近于零，即使与地短路，输出直流电平也不会产生大的偏离。上述输入特性使 LM386 的使用显得灵活和方便。下面介绍它的两个应用电路实例。

图 7-4-4 是用 LM386 组成 OTL 功放电路的应用电路。7 脚接去耦电容 C，5 脚输出端所接的 10Ω 和 0.1μF 串联网络都是为防止电路自激而设置的，通常可以省去不用。1 脚、8 脚所接的阻容网络是为了调整电路的电压增益而附加的，电容的取值为 10μF，$R$ 约为

20kΩ。$R$ 值越小，增益越大。1 脚、8 脚间也可开路使用。综上所述，LM386 用于音频功率放大时，最简电路只需一只输出电容接扬声器。当需要高增益时，也只需再增加一只 10μF 电容短接在 1 脚、8 脚之间。例如，在用作唱机放大器时，可采用最简电路；在用作收音机检波输出端时，可用高增益电路。

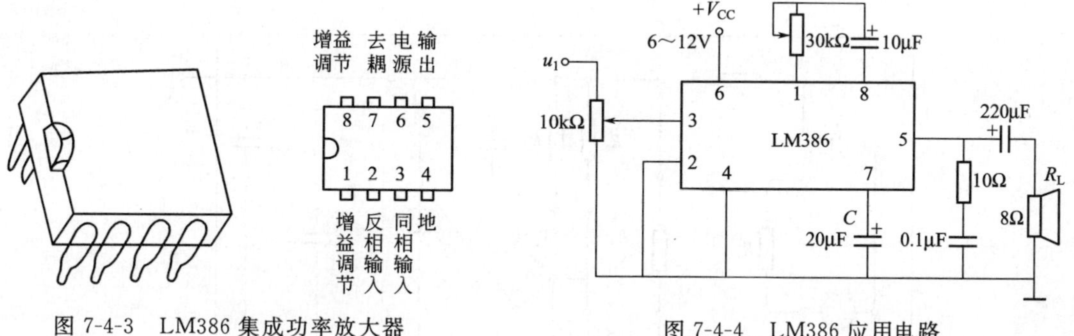


图 7-4-3　LM386 集成功率放大器　　　　图 7-4-4　LM386 应用电路

**2. TDA2822 管脚排列及应用电路**

（1）TDA2822 管脚排列。

TDA2822 是双声道音频功率放大电路，其电源电压范围宽（1.8～15V），电源电压低至 1.8V 仍能工作，因此，该电路适合在低电源电压下工作；适用于单声道桥式（BTL）或立体声线路两种工作状态；闭环电压增益 39dB；在独立的双通道模式下当 $V_{CC}=6V_{R_L}=8\Omega$，谐波失真 THD=10%时输出功率可以达到 380mW。TDA2822M 采用 8 脚双列直插封装结构，管脚排列如图 7-4-5 所示。

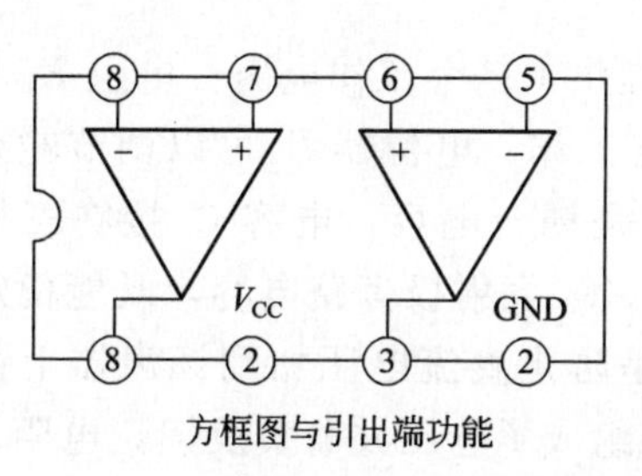


方框图与引出端功能

| 引出端序号 | 符号 | 功能 | 引出端序号 | 符号 | 功能 |
|---|---|---|---|---|---|
| 1 | $OUT_1$ | 输出端 1 | 5 | $IN_2(-)$ | 反向输入端 2 |
| 2 | $V_{CC}$ | 电源 | 6 | $IN_2(+)$ | 正向输入端 2 |
| 3 | $OUT_2$ | 输出端 2 | 7 | $IN_1(+)$ | 正向输入端 1 |
| 4 | GND | 地 | 8 | $IN_1(-)$ | 反向输入端 1 |

图 7-4-5　TDA2822M 管脚排列及功能图

（2）TDA2822 典型应用电路如图 7-4-6 所示。

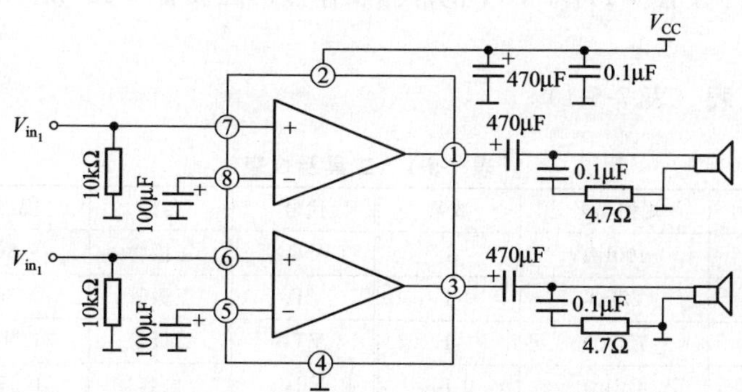


图 7-4-6　TDA2822 应用电路

# 任务实施

## 一、电路原理

扩音机电路图如图 7-5-1 所示。它由三极管 $VT_1$ 和 $VT_2$ 构成的两极放大电路作为前置放大器，三极管 $VT_3$ 和 $VT_4$ 构成乙类推挽功率放大器。

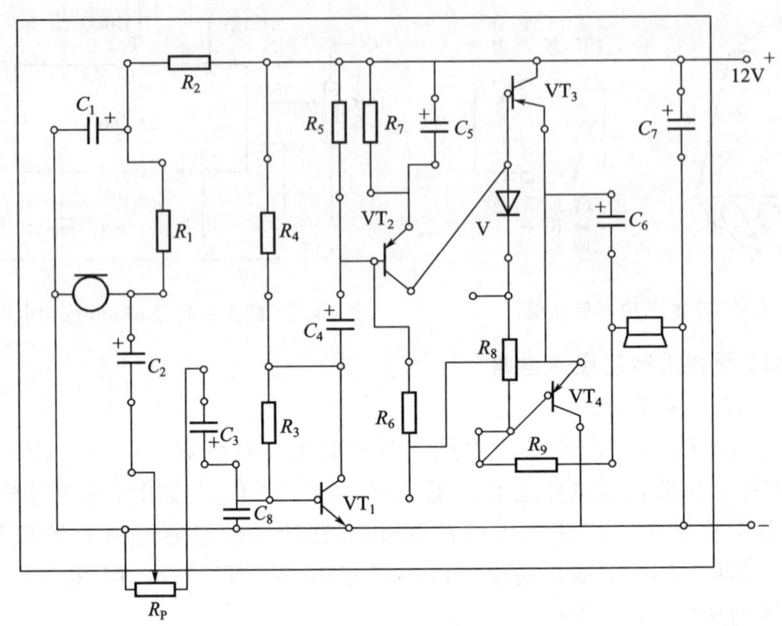


图 7-5-1 扩音机的印制电路图

在扩音器电路中，MIC 是驻极体话筒，电阻 $R_1$ 为它提供了一个工作电压。电阻 $R_2$ 和电解电容 $C_1$ 为滤波退耦电路，能避免自激，保证电路的稳定工作。电位器 $R_p$ 可以调节输入放大器的信号强度，是音量调节器。电解电容 $C_2$、$C_3$、$C_4$ 是耦合电容，电容 $C_8$ 接在三极管 $VT_1$ 的基极和发射极之间，作用是滤除杂波，电容 $C_5$ 是 $VT_2$ 发射极旁路电容，既能稳定静态工作点，又能使交流信号不受反馈的影响。$C_6$ 的作用是防止直流电压加到扬声器上而产生噪声。$C_7$ 为电源滤波电容。三极管 $VT_1$ 的电阻 $R_3$、$R_4$ 组成了电压并联负反馈，电阻 $R_5$、$R_6$ 为三极管 $VT_2$ 提供了一个稳定的工作电压，电阻 $R_7$ 为三极管 $VT_2$ 发射极的负反馈电阻，保证了电路静态工作点的稳定。$R_8$、$R_9$ 和二极管 VD 是三极管 $VT_2$ 的集电极负载，调节 $R_8$ 的大小，可以改变三极管 $VT_3$ 和 $VT_4$ 的静态工作点。三极管 $VT_3$ 和 $VT_4$ 构成乙类推挽功率放大器。

## 二、工具及仪表（表 7-5-1）

表 7-5-1 工具及仪表

| 代号 | 名称 | 规格型号 | 数量 | 代号 | 名称 | 规格型号 | 数量 |
|---|---|---|---|---|---|---|---|
| $R_1$ | 电阻 | 100kΩ | 1 | $VT_1$ | 三极管 | 8050 | 1 |
| $R_2$ | 电阻 | 22kΩ | 1 | $VT_2$ | 三极管 | 8550 | 1 |
| $R_3$ | 电阻 | 750kΩ | 1 | $VT_3$ | 二极管 | IN4148 | 1 |
| $R_4$ | 电阻 | 4.7kΩ | 1 | $VT_4$ | 电容 | 47μF/16V | 2 |
| $R_5$ | 电阻 | 5.6kΩ | 1 | VD | 电容 | 10μF/16V | 3 |

续表

| 代号 | 名称 | 规格型号 | 数量 | 代号 | 名称 | 规格型号 | 数量 |
|---|---|---|---|---|---|---|---|
| $R_6$ | 电阻 | 27kΩ | 1 | $C_1$、$C_5$ | 电容 | 470μF/16V | 2 |
| $R_7$ | 电阻 | 47kΩ | 1 | $C_2 \sim C_4$ | 模拟电路实验箱 | | 1 |
| $R_8$ | 电阻 | 100kΩ | 1 | $C_6$、$C_7$ | 万用表 | | 1 |
| $R_9$ | 电阻 | 1kΩ | 1 | MIC | 示波器 | | 1 |
| $R_p$ | 电阻 | 51kΩ | 1 | SP | 话筒 | | |
| 三极管 | 9014 | 1 | | | 扬声器 | | |
| 三极管 | 9015 | 1 | | | | | |

**三、内容及步骤**

(1) 电路元器件检测。

(2) 电路的安装。电路板装配应遵循“先低后高、先内后外”的原则，先安装电阻 $R_1 \sim R_8$ 及二极管 VD，再安装三极管 $VT_1 \sim VT_4$、电位器 $R_p$ 和电解电容，然后安装话筒和扬声器，最后接电源线。

(3) 电路安装工艺要求。按如图 7-5-1 所示装配图安装和焊接电路板。

① 将所有元器件正确装入印制电路板的相应位置后，采用单面焊接方法焊接电路板，要求无错焊、漏焊和虚焊。

② 元器件（零部件）距印制电路板的高度 $H=0 \sim 1$mm。

③ 元器件（零部件）引线保留的长度 $h=0.5 \sim 1.5$mm。

④ 元件面相应元器件的高度应平整、一致。

**四、测试**

先调整测试前置两级放大电路和功放电路的静态工作点，再测试前置放大每级的输出电压和功放输出电压。

(1) 仔细检查、核对电路与元器件，确认无误后加入规定的交流电压 220V±10%/50Hz。

(2) 电路两级放大和功率放大电路静态工作点的测试与调整。在通电情况下，输入信号 $U_i=0$，用万用表测量三极管 $VT_1$ 和 $VT_2$ 三个极的直流电压以及功放输出极 $VT_3$ 和 $VT_4$ 各电极的直流电压，判断各三极管是否处于放大状态。

(3) 电路正常工作时，交流信号放大倍数的测量。用低频信号发生器在电路输入端输入 1kHz 的正弦波信号，用示波器测量三极管 $VT_1$ 和 $VT_2$ 的输出电压，计算出电压放大倍数。

(4) 电路最大不失真输出功率的测量。用低频信号发生器在电路输入端输入 1kHz 的正弦波信号，加到电路输入端，用 8Ω/10W 的负载电阻代替扬声器。增大输入信号幅度，使输出信号波形最大不失真。记录此时输出信号幅度 $U_{oM}$，并计算出电路的最大不失真输出功率 $P_{oM}$。

## 任务巩固

7-1　画出固定偏置式放大器电路图（NPN 管），说出各元器件名称和作用。

7-2　画出分压偏置式放大器电路图（PNP 管），说出各元器件名称和作用。简述 Q 点稳定的过程。

7-3 画出如图 7-6-1 所示各电路的支流通路和交流通路。

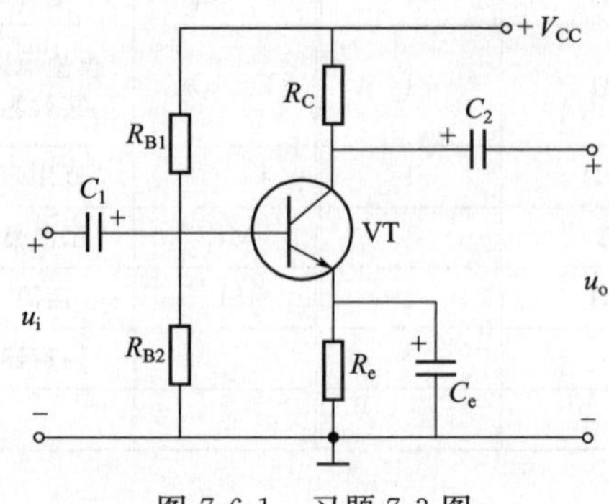


图 7-6-1 习题 7-3 图

7-4 电路如图 7-6-2 所示。晶体管的型号为 3DG130，$\beta=100$，$R_{be}=1\text{k}\Omega$，$R_1=30\text{k}\Omega$，$R_2=51\text{k}\Omega$，$R_E=2\text{k}\Omega$，$V_{CC}=12\text{V}$。

求：(1) 试估算 $R_3=0$ 与 $R_3=100\text{k}\Omega$ 时的 $R_i$；

(2) 说明 $R_3$ 的作用。

7-5 如图 7-6-3 所示是一个共射极放大器的电路图，NPN 型硅管的 $\beta$ 值＝100。

(1) 估算静态工作点；

(2) 求放大器的输入电阻和输出电阻；

(3) 画出放大器的微变等效电路；

(4) 求出放大器的电压放大倍数。

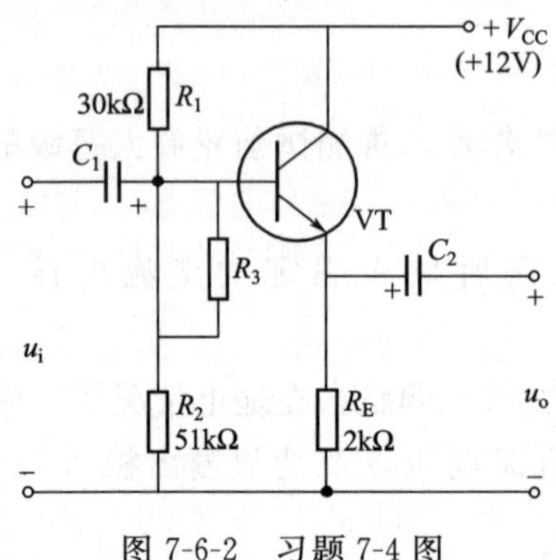


图 7-6-2 习题 7-4 图

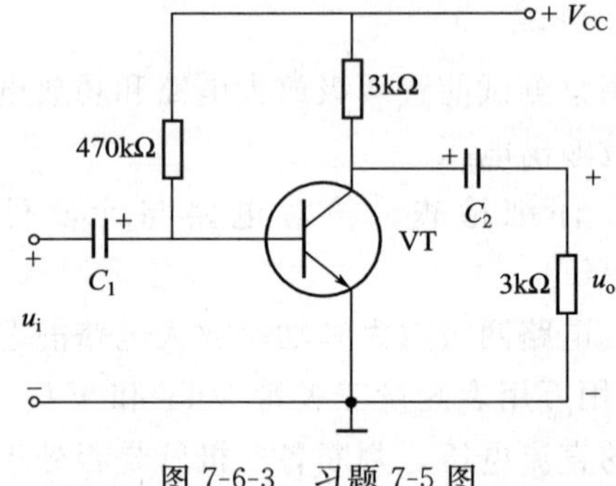


图 7-6-3 习题 7-5 图

# 任务八　收音机电路的组装与调试

任务描述

集成电路就是在很小的一块硅材料的基础上，采用现代半导体集成工艺和手段，制造出电路所需的电阻、电容、二极管以及三极管等原件，将它们按一定顺序连接起来，构成具有相对完整功能的电路。因此，基于集成电路的集成放大电路在电子技术领域得到越来越广泛的应用。本任务就是利用集成运算放大器来制作一个收音机电路，进而熟悉集成电路的特点、集成放大电路的组成、特性及主要应用。

能力目标

（1）能够查阅资料，正确识别和选取集成运算放大器；

（2）能对集成音频放大电路进行安装、调试与检测；

（3）能熟练使用万用表、电压表、示波器；

（4）良好的职业道德。

相关知识

（1）集成电路的内部结构特点；

（2）集成运算放大器的结构、主要性能指标与理想特性；

（3）集成运算放大器线性应用的基本电路分析。

## 分任务一　集成运算放大器的认识

### 一、集成电路

集成电路是利用特殊的工艺技术，把晶体管、电阻、电容、电路和导线等元件制作在一个半导体芯片上，形成不可分割的整体，并完成特定的功能。集成电路中，由于元件密度高、连线短、焊点少、外部引线少，因此大大提高了电子线路及电子设备的灵活性和可靠性。它具有通用性强、可靠性高、体积小、重量轻、功耗小及性能优越等特点，而且外部接线很少，调试极为方便，现在已经广泛应用于自动测试、自动控制、信息处理以及通信工程等各个电子技术领域。

集成电路的种类繁多，按照所完成的功能的不同，主要分为模拟集成电路和数字集成电路两大类。模拟集成电路是以电压或电流为变量对模拟量进行放大、转换、调制的集成电路，它可分为线性集成电路和非线性集成电路。线性集成电路是指输入信号和输出信号的变化呈线性关系的电路，如集成运算放大器。非线性集成电路是指输入、输出信号的变化成非线性关系的集成电路，如集成稳压器。

## 二、集成运算放大器

集成运算放大器实质上是一种电压放大倍数高、输入电阻大而输出电阻很低的直接耦合多级放大电路，具有体积小、重量轻、可靠性高、造价低廉，使用灵活方便等优点，因而在计算机、测量、自动控制、信号变换等方面获得了广泛应用。由于其发展初期主要应用于计算目的的数学运算上，所以至今仍被称为“集成运算放大器”。

### 1. 集成运算放大器的组成

集成运算放大器的种类、型号繁多，内部电路结构也不尽相同，但其基本结构都是由输入级、中间级、输出级和偏置电路 4 部分组成的，如图 8-1-1 所示。

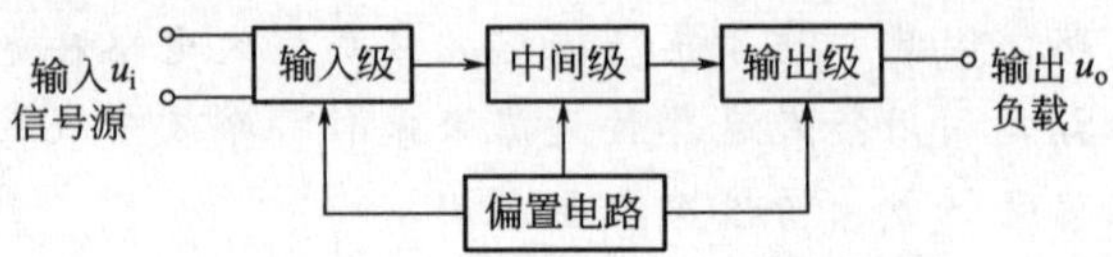


图 8-1-1 集成运算放大器的组成

输入级是运算放大器的关键部分，主要由差分放大电路组成，目的是为了减小放大电路的零点漂移，提高输入电阻。中间级一般由一级或二级共射极放大电路组成，它的主要任务是提供足够大的电压放大倍数。输出级一般由互补对称的射极输出器构成，主要起阻抗变换作用，使输出电阻低。偏置电路一般由各种恒流源电路构成，作用是为上述各级电路提供稳定、合适的偏置电压、电流，决定各级的静态工作点。

### 2. 集成运算放大器的符号

目前国产集成运算放大器有多种型号，它们都是由输入级、中间级和输出级等部分组成的。在具体应用时，对使用者来说，最关心的是它们的几个引脚的用途及放大器的主要参数，至于它们的内部结构如何则无关紧要。

集成运算放大器的封装方式有扁平封装式、陶瓷或塑料双列直插式、金属圆壳式或菱形等几种，有 8～14 个引脚，它们都按一定的顺序用数字编号，每个编号的引脚都连接着内部电路的某一特定位置，便于与外部电路连接。如图 8-1-2 所示，1 为调零端，2 为反相输入端，3 为同相输入端，4 为电源端（$-V_{EE}$），5 为调零端，6 为输出端，7 为电源端（$+V_{CC}$），8 为空脚。

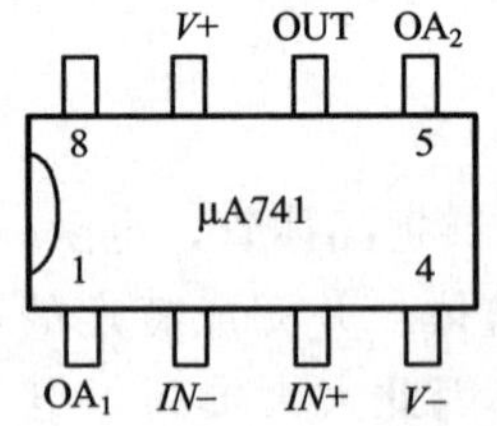


图 8-1-2 CF741 管脚排列及功能图

集成运算放大器的电路符号如图 8-1-3 所示。它有两个输入端，标“＋”的输入端称为

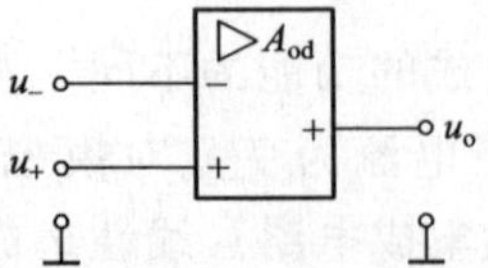


图 8-1-3 集成运算放大器的电路符号

同相输入端，输入信号由此端输入时，输出信号与输入信号相位相同；标“－”的输入端称为反相输入端，输入信号由此端输入时，输出信号与输入信号的相位相反。有一个输出端，输出电压与反相输入端输入电压的相位相反，而与同相输入端输入电压的相位相同。

## 三、集成运算放大器的主要性能参数

参数是评价运算放大器性能好坏的主要指标，是正确选择和使用运算放大器的重要依据。

### 1. 开环电压放大倍数 $A_{od}$

$A_{od}$是指集成运算放大器在没有外接反馈电路的情况下，输入端加一小信号，测得的电压放大倍数。它是决定运算放大器精度的主要参数，其值越大，精度越高。目前集成运放的$A_{od}$可以达 $10^5$～$10^{8.5}$或（100～170dB），理想运放的 $A_{od}$值为无穷大。

### 2. 共模抑制比 $K_{CMR}$

它表示运算放大器的差模电压放大倍数 $A_{od}$ 与共模电压放大倍数 $A_{oc}$ 之比的绝对值。$K_{CMR}$越大，说明运算放大器的共模抑制性能越好，一般为 60～160dB。

### 3. 开环输入电阻 $R_{id}$

指运算放大器开环时，输入电压的变化与由它引起的输入电流的变化之比，即两个输入端之间的等效电阻。$R_{id}$越大，运算放大器由差模信号源输入的电流就越小，精度越高。一般为几兆欧，国产高输入阻抗的运放其值可达到 $10^{12}\Omega$。

### 4. 开环输出电阻 $R_{od}$

指运算放大器输出级的输出电阻。$R_{od}$越小，运算放大器带负载能力就越强，一般为几十到几百欧姆。

## 四、理想运算放大器

### 1. 理想运算放大器的条件

在讨论模拟信号的运算电路时，为了使问题分析简化，通常把集成运放看成理想器件。理想运算放大器应满足以下几个条件。

（1）开环电压放大倍数 $A_{od}\to\infty$。

（2）差模输入电阻 $R_{id}\to\infty$。

（3）开环输出电阻 $R_{od}\to 0$。

（4）共模抑制比 $K_{CMR}\to\infty$。

根据上述条件，当运算放大器工作于线性状态时，即可视为一个理想的运算放大器。目前用户能买到的许多集成运放都很接近理想运放，因此，在分析集成运放的应用电路时将它视为理想运放是符合实际的，会给电路分析带来较大的方便，虽然会产生一些误差，但往往都是在工程允许的范围之内的。

### 2. 理想运放的特性

理想运放工作在线性区时，输出电压与输入电压呈线性关系，其中，$u_o$ 是集成运放的输出电压；$u_+$ 和 $u_-$ 分别是同相输入端及反相输入端的电压；$A_{od}$是开环差模电压放大倍数。根据理想运放的特征，可以导出工作在线性区时集成运放的两个重要特点。

（1）理想运放的差模输入电压等于零。

由于理想运放的开环差模电压放大倍数等于无穷大，而输出电压为确定数值，同相输入端电压与反相输入端电压近似相等，如同将 $u_+$ 和 $u_-$ 两点短路一样，但两点的短路是虚假的短路，是等效短路，并不是真正的短路，所以把这种现象称为“虚短”。

由 $u_o = A_{od} \cdot u_i = A_{od} \cdot (u_+ - u_-)$得

$$u_+ - u_- = \frac{u_o}{A_{od}}$$

由于 $A_{od} = \infty$,得 $u_+ = u_-$，即理想运放两个输入端的电位相等。因此集成运算放大器的两个输入端之间的电压为零，可视为短路。

若信号从反相输入端输入，而同相输入端接地，则 $u_+ = u_- = 0$，即反相输入端的电位为地电位，通常称为“虚地”。

(2) 理想运放的输入电流等于零。

由于理想运放的开环输入电阻 $R_{id} \rightarrow \infty$，因此它不向信号源索取电流，两个输入端都没有电流流入集成运放。此时，同相输入端电流和反相输入端电流都等于零，即 $i_+ = i_- = 0$，如同两点断开一样。而这种断开也不是真正的断路，是等效断路，所以把这种现象称为“虚断”。

“虚短”和“虚断”是分析理想运放工作在线性区的两条重要结论。

## 五、集成运算放大器使用常识

### 1. 调零

为了消除集成运算放大器的失调电压和失调电流引起的输入误差，以达到零输入时零输出的要求，必须进行调零。

对有外接调零端的集成运算放大器，可通过外接调零元件进行调零。调零时，必须将输入端接地，调节调零元件使输出电压为零。

当集成运算放大器没有调零端时，可采用外加补偿电压的方法进行调零。它的基本原理是：在其输入端施加一个补偿电压，以抵消失调电压和失调电流的影响，从而使输出为零。

### 2. 消除自激振荡

由于集成运算放大器增益很高，消除自激振荡是其动态调试的重要内容。在线性应用时，外电路大多采用深度负反馈电路。由于内部电路级数较多、电路中极间电容、分布电容的存在，使得信号在传输过程中产生附加相移，产生正反馈。即使在没有输入电压的情况下，也会有一定频率、一定幅度的输出电压产生，电路的这种现象就称为自激振荡。消除自激振荡的方法有内置和外加电抗元件、RC 移相网络的方法进行相位补偿。目前，由于电路的改进或已经内置了补偿电路，大部分的集成运算放大器内部已不需要外加补偿网络。

### 3. 集成运算放大器的选用

根据集成运算放大器的性能不同分类，集成运算放大器有高增益的通用型、高输入阻抗、低漂移、低功耗、高速、高压、高精度和大功率等各种专用型集成运算放大器。在选用时要考虑性能价格比，要以较低的价格达到较高的性能。一般来说，专用型集成运算放大器性能较好，但价格较高。在工程实践中不能一味地追求高性能，而且专用集成运算放大器仅在某一方面有优异性能，所以在使用时，应根据电路的要求，查阅集成运算放大器的有关参数，合理地选用。

# 分任务二　分析差分放大电路

## 一、直接耦合方式

交流放大电路级与级之间采用了阻容耦合方式。耦合电容具有隔直流、通交流的作用，既保证了交流信号的逐级放大，逐级传递，又隔断了级间的直流通路，使各级静态工作点各自独立，互不影响。直接耦合放大电路则不同，级与级之间采用直接耦合方式，如图 8-2-1 所示，前一级的集电极输出端与后一级基极的输入端相连。由于前后级采用了直接耦合方式，虽然它能把变化缓慢的信号或直流信号逐级放大，但也带来了一些问题，其中最主要的是零点漂移问题。

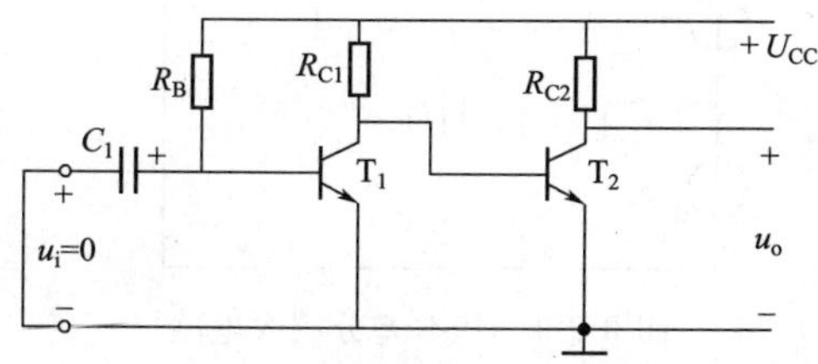


图 8-2-1 直接耦合放大电路

一个理想的直接耦合放大电路，当输入信号 $u_i=0$ 时，其输出电压 $u_o$ 应保持不变（不一定为零）。实际上，把直接耦合放大电路的输入端短接（即 $u_i=0$），在输出端 $u_o$ 也会偏离初始值，有一定数值的无规则缓慢变化电压输出，这种现象称为零点漂移，简称零漂，如图 8-2-2 所示。

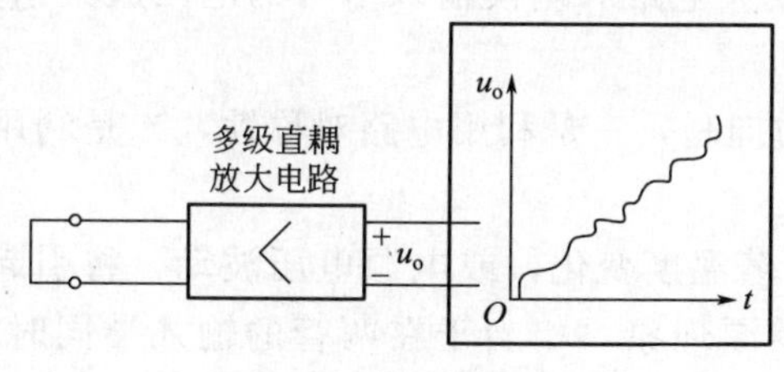


图 8-2-2 零点漂移

引起零点漂移的原因很多，如三极管参数（$I_{CBO}$、$U_{BE}$、$\beta$）随温度的变化而变化，电源电压的波动，电路元件参数变化等，其中以温度变化的影响最为严重，从而引起静态工作点的变化，所以零点漂移也称温漂。在多级直接耦合放大电路各级漂移中，又以第一级的漂移影响最为严重。因前级工作点的微小变化将会逐级传输放大，级数越多，放大倍数越高，在输出端产生的零点漂移就越严重。在输入信号较小时，零点漂移的电压可能把有用信号电压完全掩盖，一真一假，互相纠缠在一起，难以分辨出是有用信号还是漂移电压。如果漂移量大到足以和有用信号相比时，放大电路就无法正常工作了。因此，减小输入级的零点漂移，成为多级直接耦合放大电路一个至关重要的问题。解决零点漂移最有效的办法是采用差分放大电路。

## 二、差分放大电路

### 1. 电路基本结构及抑制零漂的原理

差分放大电路的基本结构如图 8-2-3 所示，它的主要特点是电路结构对称，元器件特性及参数值也对称。

图中 $T_1$、$T_2$ 为一对特性及参数均相同的三极管（工程上称为差动对管），$R_C$ 为集电极负载电阻，$R_E$ 为发射极公共电阻，$+U_{CC}$ 和 $-U_{EE}$ 分别是正、负电源的（对“地”）电压。它有两个输入端（$T_1$、$T_2$ 的基极）和两个输出端（$T_1$、$T_2$ 的集电极）。当无输入信号

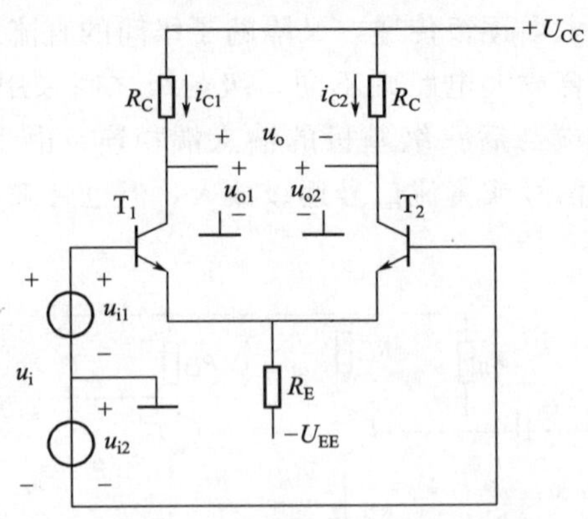


图 8-2-3　基本差分放大电路

($u_i=0$)时，由于电路完全对称，故输出信号 $u_o=0$。

差分放大电路的输入信号一般采用差模方式输入，即加在两个输入端的信号电压大小相等、极性（或相位）相反，称为差模输入信号，如图 8-2-3 所示。若信号 $u_{i1}>0$，则必有 $u_{i2}<0$。在它们的作用下，集电极电流 $i_{C1}$ 将增大，$i_{C2}$ 将减小，于是两管的集电极电位将向不同的方向变化，即 $T_1$ 管的集电极电位下降，$T_2$ 管的集电极电位升高，输出端便有输出信号 $u_o$。可以证明，差分放大电路对差模输入信号的电压放大倍数等于单管放大电路的电压放大倍数。

差分放大电路对零漂的抑制，一是利用电路对称性，二是利用发射极电阻 $R_E$ 的深度负反馈。

当外加信号 $u_i=0$ 时，若温度变化，或电源电压波动，将引起两管集电极电流 $i_{C1}$、$i_{C2}$ 同时增大或减小，这就是零漂现象，相当于在两管的输入端同时加进一对大小相等、极性（或相位）相同的信号 $u_{iC1}$、$u_{iC2}$，称为共模输入信号，如图 8-2-4 所示。分析差分放大电路对共模输入信号的抑制情况，即可衡量它对零漂或其他外部干扰信号的抑制能力。

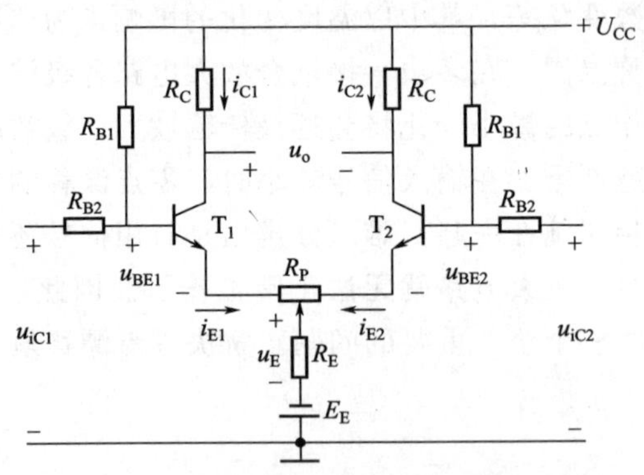


图 8-2-4　差分放大电路对零点漂移的抑制

由于电路的结构和参数完全对称，对于共模输入信号，两集电极电位总是相等的。若采用双端输出方式，输出电压为零，或者说，差分放大电路的共模电压放大倍数 $A_{od}=0$，即差分电路可以有效地抑制零漂。但要使电路完全对称是很困难的，即使用同样的工艺做在同一芯片上的两个三极管，其特性和参数也很难完全相同。

为提高电路的对称性，常在发射极（有时在集电极）电路中接入一个调零电位器 $R_P$，如图 8-2-4 所示。当 $u_i=0$ 时，调节 $R_P$ 使 $u_o=0$。发射极电阻具有电流负反馈作用，故 $R_P$ 将降低差模电压放大倍数 $A_{od}$，因而 $R_P$ 的阻值不能太大，一般在几十到几百欧之间。$R_P$ 对电路对称程度的补偿是很有限的，特别是在单端输出时，无法利用电路的对称性来抑制零漂。

从根本上说，要有效地抑制零漂，实质上是要稳定三极管的集电极电流，使它不受外部因素（温度、电源电压等）变化的影响。为此，可在发射极电路中接入电阻 $R_E$（见图 8-2-4）。当加入共模信号时，$R_E$ 中流过的电流 $i_E$ 是两管发射极电流之和，$R_E$ 将对共模信号产生强烈的电流负反馈作用，抑制了两管因共模信号引起的电流变化。

显然，$R_E$ 越大，负反馈作用越强，抑制零漂的效果越好，而且对于双端和单端输出同样有效。$R_E$ 一般称为共模反馈电阻。

对于差模输入信号而言，由于两管的集电极信号电流和发射极信号电流极性（或相位）相反，故两管流过 $R_E$ 的信号电流互相抵消，$R_E$ 上的差模信号压降为零，可视为短路，故不会对差模放大倍数产生影响。

在电源电压 $U_{CC}$ 一定时，$R_E$ 过大将使集电极静态电流过小，三极管的静态工作点过低，不利于有效信号的放大。为此在发射极电路中接入负电源 $U_{EE}$，以补偿 $R_E$ 两端的直流压降。

**2. 输入、输出方式**

差分放大电路有两个输入端和两个输出端。输入方式由信号源决定，既可双端输入，又可以单端输入；输出方式取决于负载，既可双端输出，又可单端输出。因此，按照输入、输出方式，差分放大器有 4 种接法。

(1) 双端输入-双端输出　这种接法的输入信号接在两管的基极之间，输出信号从两管集电极取出，如图 8-2-5 所示。这种接法零漂很小，故应用广泛，但信号源和负载都不能有接“地”端。

(2) 双端输入-单端输出　这种接法的输出信号是从一管的集电极和“地”之间取出，常用于将差模信号转换为单端输出的信号，以便与负载或后级放大器有公共接“地”端，如图 8-2-6 所示。由于是单端输出，因而无法利用电路的对称性抑制零漂，静态时输出端直流电位也不为零。

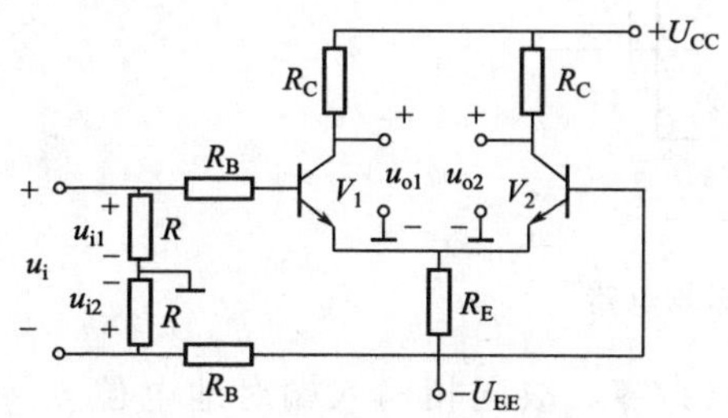


图 8-2-5　双端输入-双端输出方式

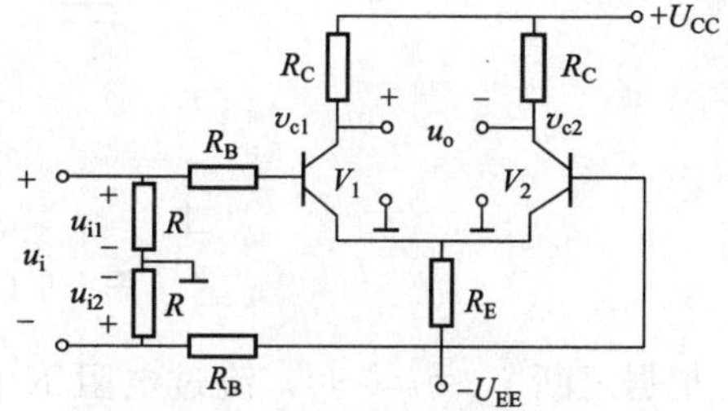


图 8-2-6　双端输入-单端输出方式

(3) 单端输入-双端输出　输入信号接在一管的输入端（基极与“地”之间），经发射极电阻 $R_E$ 耦合到另一管的输入端，如图 8-2-7 所示。这种接法的信号源可以有一端接“地”，并将单端输入信号转换为双端输出信号，作为下一级差分放大电路的差模输入信号。

(4) 单端输入-单端输出　输入、输出信号都可以有一端接“地”，如图 8-2-8 所示。这种接法的差分放大电路比单管放大电路，显然有较强的抑制零漂的能力。

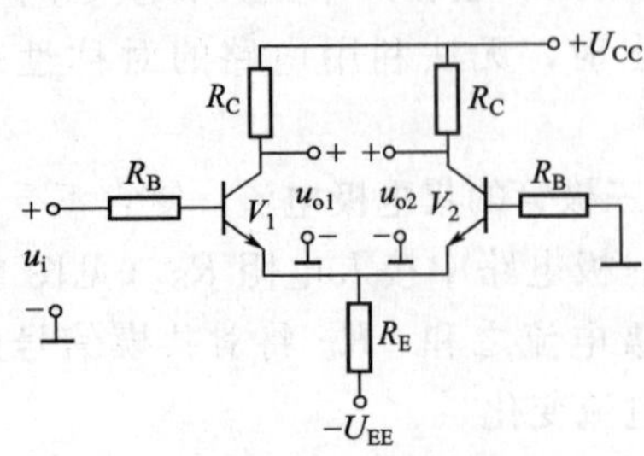


图 8-2-7　单端输入-双端输出方式

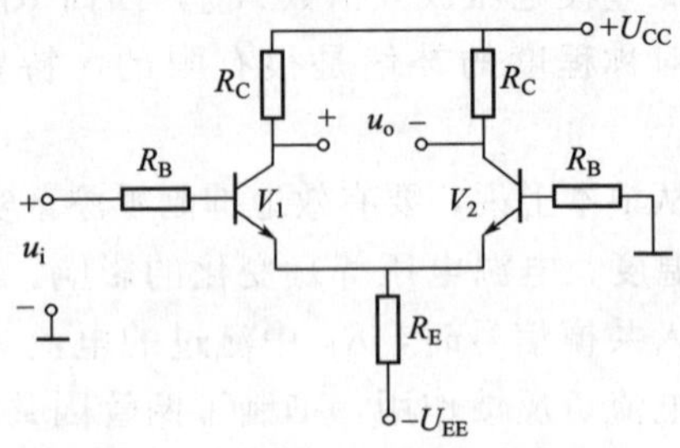


图 8-2-8　单端输入-单端输出方式

# 分任务三　集成运算放大器线性应用

集成运放在信号方面的应用是运算放大器的线性应用，为此，必须在运放电路中引入深度负反馈，以确保运放工作在线性区。且使用不同的电路元件构成负反馈电路，就能够完成不同的运算功能，如比例运算、加法、减法、积分、微分和乘法、除法运算等。

## 一、比例运算电路

以下将要介绍的反相输入比例运算电路和同相输入比例运算电路。除了能够完成自身的比例运算功能外，还是构成其他线性应用电路的基础，其分析方法在线性应用中普遍适用。

### 1. 反向输入比例运算电路

反向比例运算电路如图 8-3-1 所示，同相输入端经电阻 $R'$ 接地，输入信号 $u_i$ 经过电阻 $R_1$ 加入运放的反相输入端，是反相输入运算电路。电路通过电阻 $R_f$ 引入了负反馈，使运放工作在线性区。这时电路具有“虚短”和“虚断”的特点，这样的特点在反相输入运放电路中的具体表现就是“虚地”。

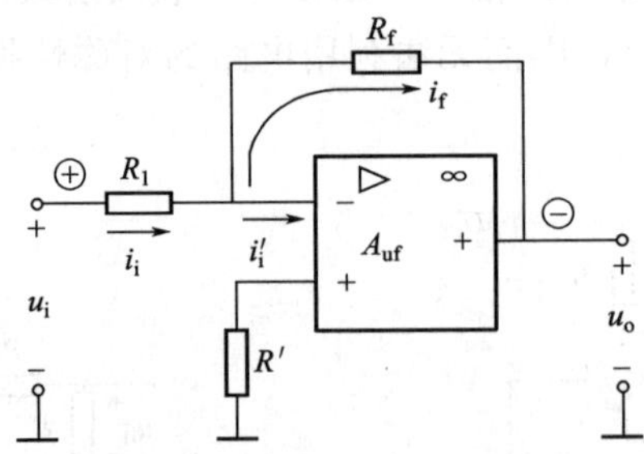


图 8-3-1　反向比例运算电路

根据虚断 $i_+=i_-\approx0$，流过电阻 $R'$ 的电流近似为零，故同相输入端对地电位 $u_+\approx0$，且 $i_i\approx i_f$。

根据虚短 $u_+\approx u_-\approx0$，在反相输入运放电路中，反相输入端对地的电位 $u_-$ 也近似为零，相当于接地，但又不是真正接地，故称“虚地”。

虚地是反相输入运放电路的重要特点，也是分析这一基本运放电路的重要分析，应深入理解，并灵活应用。

(1) 电压放大倍数 $A_{uf}$。

根据 $u_+ \approx u_- \approx 0$，输入信号端电流

$$i_i = (u_i - u_-)/R_1 \approx u_i/R_1$$

反馈电路电流

$$i_f = (u_- - u_o)/R_f \approx -u_o/R_f$$

根据 KCL $$i_i = i_f + i_d$$

根据“虚断”特点，上式中 $i_d = i_- = 0$。

故 $$i_i = i_f$$

则 $$u_i/R_1 = -u_o/R_f$$

输出电压

$$u_o = -u_i(R_f/R_1)$$

电压放大倍数

$$A_{uf} = u_o/u_i = -R_f/R_1$$

上式表明，该反相输入运放电路具有比例运算功能，即输出电压与输入电压呈正比线性关系，比例系数只与外接电阻的阻值有关系。只要选用阻值精确、性能稳定的精密电阻，就能给够实现相当精确的比例运算。输出电压 $u_o$ 与输入电压 $u_i$ 的相位相反，体现了反相输入方式的特点。

（2）平衡电阻。

集成运放的两个输入端就是输入级差分放大电路两个晶体管的基极，而保持两个基极输入电路的对称是十分必要的。静态时，反相输入端到地的等效电阻是 $R_1 /\!/ R_f$，故应取 $R' = R_1 /\!/ R_f$，以保证输入电路的对称，并称 $R'$为平衡电阻。

**【例题 8-1】** 在如图 8-3-1 所示的反相输入比例运放电路中，已知 $R_1 = 20\text{k}\Omega$、$R_f = 200\text{k}\Omega$。计算电路的电压放大倍数 $A_{uf}$和平衡电阻 $R'$。

**解** 根据电压放大倍数公式

$$A_{uf} = -R_f/R_1 = -200/20 = -10$$

根据平衡电阻公式

$$R' = R_1 /\!/ R_f = (20 \times 200)/(20 + 200) = 18.18\ (\text{k}\Omega)$$

**2. 同相输入比例运算电路**

同向比例运算电路如图 8-3-2 所示，输入信号 $u_i$ 经过电阻 $R_2$ 加入同相输入端，反馈电阻 $R_f$ 仍跨接在输出端和反相输入端之间，反相输入端经过电阻 $R_1$ 接地。

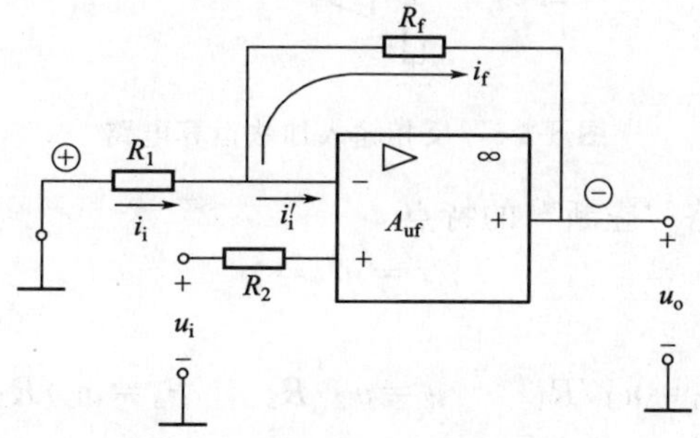


图 8-3-2 同向比例运算电路

根据虚断 $$(i_+ = 0)\ u_i \approx u_+$$

根据虚短 $$u_i \approx u_+ \approx u_-$$

即同相输入端和反相输入端对地电压相等，且都等于外加输入信号电压 $u_i$。

(1) 电压放大倍数 $A_{uf}$。

反相输入端对地电压

$$u_- = u_o \cdot R_1/(R_1+R_f)$$

因为 $$u_i = u_+ = u_-$$

故输出电压

$$u_o \approx u_i(1+R_f/R_1)$$

电压放大倍数

$$A_{uf} = u_o/u_i = 1+R_f/R_1$$

该同相输入运放电路也能够完成比例运算功能，比例系数也只是取决于外接电阻 $R_f$ 和 $R_1$。另外，同相输入比例运放电路的比例系数总是大于或等于 1 的。

(2) 平衡电阻 $R_2 = R_1 /\!/ R_f$。

**【例题 8-2】** 在图 8-3-2 的运放电路中，$R_1 = 100\text{k}\Omega$、$R_f = 50\text{k}\Omega$，输入信号电压 $u_i = 0.3\sin\omega t\,\text{V}$。计算输出电压 $u_o$ 和平衡电阻 $R_2$ 的值。

**解** 根据输出电压公式

$$u_o = (1+R_f/R_1)u_i = (1+50/100)\times 0.3\sin\omega t = 0.45\sin\omega t \ (\text{V})$$

根据平衡电阻公式

$$R_2 = R_1 /\!/ R_f = (100\times 50)/(100+50) = 33.33 \ (\text{k}\Omega)$$

## 二、加法运算电路

加法运算电路有多个输入端，它的输出电压与多个输入信号相加之和成正比关系。加法运算电路是在比例运算电路的基础上加以改进形成的。

如图 8-3-3 所示为反相输入加法运算电路，该电路给出了具有三个输入端的反相加法运算电路。可以看出，这个加法运算电路实际上是在反相比例运算电路的基础上加以扩展而得到的。

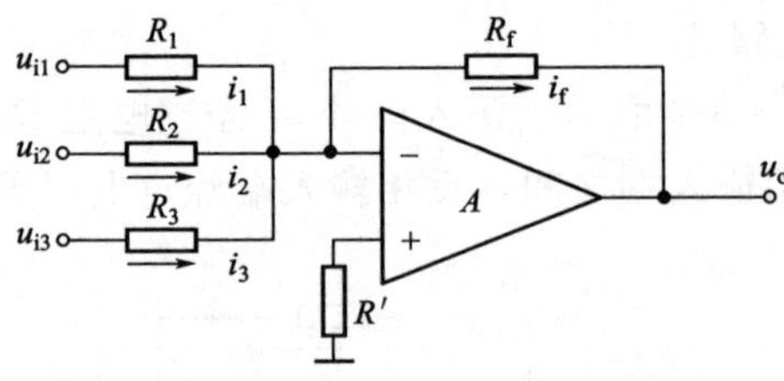


图 8-3-3 反相输入加法运算电路

根据反相输入运算电路“虚断”的特点

$$u_+ = u_- = 0$$

输出电流

$$i_1 = u_{i1}/R_1 \qquad i_2 = u_{i2}/R_2 \qquad i_3 = u_{i3}/R_3$$

反馈支路电流

$$i_f = -u_o/R_f$$

根据“虚断” $i_- = 0$ 所以 $i_1 + i_2 + i_3 = i_f$

综合以上分析，可得

$$u_{i1}/R_1+u_{i2}/R_2+u_{i3}/R_3=-u_o/R_f$$

输出电压

$$u_o=\left(\frac{R_f}{R_1}u_{i1}+\frac{R_f}{R_2}u_{i2}+\frac{R_f}{R_3}u_{i3}\right)$$

可见，电路的输出电压 $u_o$ 反映了输入电压 $u_{i1}$、$u_{i2}$ 和 $u_{i3}$ 相加所得的结果，即电路能够实现求和运算。如果电路中电阻的阻值满足关系 $R_1=R_2=R_3=R$，则上式变为

$$u_o=\frac{R_f}{R}(u_{i1}+u_{i2}+u_{i3})$$

平衡电阻 $$R'=R_1/\!/R_2/\!/R_3/\!/R_f$$

当然，按照同样的原则，可以将求和电路的输入端扩充到三个以上，电路的分析方法是相同的。

通过上面的分析可以看出，反相输入求和电路的实质是利用“虚地”和“虚断”的特点，通过各路输入电流相加的方法来实现输入电压的相加。

这种反相输入电路的优点是，当改变某一输入回路的电阻时，仅仅改变输出电压与该路输入电压之间的比例关系，对其他各路没有影响，因此调节比较灵活方便。另外，由于“虚地”，因此，加在集成运放输入端的共模电压很小。在实际工作中，反相输入方式的求和电路应用比较广泛。

## 三、减法运算电路

减法运算电路如图 8-3-4 所示。这个电路图的特点是它有两个输入信号 $u_{i1}$ 和 $u_{i2}$ 分别加入运放的反相输入端和同相输入端，构成差分输入方式。反馈电阻 $R_f$ 从输出端接回反相输入端，引入电压负反馈，保证运放工作在线性区。正是由于运放工作在线性区，可以用叠加定理分析输出 $u_o$ 与输入 $u_{i1}$、$u_{i2}$ 之间的关系。

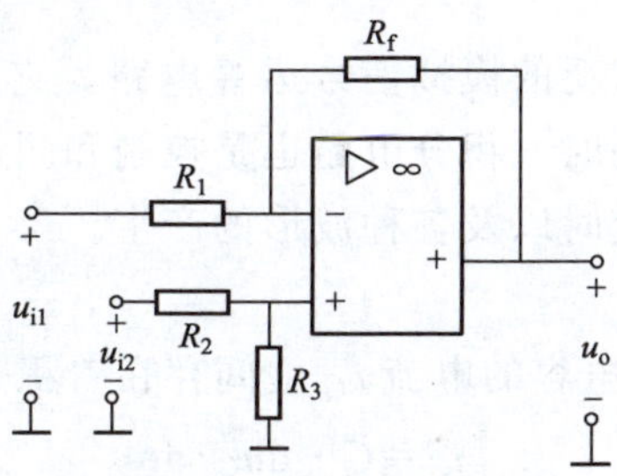


图 8-3-4　减法运算电路

设反相输入端信号 $u_{i1}$ 单独作用，产生的输出电压分量是 $u'_o$，电路如图 8-3-5(a) 所示。此时 $u_{i2}$ 不作用，$u_{i2}=0$，对应输入端相当于对地短路。

根据反相输入比例运算电压输入公式，得

$$u'_o=-u_{i1}\cdot R_f/R_1$$

同相输入端信号 $u_{i2}$ 单独作用，产生的输出电压分量是 $u''_o$，电路如图 8-3-5(b) 所示。此时 $u_{i1}$ 不作用，$u_{i1}=0$，对应输入端相当于对地短路。

同相输入端对地电压

$$u_+=u_{i2}\cdot R_3/(R_2+R_3)$$

根据同相输入比例运算电压输入公式，得

$$u''_o=u_+\cdot(1+R_f/R_1)=u_{i2}\cdot R_3/(R_2+R_3)\cdot(1+R_f/R_1)$$

减法运算电路的输出 $u_o$ 是 $u'_o$ 与 $u''_o$ 的叠加

$$u_o=u'_o+u''_o=-u_{i1}\cdot R_f/R_1+u_{i2}\cdot R_3/(R_2+R_3)\cdot(1+R_f/R_1)$$

如果取电阻阻值 $R_1=R_2$，$R_3=R_f$，经过整理可得

$$u_o=(u_{i2}-u_{i1})\cdot R_f/R_1$$

上式表明，输出电压 $u_o$ 与两个输入信号（$u_{i2}-u_{i1}$）的差值成正比。

如果取电阻阻值 $R_1=R_2=R_3=R_f$，则该电路具有减法运算功能。

$$u_o=(u_{i2}-u_{i1})$$

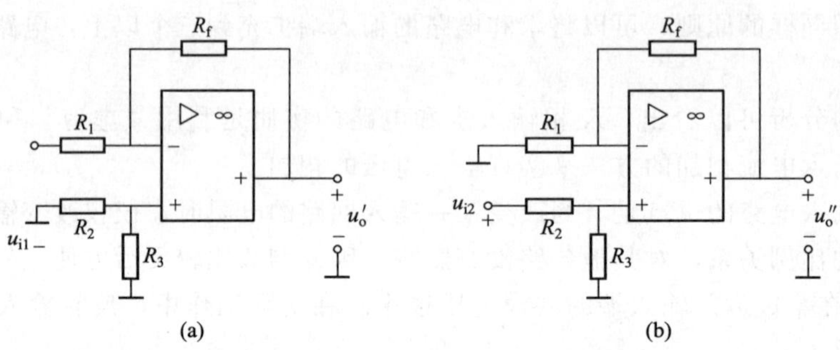


图 8-3-5 用叠加定理计算减法运算电路

**【例题 8-3】** 差分输入运算电路如图 8-3-4 所示，电阻 $R_1=R_2=20\text{k}\Omega$，$R_3=R_f=40\text{k}\Omega$，输入 $u_{i1}=0.3\text{mV}$，$u_{i2}=0.8\text{mV}$，计算输出电压 $u_o$。

**解** 根据减法运算电路电压输出公式，可得

$$u_o=(u_{i2}-u_{i1})\cdot R_f/R_1=(0.8-0.3)\cdot 40/20=1\ (\text{V})$$

## 四、积分运算电路

积分电路是一种应用比较广泛的模拟信号运算电路。它是组成模拟计算机的基本单元，用以实现对微分方程的模拟。同时，积分电路也是控制和测量系统中常用的重要单元，利用其充放电过程可以实现延时、定时以及各种波形的产生。

### 1. 电路组成

电容两端的电压 $u_C$ 与流过电容的电流 $i_C$ 之间存在着积分关系是

$$i_C=C\cdot du_C/dt$$

即

$$u_C=\frac{1}{C}\int i_C\,dt$$

如能使电路的输出电压 $u_o$ 与电容两端的电压 $u_C$ 成正比，而电路的输入电压 $u_i$ 与流过电容的电流 $i_C$ 成正比，则 $u_o$ 与 $u_i$ 之间即可成为积分运算关系。利用理想运放工作在线性区时“虚短”和“虚断”的特点可以实现以上要求。

在图 8-3-6 中，输入电压通过电阻 $R$ 加在集成运放的反相输入端，并在输出端和反相输入端之间通过电容 $C$ 引入一个深度负反馈，即可组成基本积分电路。为使集成运放两个输入端对地的电阻平衡，通常使同相输入端的电阻为

$$R'=R$$

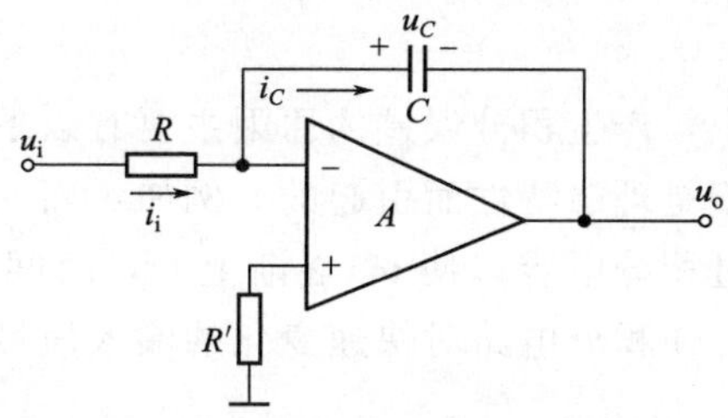


图 8-3-6　积分运算电路

可以看出，这种反相输入基本积分电路实际上是在反相比例电路的基础上将反馈回路中的电阻 $R_f$ 改为电容 $C$ 而得到的。

由于集成运放的反相输入端“虚地”，故

$$u_o=-u_C$$

可见输出电压与电容两端电压成正比。又由于“虚断”，运放反相输入端的电流为零，则 $i_i=i_C$，故

$$u_i=i_iR=i_CR$$

即输入电压与流过电容的电流成正比。由以上几个表达式可得

$$u_C=-\frac{1}{RC}\int u_i\,\mathrm{d}t$$

上式表明该电路输出电压 $u_o$ 与输入电压 $u_i$ 对时间的积分成正比，具有积分运算功能。式中的负号表示 $u_o$ 与 $u_i$ 的极性（相位）相反，体现了反相输入方式的特点。

如果在开始积分之前，电容两端已经存在一个初始电压，则积分电路将有一个初始的输出电压 $U_o(0)$，此时

$$u_o=-\frac{1}{RC}\int u_i\,\mathrm{d}t+U_o(0)$$

如果输入电压 $u_i$ 是恒定直流电压 $U_i$，即 $u_i=U_i$，则

$$u_o=-U_i\cdot t/R_1C_f$$

**2. 输入、输出波形**

(1) 输入电压为矩形波。

如果在基本积分电路的输入端加上一个矩形波电压，则前式可知，当 $t\leqslant t_o$ 时，$u_i=0$，故 $u_o=0$；当 $t_o<t\leqslant t_1$ 时，$u_i=U_i=$常数，则

$$u_o=-\frac{1}{RC}\int u_i\,\mathrm{d}t=-\frac{U_i}{RC}(t-t_0)$$

此时 $u_o$ 将随着时间而向负方向直线增长，增长的速度与输入电压的幅度 $U_i$ 成正比，与积分时间常数 $RC$ 成反比。

当 $t>t_1$ 时，$u_i=0$，由积分运算电压输出公式可知，此时 $u_o$ 将保持 $t=t_1$ 时的输出电压值不变。

(2) 输入电压为正弦波。

若 $u_i=U_m\sin\omega t$，则由积分运算电压输出公式可得

$$u_o=\frac{U_m}{\omega RC}\cos\omega t$$

此时积分电路的输出电压是一个余弦波。$u_o$ 的相位比 $u_i$ 领先 90°。此时积分电路的作

用是移相。

(3) 积分电路的误差。

在实际的积分运算电路中，产生积分误差的原因主要有以下两个方面：

一方面是由于集成运放不是理想特性而引起的。例如，当 $u_i=0$ 时，$u_o$ 也应为零，但是由于运放的输入偏置电流流过积分电容，使 $u_o$ 逐渐上升，时间越长，误差越大。又如，由于集成运放的通频带不够宽，使积分电路对快速变化的输入信号反应迟钝，使输出波形出现滞后现象等。

产生积分误差的另一方面是由积分电容引起的。例如，当 $u_i$ 回到零以后，$u_o$ 应该保持原来的数值不变，但是，由于电容存在泄漏电阻，使 $u_o$ 的幅值逐渐下降。又如，由于电容存在吸附效应也将给积分电路带来误差等。

### 五、微分运算电路

微分是积分的反运算。在电路组成上只要将积分运算反馈电路中的电容与电阻互换位置就可以了，基本微分运算电路如图 8-3-7 所示。

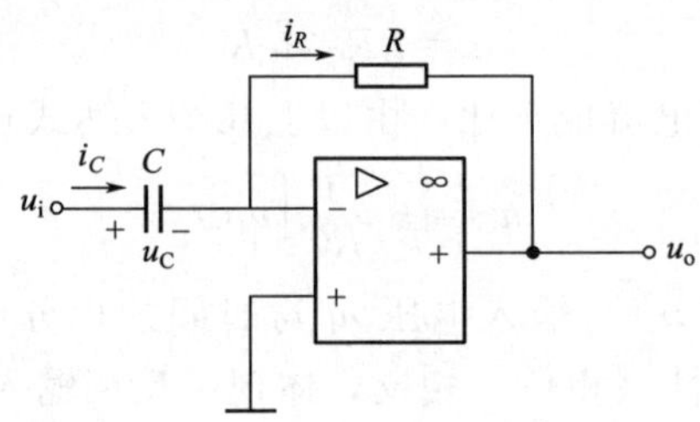


图 8-3-7 基本微分运算电路

反相输入方式的特点为“虚地”，使输入电流

$$i_i=i_C=C\cdot du_C/dt$$

且

$$u_i=u_C$$

故

$$i_i=i_C=C\cdot du_i/dt$$

同时反馈支路电流

$$i_f=-u_o/R_f$$

根据理想运放“虚断”的特点 $i_i=i_f$，所以

$$-u_o/R_f=C\cdot du_C/dt$$

输出电压

$$u_o=-R_fC\cdot du_C/dt$$

可见该电路能够实现微分运算，即输出电压 $u_o$ 与输入电压 $u_C$ 对时间的变化率成正比。

## 任务实施

### 一、收音机原理

#### 1. 最简单收音机原理

图 8-4-1 中 $LC$ 谐振回路是收音机输入回路，改变电容 $C$ 使谐振回路固有频率与无线电发射频率相同，从而引起电磁共振，谐振回路两端电压 $U_{AB}$ 最大，将该电波接收下来。经高频放大电路放大后，通过由二极管 D 和滤波电容 $C_1$ 构成的检波电路，将调幅信号包络解调下来，得到调制前的音频信号，再将音频信号进行低频放大，送到喇叭，就可完全还原成可

闻的声波信号。

这就是最简的 AM 收音机（也称高放式收音机）的工作原理，它简单，但可行性、可使用性太差，不适合日常使用。由于高放式收音机中高频放大器只能适应较窄频率范围的放大，要想在整个中波频段 535～1605kHz 获得一致放大是很困难的。因此用超外差接收方式来代替高放式收音机。

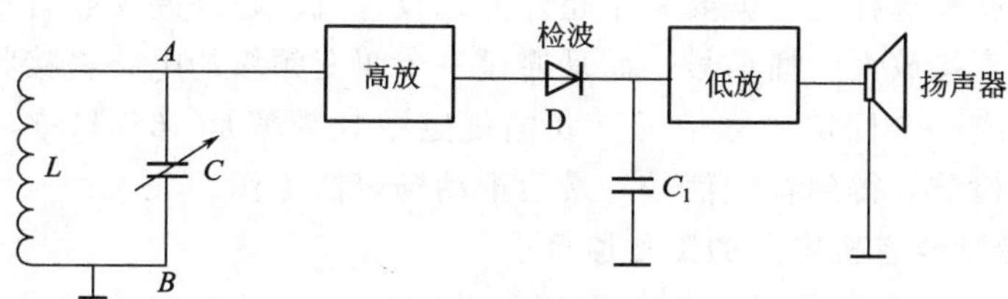


图 8-4-1　最简单的收音机组成框图

**2. 超外差收音机原理**

所谓超外差式，就是通过输入回路先将电台高频调制波接收下来，和本地振荡回路产生的本地信号一并送入混频器，再经中频回路进行频率选择，得到固定的中频载波（如调幅中频国际上统一为 465kHz 或 455kHz）调制波。

超外差的实质就是将调制波不同频率的载波，变成固定的且频率较低的中频载波。在广播、电视、通信领域，超外差接收方式被广泛采用，如图 8-4-2 所示。

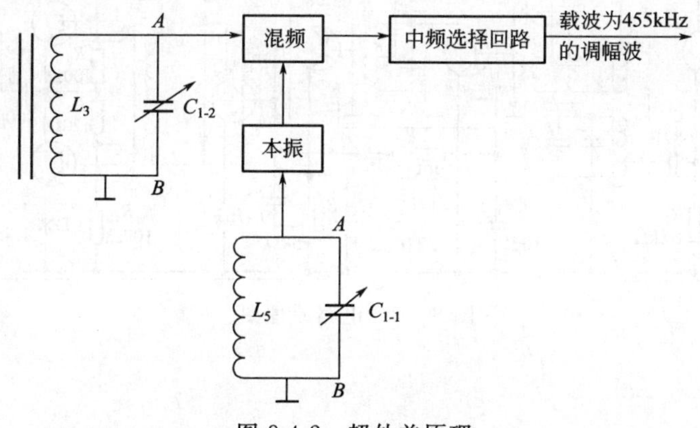


图 8-4-2　超外差原理

在超外差的设计中，本振频率高于输入频率。用同轴双联可变电容器，使输入回路电容 $C_{1\text{-}2}$ 和本振回路电容 $C_{1\text{-}1}$ 同步变化，从而使频率差值始终保持近似一致，其差值即为中频。

如接收信号频率是：

600kHz，则本振频率是 1055kHz；

1000kHz，则本振频率是 1455kHz；

1500kHz，则本振频率是 1955kHz。

由于谐振回路谐振频率，$f$ 与 $C$ 不成线性变化，因此必须有补偿电容对其特性进行修正，以获得在收听范围内 $f$ 与 $C$ 近似成线性变化，保证 $f_{本振}-f_{信号}=f_{中频}$，为一固定中频信号。超外差方式使接收的调制信号变为统一的中频调制信号，在做高频放大时，就可以得到稳定且倍数较高的放大，从而大大提高收音机的品质。

比较起来，超外差式收音机具有以下优点：

（1）接收高低端电台（不同载波频率）的灵敏度一致；

（2）灵敏度高；

（3）选择性好（不易串台）。

由于直接放大式收音机的灵敏度比较低，只能接收本地区强信号的电台，接收远地电台的能力较弱，它的选择性差，接收相邻频率的电台信号时存在串台现象。

为了提高灵敏度和选择性，就要采用超外差式收音机。超外差式收音机有别于直放式收音机的特点是它不直接放大广播信号，而是通过一个叫变频级的电路将接收的任何一个频率的广播电台信号变成一个固定中频信号（我国规定中频频率是 465kHz），由中频放大器进行放大，然后进行检波，得到音频信号，最后推动扬声器工作。

**3. 9018-2 袖珍型收音机电路的工作原理**

9018-2 袖珍型收音机，采用典型六管超外差式电路，具有安装调试方便、工作稳定、灵敏度高、选择性好等特点，功放级采用无输出变压器的功率放大器（OTL 电路），有效率高、频率特性好、声音洪亮、耗电省等特色。图 8-4-3 是 9018-2 袖珍型收音机的电路原理图。为了分析方便，它的工作过程可以画成方框图，如图 8-4-4 所示。

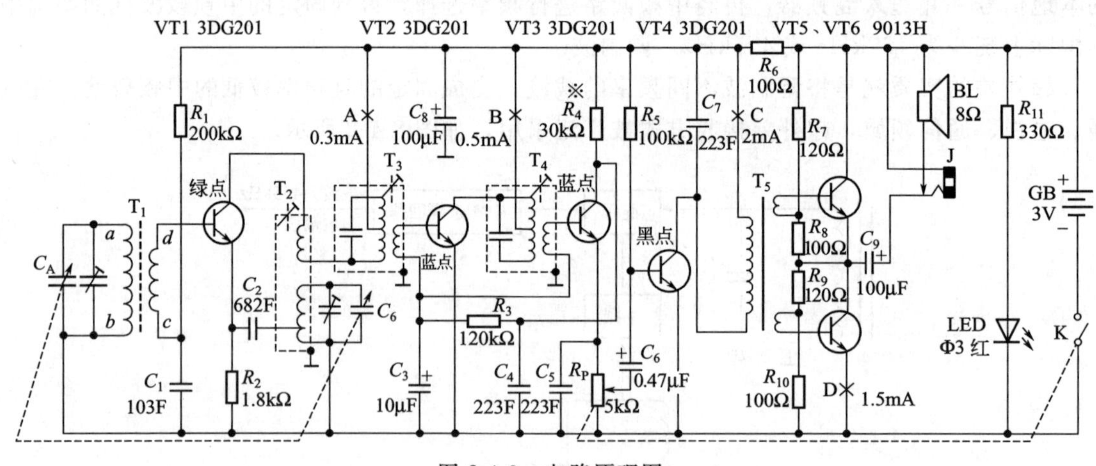


图 8-4-3 电路原理图

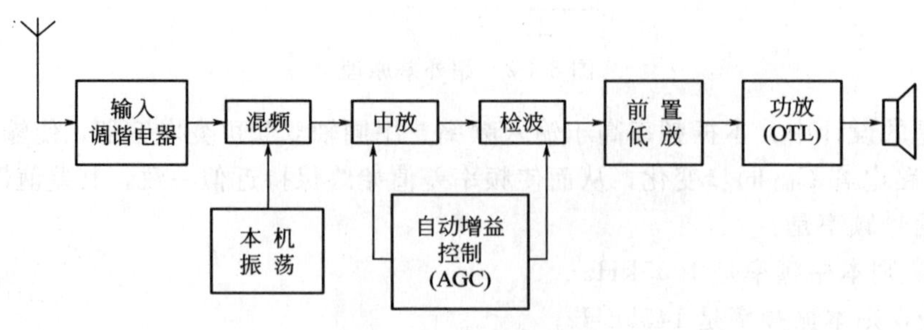


图 8-4-4 原理方框图

（1）输入调谐电路。

输入调谐电路由双连可变电容器的 $C_A$ 和 $T_1$ 的初级线圈 $L_{ab}$ 组成，是一并联谐振电路，$T_1$ 是磁性天线线圈，从天线接收进来的高频信号，通过输入调谐电路的谐振选出需要的电台信号，电台信号频率是 $f=1/2\pi L_{ab}C_A$，当改变 $C_A$ 时，就能收到不同频率的电台信号。

（2）变频电路。

本机振荡和混频合起来称为变频电路。变频电路是以 $V_{T1}$ 为中心的，它的作用是把通过输入调谐电路收到的不同频率电台信号（高频信号）变换成固定的 465kHz 的中频信号。

$V_{T1}$、$T_2$、$C_B$ 等元件组成本机振荡电路，它的任务是产生一个比输入信号频率高 465kHz 的等幅高频振荡信号。由于 $C_1$ 对高频信号相当短路，$T_1$ 的次级 $L_{cd}$ 的电感量又很小，对高频信号提供了通路，所以本机振荡电路是共基极电路，振荡频率由 $T_2$、$C_B$ 控制，$C_B$ 是双连电容器的另一连，调节它以改变本机振荡频率。$T_2$ 是振荡线圈，其初次绕在同一磁心上，它们把 $V_{T1}$ 等电极输出的放大了的振荡信号以正反馈的形式耦合到振荡回路，本机振荡的电压由 $T_2$ 的初级抽头引出，通过 $C_2$ 耦合到 $V_{T1}$ 的发射极上。

混频电路由 $V_{T1}$、$T_3$ 的初级线圈等组成，是共发射极电路。其工作过程是：（磁性天线接收的电台信号）通过输入调谐电路接收到的电台信号，通过 $T_1$ 的次级线圈 $L_{cd}$ 送到 $V_{T1}$ 的基极，本机振荡信号又通过 $C_2$ 送到 $V_{T1}$ 和发射极，两种频率的信号在 $T_1$ 中进行混频，由于晶体三极管的非线性作用，混合的结果产生各种频率的信号，其中有一种是本机振荡频率和电台频率的差等于 465kHz 的信号，这就是中频信号。

混频电路的负载是中频变压器，$T_3$ 的初级线圈和内部电容组成的并联谐振电路，它的谐振频率是 465kHz，可以把 465kHz 的中频信号从多种频率的信号中选择出来，并通过 $T_3$ 的次级线圈耦合到下一级去，其他信号则几乎被滤掉。

（3）中频放大电路。

它是主要由 $V_{T2}$、$V_{T3}$ 组成的两级中频放大器。第一中放电路中的 $V_{T2}$ 负载是由中频变压器 $T_4$ 和内部电容组成的，它们构成并联谐振电路，谐振频率是 465kHz，与前面介绍的直放式收音机相比，超外差式收音机灵敏度和选择性都提高了许多，主要原因是有了中频放大电路，它比高频信号更容易调谐和放大。

（4）检波和自动增益控制电路。

中频信号经一级中频放大器充分放大后由 $T_4$ 耦合到检波管 $V_{T3}$，$V_{T3}$ 既起放大作用，又是检波管，$V_{T3}$ 构成三极管检波电路，这种电路检波效率高，有较强的自动增益控制（AGC）作用。

AGC 控制电压通过 $R_3$ 加到 $V_{T2}$ 的基极，其控制过程是：

外信号电压 $\uparrow \rightarrow V_{b3} \uparrow — I_{b3} \uparrow \rightarrow I_{c3} \uparrow \rightarrow V_{c3} \downarrow$，通过 $R_3$，$V_{b2} \downarrow \rightarrow I_{b2} \downarrow \rightarrow I_{c2} \downarrow \rightarrow$ 外信号电压 $\downarrow$

检波级的主要任务是把中频调幅信号还原成音频信号，$C_4$、$C_5$ 起滤去残余的中频成分的作用。

（5）前置低放电路。

检波滤波后的音频信号由电位器 $R_P$ 送到前置低放管 $V_{T4}$，经过低放可将音频信号电压放大几十到几百倍，但是音频信号经过放大后带负载能力还很差，不能直接推动扬声器工作，还需进行功率放大。旋转电位器 $R_P$ 可以改变 $V_{T4}$ 基极对地的信号电压的大小，可达到控制音量的目的。

（6）功率放大器（OTL 电路）。

功率放大器的任务是不仅要输出较大的电压，而且能够输出较大的电流。本电路采用无输出变压器功率放大器，可以消除输出变压器引起的失真和损耗，频率特性好，还可以减小放大器的体积和重量。

$V_{T5}$、$V_{T6}$组成同类型晶体管电路，$R_7$、$R_8$ 和 $R_9$、$R_{10}$分别是 $V_{T5}$、$V_{T6}$的偏置电阻。变压器 $T_5$ 做倒相耦合，$C_9$ 是隔直电容，也是耦合电容。为了减少低频失真，电容 $C_9$ 选得越大越好。无输出变压器的功率放大器的输出阻抗低，可以直接推动扬声器工作。

## 二、工具及仪表

收音机涉及的电气元件主要有三极管、二极管、电阻、电容、扬声器等，下面给出本次收音机组装的主要电气元件的规格和组装所需的工具，如表 8-4-1 所示。

表 8-4-1　组装收音机的电气元件和工具清单

| 序号 | 名称 | 型号规格 | 位号 | 数量 | 序号 | 名称 | 型号规格 | 位号 | 数量 |
|---|---|---|---|---|---|---|---|---|---|
| 1 | 三极管 | 9018 | V1、V2 | 1支 | 18 | 瓷片电容 | 682、103 | C2、C1 | 各1支 |
| 2 | 三极管 | 9018 | V3、V4 | 2支 | 19 | 瓷片电容 | 223 | C4、C5、C7 | 3支 |
| 3 | 三极管 | 9014 | V5 | 1支 | 20 | 双联电容 | CBM-223P | C | 1支 |
| 4 | 三极管 | 9013H | V6、V7 | 2支 | 21 | 收音机前盖 | | | 1个 |
| 5 | 发光二极管 | $\phi$3 红 | LED | 1支 | 22 | 收音机后盖 | | | 1个 |
| 6 | 磁棒线圈 | 5mm×13mm×55mm | B1 | 1套 | 23 | 刻度尺、音窗 | | | 各1块 |
| 7 | 中周 | 红、黄，白、黑 | B2、B3、B4，B5 | 3个 | 24 | 双联拨盘 | | | 1个 |
| 8 | 输入变压器 | E型六个引出脚 | B6，B7 | 1个 | 25 | 电位器拨盘 | | | 1个 |
| 9 | 扬声器 | $\phi$58mm | Y | 1个 | 26 | 磁棒支架 | | | 1个 |
| 10 | 电阻器 | 100Ω | R6、R8、R10 | 3支 | 27 | 印刷电路板 | | | 1块 |
| 11 | 电阻器 | 120Ω | R7、R9 | 2支 | 28 | 电路图及说明 | | | 1份 |
| 12 | 电阻器 | 330Ω、1.8kΩ | R11、R2 | 各1支 | 29 | 电池正负极簧片 | | | 1套 |
| 13 | 电阻器 | 30kΩ、100kΩ | R4、R5 | 各1支 | 30 | 连接导线 | | | 4根 |
| 14 | 电阻器 | 120kΩ、200kΩ | R3、R1 | 各1支 | 31 | 双联及拨盘螺丝 | $\phi$2×5 | | 3粒 |
| 15 | 电阻器 | 5kΩ(带开关插脚式) | RP | 1支 | 32 | 电位器拨盘螺丝 | $\phi$1.6×5 | | 1粒 |
| 16 | 电解电容 | 0.47μF、10μF | C6、C3 | 各1支 | 33 | 自攻螺丝 | $\phi$2×5 | | 1粒 |
| 17 | 电解电容 | 100μF | C8、C9 | 2支 | 34 | | | | |

## 三、内容及步骤

超外差收音机在无线电接收机中的应用非常广泛，又是无线电接收机的典型电路。收音机虽然小，可谓五脏俱全，它包含了无线电接收的各个功能电路。收音机、电视机、手机都采用外差电路接收信号，就连雷达接收机也同样采用外差电路，只是他们的工作频率不同，但接收原理是一样的。近年来由于科技的不断进步，新工艺、新技术、新器件的不断出现，收音机已朝着电路的集成化，电子调谐，数字显示，电脑控制及多功能、高指标、使用方便等方向发展。

本任务采用 3V 低压硅管六管超外差式收音机，它由输入回路高放混频级、一级中放、二级中放、前置低放兼检波级、低放级和功放级等部分组成，频率范围为 535～1605kHz 的中波段。

**1. 元件说明**

（1）中频变压器（以下简称中周）4 只为一套，其接线图见印制板图。B2 为振荡线圈的中周，型号为 LF10（红色）；B3 为第一级中放用的中周（黄色）；B4 为第二级中放的中周（白色）；B5 为中频耦合中周（黑色）。中周外壳除起屏蔽作用外，还起导线的作用，所以中周外壳必须可靠地接地。

（2）B6 为输入变压器，B7 为输出变压器，线圈骨架上用凸点标记为初级，印制板上也有圆点作为标记，接线图在印制板上可以很明显地看出，安装时不要装反（还可以配合万用表测量进行分辨）。

（3）三极管 V6、V7 为 9013 属于中功率三极管，放大倍数大约为 180。9014 为低频功放，放大倍数约等于 250，9018 适合于高频功放，放大倍数约为 120。

（4）电路原理图中所标记的元件参数为参考值，如与实际给出的元件参数有出入需自己灵活掌握。所有元件详细情况见表 8-4-1 的元件清单。

**2. 安装顺序**

先装低矮和耐热元件，然后再装大元件，最后再装怕热元件。

（1）电阻的安装。先将阻值识别好，可以采用紧贴式和立式。按 $R1 \sim R8$ 的顺序焊接，以免漏掉电阻，焊接完电阻之后用万用表检验一下各电阻是否还和以前的值一样（检验是否有虚焊）。

（2）电容和三极管的安装。先焊接瓷片电容，要注意上面的读数，再焊电解电容，特别要注意长脚是“＋”极，短脚是“－”极。剪脚长度要适中，电解电容紧贴线路板立式安装焊接，太高会影响后盖的安装。

（3）由于调谐用的双连拨盘丝离电路板很近，所以焊接前先用斜口钳剪去周围高出部分的元件脚。

（4）焊接发光二极、喇叭和电池座。

**四、调试**

（1）元器件的检测。装机之前，对所使用的元器件一一进行严格的检查，看看有没有遗漏或损坏的元件。

（2）元器件的安装。可以先安装焊接电阻，按照先小型器件，后大型器件的原则，完成安装焊接。

（3）将扬声器安装在收音机外壳的对应位置，用焊锡焊接导线在接线柱上。将电源的正负极焊接在电路板对应位置，扬声器的导线不分正负极，所以采用就近焊接，使导线不容易扭曲干扰为佳。

（4）检查焊接是否正确。

（5）安装焊接完毕后，仔细对照电路图和电路板图核对每个元器件位置和引线极性，另外还要注意有无搭锡的地方。

（6）焊接完毕，拨下电烙铁插头，待其冷却后，收回工具箱。

待所有元器件都焊接完成后，测量电流，关掉电位器开关，装上电池（注意正负极）用万用表 50mA 挡，表笔跨接在电位器开关的两端（黑表笔接电池负极、红表笔接开关的另一端）。若电流指示小于 10mA，则说明可以通电，将电位器打开（音量旋至最小即测量静态电流），用万用表分别依次测量 $D$、$C$、$B$、$A$ 4 个电流缺口，若测量的数值 $A$ 点电位为 1mV 左右，$B$ 点大于 $A$ 点，大约为 1.5mV，$C$ 点大于 $B$ 点，为 4.8mV 左右，$D$ 点电位为

2mV 左右即可用烙铁将 4 个缺口依次连通，再把音量调到最大，调双联拨盘即可收到电台。在安装电路板时注意把喇叭及电池引线埋在比较隐蔽的地方，并且不要影响调谐拨盘的旋转和避开螺丝桩子，电路板挪位后再用螺丝固定。当测量电流不在规定电流值左右要仔细检查三极管极性有没有装错，中周是否装错位置，以及虚假错焊等。

## 任务巩固

8-1 比较阻容耦合放大电路和直接耦合放大电路，直接耦合放大电路能否放大交流信号?

8-2 什么是零点漂移? 产生零点漂移的主要因素是什么?

8-3 双端输入-双端输出差分放大电路为何能抑制零点漂移? 为什么共模反馈电阻 $R_E$ 能提高抑制零点漂移的效果? 为什么 $R_E$ 不影响差模信号的放大效果?

8-4 为什么说运算放大器的两个输入端的一个为反相输入端，一个为同相输入端?

8-5 运算放大器有哪些主要参数? 简述其含义。

8-6 理想运算放大电路应满足哪些条件?

8-7 什么是“虚地”? 同相输入运算电路是否存在“虚地”?

8-8 用负反馈放大器的知识讨论同相输入和反相输入运算放大电路的性能特点。

8-9 如图 8-5-1 所示，两个电路是否具有相同的电压放大倍数? 试说明其理由。

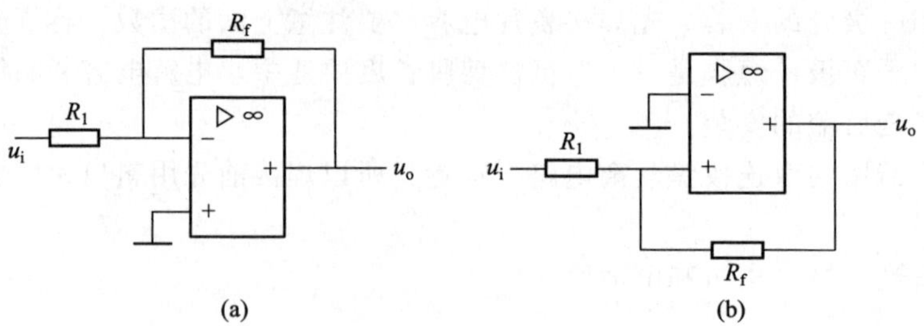


图 8-5-1 习题 8-9 图

8-10 运算电路如图 8-5-2 所示，计算 $u_o$。

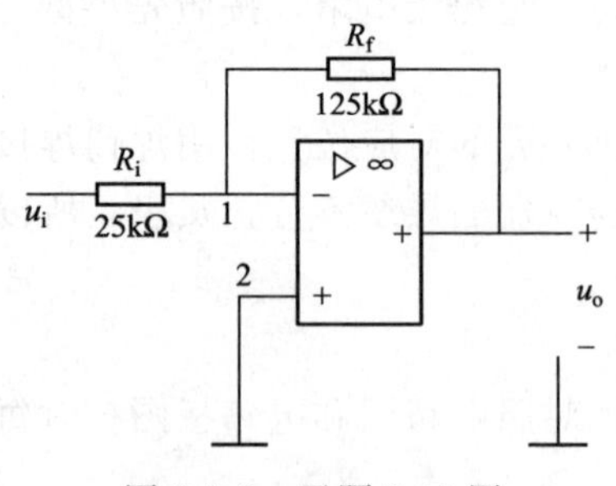


图 8-5-2 习题 8-10 图

8-11 某理想运算放大电路的同相加法电路如图 8-5-3 所示，要用它实现 $u_o=u_{i1}+u_{i2}$ 的运算，$R_1$ 和 $R_2$ 分别取多大?（提示：$R_2$ 根据直流平衡条件确定）。

8-12 在如图 8-5-4 所示的运算放大电路中，已知 $R_{11}=R_{12}=R_{13}=12R_f$，当 $u_{i1}=2V$，$u_{i2}=3V$，$u_{i3}=0V$，计算 $u_o$；当 $u_{i1}=2V$，$u_{i2}=-4V$，$u_o=3V$，计算 $u_{i3}$。

8-13 运算电路如图 8-5-5 所示，写出 $u_{o2}$ 的表达式

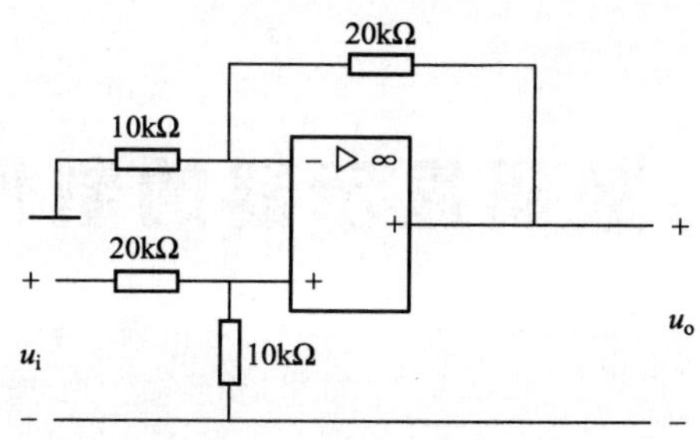


图 8-5-3　习题 8-11 图

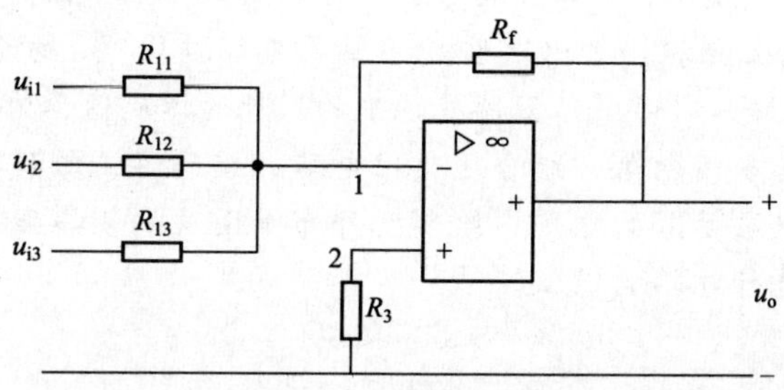


图 8-5-4　习题 8-12 图

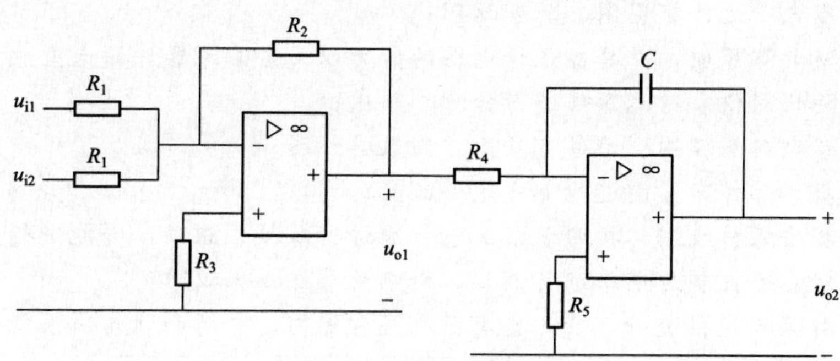


图 8-5-5　习题 8-13 图

# 任务九　数码显示器的制作与调试

## 任务描述

在数字系统中，常常需要将数字、字母、符号等直观地显示出来，供人们读取或监视系统的工作情况。能够显示数字、字母或符号的器件称为数字显示器。在数字电路中，数字量都是以一定的代码形式出现的，所以这些数字量要先经过译码，才能送到数字显示器去显示。这种能把数字量翻译成数字显示器所能识别的信号的译码器称为数字显示译码器。

本任务根据集成基本门电路、组合逻辑门电路、编码器、译码器、显示器等的工作原理及其特性，设计数码显示器的电路，绘制元件布置图及安装接线图，按照绘制的电气系统图组装实际电路并进行电路的调试。

## 能力目标

(1) 能正确使用电工工具、万用表、数字试验箱；

(2) 能绘制电子元件布置图、原理草图；

(3) 能分析电路原理，并具备设计电路的能力以及电子元器件的选型能力；

(4) 能利用仪器仪表对元器件进行检测、筛选；

(5) 能识读电路原理图、元件布置图、组装接线图；

(6) 能根据元器件布置图进行电气元件布置；

(7) 能根据安装接线图，按照装配工艺标准进行焊接、组装，并能进行产品的检验；

(8) 能够对宿舍控制灯电路进行调试，检测故障及排除故障；

(9) 能够对操作过程进行评价，具有独立思考能力、分析判断与决策能力。

## 相关知识

(1) 常见的几种数值以及相互之间的转换；

(2) 逻辑函数化简方法；

(3) 集成基本门电路工作原理及测试方法；

(4) 组合逻辑电路的分析方法；

(5) 编码器、译码器的工作原理。

## 分任务一　数值与编码

### 一、数值

#### 1. 十进制

十进制数是人们日常生活中最熟悉的一种数制，它由 0、1、2、3、4、5、6、7、8、9

这十个数码构成，数制中表示数量特征的数称为基数。十进制数的基数为 10，超过 9 要向高位进位，是“逢 10 进 1”或“借 1 当 10”，故称为十进制。

对十进制的数，每一位数码根据它在数中位置的不同，代表不同的值，$n$ 位十进制数中，第 $i$ 位所表示的数值就是处在第 $i$ 位的数字乘上基数的 $i$ 次幂。常把基数的 $i$ 次幂叫做第 $i$ 位的位权。例如，十进制正整数 2567 中

| 第 3 位 | 第 2 位 | 第 1 位 | 第 0 位 |
| --- | --- | --- | --- |
| 2 | 5 | 6 | 7 |
| 千位 | 百位 | 十位 | 个位 |

第 0 位的位权就是 $10^0$，第 1 位的位权就是 $10^1$，第 2 位的位权是 $10^2$，第 3 位的位权是 $10^3$，则

$$2567=2\times10^3+5\times10^2+6\times10^1+7\times10^0$$

又如

$$5230.45=5\times10^3+2\times10^2+3\times10^1+0\times10^0+4\times10^{-1}+5\times10^{-2}$$

由此可以得出十进制数的一般表达式。如果一个十进制数包含 $n$ 位整数和 $m$ 位小数，则

$$(N)_{10}=a_{n-1}\times10^{n-1}+a_{n-2}\times10^{n-2}+\cdots+a_1\times10^1+a_0\times10^0+a_{-1}\times10^{-1}+a_{-2}\times10^{-2}+\cdots+a_{-m}\times10^{-m}=\sum a_i\times10^i$$

式中的下标 10 表示 $N$ 是十进制数，下标也可以用字母 D 来代替。如

$$(75)_{10}=(75)_D$$

**2. 二进制数**

二进制数只有 0、1 两个数码，基数为 2，计数规则是“逢 2 进 1”或“借 1 当 2”。其位权为 2 的整数幂，按权展开式的规律与十进制相同，如

$$(1011)_2=1\times2^3+0\times2^2+1\times2^1+1\times2^0$$

又如

$$(1001.01)_2=1\times2^3+0\times2^2+0\times2^1+1\times2^0+0\times2^{-1}+1\times2^{-2}$$

其位权展开式为

$$(N)_2=\sum a_i\times2^i$$

式中的下标 2 表示 $N$ 是二进制数，下标也可以用字母 B 来代替，如 $(11001)_2=(11001)_B$。由于二进制数只有 0 和 1 两个数码，便于电路实现，且二进制的基本运算操作方便，因此在数字系统中被广泛使用。

**3. 八进制数和十六进制数**

由于二进制数在使用时，位数很多，不便于书写和记忆，故在数字系统中常采用八进制和十六进制来表示二进制数。

(1) 八进制数有 0、1、2、3、4、5、6、7 这八个数码，基数为 8，各位的位权是 8 的整数幂，其计数规则是“逢 8 进 1”或“借 1 当 8”，按权展开式为 $(N)_8=\sum a_i\times8^i$，式中的下标 8 表示 $N$ 是八进制数，下标也可以用字母 O 来代替，如

$$(1536)_8=(1536)_O=1\times8^3+5\times8^2+3\times8^1+6\times8^0$$

(2) 十六进制数有 0、1、2、3、4、5、6、7、8、9、A、B、C、D、E、F 这十六个数码，符号 A～F 分别代表十进制的 10～15，基数为 16。其计数规则是“逢 16 进 1”或“借

1 当 16”，按权展开式为 $(N)_{16}=\sum a_i\times 16^i$ 。式中的下标 16 表示 $N$ 是十六进制数，下标也可以用字母 H 来代替，如

$$(39FA)_{16}=(39FA)_H=3\times16^3+9\times16^2+F\times16^1+A\times16^0$$

## 二、几种数制之间的相互转换

### 1. 非十进制数转换为十进制数

所谓非十进制数转换为十进制数，就是把非十进制数转换为等值的十进制数。只需将非十进制数按权展开，然后相加，就可以得出结果。

**【例题 9-1】** $(11011.01)_2=(\quad)_{10}$

**解** $(11011.01)_2=1\times2^4+1\times2^3+0\times2^2+1\times2^1+1\times2^0+0\times2^{-1}+1\times2^{-2}=(27.25)_{10}$

**【例题 9-2】** $(5A7)_{16}=(\quad)_{10}$

**解** $(5A7)_{16}=5\times16^2+A\times16^1+7\times16^0=5\times256+160+7=(1447)_{10}$

**【例题 9-3】** $(126)_8=(\quad)_{10}$

**解** $(126)_8=1\times8^2+2\times8^1+6\times8^0=64+16+6=(86)_{10}$

### 2. 十进制数转换为非十进制数

把十进制数转换为非十进制数，需要把十进制的整数部分和小数部分分别进行转换，然后再将整数部分和小数部分的转换结果合并起来。

(1) 整数部分的转换。十进制数的整数部分转换为非十进制数可以采用“连除法”，用欲转换的非十进制数的基数连续除该数，直到除得的商为 0 为止，将每次除法所得的余数作为非十进制数转换的结果的系数，并取最后一位余数为最高位，依次按从下往上顺序排列。

**【例题 9-4】** $(38)_{10}=(\quad)_2=(\quad)_8=(\quad)_{16}$

**解**

2⌊38 余数 0—$a_0$

2⌊19 余数 1—$a_1$

2⌊9 余数 1—$a_2$

2⌊4 余数 0—$a_3$

2⌊2 余数 0—$a_4$

2⌊1 余数 1—$a_5$

0

读写顺序 $a_5$ $a_4$ $a_3$ $a_2$ $a_1$ $a_0$

1 0 0 1 1 0

同理

8⌊38 余数 6

8⌊4 余数 4

0

读写顺序 4 6

16⌊38 余数 6

16 |2　余数 2

0

读写顺序　2　6

所以$(38)_{10}=(100110)_2=(46)_8=(26)_{16}$。

由于八进制数和十六进制数与二进制数之间的转换关系非常简单，可以利用二进制数直接转换为八进制数和十六进制数。二进制数转换成八进制数，只需要把二进制数从低位到高位，每三位分成一组，高位不足三位时补零，写出相应的八进制数，就可以得到与二进制数对应的八进制转换值。反之，将八进制数中每一位都写成相应的三位二进制数，所得到的就是与八进制对应的二进制转换值。

如$(81)_{10}=(1010001)_2=(001\quad 010\quad 001)_2=(121)_8$

1　2　1

$(27)_8=(2\quad 7)_8=(10111)_2$

010　111

同理，二进制数转换成十六进制数，只需要把二进制数从低位到高位，每 4 位分成一组，高位不足 4 位时补零，写出相应的十六进制数，所得到的就是与二进制数对应的十六进制转换值。反之，将十六进制数中的每一位都写成相应的 4 位二进制数，便可得到十六进制数对应的二进制转换值。

(2) 小数部分的转换。十进制小数转换成二进制小数可以采用“乘 2 取整法”，即用 2 去乘以转换的十进制小数，取其整数部分作为转换结果的系数，直到纯小数部分为 0 或到一定精度为止。每次乘法得到的整数作为转换结果的系数，最先得到的整数作为高位，后得到的整数作为低位，按从上往下的顺序依次排列。

如果要求转换为八进制数和十六进制数，可采用“乘 8 取整法”和“乘 16 取整法”进行。亦可利用八进制数和十六进制数与二进制数的对应关系进行。将二进制小数转换为八进制（或十六进制）小数时，从小数点开始，从左往右每 3 位（或 4 位）一组，不足位补零，再对应地写成八进制（或十六进制）。

**三、编码**

所谓编码，就是用数字或某种文字和符号来表示某一对象或信号的过程。十进制编码或某种文字和符号的编码难于用电路来实现，在数字电路中一般采用二进制数。用二进制表示十进制的编码有二-十进制编码，又称 BCD 码。常见的 BCD 码有 8421 码、5421 码、2421 码等编码方式。以 8421 码为倒，8421 分别代表对应二进制的权，即当哪一位二进制为 1 时，所代表的十进制为相应的权，如表 9-1-1 所示。

**表 9-1-1　十进制对应的 8421 码**

| 十进制编码 | 8421 码 | 十进制编码 | 8421 码 |
|---|---|---|---|
| 0 | 0000 | 5 | 0101 |
| 1 | 0001 | 6 | 0110 |
| 2 | 0010 | 7 | 0111 |
| 3 | 0011 | 8 | 1000 |
| 4 | 0100 | 9 | 1001 |

# 分任务二 逻辑代数及应用

## 一、基本逻辑关系

事物之间的因果关系称为逻辑关系，最基本的逻辑关系有三种：与逻辑、或逻辑和非逻辑。任何一个复杂的逻辑关系都可以用这三个逻辑关系表示出来。

### 1. 与逻辑

所谓与逻辑，是指所有事物间这样的一种因果关系，当决定某种事件结果的诸条件都具备时，结果才发生，而只要其中一个条件不具备，结果就不发生，这种逻辑关系称为与逻辑关系。比如两个串联的开关控制一盏灯，两个开关的闭合是条件，灯亮是结果。只有两个开关都闭合时电灯才会亮，只要有一个开关未闭合，灯就不会亮。这种关系即为与逻辑关系。如图 9-2-1 所示是与逻辑关系的电路图，与逻辑关系功能表见表 9-2-1。

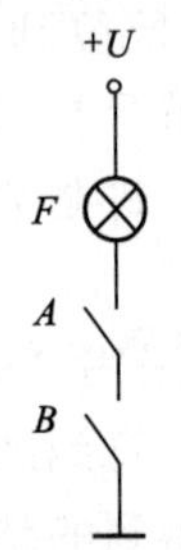


图 9-2-1 与逻辑关系电路图

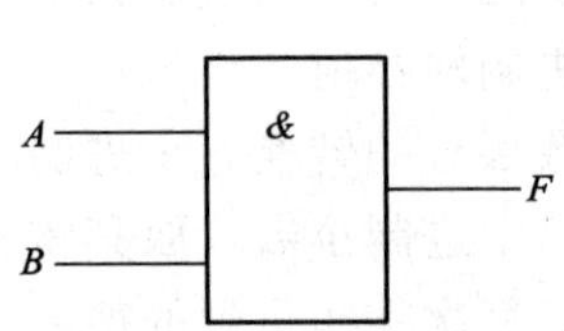


图 9-2-2 与逻辑符号

表 9-2-1 与逻辑关系功能表

| A | B | F |
|---|---|---|
| 断 | 断 | 灭 |
| 断 | 合 | 灭 |
| 合 | 断 | 灭 |
| 合 | 合 | 亮 |

表 9-2-2 与逻辑关系真值表

| A | B | F |
|---|---|---|
| 0 | 0 | 0 |
| 0 | 1 | 0 |
| 1 | 0 | 0 |
| 1 | 1 | 1 |

若以 $A$、$B$ 为“0”表示开关断开，为“1”表示开关闭合。$F$ 为“0”表示灯灭，为“1”表示灯亮，则可以列出以 0 或 1 表示的开关状态（输入量）与结果状态（输出量）之间的与逻辑关系表，见表 9-2-2。

这种以 0 和 1 表示输入、输出状态关系的表称为逻辑状态表，亦称真值表。由表 9-2-2 可以得出与逻辑关系为：有 0 出 0，全 1 出 1。输入变量 $A$、$B$ 的取值和输出变量 $F$ 的取值之间的关系满足逻辑乘的运算规律，因此可用下式表示。

$$F=A\cdot B$$

逻辑乘又称与运算，实现与运算的电路称为与门，其逻辑符号如图 9-2-2 所示。

### 2. 或逻辑

在 $A$、$B$ 等多个条件中，只要具备一个条件，事件就会发生；只有所有条件均不具备时，事件才不会发生，这种因果关系为或逻辑关系。如两个并联的开关共同控制一盏灯，只要其中一个开关闭合，灯就会亮，只有两个开关都断开，灯才不亮，如图 9-2-3 所示为或逻辑关系的电路图，或逻辑关系功能表见表 9-2-3。

按照同与逻辑相同的方法列出或逻辑真值表，见表 9-2-4。由表 9-2-4 可知或逻辑功能为有 1 出 1，全 0 出 0。或逻辑关系可用下式表示。

$$F=A+B$$

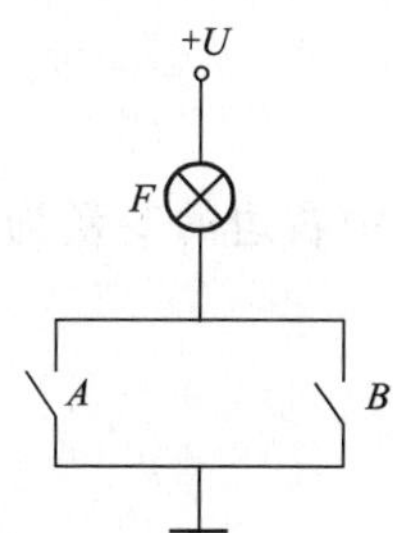


图9-2-3　或逻辑关系电路图

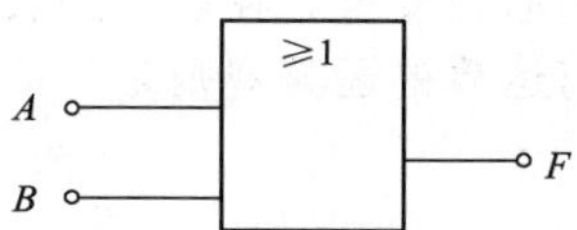


图 9-2-4　或逻辑符号

**表 9-2-3　或逻辑关系功能表**

| $A$ | $B$ | $F$ |
|---|---|---|
| 断 | 断 | 灭 |
| 断 | 合 | 亮 |
| 合 | 断 | 亮 |
| 合 | 合 | 亮 |

**表 9-2-4　或逻辑关系真值表**

| $A$ | $B$ | $F$ |
|---|---|---|
| 0 | 0 | 0 |
| 0 | 1 | 1 |
| 1 | 0 | 1 |
| 1 | 1 | 1 |

实现或逻辑运算的电路称为或门，符号如图 9-2-4 所示。

**3. 非逻辑**

决定事件结果 $F$ 的条件只有一个即 $A$。$A$ 存在，事件 $F$ 不发生；$A$ 不存在，事件 $F$ 发生。如用一个开关和电灯并联，用开关控制灯的亮灭便是这种因果关系，即闭合开关，灯不亮；断开开关，灯亮，这里反映的是一种非逻辑关系，如图 9-2-5 所示是非逻辑关系电路图，非逻辑关系功能表见表 9-2-5。

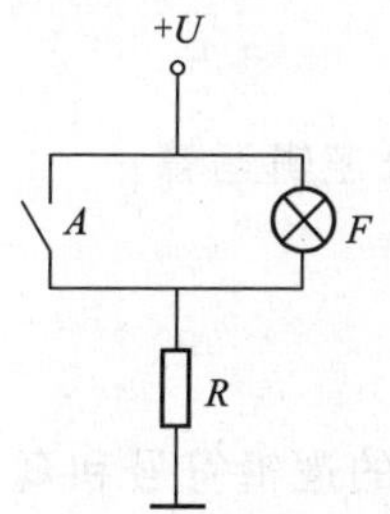


图 9-2-5　非逻辑关系电路图

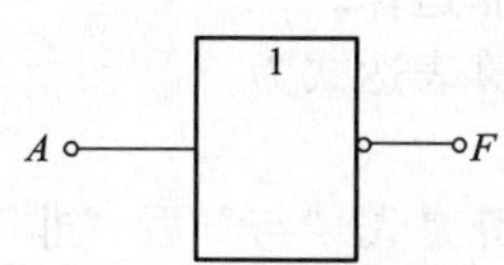


图 9-2-6　非逻辑符号

**表 9-2-5　非逻辑关系功能表**

| $A$ | $F$ |
|---|---|
| 断 | 亮 |
| 合 | 灭 |

**表 9-2-6　非逻辑关系真值表**

| $A$ | $F$ |
|---|---|
| 0 | 1 |
| 1 | 0 |

若以 1 和 0 表示开关闭合、断开及电灯亮、灭，则可列出非逻辑关系真值表，见表9-2-6。由非逻辑真值表可得出非逻辑关系为：有 1 出 0，有 0 出 1。非逻辑关系可用下式来表示。

$$F=\overline{A}$$

实现或逻辑运算的电路称为或门，符号如图 9-2-6 所示。

## 二、逻辑代数的基本运算

逻辑代数中的公理和基本定理是逻辑运算即将要介绍的逻辑函数化简的基本依据，下面一一做介绍。

**1. 逻辑乘**

逻辑与运算可表示为

$$F=A\cdot B$$

其中 $A$、$B$ 表示输入变量，$F$ 表示输出变量。逻辑表达式中右边的变量为输入变量，左边的变量为输出变量，在以后的表达式中不再说明。

逻辑与运算的运算规则是

$$A\cdot 1=A$$
$$A\cdot A=A$$
$$A\cdot 0=0$$

**2. 逻辑加**

逻辑或运算可表示为

$$F=A+B$$

逻辑或运算的运算规则是

$$A+1=1$$
$$A+A=A$$
$$A+0=A$$

**3. 逻辑非**

逻辑非运算可表示为

$$F=\overline{A}$$

逻辑非运算的运算规则是

$$\overline{\overline{A}}=A$$
$$\overline{A}+A=1$$
$$\overline{A}+0=\overline{A}$$

**4. 复合逻辑运算**

逻辑代数中，除基本的逻辑运算外，还有一些常用的复合逻辑运算。

(1) 与非运算。

与非运算表达式为

$$F=\overline{AB}$$

与非运算是先“与”后“非”，可用与非门电路实现。它的逻辑符号和真值表如图 9-2-7 和表 9-2-7 所示。

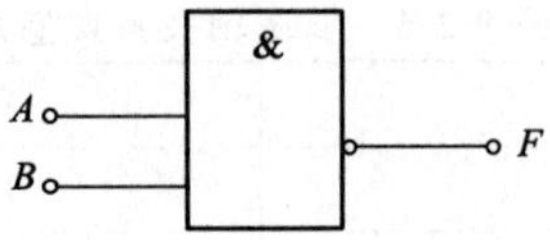

图 9-2-7　与非逻辑符号

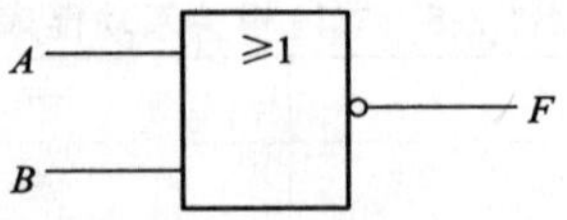

图 9-2-8　或非逻辑符号

(2) 或非运算。

或非运算表达式为

$$F=\overline{A+B}$$

或非运算是先“或”后“非”，可用或非门电路实现。它的逻辑符号和真值表如图 9-2-8

和表 9-2-8 所示。

表 9-2-7　与非真值表

| $A$ | $B$ | $F$ |
|---|---|---|
| 0 | 0 | 1 |
| 0 | 1 | 1 |
| 1 | 0 | 1 |
| 1 | 1 | 0 |

表 9-2-8　或非真值表

| $A$ | $B$ | $F$ |
|---|---|---|
| 0 | 0 | 1 |
| 0 | 1 | 0 |
| 1 | 0 | 0 |
| 1 | 1 | 0 |

（3）与或非运算。

与或非运算表达式为

$$F=\overline{AB+CD}$$

与或非运算是一种复合运算，按顺序先“与”后“或”，再“非”，它的逻辑符号和真值表如图 9-2-9 和表 9-2-9 所示。

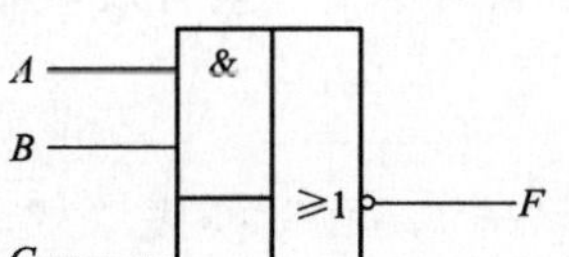


图 9-2-9　与或非逻辑符号

表 9-2-9　与或非真值表

| $A$ | $B$ | $C$ | $D$ | $F$ | $A$ | $B$ | $C$ | $D$ | $F$ |
|---|---|---|---|---|---|---|---|---|---|
| 0 | 0 | 0 | 0 | 1 | 1 | 0 | 0 | 0 | 1 |
| 0 | 0 | 0 | 1 | 1 | 1 | 0 | 0 | 1 | 1 |
| 0 | 0 | 1 | 0 | 1 | 1 | 0 | 1 | 0 | 1 |
| 0 | 0 | 1 | 1 | 0 | 1 | 0 | 1 | 1 | 0 |
| 0 | 1 | 0 | 0 | 1 | 1 | 1 | 0 | 0 | 0 |
| 0 | 1 | 0 | 1 | 1 | 1 | 1 | 0 | 1 | 0 |
| 0 | 1 | 1 | 0 | 1 | 1 | 1 | 1 | 0 | 0 |
| 0 | 1 | 1 | 1 | 0 | 1 | 1 | 1 | 1 | 0 |

## 三、逻辑代数的运算法则

逻辑代数运算中，可运用一些定律，现将有关定律总结如下。

**1. 基本运算**

$$A\cdot 1=A$$
$$A\cdot 0=0$$
$$A\cdot A=A$$
$$A+1=1$$
$$A+0=A$$
$$A+A=A$$
$$\overline{\overline{A}}=A$$
$$\overline{A}+A=1$$
$$\overline{A}+0=\overline{A}$$

**2. 交换律**

$$A\cdot B=B\cdot A$$
$$A+B=B+A$$

**3. 结合律**

$$(A+B)+C=A+(B+C)$$
$$(A\cdot B)\cdot C=A\cdot(B\cdot C)$$

**4. 分配律**

$$A(B+C)=AB+AC$$

$$A+BC=(A+B)(A+C)$$

**5. 摩根定理**

$$\overline{A+B}=\overline{A}\cdot\overline{B}$$
$$\overline{AB}=\overline{A}+\overline{B}$$

**6. 重要法则**

(1) 代入规则。

将逻辑等式两边的某一变量均用同一个逻辑函数替代，等式仍然成立。

例如：

$$A+\overline{A}B=A+B$$
$$A\text{ 均用 }\overline{A}\text{ 代替}\Rightarrow\overline{A}+AB=\overline{A}+B$$
$$A\text{ 均用 }C\oplus D\text{ 代替}\Rightarrow C\oplus D+\overline{C\oplus D}B=C\oplus D+B$$
$$B\text{ 均用 }C\text{ 代替}\Rightarrow A+\overline{A}C=A+C$$

(2) 反演规则。

对任一个逻辑函数式 $Y$，将“·”换成“+”，“+”换成“·”，“0”换成“1”，“1”换成“0”，原变量换成反变量，反变量换成原变量，则得到原逻辑函数的反函数 $\overline{Y}$。

变换时注意：不能改变原来的运算顺序；反变量换成原变量只对单个变量有效，而长非号保持不变。

(3) 对偶规则。

对任一个逻辑函数式 $Y$，将“·”换成“+”，“+”换成“·”，“0”换成“1”，“1”换成“0”，则得到原逻辑函数式的对偶式 $Y^1$。

对偶规则：两个函数式相等，则它们的对偶式也相等。

变换时注意：变量不改变；不能改变原来的运算顺序。

例如：

$$A+AB=A\Rightarrow A(A+B)=A$$
$$AB+\overline{A}C+BC=AB+\overline{A}C\Rightarrow(A+B)(\overline{A}+C)(B+C)=(A+B)(\overline{A}+C)$$

**四、逻辑函数的化简**

使逻辑式最简，以便设计出最简的逻辑电路，从而节省元器件、优化生产工艺、降低成本和提高系统可靠性。

不同形式的逻辑式有不同的最简式，一般先求取最简与或式，然后通过变换得到所需最简式。

最简与或式标准：乘积项（即与项）的个数最少；每个乘积项中的变量数最少。

最简与非式标准：非号个数最少；每个非号中的变量数最少。

(1) 代数化简法。

① 并项法：运用 $AB+A\overline{B}=A$，将两乘积项合并成一项，并消去一个变量。

例如：

$$Y=A\overline{B}C+A\overline{B}\,\overline{C}=A\overline{B}$$
$$Y=A(BC+\overline{B}\,\overline{C})+A(B\overline{C}+\overline{B}C)=A$$
$$Y=A\overline{B\oplus C}+A(B\oplus C)=A$$

② 吸收法：运用 $A+AB=A$ 和 $AB+\overline{A}C+BC=AB+\overline{A}C$，消去多余的与项。

例如：

$$Y=AB+AB(E+F)=AB$$
$$Y=ABC+\overline{A}D+\overline{C}D+BD=ABC+D(\overline{A}+\overline{C})+BD=ABC+\overline{AC}D+BD$$

③ 消去法：运用吸收律 $A+\overline{A}B=A+B$，消去多余因子。

例如：

$$Y=AB+\overline{A}C+\overline{B}C=AB+(\overline{A}+\overline{B})C=AB+\overline{AB}C=AB+C$$

$$Y=A\overline{B}+\overline{A}B+ABCD+\overline{A}\,\overline{B}CD=A\overline{B}+\overline{A}B+CD(AB+\overline{A}\,\overline{B})=A\oplus B+CD\,\overline{A\oplus B}$$
$$=A\oplus B+CD=A\overline{B}+\overline{A}B+CD$$

④ 配项法：通过乘 $A+\overline{A}=1$，或加入零项 $A-\overline{A}=0$，进行配项，然后再化简。

例如：

$$Y=AB+\overline{B}\,\overline{C}+A\overline{C}D=AB+\overline{B}\,\overline{C}+A\overline{C}D(B+\overline{B})=AB+\overline{B}\,\overline{C}+AB\overline{C}D+A\overline{B}\,\overline{C}D=AB+\overline{B}\,\overline{C}$$

**【例题 9-5】**　化简 $F=ABCD+A\overline{B}CD+AB\overline{C}D+ABCD+A\overline{B}C\overline{D}$。

**解**　$F=ABCD+A\overline{B}CD+AB\overline{C}D+ABCD+A\overline{B}C\overline{D}$

$=ACD(B+\overline{B})+ABD(\overline{C}+C)+A\overline{B}C\overline{D}$

$=ACD+ABD+A\overline{B}C\overline{D}$

$=AC(D+\overline{B}\,\overline{D})+ABD$

$=AC(D+\overline{B})+ABD$

$=ACD+A\overline{B}C+ABD$

（2）卡诺图化简法。

最小项的卡诺图：将变量 $n$ 的 $2^n$ 个最小项用 $2^n$ 个小方格表示，并且使相邻最小项在几何位置上也相邻且循环相邻，这样排列得到的方格图称为 $n$ 变量最小项卡诺图，简称变量卡诺图。二变量、三变量、四变量的卡诺图如图 9-2-10 所示。

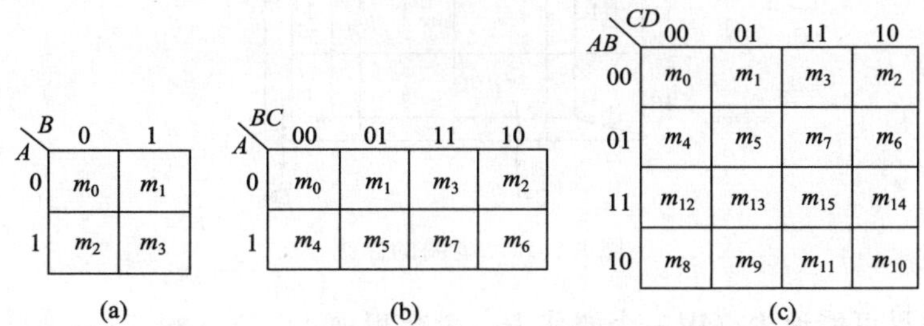


图 9-2-10　二变量、三变量、四变量的卡诺图

相邻最小项：有逻辑相邻和几何相邻。

逻辑相邻：若两个最小项只有一个变量为互反变量，其余变量均相同，则这样的两个最小项为逻辑相邻，并把它们称为相邻最小项，简称相邻项。

几何相邻：几何相邻的两种情况如下。

① 相接：紧挨着。

② 相对：任意一行或一列的两头（即循环相邻性，也称滚转相邻性）。

由于卡诺图与真值表一一对应，即真值表的某一行对应着卡诺图的某一个小方格。因此如果真值表中的某一行函数值为“1”，卡诺图中对应的小方格填“1”；如果真值表的某一行数值为“0”，卡诺图中对应的小方格填“0”，即可得到逻辑函数的卡诺图。

**【例题 9-6】**　已知逻辑函数 $Y$ 的真值表如下表所示，画出表示该函数的卡诺图。

**解**　从逻辑函数的真值表可见，其最小项 $m_0m_3m_6m_7$ 的函数值为 1，根据最小项的对应编号，在小方格 $m_0m_3m_6m_7$ 中填“1”，其余小方格中填“0”，直接填好卡诺图如图 9-2-11 所示。

| $A$ | $B$ | $C$ | $Y$ |
|---|---|---|---|
| 0 | 0 | 0 | 1 |
| 0 | 0 | 1 | 0 |
| 0 | 1 | 0 | 0 |
| 0 | 1 | 1 | 1 |
| 1 | 0 | 0 | 0 |
| 1 | 0 | 1 | 0 |
| 1 | 1 | 0 | 1 |
| 1 | 1 | 1 | 1 |

| $A$ \ $BC$ | 00 | 01 | 11 | 10 |
|---|---|---|---|---|
| 0 | 1 | 0 | 1 | 0 |
| 1 | 0 | 0 | 1 | 1 |

图 9-2-11　例题 9-6 图

化简时依据基本公式 $A+\overline{A}=1$、常用公式 $AB+A\overline{B}=A$。因为卡诺图中最小项的排列符合相领性规则，因此可以直接在卡诺图上合并最小项。从而达到化简逻辑函数的目的。

如果相领的 8 个小方格同时为“1”，可以合并一个 8 格组，合并后可以消去三个取值互补的变量，留下的是取值不变的变量。相领的情况举例如图 9-2-12 所示。

画圈的原则如图 9-2-12 所示。

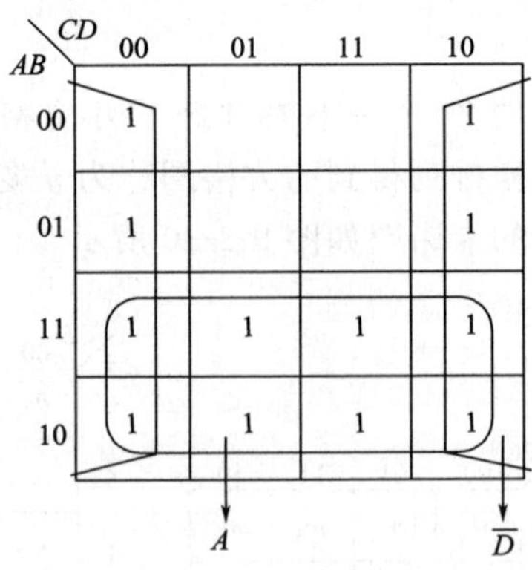


图 9-2-12　画圈的原则

① 圈的个数尽可能地少（因一个圈代表一个乘积项）。

② 圈要尽可能大（因圈越大可消去的变量就越多，相应的乘积项就越简）。

③ 每画一个圈至少包括一个新的“1”格，否则是多余的，所有的“1”都要被圈到。

用卡诺图化简逻辑函数的步骤为：

① 把给定的逻辑函数表达式填到卡诺图中。

② 找出可以合并的最小项（画圈，一个圈代表一个乘积项）。

③ 出合并后的乘积项，并写成“与-或”表达式。

## 分任务三　组合逻辑电路

数字电路按其逻辑功能的特点不同可分为组合逻辑电路（简称组合电路）和时序逻辑电路（简称时序电路）两大类。在组合电路中，任意时刻的输出信号仅取决于该时刻的输入信号，与信号作用前电路原来的状态无关，这就是组合电路在逻辑功能上的特点。

组合逻辑电路的框图如图 9-3-1 所示，其输出信号的表达式可表示为 $F=f(A_1, A_2, \cdots, A_n)$ $(i=1, 2, \cdots, n)$，式中，$A_1$，$A_2$，…，$A_n$为输入逻辑变量。

组合电路的结构特点有：

（1）输入、输出间没有时间延迟。

（2）电路中不含记忆单元，由门电路构成。

图 9-3-1　组合逻辑电路的框图

## 一、组合逻辑电路的分析

组合电路的分析是根据给定的逻辑电路图，弄清楚它的逻辑功能。求出描述电路输出与输入之间逻辑关系的表达式，列出真值表。也就是说，电路图是已知的，待求的是真值表，其分析的基本步骤如下。

（1）由已知的逻辑图写出输出端逻辑表达式。

（2）变换和化简逻辑表达式。

（3）列真值表。

（4）根据真值表和逻辑表达式，确定其逻辑功能。

**【例题 9-7】**　分析如图 9-3-2 所示电路的逻辑功能。

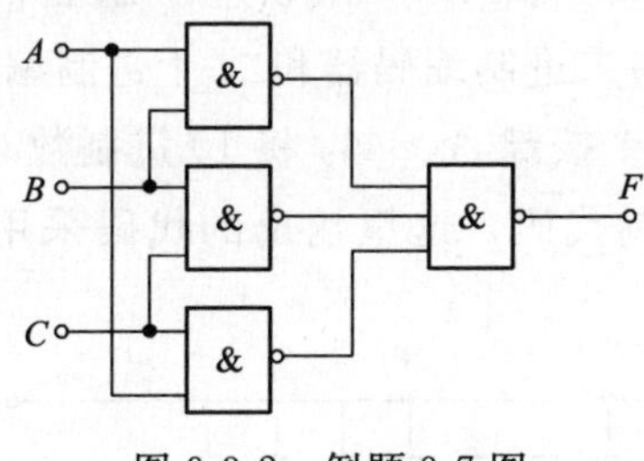


图 9-3-2　例题 9-7 图

**解**　按组合逻辑电路分析的步骤进行。

（1）写出输出端的逻辑表达式 $F=\overline{XYZ}=\overline{\overline{AB}\ \overline{BC}\ \overline{AC}}$

（2）变换和化简表达式。　$F=AB+BC+CA$

（3）列真值表，见表 9-3-1。

**表 9-3-1　例题 9-7 真值表**

| $A$ | $B$ | $C$ | $F$ |
|---|---|---|---|
| 0 | 0 | 0 | 0 |
| 0 | 0 | 1 | 0 |
| 0 | 1 | 0 | 0 |
| 0 | 1 | 1 | 1 |
| 1 | 0 | 0 | 0 |
| 1 | 0 | 1 | 1 |
| 1 | 1 | 0 | 1 |
| 1 | 1 | 1 | 1 |

（4）分析逻辑功能。当输入 $A$、$B$、$C$ 中有两个或三个为 1 时，输出 $F$ 为 1，否则输出 $F$ 为 0。所以这个电路实际上是一种三人表决用的组合电路：只要有两票或三票同意，表决

就通过。

## 二、中规模组合逻辑电路的应用

由于人们在生产和生活实践中遇到的逻辑问题层出不穷，为解决这些逻辑问题而设计的逻辑电路也是多种多样的。但其中也有若干种电路在各类数字系统中经常大量出现。为了使用方便，目前已将这些电路的设计标准化，并且制成中小规模的单片集成电路产品，其中包括编码器、译码器、数据选择器、数据分配器等。

### 1. 编码器

在数字电路中，有时需要把某种控制信息（例如十进制数码，A、B、C 等字母，>、<、＝等符号）用一个规定的二进制数来表示，这种表示控制信息的二进制数称为代码。将控制信息变换成代码的过程为编码。实现编码功能的组合电路称为编码器。例如，计算机的输入键盘，就是由编码器组成的，每按下一个键，编码器就将该按键的含义转换成一个计算机能识别的二进制数，用它去控制机器的操作。

二进制虽然适用于数字电路，但是人们习惯使用的是十进制。因此，在电子计算机和其他数控装置中输入和输出数据时，要进行十进制数与二进制数的相互转换。为了便于人机联系，一般是将准备输入的十进制数的每一位都用一个 4 位的二进制数来表示。它具有十进制的特点，又具有二进制的形式，是一种用二进制编码的十进制数，称为二-十进制编码，简称 BCD 码。二进制数与十进制数的对应关系中，由于 0000～1001 中每位二进制数的权（即基数 2 的幂次）分别为 $2^3 2^2 2^1 2^0$ 即为 8421，所以这种 BCD 码又称为 8421 码。

按照不同的需要，编码器有二进制编码器和二-十进制编码器等。图 9-3-3 是一种常用的键控二进制编码器。它通过 10 个按键 $A_0$～$A_9$ 将 10 进制数 0～9 10 个信息输入，从输出端 $F_1$～$F_4$ 输出相应的 10 个二进制代码，这里输出的代码采用 8421 码，故称 8421 码，又称 8421 编码器。

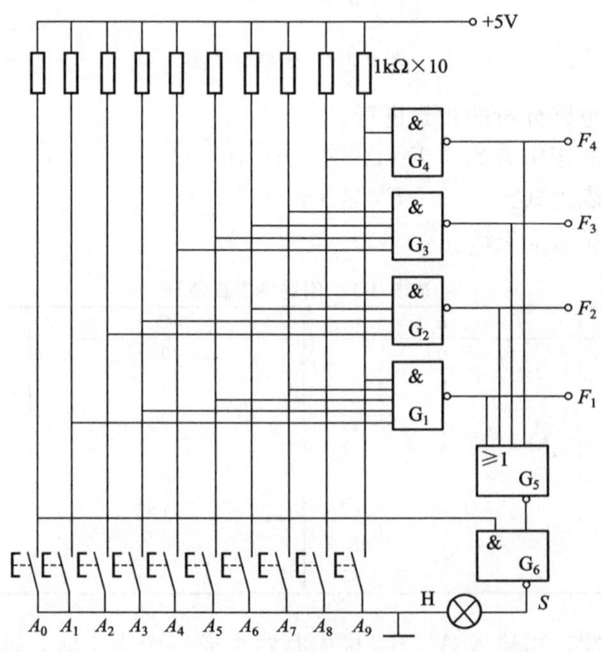


图 9-3-3 编码器电路

代表十进制数 0～9 的 10 个按键 $A_0$～$A_9$ 未按下时，4 个与非门 $G_1$～$G_4$ 的输入都是高电平，按下后因接地变为低电平。$G_1$～$G_4$ 的输出端即为编码器的输出端。由电路图中可以求得它们的逻辑关系式为

$$F_1=\overline{A_1A_3A_5A_7A_9}\qquad F_2=\overline{A_2A_3A_6A_7}\qquad F_3=\overline{A_4A_5A_6A_7}\qquad F_4=\overline{A_8A_9}$$

由此得到表 9-3-2 的真值表。按下任何一个键，输出端便会得到相应的 8421 码。

**表 9-3-2　编码器真值表**

| $A_0$ | $A_1$ | $A_2$ | $A_3$ | $A_4$ | $A_5$ | $A_6$ | $A_7$ | $A_8$ | $A_9$ | $F_4$ | $F_3$ | $F_2$ | $F_1$ |
|---|---|---|---|---|---|---|---|---|---|---|---|---|---|
| 0 | 1 | 1 | 1 | 1 | 1 | 1 | 1 | 1 | 1 | 0 | 0 | 0 | 0 |
| 1 | 0 | 1 | 1 | 1 | 1 | 1 | 1 | 1 | 1 | 0 | 0 | 0 | 1 |
| 1 | 1 | 0 | 1 | 1 | 1 | 1 | 1 | 1 | 1 | 0 | 0 | 1 | 0 |
| 1 | 1 | 1 | 0 | 1 | 1 | 1 | 1 | 1 | 1 | 0 | 0 | 1 | 1 |
| 1 | 1 | 1 | 1 | 0 | 1 | 1 | 1 | 1 | 1 | 0 | 1 | 0 | 0 |
| 1 | 1 | 1 | 1 | 1 | 0 | 1 | 1 | 1 | 1 | 0 | 1 | 0 | 1 |
| 1 | 1 | 1 | 1 | 1 | 1 | 0 | 1 | 1 | 1 | 0 | 1 | 1 | 0 |
| 1 | 1 | 1 | 1 | 1 | 1 | 1 | 0 | 1 | 1 | 0 | 1 | 1 | 1 |
| 1 | 1 | 1 | 1 | 1 | 1 | 1 | 1 | 0 | 1 | 1 | 0 | 0 | 0 |
| 1 | 1 | 1 | 1 | 1 | 1 | 1 | 1 | 1 | 0 | 1 | 0 | 0 | 1 |

该电路在所有按键都未按下时，输出也是 0000，和按下 $A_0$ 时的输出相同。为了将两者加以区别，增加了或非门 $G_5$ 和与非门 $G_6$，通过 $G_6$ 控制指示灯的亮和灭作为是否使用的标志。使用时，只要按下任何一个键，$G_6$ 的输出就为 1，指示灯亮，否则指示灯灭。它之所以能实现这一功能，只要分析一下 $G_6$ 输出端 $S$ 的逻辑式即可，由图可得

$$S=\overline{A_0\overline{F_1+F_2+F_3+F_4}}=\overline{A_0}+F_1+F_2+F_3+F_4$$

可见 5 者中只要有一个为 1，$S$ 即为 1。也就是说，只有在 $A_0=1$（按键未按下）而且 $F_1F_2F_3F_4=0$ 时，$S$ 才为 0，灯才不亮。

**2. 译码器**

译码器的作用与编码器相反，也就是说，将具有特定含义的二进制输入代码转换成特定的输出信号，以表示二进制代码的原意，这一过程称为译码。实现译码功能的组合电路称为译码器。

一般来说，一个 $n$ 位的二进制数，就有 $n$ 个逻辑变量，有 $2^n$ 个输出状态，译码器就需要 $n$ 根输入线，$2^n$ 个输出线。因此，二进制译码器又分为 2 线-4 线译码器、3 线-8 线译码器、4 线-16 线译码器等，它们的工作原理是相同的。如果输出状态小于 $2^n$，称为部分译码器，如二-十进制译码器等。

(1) 2 线-4 线译码器。

图 9-3-4 就是一个 2 线-4 线译码器。其中 $A_1$、$A_2$ 为输入端，$F_1$～$F_4$ 为输出端，$E$ 为使能端，其作用与三态门中的使能端作用相同，是控制译码器工作的。

由逻辑电路可写出各输出端的逻辑表达式为

$$F_1=\overline{\overline{E}\,\overline{A_1}\,\overline{A_2}}=E+A_1+A_2$$

$$F_2=\overline{\overline{E}\,\overline{A_1}A_2}=E+A_1+\overline{A_2}$$

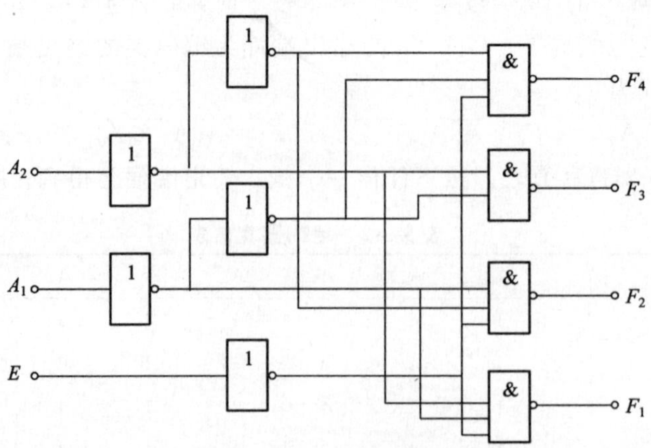


图 9-3-4 译码器电路

$$F_3=\overline{\overline{E}A_1\overline{A_2}}=E+\overline{A_1}+A_2$$

$$F_4=\overline{\overline{E}A_1A_2}=E+\overline{A_1}+\overline{A_2}$$

于是可以得到表 9-3-3 的真值表。

表 9-3-3 译码器真值表

| $E$ | $A_1$ | $A_2$ | $F_1$ | $F_2$ | $F_3$ | $F_4$ |
|---|---|---|---|---|---|---|
| 1 | $\varphi$ | $\varphi$ | 1 | 1 | 1 | 1 |
| 0 | 0 | 0 | 0 | 1 | 1 | 1 |
| 0 | 0 | 1 | 1 | 0 | 1 | 1 |
| 0 | 1 | 0 | 1 | 1 | 0 | 1 |
| 0 | 1 | 1 | 1 | 1 | 1 | 0 |

当 $E=1$ 时，译码器处于非工作状态，无论 $A_1$、$A_2$ 是何电平，输出 $F_1 \sim F_4$ 都为 1。当 $E=0$ 时，译码器处于工作状态，对应于 $A_1$、$A_2$ 的 4 种不同组合，4 个输出端分别只有一个为 0，其余的均为 1。可见，这一译码器是通过 4 个输出端分别单独处于低电平来识别不同的输入代码的，即是采用低电平译码的。

(2) 数字显示译码器。

在数字电路中，还常常需要将测量和运算的结果直接用十进制数的形式显示出来，这就要把二-十进制代码通过显示译码器变换成输出信号再去驱动数码显示器。

① 数码显示器。

数码显示器简称数码管，是用来显示数字、文字或符号的器件。常用的有辉光数码管、荧光数码管、液晶显示器以及发光二极管（LED）显示器等。不同的显示器对译码器有不同的要求。目前应用最广泛的是由发光二极管构成的 7 段数字显示器。

半导体 LED 显示器是一种能够将电能转换成光能的发光器件。它的基本单元是 PN 结，当外加正向电压时，能发出清晰的光亮。将 7 个 PN 结发光段组装在一起便构成了 7 段 LED 显示器。通过不同发光段的组合便可显示 0～9 10 个十进制数码。

LED 显示器的结构及外引线排列图如图 9-3-5 所示。其内部电路有共阴极和共阳极两种接法。前者如图 9-3-6(a) 所示，7 个发光二极管阴极一起接地，阳极加高电平时发光；后者如图 9-3-6(b) 所示，7 个发光二极管阳极一起接正电源，阴极加低电平时发光。

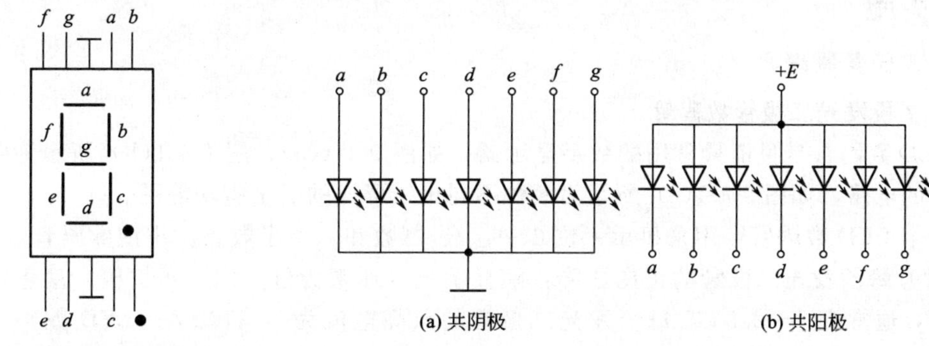


图 9-3-5　LED 显示器　　图 9-3-6　LED 显示器两种接法

② 显示译码器。

供 LED 显示器用的显示译码器有多种型号可供选用。显示译码器有 4 个输入端，7 个输出端，它将 8421 代码译成 7 个输出信号以驱动 7 段 LED 显示器。图 9-3-7 是显示译码器和 LED 显示器的连接示意图。其中 $A_1$、$A_2$、$A_3$、$A_4$ 是 8421 码的 4 个输入端。$a$～$g$ 是 7 个输出端，接 LED 显示器。

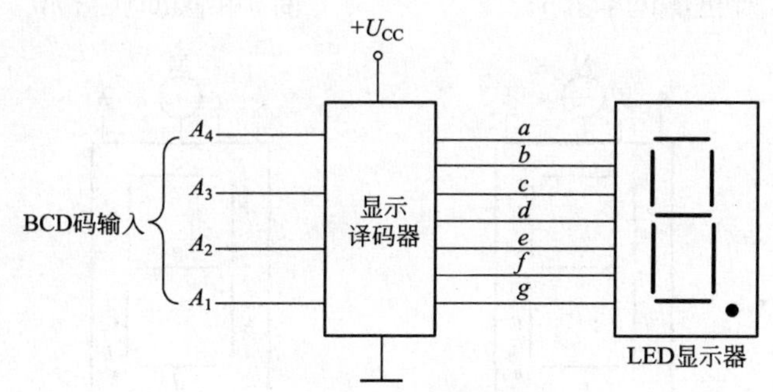


图 9-3-7　显示译码器

表 9-3-4 是显示译码器的真值表及对应的 LED 显示管显示的数码。

**表 9-3-4　显示译码器的真值表**

| 输入 | | | | 输出 | | | | | | | 显示数码 |
|---|---|---|---|---|---|---|---|---|---|---|---|
| $A_4$ | $A_3$ | $A_2$ | $A_1$ | $a$ | $b$ | $c$ | $d$ | $e$ | $f$ | $g$ | |
| 0 | 0 | 0 | 0 | 1 | 1 | 1 | 1 | 1 | 1 | 0 | 0 |
| 0 | 0 | 0 | 1 | 0 | 1 | 1 | 0 | 0 | 0 | 0 | 1 |
| 0 | 0 | 1 | 0 | 1 | 1 | 0 | 1 | 1 | 0 | 1 | 2 |
| 0 | 0 | 1 | 1 | 1 | 1 | 1 | 1 | 0 | 0 | 1 | 3 |
| 0 | 1 | 0 | 0 | 0 | 1 | 1 | 0 | 0 | 1 | 1 | 4 |
| 0 | 1 | 0 | 1 | 1 | 0 | 1 | 1 | 0 | 1 | 1 | 5 |
| 0 | 1 | 1 | 0 | 1 | 0 | 1 | 1 | 1 | 1 | 1 | 6 |
| 0 | 1 | 1 | 1 | 1 | 1 | 1 | 0 | 0 | 0 | 0 | 7 |
| 1 | 0 | 0 | 0 | 1 | 1 | 1 | 1 | 1 | 1 | 1 | 8 |
| 1 | 0 | 0 | 1 | 1 | 1 | 1 | 1 | 0 | 1 | 1 | 9 |

# 任务实施

## 一、任务原理

### 1. 7 段发光二极管数码管

LED 数码管是目前最常用的数字显示器，如图 9-4-1(a)、图 9-4-1(b) 所示为共阴管和共阳管的电路，如图 9-4-1(c) 所示为两种不同出线形式的引出脚功能图。

一个 LED 数码管可用来显示一位 0～9 十进制数和一个小数点。小型数码管（0.5 寸和 0.36 寸）每段发光二极管的正向压降，随显示光（通常为红、绿、黄、橙）颜色的不同略有差别，通常为 2～2.5V，每个发光二极管的点亮电流为 5～10mA。LED 数码管要显示 BCD 码所表示的十进制数字就需要有一个专门的译码器，该译码器不但要完成译码功能，还要有相当的驱动能力。

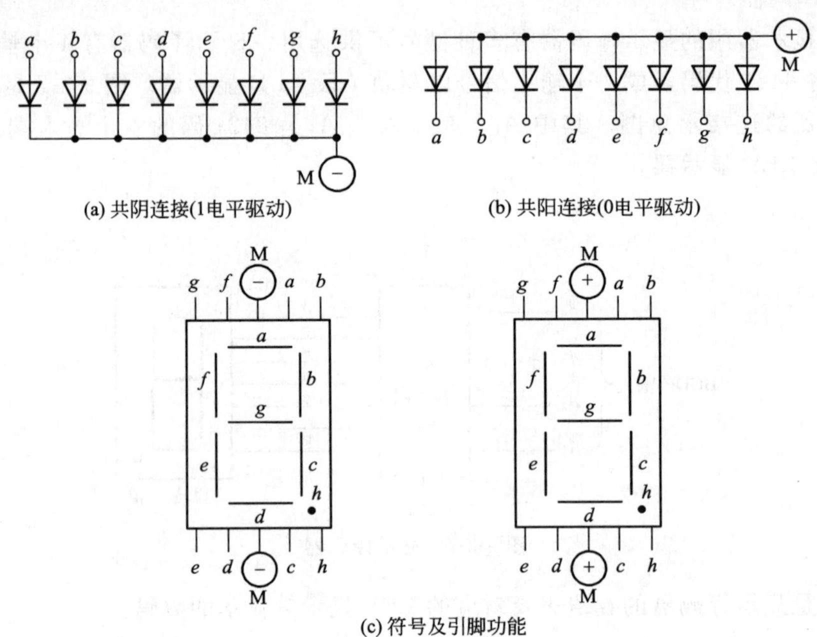


图 9-4-1 LED 数码管

### 2. BCD 码 7 段译码驱动器

此类译码器型号有 74LS47(共阳)、74LS48(共阴)、CC4511(共阴) 等，本实验系采用 CC4511BCD 码锁存 7 段译码驱动器。驱动共阴极 LED 数码管。

如图 9-4-2 所示为 CC4511 引脚排列。其中 $A$、$B$、$C$、$D$ 为 BCD 码输入端。$a$、$b$、$c$、$d$、$e$、$f$、$g$ 为译码输出端，输出 1 有效，用来驱动共阴极 LED 数码管。

$\overline{\mathrm{LT}}$：测试输入端，$\overline{\mathrm{LT}}$＝0 时，译码输出全为 1。

$\overline{\mathrm{BI}}$：消隐输入端，$\overline{\mathrm{BI}}$＝0 时，译码输出全为 0。

LE：锁定端，LE＝1 时译码器处于锁定（保持）状态，译码输出保持在 LE＝0 时的数值，LE＝0 为正常译码。

表 9-4-1 为 CC4511 功能表。CC4511 内接上位电阻，故只需在输出端与数码管之间串入限流电阻即可工作。译码器还有拒伪码功能，当输入码超过 1001 时，输出全为“0”，数码管熄灭。

表 9-4-1　CC4511 功能表

| 输入 | | | | | | | 输出 | | | | | | | |
|---|---|---|---|---|---|---|---|---|---|---|---|---|---|---|
| KE | $\overline{BI}$ | $\overline{LT}$ | $D$ | $C$ | $B$ | $A$ | $a$ | $b$ | $c$ | $d$ | $e$ | $f$ | $g$ | 显示字形 |
| × | × | 0 | × | × | × | × | 1 | 1 | 1 | 1 | 1 | 1 | 1 | 8 |
| × | 0 | 1 | × | × | × | × | 0 | 0 | 0 | 0 | 0 | 0 | 0 | 消隐 |
| 0 | 1 | 1 | 0 | 0 | 0 | 0 | 1 | 1 | 1 | 1 | 1 | 1 | 0 | 0 |
| 0 | 1 | 1 | 0 | 0 | 0 | 1 | 0 | 1 | 1 | 0 | 0 | 0 | 0 | 1 |
| 0 | 1 | 1 | 0 | 0 | 1 | 0 | 1 | 1 | 0 | 1 | 1 | 0 | 1 | 2 |
| 0 | 1 | 1 | 0 | 0 | 1 | 1 | 1 | 1 | 1 | 1 | 0 | 0 | 1 | 3 |
| 0 | 1 | 1 | 0 | 1 | 0 | 0 | 0 | 1 | 1 | 0 | 0 | 1 | 1 | 4 |
| 0 | 1 | 1 | 0 | 1 | 0 | 1 | 1 | 0 | 1 | 1 | 0 | 1 | 1 | 5 |
| 0 | 1 | 1 | 0 | 1 | 1 | 0 | 0 | 0 | 1 | 1 | 1 | 1 | 1 | 6 |
| 0 | 1 | 1 | 0 | 1 | 1 | 1 | 1 | 1 | 1 | 0 | 0 | 0 | 0 | 7 |
| 0 | 1 | 1 | 1 | 0 | 0 | 0 | 1 | 1 | 1 | 1 | 1 | 1 | 1 | 8 |
| 0 | 1 | 1 | 1 | 0 | 0 | 1 | 1 | 1 | 1 | 0 | 0 | 1 | 1 | 9 |
| 0 | 1 | 1 | 1 | 0 | 1 | 0 | 0 | 0 | 0 | 0 | 0 | 0 | 0 | 消隐 |
| 0 | 1 | 1 | 1 | 0 | 1 | 1 | 0 | 0 | 0 | 0 | 0 | 0 | 0 | 消隐 |
| 0 | 1 | 1 | 1 | 1 | 0 | 0 | 0 | 0 | 0 | 0 | 0 | 0 | 0 | 消隐 |
| 0 | 1 | 1 | 1 | 1 | 0 | 1 | 0 | 0 | 0 | 0 | 0 | 0 | 0 | 消隐 |
| 0 | 1 | 1 | 1 | 1 | 1 | 0 | 0 | 0 | 0 | 0 | 0 | 0 | 0 | 消隐 |
| 0 | 1 | 1 | 1 | 1 | 1 | 1 | 0 | 0 | 0 | 0 | 0 | 0 | 0 | 消隐 |
| 1 | 1 | 1 | × | × | × | × | 锁存 | | | | | | | 锁存 |

在本数字电路实验装置上已完成了译码器 CC4511 和数码管 BS202 之间的连接。实验时，只要接通＋5V 电源和将十进制数的 BCD 码接至译码器的相应输入端 $A$、$B$、$C$、$D$ 即可显示 0～9 的数字。数字数码管可接收 4 组 BCD 码输入。CC4511 与 LED 数码管的连接如图 9-4-3 所示。

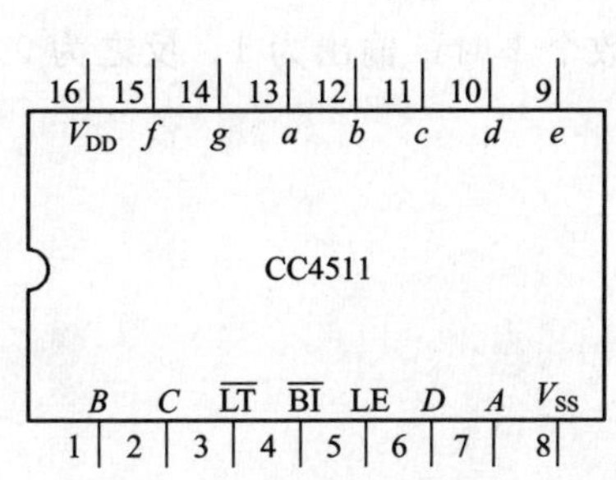


图 9-4-2　CC4511 引脚排列

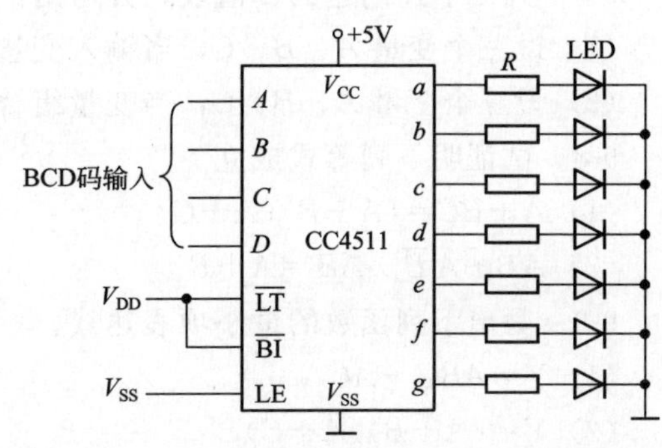


图 9-4-3　CC4511 驱动一位 LED 数码管

## 二、工具及仪表（表 9-4-2）

表 9-4-2 工具及仪表

| 序号 | 工具及仪表 | 序号 | 工具及仪表 |
|---|---|---|---|
| 01 | DT－9205 数字万用表 | 03 | DHT－1 数字电路学习机 |
| 02 | SS－5702 双踪示波器 | 04 | CC4511 |

## 三、内容及步骤

数据拨码开关的使用：将实验装置上的 4 组拨码开关的输出 $A_i$、$B_i$、$C_i$、$D_i$ 分别接至 4 组显示译码/驱动器 CC4511 对应的输入口，LE、$\overline{BI}$、$\overline{LT}$接至三个逻辑开关的输出插口，接上＋5V 显示器的电源，然后按功能表 9-4-1 输入的要求拨动 4 个数码的增减键（“＋”与“－”键）和操作与 LE、$\overline{BI}$、$\overline{LT}$对应的三个逻辑开关，观测拨码盘上的四位数与 LED 数码管显示的对应数字是否一致，译码显示是否正常。

## 四、测试

测试时注意 CMOS 电路不用的输入端应该如何处理。

# 任务巩固

9-1 将下列二进制数转换成八进制，十进制和十六进制数。

（1）1011 （2）1010010 （3）111101

9-2 将下列十进制数转换成二进制，八进制和十六进制数。

（1）25 （2）100 （3）1025

9-3 将下列八进制数转换成二进制和十进制数。

（1）45 （2）127 （3）1024

9-4 将下列十六进制数转换成二进制和十进制数。

（1）2A （2）D12 （3）1024

9-5 请给出下列十进制数的 8421BCD 码。

（1）27 （2）138 （3）5209

9-6 写出下列逻辑函数的对偶式和反演式。

（1）$Y=\overline{A}B+CD$

（2）$Y=(A+B+C)\ \overline{A}BC$

（3）$Y=\overline{AB+CD}+\overline{A}\ \overline{B}$

9-7 列出下述问题的真值表，并写出其逻辑表达式。

（1）设三个变量 $A$、$B$、$C$，当输入变量的状态不一致时，输出为 1，反之为 0。

（2）设三个变量 $A$、$B$、$C$，当变量组合中出现偶数个 1 时，输出为 1，反之为 0。

9-8 试证明下列等式成立。

（1）$A+BC=(A+B)(A+C)$

（2）$AB+A\overline{B}+\overline{A}B=A+B$

9-9 写出下列函数的最小项表达式。

（1）$Y=\overline{A}BC+AC$

（2）$Y=(A+B)(\overline{A}+C)$

9-10 用公式法把下列函数化成最简与或式。

（1）$Y=ABC+\overline{A}+\overline{B}+\overline{C}$

（2）$Y=AB+AB+A$

9-11　用卡诺图法化简下列逻辑函数。

（1）$Y=A\overline{B}+\overline{A}C+BC+\overline{C}D$

（2）$Y=\overline{AB}+AC+\overline{B}C$

9-12　晶体管为什么可以当做开关使用？其截止、放大、饱和的条件各是什么？

9-13　如图 9-5-1 所示，已知 $R_c=2\text{k}\Omega$，$R_b=100\text{k}\Omega$，$\beta=30$，$V_{CC}=5\text{V}$，当输入电压分别为 0V 和 5V 时，试判断晶体管工作在什么状态。

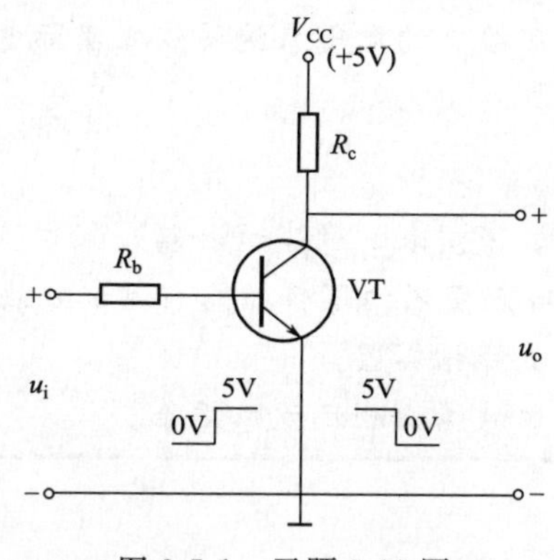


图 9-5-1　习题 9-13 图

9-14　试说明与非门、或非门能否当做非门使用？如果能，应如何连接？

9-15　用与非门实现下列逻辑函数。

（1）$Y=AB+AC$

（2）$Y=A\oplus B$

（3）$Y=\overline{AB\overline{C}+A\overline{B}C+\overline{ABC}}$

# 任务十　智力竞赛抢答器的制作与调试

## 任务描述

根据集成电路、时序逻辑电路的工作原理及其特性，设计智力竞赛抢答器电路，绘制元件布置图及安装接线图，按照绘制的电气系统图组装实际电路并进行电路的调试。

## 能力目标

(1) 能正确使用电工工具、万用表、数字试验箱；

(2) 能进行 $RS$ 触发器、$D$ 触发器的逻辑功能与测试方法；

(3) 能够制作与调试智力竞赛抢答器；

(4) 智力竞赛抢答器电路的故障检测及故障排除。

## 相关知识

(1) $RS$ 触发器、$D$ 触发器；

(2) 寄存器、计算器；

(3) 智力竞赛抢答器的制作与调试。

## 分任务一　认识触发器

触发器是存储一位二进制数字信号的基本逻辑单元电路。触发器具有两个稳定状态，分别用逻辑 1 和逻辑 0 表示。在触发信号的作用下，两个稳定状态可以相互转换（称为翻转），当触发信号消失后，电路能将新建立的状态保持下来，因此，这种电路也称为双稳态电路。计算机中的寄存器就是用触发器构成的。

触发器的逻辑功能常用状态转换特性表和时序图（或波形图）来描述。

### 一、基本 *RS* 触发器

基本 $RS$ 触发器又称为 $RS$ 锁存器，在各种触发器中，它的结构最简单，是各种复杂结构触发器的基本组成部分。

#### 1. 与非门组成的基本 *RS* 触发器

(1) 电路组成　如图 10-1-1(a) 所示电路是由两个与非门交叉反馈连接成的基本 $RS$ 触发器。$\overline{S}$、$\overline{R}$是两个触发信号输入端。字母上的非号表示触发信号是低电平（称为低电平有效），也就是说该两端没有加触发信号时处于高电平，加触发信号时变为低电平。$Q$、$\overline{Q}$ 为触发器的两个互补信号输出端，通常规定以 $Q$ 端的状态作为触发器的状态。当输出端 $Q=1$ 时，称为触发器的 1 态，简称 1 态；$Q=0$ 时，称为触发器的 0 态，简称 0 态。

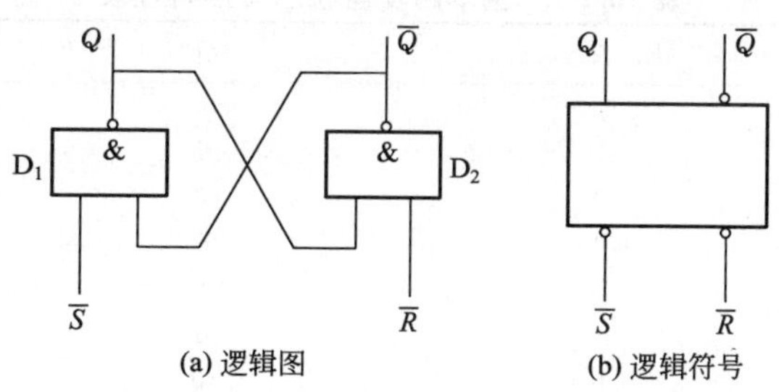

(a) 逻辑图　(b) 逻辑符号

图 10-1-1　基本 $RS$ 触发器

基本 $RS$ 触发器的逻辑符号如图 10-1-1(b) 所示，$\overline{S}$、$\overline{R}$ 端的小圆圈也表示该触发器的触发信号为低电平有效。

（2）逻辑功能分析　在基本 $RS$ 触发器中，触发器的输出不仅由触发信号来决定，而且当触发信号消失后，电路能依靠自身的正反馈作用，将输出状态保持下去，即具备记忆功能。下面分析其工作情况。

① 当$\overline{S}=\overline{R}=1$ 时，电路有两个稳定状态：$Q=1$、$\overline{Q}=0$ 或 $Q=0$、$\overline{Q}=1$，我们把前者称为 1 状态或置位状态，把后者称为 0 状态或复位状态。若$\overline{S}=\overline{R}=1$，则这两种稳定状态将保持不变。例如，$Q=1$、$\overline{Q}=0$ 时，$\overline{Q}$ 反馈到 $D_1$ 输入端，使 $Q$ 恒为高电平 1；$Q$ 反馈到 $D_2$，由于这时$\overline{R}=1$，使 $\overline{Q}$ 恒为低电平 0。因此，我们又把触发器称为双稳态电路。

② 当$\overline{R}=1$、$\overline{S}=0$（即在 $\overline{S}$ 端加低电平触发信号）时，$Q=1$，$D_2$ 门输入全为 1，$\overline{Q}=0$，触发器被置成 1 状态。因此我们把 $\overline{S}$ 端称为置 1 输入端，又称置位端。这时，即使 $\overline{S}$ 端恢复到高电平，$Q=1$，$\overline{Q}=0$ 的状态仍将保持下去，这就是触发器的记忆功能。

③ 当$\overline{R}=0$、$\overline{S}=1$（即在 $\overline{R}$ 端加低电平触发信号）时，$\overline{Q}=1$，$D_1$ 门输入全为 1，$Q=0$，触发器被置成 0 状态。因此我们把 $\overline{R}$ 端称为置 0 输入端，又称复位端。这时，即使 $\overline{R}$ 端恢复到高电平，$Q=0$，$\overline{Q}=1$ 的状态仍将保持下去。

④ 当 $\overline{R}=0$、$\overline{S}=0$（即在$\overline{R}$、$\overline{S}$端同时加低电平触发信号）时，$D_1$ 和 $D_2$ 门输出都为高电平，即 $Q=\overline{Q}=1$，这是一种未定义的状态，既不是 1 状态，也不是 0 状态，在 $RS$ 触发器中属于不正常状态，这种状态是不稳定的，我们称之为不定状态。在这种情况下，当 $\overline{R}=\overline{S}=0$ 的信号同时消失变为高电平后，触发器转换到什么状态将不能确定，可能为 1 状态，也可能为 0 状态，因此，对于这种不定状态，在使用中是不允许出现的，应予以避免。

（3）逻辑功能的描述　在描述触发器的逻辑功能时，为了便于分析，我们规定：触发器在接收触发信号之前的原稳定状态称为初态，用 $Q^n$表示；触发器在接收触发信号之后建立的新稳定状态叫做次态，用 $Q^{n+1}$表示。触发器的次态 $Q^{n+1}$是由触发信号和初态 $Q^n$的值共同决定的。例如，在 $Q^n=1$ 时，若$\overline{R}=1$、$\overline{S}=0$，则 $Q^{n+1}=0$，即触发器由 1 状态翻转到 0 状态。

在数字电路中，常采用下述两种方法来描述触发器的逻辑功能。

① 状态转换特性表。描述逻辑电路输出与输入之间的逻辑关系的表格称为真值表。由于触发器次态 $Q^{n+1}$不仅与输入的触发信号有关，而且与触发器初态 $Q^n$有关，所以应把 $Q^n$也作为一个逻辑变量（称为状态变量）列入真值表中，并把这种含有状态变量的真值表叫做触发器的状态转换特性表，简称特性表。基本 $RS$ 触发器的特性见表 10-1-1。表中，$Q^{n+1}$与 $Q^n$、$\overline{R}$、$\overline{S}$之间的关系直观地表达了 $RS$ 触发器的逻辑功能。表 10-1-2 为简化的特性表。

表 10-1-1　基本触发器状态转换特性表

| $\overline{S}$ | $\overline{R}$ | $Q^n$ | $Q^{n+1}$ |
|---|---|---|---|
| 1 | 1 | 0 | 0 |
| 1 | 1 | 1 | 1 |
| 1 | 0 | 0 | 1 |
| 1 | 0 | 1 | 1 |
| 0 | 1 | 0 | 0 |
| 0 | 1 | 1 | 0 |
| 0 | 0 | 0 | 不定 |
| 0 | 0 | 1 | 不定 |

表 10-1-2　简化的 *RS* 触发器特性表

| $\overline{S}$ | $\overline{R}$ | $Q^{n+1}$ |
|---|---|---|
| 1 | 1 | $Q^n$ |
| 1 | 0 | 1 |
| 0 | 1 | 0 |
| 0 | 0 | 不定 |

② 时序图（又称波形图）。时序图是以波形图的方式来描述触发器的逻辑功能的。在如图 10-1-1(a) 所示的电路中，假设触发器的初态为 $Q=0$、$\overline{Q}=1$，触发信号$\overline{R}$、$\overline{S}$ 的波形已知，则根据表 10-1-1 可画出 $Q$ 和 $\overline{Q}$ 波形，如图 10-1-2 所示。

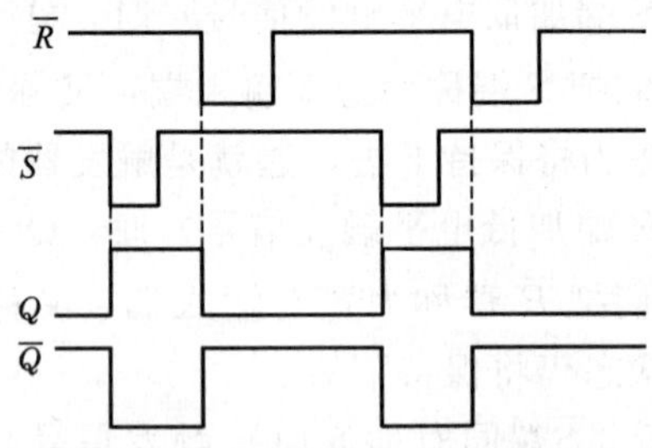


图 10-1-2　基本 *RS* 触发器时序

结论：在正常工作条件下，当触发信号到来时（低电平有效），触发器翻转成相应的状态，当触发信号过后（恢复到高电平），触发器的状态将维持不变，因此，基本 *RS* 触发器具有记忆功能。

**2. 或非门组成的基本 *RS* 触发器**

或非门组成的基本 *RS* 触发器的逻辑图和逻辑符号如图 10-1-3 所示。

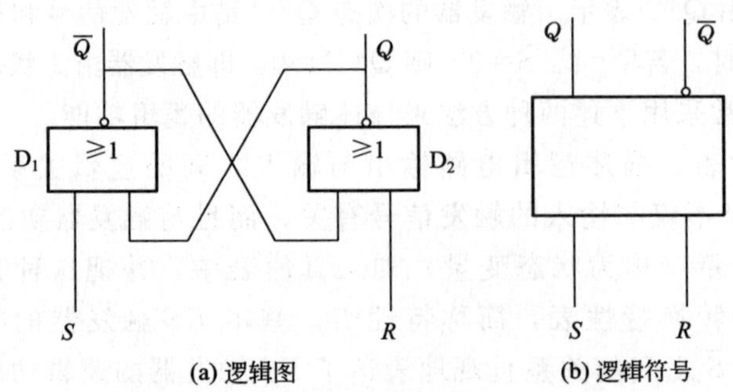


(a) 逻辑图　(b) 逻辑符号

图 10-1-3　或非门组成的基本 *RS* 触发器

触发信号输入端 $R$、$S$ 在没有加触发信号时应处于低电平状态，当加触发信号时变为高电平（称为高电平有效）。例如，当 $R=1$、$S=0$ 时，$D_2$ 输出低电平，$D_1$ 输入全为 0 并使输出$\overline{Q}=1$，即触发器被置成 0 状态。其特性表见表 10-1-3，时序图如图 10-1-4 所示。

**表 10-1-3　或非门构成的 *RS* 触发器特性表**

| $R$ | $S$ | $Q^{n+1}$ |
|---|---|---|
| 0 | 0 | $Q^n$ |
| 0 | 1 | 1 |
| 1 | 0 | 0 |
| 1 | 1 | 不定 |

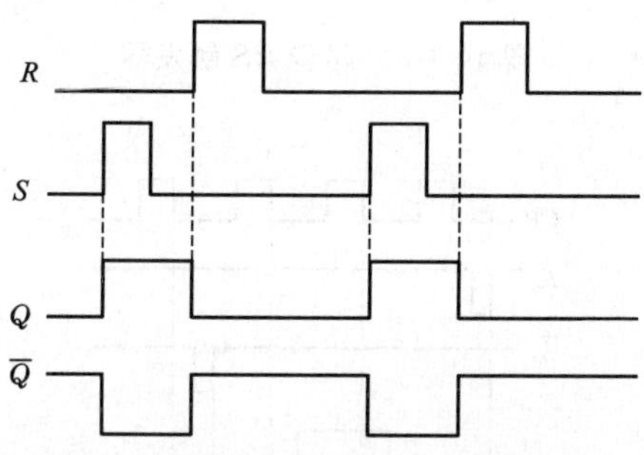


图 10-1-4　或非门构成的 *RS* 触发器时序

## 二、同步 *RS* 触发器和 *D* 锁存器

前面介绍的基本 *RS* 触发器的触发信号直接控制着输出端的状态，而实际应用时，常常要求触发器的状态只在某一指定时刻变化，这个时刻可由外加时钟脉冲（简称 CP）来决定。由时钟脉冲控制的触发器称为同步触发器。同步触发器的时钟脉冲触发方式分为高电平有效和低电平有效两种类型。

### 1. 同步 *RS* 触发器

（1）电路组成。

同步 *RS* 触发器是同步触发器中最简单的一种，其逻辑图和逻辑符号如图 10-1-5 所示。图中 $D_1$ 和 $D_2$ 组成基本 *RS* 触发器，$D_3$ 和 $D_4$ 组成输入控制门电路。CP 是时钟脉冲信号，高电平有效，即 CP 为高电平时，输出状态可以改变，CP 为低电平时，触发器保持原状态不变。

（2）逻辑功能分析。

① 当 CP=0 时，$Q_3=Q_4=1$，此时触发器保持原状态不变。

② 当 CP=1 时，$Q_3=\overline{S}$，$Q_4=\overline{R}$，触发器将按基本 *RS* 触发器的规律发生变化。此时，同步 *RS* 触发器的状态转换特性表与表 10-1-3 相同。

（3）初始状态的预置。

在实际应用中，有时需要在时钟脉冲 CP 到来之前，预先将触发器设置成某种状态，为此，在同步 *RS* 触发器电路中设置了直接置位端$\overline{S}_d$ 和直接复位端$\overline{R}_d$（均为低电平有效）。如果在$\overline{S}_d$ 或$\overline{R}_d$ 端加低电平，就可以直接作用于基本 *RS* 触发器，使其置 1 或置 0，不受 CP 脉冲限制，故$\overline{S}_d$ 和$\overline{R}_d$ 也称为异步置位端和异步复位端。初始状态预置完毕后，$\overline{S}_d$ 和$\overline{R}_d$ 应处于高电平，触发器才能进入正常的同步工作状态，其工作情况可用如图 10-1-6 所示的波形图来描述。

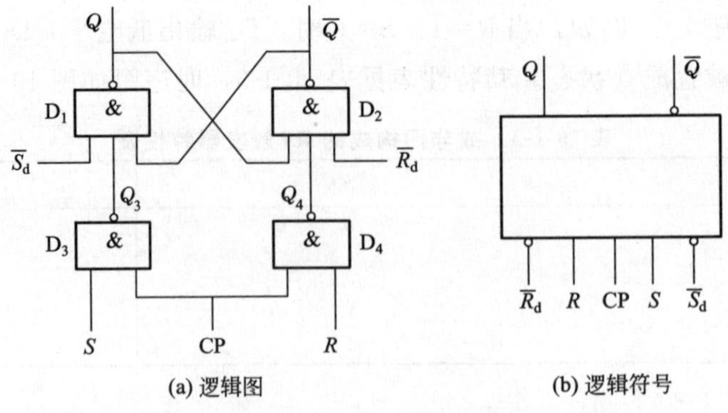


(a) 逻辑图　(b) 逻辑符号

图 10-1-5　同步 $RS$ 触发器

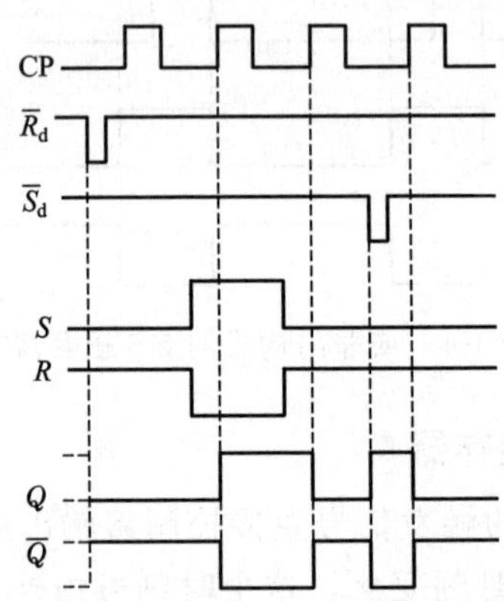


图 10-1-6　同步 $RS$ 触发器时序波形

**2. 同步 $D$ 触发器**

(1) 电路组成　同步 $D$ 触发器又称为 $D$ 锁存器，其逻辑图和逻辑符号如图 10-1-7 所示。

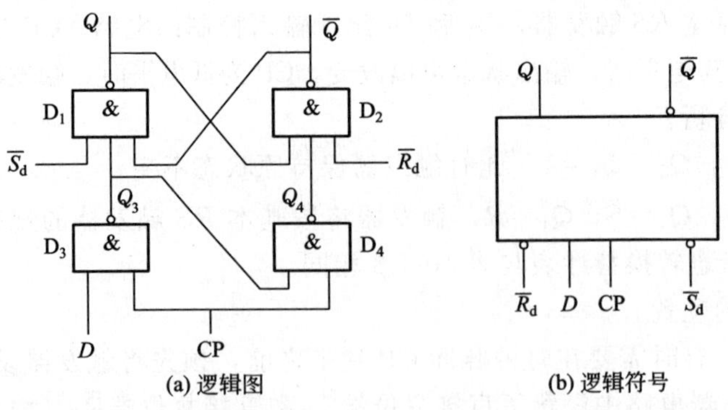


(a) 逻辑图　(b) 逻辑符号

图 10-1-7　同步 $D$ 触发器

与同步 $RS$ 触发器相比，同步 $D$ 触发器只有一个触发信号输入端 $D$ 和一个同步信号输入端 CP，也可以设置直接置位端和直接复位端。

(2) 逻辑功能分析　当 CP=0 时，触发器状态保持不变。当 CP=1 时，若 $D=0$，则触发器被置 0，$Q=0$；若 $D=1$，则触发器被置 1，$Q=1$。直接置位端和直接复位端的作用不受 CP 脉冲控制。

**3. 同步触发器的应用问题**

同步脉冲（时钟脉冲）高电平有效的同步触发器，其状态在 CP=1 时才可能变化，同步脉冲低电平有效的同步触发器，其状态在 CP=0 时才可能变化。

同步触发器要求在 CP 有效期间，$R$、$S$ 的状态或 $D$ 的状态保持不变，否则可能会引起触发器状态的相应变化，使触发器的状态不能严格地同步变化，从而失去同步的意义，因此，这种工作方式的触发器在应用中受到一定的限制，现已逐渐被边沿触发器所代替。

# 分任务二　认识寄存器

在数字电路中，用来存放二进制数据或代码的电路称为寄存器。数字系统中需要处理的数据都要用寄存器存储起来，以便随时取用。寄存器由具有存储功能的触发器组成，一个触发器可以存储 1 位二进制数，欲存放 $n$ 位二进制数则需要由 $n$ 个触发器共同组成。寄存器按功能可以分为数码寄存器和移位寄存器。

## 一、数码寄存器

如图 10-2-1 所示是由 $D$ 触发器组成的 4 位数码寄存器，$D$ 触发器为上升沿触发器，4 个时钟脉冲输入端连接在一起。可以看出，$Q_0$、$Q_1$、$Q_2$、$Q_3$ 是数据输入端，$D_0$、$D_1$、$D_2$、$D_3$ 是数据输出端。如果数据输入端加载了需要寄存的数据，在时钟脉冲的上升沿到来时，输入的数据将出现在输出端。以后只要时钟脉冲不出现，数据就将一直保持不变。寄存器保存的数据可随时从输出端取用。需要寄存新的数据时，将新的数据加载在输入端提供一个时钟脉冲便可完成。数据寄存器输入数据时要将 4 位数据同时加载到输入端，读取数据寄存器数据时也要将输出端的 4 位数据同时读出。这种数据同时输入、同时输出的数据处理方式称为并行输入、并行输出。

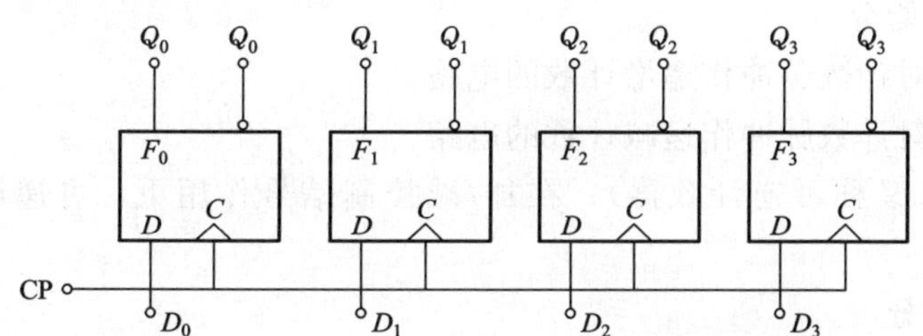


图 10-2-1　$D$ 触发器组成的 4 位数码寄存器

## 二、移位寄存器

移位寄存器既具有寄存器的功能，又具有将存储的数据进位移动的功能。移位寄存器按数据移动的方向，可分为右移寄存器和左移寄存器。如图 10-2-2 所示是由 $D$ 触发器组成的 4 位右移寄存器，逻辑电路的数据只能由输入端 $D_i$ 一位一位输入，这种输入方式称为串行输入。输出端为 $D_0$、$D_1$、$D_2$、$D_3$，数据输出时既可以 $D_0$、$D_1$、$D_2$、$D_3$ 同时输出（并行输出），也可以由 $Q_3$ 端一位一位输出，称为串行输出。

假设电路的初始状态 $Q_3Q_2Q_1Q_0$ 为 0000，从 $D_i$ 输入的数据为 1011。根据 $D$ 触发器的

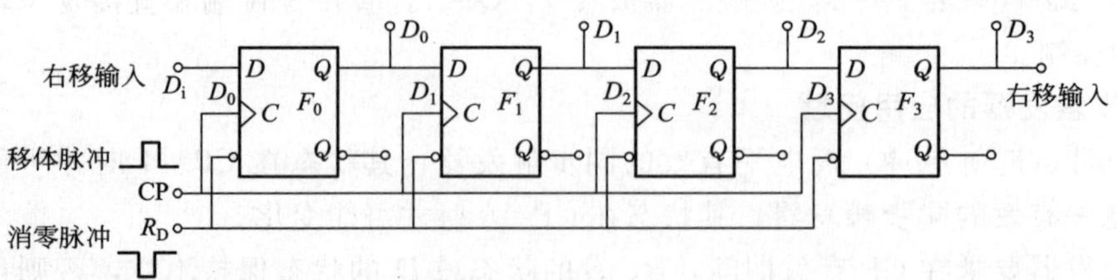


图 10-2-2　$D$ 触发器组成的 4 位右移移位寄存器

工作特点，在时钟脉冲的作用下，电路工作过程为：

(1) 第一个 CP 上升沿到来时触发器同时翻转，输出端 $Q_3Q_2Q_1Q_0$ 的状态为 0001。

(2) 第二个 CP 上升沿到来时触发器同时翻转，输出端 $Q_3Q_2Q_1Q_0$ 的状态为 0010。

(3) 第三个 CP 上升沿到来时触发器同时翻转，输出端 $Q_3Q_2Q_1Q_0$ 的状态为 0101。

(4) 第四个 CP 上升沿到来时触发器同时翻转，输出端 $Q_3Q_2Q_1Q_0$ 的状态为 1011。

4 个脉冲过后，移位寄存器的输出端为 1011。此时如果要并行输出，只需从输出端将数据取走。如果需要串行输出，则要输入 4 个脉冲，数据将一位一位从 $Q_3$ 输出。

## 分任务三　计数器

计数器是数字系统中应用最广泛的逻辑器件，其功能是用于计算输入脉冲个数，还常用于分频、定时及数字运算等。使计数器工作在一个循环所需的脉冲数目称为该计数器的模或周期，用字母 $M$ 来表示。

计数器的种类很多，分类如下。

**1. 按时钟控制方式不同分**

异步计数器；

同步计数器。

**2. 按计数器功能分**

加法计数器：对计数脉冲作递增计数的电路。

减法计数器：对计数脉冲作递减计数的电路。

加/减计数器（又称可逆计数器）：在加/减控制信号作用下，可递增也可递减计数的电路。

**3. 按计数进制分**

二进制计数器：按二进制数运算规律进行计数的电路。

十进制计数器：按十进制数运算规律进行计数的电路。

任意进制计数器（又称 $N$ 进制计数器）：二进制和十进制以外的计数器的电路。

### 一、异步二进制减法计数器

把低位触发器的输出接到高位触发器的时钟脉冲输入端，当 CP 输入时，高位各触发器的翻转不是同时的，状态的改变有先有后，高位触发器与 CP 不同步，我们称为异步计数器。下面介绍三位二进制减法计数器，如图 10-3-1 所示。

二进制减法是 1－1＝0、1－0＝1、0－0＝0、0－1＝1（借位），当 0－1 时向高位借位，要求输出一个信号作为借位。设触发器现态 $Q_0=0$、$Q_1=0$、$Q_2=0$，则计数器 $FF_3$、$FF_2$、

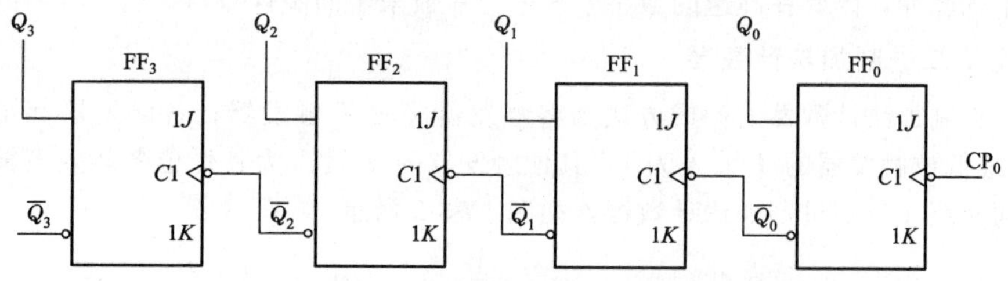


(a) 下降沿动作的$T'$触发器构成的异步二进制减法计数器

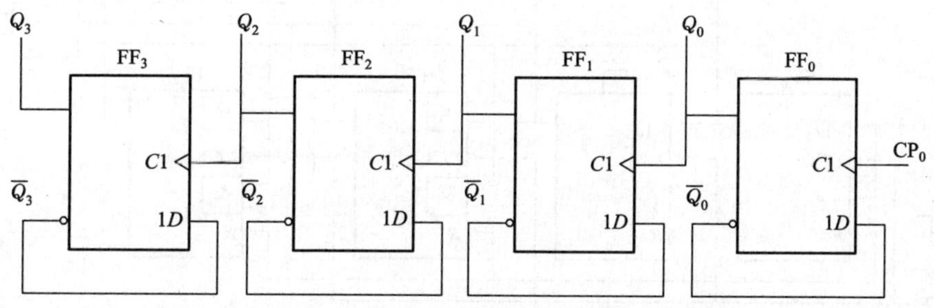


(b) 上升沿动作的$T'$触发器构成的异步二进制减法计数器

图 10-3-1　异步二进制减法计数器

$FF_1$表示的数字是 000；当第一个 CP 到来后，$FF_1$的次态 $Q_0=1$，而 $FF_1$的现态$=1$，使 $FF_2$翻转，则 $Q_1=1$，同理，$Q_2=1$，则计数器 $FF_3$、$FF_2$、$FF_1$表示的数字是 111，其中最低位表示是差，高两位表示是借位，对计数器来说表示有向第四位借位；当第二个 CP 到来后，只有 $FF_1$满足翻转条件，使 $FF_1$的次态 $Q_0=0$，而 $FF_2$、$FF_3$是保持状态，计数器 $FF_3$、$FF_2$、$FF_1$表示的数字是 110；当第三个 CP 到来后，满足翻转条件，使 $Q_0=1$、$Q_1=0$，$FF_3$是保持状态，计数器 $FF_3$、$FF_2$、$FF_1$表示的数字是 101；当第四个 CP 到来后，同理，计数器 $FF_3$、$FF_2$、$FF_1$表示的数字是 100；第五、第六、第七个 CP 到来后也可以此类推，即计数器 $FF_3$、$FF_2$、$FF_1$表示的数字是 011、010、001。第八个 CP 到来后开始了第二轮的计数。根据分析，可得出三位二进制减法计数器的状态表，见表 10-3-1。

**表 10-3-1　三位二进制减法计数器状态表**

| 时钟脉冲的个数 | 触发器状态 | | | 十进制 |
|---|---|---|---|---|
| CP | $Q_2$ | $Q_1$ | $Q_0$ | |
| 0 | 0 | 0 | 0 | 0 |
| 1 | 1 | 1 | 1 | 7 |
| 2 | 1 | 1 | 0 | 6 |
| 3 | 1 | 0 | 1 | 5 |
| 4 | 1 | 0 | 0 | 4 |
| 5 | 0 | 1 | 1 | 3 |
| 6 | 0 | 1 | 0 | 2 |
| 7 | 0 | 0 | 1 | 1 |
| 8 | 0 | 0 | 0 | 0 |

异步计数器的优点是电路简单，缺点是速度慢，并且限制 CP 的频率，而且在计数过程

中会产生干扰脉冲，因此在高速的数字系统中，一般采用同步计数器。

## 二、同步二进制加法计数器

同步二进制加法计数器的构成方法为将触发器接成 $T$ 触发器；各触发器都用计数脉冲 CP 触发，最低位触发器的 $T$ 输入为 1，其他触发器的 $T$ 输入为其低位各触发器输出信号的相与。下面介绍 4 位二进制加法计数器，如图 10-3-2 所示。

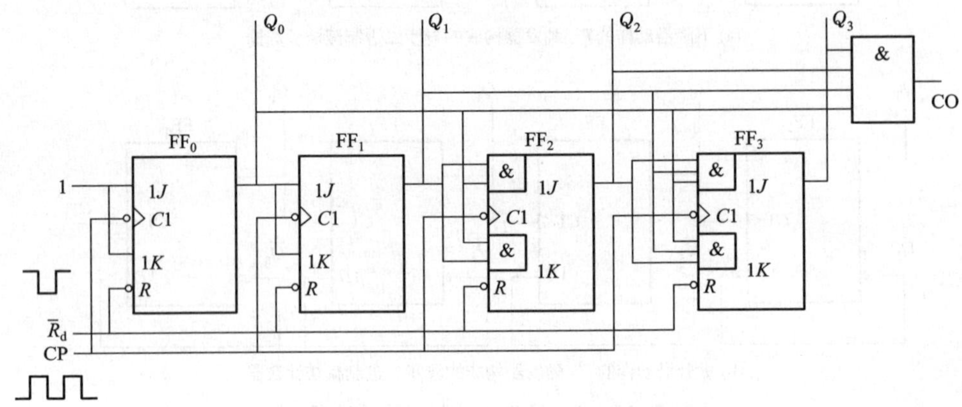


图 10-3-2 同步二进制加法计数器

来一个时钟 $Q_0$ 就翻转一次。$Q_1$ 在其低位 $Q_0$ 输出为 1 时，来一个时钟就翻转一次，否则状态不变。$Q_2$ 在其低位 $Q_0$ 和 $Q_1$ 均为 1 时，来一个时钟翻转一次，否则状态不变。$Q_3$ 在其低位 $Q_0$、$Q_1$ 和 $Q_2$ 均为 1 时，来一个时钟翻转一次，否则状态不变。因此，应将触发器接成 $T$ 触发器；并接成 $T_0=1$，$T_1=Q_0^n$，$T_2=Q_1^nQ_0^n$，$T_3=Q_2^nQ_1^nQ_0^n$，即最低位触发器 $T$ 输入为 1，其他触发器 $T$ 输入为其低位输出的“与”信号。这样，各触发器当其低位输出信号均为 1 时，来一个时钟就翻转一次，否则状态不变。$CO=Q_3^nQ_2^nQ_1^nQ_0^n$，因此，CO 在计数至 15 时跃变为高电平，在计至 16 时输出进位信号的下降沿。4 位二进制加法计数器态序如表 10-3-2 所示。

**表 10-3-2 4 位二进制加法计数器态序表**

| 计数顺序 | 计数器状态 | | | | 输出 |
|---|---|---|---|---|---|
| | $Q_3$ | $Q_2$ | $Q_1$ | $Q_0$ | CO |
| 0 | 0 | 0 | 0 | 0 | 0 |
| 1 | 0 | 0 | 0 | 1 | 0 |
| 2 | 0 | 0 | 1 | 0 | 0 |
| 3 | 0 | 0 | 1 | 1 | 0 |
| 4 | 0 | 1 | 0 | 0 | 0 |
| 5 | 0 | 1 | 0 | 1 | 0 |
| 6 | 0 | 1 | 1 | 0 | 0 |
| 7 | 0 | 1 | 1 | 1 | 0 |
| 8 | 1 | 0 | 0 | 0 | 0 |
| 9 | 1 | 0 | 0 | 1 | 0 |
| 10 | 1 | 0 | 1 | 0 | 0 |

续表

| 计数顺序 | 计数器状态 | | | | 输出 CO |
|---|---|---|---|---|---|
| | $Q_3$ | $Q_2$ | $Q_1$ | $Q_0$ | |
| 11 | 1 | 0 | 1 | 1 | 0 |
| 12 | 1 | 1 | 0 | 0 | 0 |
| 13 | 1 | 1 | 0 | 1 | 0 |
| 14 | 1 | 1 | 1 | 0 | 0 |
| 15 | 1 | 1 | 1 | 1 | 1 |
| 16 | 0 | 0 | 0 | 0 | 0 |

同步计数器的优点是计数速度高、干扰脉冲小，缺点是要求信号源功率大，位数越多低位触发器负载越重。

**三、十进制计数器**

二进制计数器的优点是使用方便，但十进制还是人们最习惯的计数方法，这里的十进制计数用 4 位二进制数来表示一位十进制数的计数方法，如图 10-3-3 所示给出了异步十进制加法计数器逻辑图。

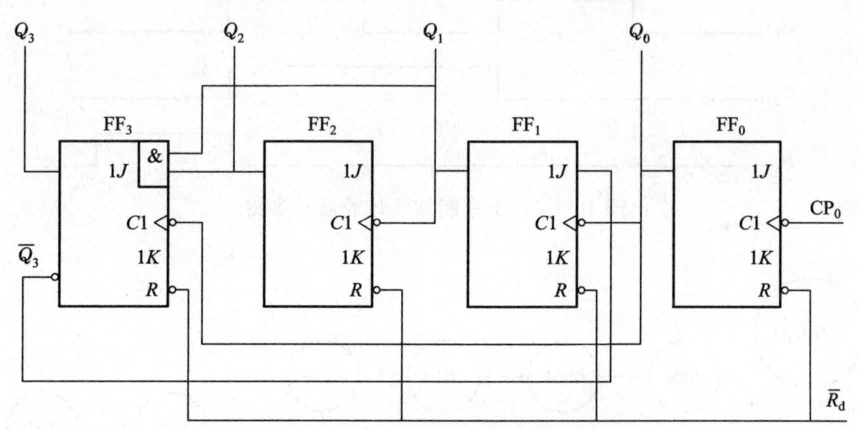


图 10-3-3　异步十进制加法计数器逻辑图

比较十进制计数器态序表 10-3-3 与 4 位二进制计数器态序表 10-3-2，发现十进制计数器只利用了 4 位二进制加法计数器的前 10 个状态 0000～1001。因此 8421BCD 码十进制计数器的设计思想是在 4 位二进制计数器的基础上引入反馈，强迫电路在计至状态 1001 后就返回初始状态 0000，从而利用状态 0000～1001 实现十进制计数。

**表 10-3-3　十进制加法计数器态序表**

| 计数顺序 | 计数器状态 | | | | 输出 CO |
|---|---|---|---|---|---|
| | $Q_3$ | $Q_2$ | $Q_1$ | $Q_0$ | |
| 0 | 0 | 0 | 0 | 0 | 0 |
| 1 | 0 | 0 | 0 | 1 | 0 |
| 2 | 0 | 0 | 1 | 0 | 0 |
| 3 | 0 | 0 | 1 | 1 | 0 |

续表

| 计数顺序 | 计数器状态 | | | | 输出 CO |
|---|---|---|---|---|---|
| | $Q_3$ | $Q_2$ | $Q_1$ | $Q_0$ | |
| 4 | 0 | 1 | 0 | 0 | 0 |
| 5 | 0 | 1 | 0 | 1 | 0 |
| 6 | 0 | 1 | 1 | 0 | 0 |
| 7 | 0 | 1 | 1 | 1 | 0 |
| 8 | 1 | 0 | 0 | 0 | 0 |
| 9 | 1 | 0 | 0 | 1 | 0 |
| 10 | 1 | 0 | 1 | 0 | 0 |

十进制加法计数器时序图见图 10-3-4，异步十进制加法计数器状态转换图见图 10-3-5。

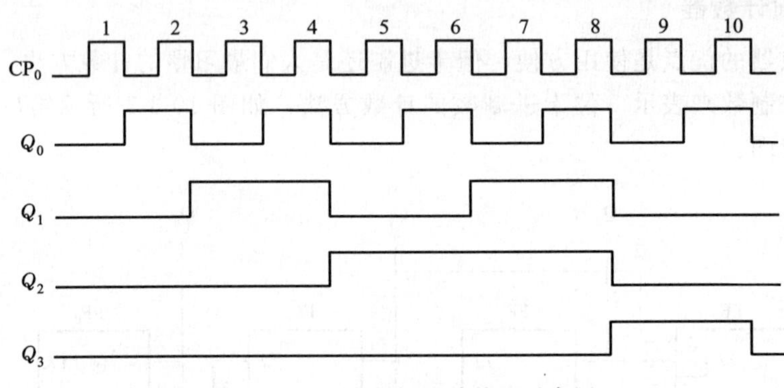


图 10-3-4 十进制加法计数器时序图

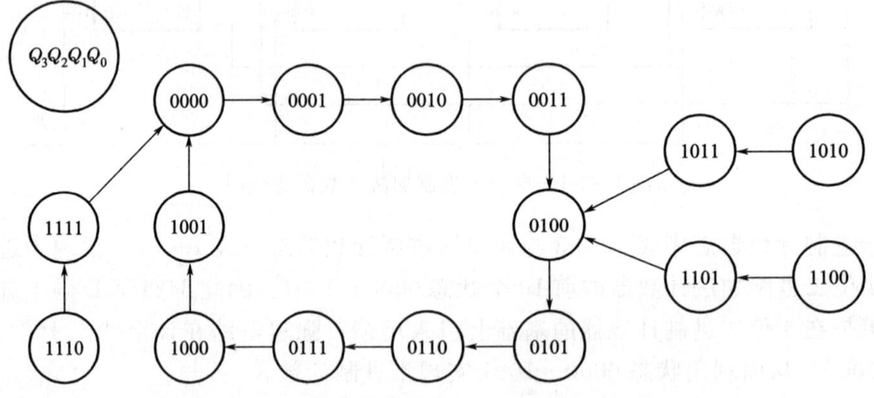


图 10-3-5 异步十进制加法计数器状态转换图

# 任务实施

## 一、任务原理

如图 10-4-1 所示为供 4 人用的智力竞赛抢答装置线路，用以判断抢答优先权。

抢答器应实现以下功能：清零功能、抢答键控制功能及显示功能。

(1) 清零功能 可用触发器异步复位端实现，由主持人控制。

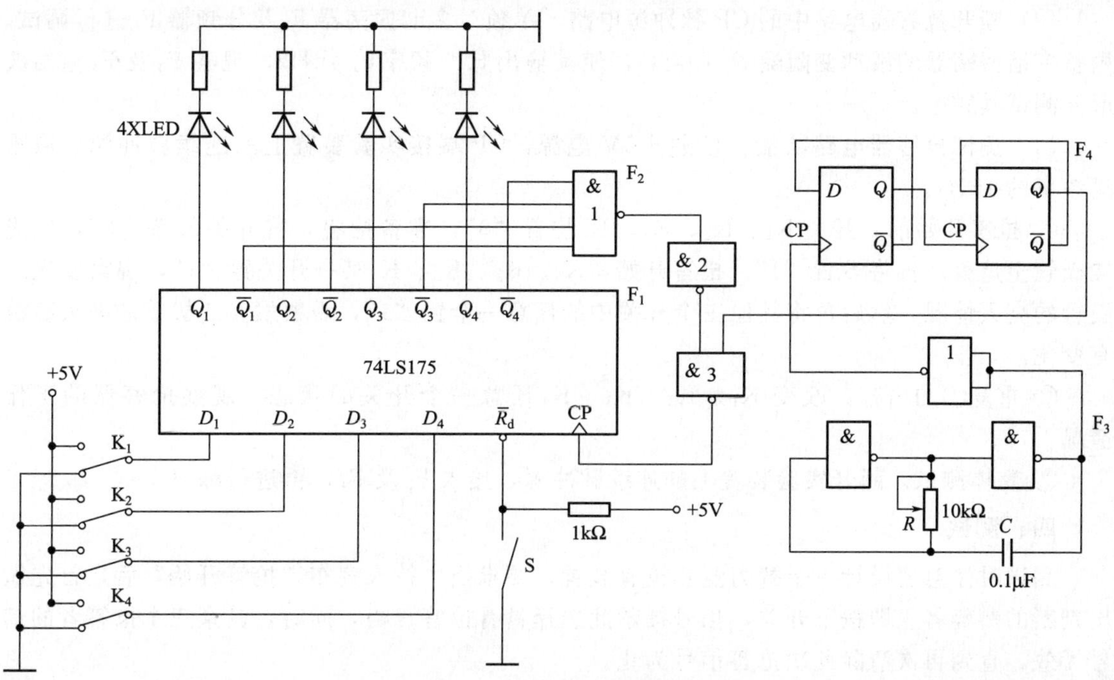


图 10-4-1　智力竞赛抢答装置原理图

(2) 抢答键控制功能　可用触发器和门电路实现。一旦接收了最先按下键的参赛者的信号后就不再接收其他信号。

(3) 显示功能　可用发光二极管显示。

图中 $F_1$ 为四 $D$ 触发器 74LS175，它具有公共置零端和公共 CP 端，引脚排列附录；$F_2$ 为双四输入与非门 74LS20；$F_3$ 是由 74LS00 组成的多谐振荡器；$F_4$ 是由 74LS74 组成的四分频电路，$F_3$、$F_4$ 组成抢答器电路中的 CP 时钟脉冲源，抢答开始时，由主持人清除信号，按下复位开关 $S$，74LS175 的输出 $Q_1$～$Q_4$ 全为 0，所有发光二极管 LED 均熄灭，当主持人宣布“抢答开始”后，首先做出判断的参赛者立即按下开关，对应的发光二极管点亮，同时，通过与非门 $F_2$ 送出信号锁住其余三个抢答者的电路，不再接收其他信号，直到主持人再次清除信号为止。

## 二、工具及仪表（表 10-4-1）

**表 10-4-1　工具及仪表**

| 序　　号 | 工具及仪表 | 序　　号 | 工具及仪表 |
|---|---|---|---|
| 01 | DT-9205 数字万用表 | 05 | 74LS175 |
| 02 | SS-5702 双踪示波器 | 06 | 74LS20 |
| 03 | DHT-1 数字电路学习机 | 07 | 74LS74 |
| 04 | 译码显示器 | 08 | 74LS7400 |

## 三、内容及步骤

(1) 测试各触发器及各逻辑门的逻辑功能，判断器件的好坏。

(2) 按如图 10-4-1 所示接线，抢答器 5 个开关接实验装置上的逻辑开关，发光二极管接逻辑电平显示器。

(3) 断开抢答器电路中的CP脉冲源电路，单独对多谐振荡器$F_3$及分频器$F_4$进行调试，调整多谐振荡器的滑动变阻器$R$(10kΩ)，使其输出脉冲频率约4kHz，观察$F_3$及$F_4$输出波形并测试其频率。

(4) 测试抢答器电路功能。接通+5V电源，CP端接实验装置上的连续脉冲源，取重复频率约1kHz。

① 抢答开始前，开关$K_1$、$K_2$、$K_3$、$K_4$均置“0”，准备抢答，将开关S置“0”，发光二极管全熄灭，再将S置“1”。抢答开始，$K_1$、$K_2$、$K_3$、$K_4$某一开关置“1”，观察发光二极管的亮灭情况，然后再将其他三个开关中的任意一个置“1”，观察发光二极管的亮灭有没有变化。

② 重复①的内容，改变$K_1$、$K_2$、$K_3$、$K_4$任意一个开关的状态，观察抢答器的工作情况。

③ 整体测试。断开实验装置上的连续脉冲源，接入$F_3$及$F_4$，再进行练习。

**四、测试**

测试时注意要设计一个智力竞赛抢答装置，要求当主持人宣布“抢答开始”后，首先做出判断的参赛者立即按下开关，信号提示此选择具有抢答资格，同时，其余三个抢答者的信号无效，直到再次清除此次抢答信号为止。

## 任务巩固

10-1 $RS$触发器、$D$触发器各有什么功能？分别写出它们的功能表。

10-2 由与非门组成的基本$RS$触发器的初始状态是$Q=0$、$\overline{Q}=1$，$\overline{R}_d$和$\overline{S}_d$的波形如图10-5-1所示。对应画出$Q$端的波形。

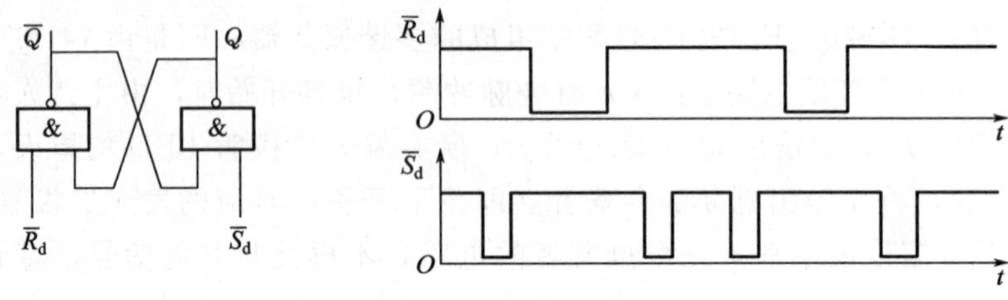


图10-5-1 习题10-2图

10-3 由或非门组成的基本$RS$触发器的初始状态是$Q=0$、$\overline{Q}=1$，$S_d$和$R_d$的波形如图10-5-2所示。对应画出$Q$端的波形。

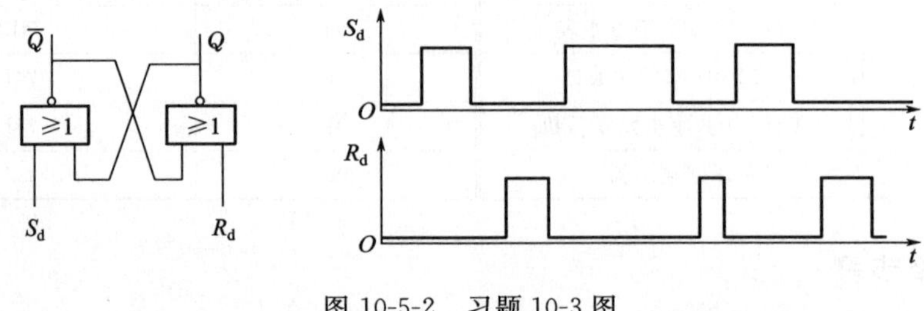


图10-5-2 习题10-3图

10-4 设同步$RS$触发器初始状态为0，$R$、$S$端的波形如图10-5-3所示。试画出其输出端$Q$、$\overline{Q}$的波形。

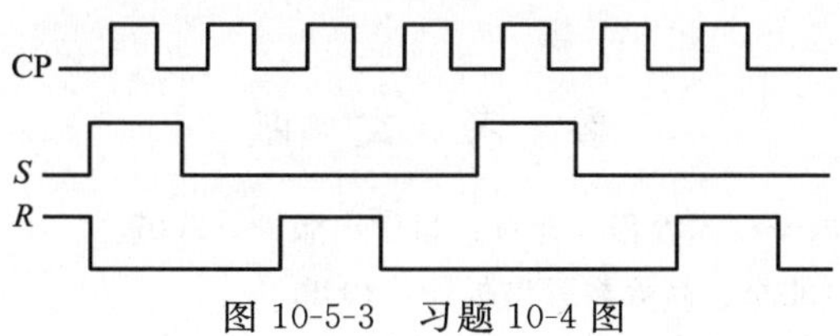


图 10-5-3　习题 10-4 图

10-5　电路如图 10-5-4(a) 所示，$B$ 端输入的波形如图 10-5-4(b) 所示，试画出该电路输出端 $G$ 的波形。(设触发器的初始态为 0)

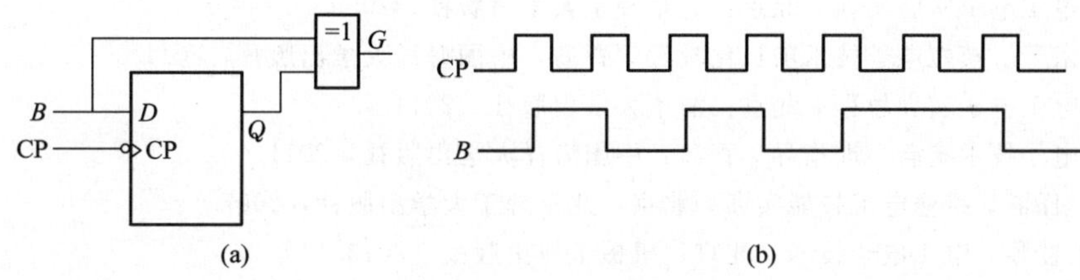


图 10-5-4　习题 10-5 图

10-6　画出如图 10-5-5 所示的移位寄存器时序电路状态转换图和对应的输出 $Y$。

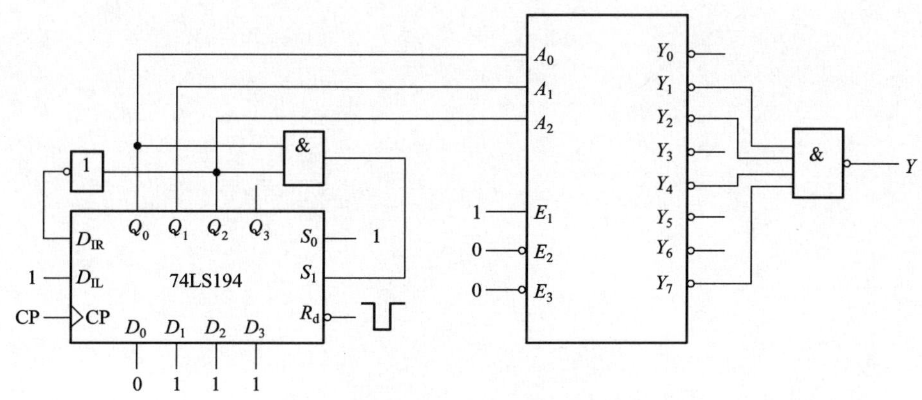


图 10-5-5　习题 10-6 图

10-7　设计一个可控计数器，$X=0$ 时实现 8421BCD 码计数器，$X=1$ 时实现 2421BCD 码计数器。

| 8421BCD 码 | | | | 2421BCD 码 | | | |
|---|---|---|---|---|---|---|---|
| 0 | 0 | 0 | 0 | 0 | 0 | 0 | 0 |
| 0 | 0 | 0 | 1 | 0 | 0 | 0 | 1 |
| 0 | 0 | 1 | 0 | 0 | 0 | 1 | 0 |
| 0 | 0 | 1 | 1 | 0 | 0 | 1 | 1 |
| 0 | 1 | 0 | 0 | 0 | 1 | 0 | 0 |
| 0 | 1 | 0 | 1 | 1 | 0 | 1 | 1 |
| 0 | 1 | 1 | 0 | 1 | 1 | 0 | 0 |
| 0 | 1 | 1 | 1 | 1 | 1 | 0 | 1 |
| 1 | 0 | 0 | 0 | 1 | 1 | 1 | 0 |
| 1 | 0 | 0 | 1 | 1 | 1 | 1 | 1 |

10-8　试利用 74HC161 设计一个十进制计算器。

# 参 考 文 献

[1] 王金旺，张洪润．电工电子技术教程．北京：科学出版社，2007.
[2] 刘蕴陶．电工电子技术．北京：高等教育出版社，2009.
[3] 申凤琴．电工电子技术基础．北京：机械工业出版社，2012.
[4] 申凤琴．电工电子技术基础．北京：机械工业出版社，2012.
[5] 晏明军，姚卫华．电工与电子技术项目化教程．北京：中国建材工业出版社，2012.
[6] 余明辉．电工电子实验实训．北京：北京理工大学出版社，2009.
[7] 崔爱红，宗云．模拟电子技术项目化教程．青岛：中国海洋大学出版社，2011.
[8] 叶水春．电工电子实训教程．北京：清华大学出版社，2011.
[9] 冯奕红．电子技术实验实训指导．青岛：中国海洋大学出版社，2011.
[10] 李爱军，任淑．维修电工技能实训．北京：北京理工大学出版社，2007.
[11] 王鼎，王桂琴．电工电子技术．北京：机械工业出版社，2013.
[12] 温澍萍，王金旺．电工电子技术基础．北京：北京交通大学出版社，2010.
[13] 王屹，刘海霞．电工电子技术与应用．北京：中国科学技术出版社，2010.